북한의 사회변동과 혼종성 1

'주체사회'의 모호한 경계들

북한의 사회변동과 혼종성 1

'주체사회'의 모호한 경계들

동국대학교 북한학연구소 북한혼종사회연구단 기획

고유환·한재헌·박세진·장호준
카타르지나 마르치냑·김지형
이경묵·이지순·윤보영 지음

한울
아카데미

1. 혼종성, 낯설면서도 진부한……?

세계적인 포스트 마르크스주의 정치철학자인 샹탈 무페(Chantal Mouffe)는
지난 2012년 광주에서 열린 제1회 세계 비엔날레 대회의 기조 강연 전 한 일
간지와의 대화에서 "불가지론적 조우가 여러 문화 사이에 존재해야 대화와
논쟁, 역지사지가 가능하다"*라고 말한 바 있다. 물론 무페의 이러한 지적은
그 자체로 논쟁적 표명이다. 다만 북한을 둘러싼 담론의 풍경이 손쉬운 확신
과 섣부른 기각의 언어를 주고받는 과잉 정념으로 가득 찬 세계라는 점을 염
두에 두었을 때, 이러한 '불가지론적' 태도에 기반한 '조우'는 북한이라는 '타
자'를 향한 우리의 결핍된 태도를 일깨워 주는 것임과 동시에 북한에 대한 새
로운 이해 가능성을 열어주는 역설적 조건을 드러내준다고 할 것이다.

---

* "세계주의 표방 비엔날레, 문화적 다원주의에 대적", ≪경향신문≫, 2012년 10월 30일 자.

정보와 사실의 조각들이 분석과 해석을 대체하기도 하고 북한에 대한 부분적인 경험과 지식을 총체화하려는 욕망이 상존한다. 북한에 대한 담론의 세계는 흡사 절대적 진리를 둘러싼 쟁투장처럼 보이기까지 한다. 블랙박스로서의 북한과 절대적 확신의 대상으로서의 북한은 이렇게 동전의 양면처럼 대립하면서도 뗄 수 없는 관계를 맺고 있다.

북한의 사회변동을 혼종성(hybridity)이라는 틀을 통해 관찰하고 해석한다고 했을 때 주변의 반응은 흥미로웠다. 의외로 혼종성이라는 개념을 매우 낯설게 받아들이는가 하면, 곧이어 '세상의 모든 것은 혼종적이지 않은가?'라는 반응을 보인다는 점에서 그렇다. 즉 이러한 공통적인 반응들 속에서 우리 연구의 접근과 기획은 무언가 매우 특이하고 새로운 관점으로 북한을 연구하는 것처럼 보이면서도, 동시에 매우 진부한 것으로 보이기도 한다는 점이다. 우리의 연구에 대한 반응은 그 자체로 혼종적이었다.

이 양가적인 반응들은 한편으로는 북한 연구에 내재한 (무)의식의 징후적 표현이면서, 동시에 우리의 연구가 고민하고 풀어야 할 과제를 던져주는 것이기도 하다. 징후적 표현이라는 것은, 그 '낯섦의 표명'과 '진부함의 표명'이 언뜻 대립하고 충돌하는 것으로 보이지만 사실 북한을 대하는 동전의 양면을 표현한 것이라는 점에서 그렇다. 이러한 표명의 근저에는 북한 사회가 '혼종적인가, 동질적인가'라는 이원론적이면서 동시에 총체적인 존재론적 질문의 구도가 자리 잡고 있다. 이러한 질문 구도의 연장선에서 "'북한도 혼종적이다'는 확인이 새삼 어떤 새로운 사실을 말해줄 수 있는가?"라는 물음을 제기한다는 점이다. 요컨대 모든 사회가 혼종적이라는 이유로 연구의 물음표를 던지는 것은 바로 북한 사회가 동질성의 세계에서 혼종성의 세계로, 총적으로 대체된다는 방식으로, 혼종성을 인식하기 때문이라고 하겠다. 모든 세계는 혼종적이지만 동시에 모든 세계는 부분적으로 혼종적이며 그 양태들도 사회마다 상이하다.

　바로 이 지점에서 우리의 연구가 '북한 사회는 혼종적이다'는 '상태'의 '승인'과 '결론'을 위한 것이 아니라는 점을 밝히고자 한다. '세상의 모든 것은 혼종적이지 않은가'라는 식으로 기각하는 것은 혼종을 하나의 정태적 상태에 관한 결론으로 바라보는 태도에서 기인한다. 즉 우리의 연구에서 혼종성은 결론이 아닌 출발점을 의미한다. 그렇기 때문에 '모든 사회는 혼종적이지 않은가'라는 질문이 우리의 연구 가치를 훼손할 이유가 될 수는 없다고 할 것이다. 북한 사회의 다양한 영역과 층위에서 혼종성은 어떤 결합, 교차, 뒤섞임의 논리를 지니고 있으며 그러한 혼종은 북한 사회의 변화에 어떤 효과를 발생시키고 있는지가 중요한 것이다.

　따라서 중요한 것은 혼종성의 관점을 동질성을 대체하는 또 다른 형태의 환원론으로 추가하는 것이 아니라, 북한 사회를 설명하기 위해 존재하던 기성의 확고부동한 경계들을 뒤흔들고 동시에 그러한 설명을 위해 자명하게 주어진 것으로 당연하게 전제하던 항들을 불확실한 영역으로 전환시키는 것이다. 브뤼노 라투르(Bruno Latour)가 『사회적인 것을 재조립하기(Reassembling the Social)』에서 예로 들었던, 소위 "사회적 설명"이라고 할 때 자명한 것으로 인식해 넘겨버리는 "사회적"이란 것의 불확실성을 문제화하고 "사회적"이란 것이 도대체 무엇인가를 질문의 핵심으로 삼는 태도와도 비슷하다고 하겠다. 즉 "무엇에 대한 '사회적' 설명"은 정작 "연구되어야 할 것"[즉 "사회적"](필자 추가)을 "연구의 전제로 삼는" 경우라는 것이다. 이러한 문제의식을 원용해 본다면, 혼종성을 통한 북한 연구는 북한 연구에서 확고부동한 전제로 가정되고 있는 '북한적인 것'의 요소들을 그대로 둔 채 다만 이러저런 것들이 뒤섞이고 있다는 현상을 확인하는 작업이 아니라 그러한 확고부동한 전제들의 설명항들을 해부하고 재서술하는 것을 의미한다.

결국 혼종성이라는 관점과 문제 설정은 북한 사회의 변화 성격을 특정한 방식으로 도출하도록 이끄는 특수한 개념도, 북한사회변동의 성격을 설명하기 위해 적용 가능한 여러 이론의 목록들 중 하나를 단순히 추가하는 것을 의미하지도 않는다. 즉 혼종성의 관점은 북한 사회의 변화를 설명하는 기성의 총체화한 진실들을 의문에 붙이고 절대적 명제로서 인식되던 것들을 부분적이고 국지적인 진실로 상대화하는 것을 의미한다. 북한에 대해서, 모호하고 불확실하며, 부분적이고 국지적인 앎을 적극적으로 인정하자는 요청, 그리고 이것은 단순히 수동적이고 방어적인 인정이 아닌 새로운 발견과 해석의 가능성을 내포한 능동적 요청인 것이다. 조금은 답답하고 지지부진하더라도, 우선 그 모호한 공간을 가능한 한 최대한 풍부하게 드러내보고, 바로 그러한 '드러냄 자체'가 열어주는 해석적 힘과 새로운 이해 가능성을 신뢰하자는 것이다.

마지막으로 강조하고 싶은 점이 있다. 그것은 북한을 혼종성을 경유해 바라본다는 것이 혼종성을 가치론적으로 규범화—혼종성은 좋은 것, 동질성은 나쁜 것—하는 것임을 결코 의미하지 않는다는 점이다. 그렇기 때문에, 북한 사회를 극도로 동질화된 공간으로만 인식하는 기존의 북한에 대한 익숙한 존재론적 입장도 문제이지만, 반대로 북한 사회에 대한 동질적 시선에 대한 대안으로 혼종성을 또 다른 본질로서 실체화하는 것도 문제이기는 마찬가지이다. 혼종성과 사회변동을 연계하는 것 또한 이러한 가치론적 실체화—혼종성은 긍정적 변화를 생산하는 것—를 선험적으로 전제하지 않는다. 질 들뢰즈(Gilles Deleuze)의 표현을 빌리면, 혼종성의 증식이 만들어내는 탈영토화의 움직임과 이러한 증식된 혼종성에 대응해 또 다른 혼종성을 만들어내는 정치와 권력, 그 과정 속에서 혼종성이 재영토화되는 국면들까지 포함하는 동적 과정을 추적하고 정치적 의미를 읽어내는 것을 말할 뿐이다. 따라서 우리의 연구는 동질성의 세계(국가, 공식)와 혼종성의 세계(사회, 비공식)를 대응시켜 이원화하고 이 양 진영 간의 대립적 구도로 북한의 변화를 독해하는 방식으로 이해되어서도 곤란하다. 결국 북한의 사회변동과 혼종성의 역학은 혼종과 비혼종 간의 끊임없는 각축과 경계의 재구성 과정을 추적하고 그 효과들을 해석하는 작업이다.

2. 혼종성의 차원과 용법들

이 책은 '혼종성'이라는 관점을 공유하면서 비교적 자유롭게 사유된 결과들을 모은 것이다. 따라서 이 책은 북한 사회의 변화가 지닌 성격에 대해서 무언가 총체적이고 선명한 대답을 원하거나, 바로 적용 가능한 개념이나 일반이론 같은 것으로 '혼종성'을 기대하는 독자들에게는 다소 매력적이지 않을 수도 있다. 혼종성은 특정한 이론을 지시하는 것일 수도 있지만, 좀 더 넓게는 '보는 방식'으로서, 즉 사태를 인식하는 관점, 그리고 그러한 관점으로 인식된 것의 결과들을 표현해 내는 '은유'의 형식들이기도 하다. 그러한 '은유'의 형식들을 가다듬고 정교화하면서 다양한 혼종성의 이론과 개념들이 등장한다.

그러한 점에서, 이 책에 실린 글들은 반본질주의, 비공식성, 양가성과 모호성, 혼종화, 행위자-네트워크 이론 등, 포스트 식민주의와 여타 사회과학에서 논의되어 온 혼종성의 다양한 차원들을 경유하면서 북한 사회를 구성하는 텍스트와 담론, 국가성, 주체성, 하위문화 등 다채로운 영역들을 새롭게 포착하고 있다. 따라서 북한의 사회 변화를 새로운 각도에서 이해함으로써 기성의 인식을 넘어서고자 하는 독자들에게 흥미로운 관점과 실마리를 제시해 줄 것이라고 믿는다.

1) 반본질주의

북한 사회의 변화에 대한 혼종성의 관점은 우선 '북한의 북한화' 혹은 '이행론'을 구성하는 일련의 본질주의적 전제들을 의문에 붙이고자 한다. 포스트 사회주의에 관한 비판적 연구들이 보여주는 바와 같이 특정한 비서구 체제를 공간성과 시간성이 일치하는 '용기(container)'와도 같은 것으로 바라보는 관점은 단지 서구 중심적 유형화의 결과일 따름이다.

1장에서 한재헌·고유환은 북한 사회 혹은 북한 사회의 변동에 관한 기존의 지배적 논의들이 지닌 이원론적 구도를 비판적으로 검토하면서 대안적 문제설정으로서 혼종성의 관점을 도입할 필요성을 시론적으로 제기한다. 우선 북한사회변동을 시장화로 환원하는 경향, 북한의 '변화'를 과잉 극화하거나 반대로 과잉 기각하는 이원론적 대립 양상, 북한의 담론과 텍스트에 대한 본질주의적 해석 및 문화의 안과 밖이라는 이분법 등 북한 사회 인식의 풍경에서 나타나는 일련의 습속들을 고찰한다. 이어서 혼종성의 관점이 '변화'라는 맥락과 어떤 연관이 있는지 살펴본 후 북한의 정치경제적 변화와 사회, 문화, 공간의 변동을 혼종성의 차원에서 재해석할 수 있는 도구들을 살펴보고 있다. 결론적으로 북한의 사회변동을 혼종성의 차원에서 분석한다는 것의 중요성은 단지 혼종성을 이론으로서 추가하고 적용하는 문제가 아니라 혼종성이 북한의 변화를 새롭게 포착할 수 있는 가능성으로서 어떻게 기능할 수 있는지를 끊임없이 묻는 작업임을 강조한다.

2장에서 박세진은, 북한의 텍스트에 대한 무균질(homogeneous)화된 시선은 북한을 바라보는 우리 또한 동질적인 것으로 구성하는 이중의 운동이 작용하는 시선임을 드러낸다. 필자는 북한의 텍스트가 지닌 성격과 기능을 자명한 본질 속에 가둬 바라보는 기성의 관점들을 검토하고, 보다 열린 이해 가능성을 모색하고 있다. 필자는 북한의 문학예술 텍스트들을 논의 대상으로 삼아 그것을 프로파간다, 즉 "체제 유지와 우상화의 수단으로 환원하는 익숙한 시선"과 그 시선을 통해 "자기 확신의 한 계기"로서 "반복의 반복"을 수행하는 텍스트 해석의 경향들을 비판에 부친다. 필자는 프로파간다라는 시선의 "단호함과 자명함"은, "정확히 '아는 만큼 보는' 시선, 이미 알려져 있는 어떤 것들에 의해 한계 지어진 시선"으로서, 그것은 다만 '적/우리'를 구분하는 "내적으로 충만한" "속견"들이 구성한 지식의 상황일 뿐이라고 일갈한다. 이러한 문제의식 속에서 필자는 북한의 문학예술 텍스트를 통해 "삶과 꿈에 대한 사회학적 이해의 가능성"에 다가가자고 제안한다.

2) 비공식성

3장에서 장호준은 아프리카 사회의 혼합적 경제 체제에 대한 연구에서 시작되어 중남미와 동구권, 그리고 후기자본주의 글로벌 도시들에까지 확대되어 온 비공식경제에 관한 논의들이 북한 경제의 혼종적 양상을 분석하는 데 어떤 시사점을 줄 수 있는지를 검토하고 있다. 필자는 공식-비공식의 이분법적 틀이 적합한지, 그리고 서로 다른 사회경제적 맥락과 용법들 속에서 경제비공식성을 명확히 규정하는 게 가능한지 등에 관한 일각의 회의적인 시각들에도 불구하고 비공식경제라는 개념이 갖는 "징후발견적인 분석틀로서의 가치"의 실제성을 인정한다. 동시에 50여 년의 세월을 거치며 전개되고 분화되면서 형성되어 온 비공식경제론을 통해 현재 북한의 사회경제적 변화를 설명하기 위해서는, 사회경제적 변화의 긴 시간만큼이나 복잡하고 다양한 층위를 지니게 된 비공식경제론 자체에 대한 면밀한 이해를 요청한다. 특히 "장기적이고 구체적인 청사진이 없이 방향만을 설정한 채 진행"되었던 중국 개혁개방기의 모호하고 불확실한 구조하에서 비공식경제론이 당과 국가가 경제 현실에 개입, 정당화하는 '정치적 도구'로 "전용"되어 기능했던 과정을 살펴본다. 그 속에서 '국가가 승인한 비공식경제'와 그렇지 않은 '불법 경제'로 다시 구분되었던 사례, 그리고 개혁개방의 심화에 따른 사회 현실의 반영을 위해 '비공식부문'이라는 공간적 구획의 관점이 경제적 '비공식성'으로 전환되는 과정 등은 국가 규제의 안과 밖이라는 이원론적 구조를 넘어선 체제이행기 사회경제 체제의 다층성과 복잡성을 뚜렷이 보여준다.

3) 양가성과 모호성

혼종성을 대표적으로 표현하는 익숙한 은유는 바로 '사이(in-between)' 혹은 '제3공간(the third space)'이라는 관점이다. 이는 '이것이기도 하고, 저것이기도 한' 차원과 '이것도 아니고, 저것도 아닌' 차원이라고도 표현해 볼 수 있다. 마르크 오제(Marc Auge)가 『타자들의 의미(A Sense for the Other)』(1998)에서 구분한 바에 따르면 '이것이기도 하고, 저것이기도 한' 양가성과 '이것도 아니고, 저것도 아닌' 모호성은 중요한 차이를 갖는다. 즉 '양가성(ambivalence)'이 두 가지 특질의 공존에 대한 인식, 즉 관점이나 규모의 변화를 수반하지만 그것은 어디까지나 현존하는 가능성들 내에서의 복수성을 표현할 뿐이다. 반면에 '모호성(ambiguity)'은 아직 자격을 얻지 못한 제3의 용어의 필요성을 요청하는 것으로, 이는 관점을 변화시키는 것이 아니라 세계를 변화시키는 것이다. 따라서 모호성은 강한 '긴장'을 내포하는 것으로서, 인류학자인 마이클 허츠펠드(Michael Herzfeld)는 이 모호성을 국가라는 이상적 질서를 가장 위협하는 것으로 지목한 바도 있다. 따라서 양가성과 모호성이 일정하게 서로 중첩되는 차원임을 인식하더라도 양자 중 어디에 초점을 맞추느냐에 따라 북한 사회에 대한 상이한 이해 가능성과 전망을 낳게 될 것이라는 점은 분명하다. 4장과 5장에서는 계획과 시장의 결합과 같은 것으로 대표되는 양가성의 의미로 혼종성을 논의했던 것과는 다소 차이가 있는 이러한 모호함의 영역을 탐구하고 있다.

카타르지나 마르치냑은 4장에서 새로운 유럽적 정체성을 모색하는 폴란드의 사례를 통해 포스트 사회주의가 처한 모호한 정체성의 국면에 초점을 맞춘다. 건축과 미디어 이미지 등의 특징들을 살펴봄으로써, 베를린 장벽 해체 이후 폴란드에서 구성되는 새로운 신유럽적 정체성으로의 전환 과정에서 출현하는 모순과 긴장을 고찰하고 있다. 필자는 이러한 정체성의 긴장을 포착하기 위해 "포스트 사회주의적 혼종들"이라는 은유를 사용하고 있다. 여기서 '포스트 사회주의적 혼종'이라는 것은, 휴대폰에서부터 레스토랑까지, 서구적이고 도회적인 사물들과 이미지, 문화적 환경에서 포착되는 수많은 이종교배들, 그리고 그러한 "이종교배의 형태를 띠며 완고하게 고수하고 있는 존재감을 통해 불러일으키는 불편한 기억", 즉 망령처럼 배회하는 사회주의와 그 "망령들에 의해 꿈틀거리는 유동적인 제3지대"를 의미한다.

김지형은 5장에서 주체사상이 지닌 양가적 효과에 주목하면서 조금은 낡은 주제가 되어버린 주체사상에 대해 새로운 시각을 제시함으로써 이 주제가 결코 빛바랜 주제가 아닐 수 있음을 보여주고 있다. 필자는 주체사상의 전개과정과 그에 대한 비판을 역사적으로 고찰한 후 이데올로기로서의 주체성을 비판적으로 살펴보기 위해 "전체(성)"이라는 "내재하는 불가능성"의 관점을 제시한다. ≪천리마≫와 같은 잡지의 '주체'에 관한 이론적 담론은 물론, 영화와 회화작품 등에 내러티브와 재현의 형식으로 제시되는 주체의 "대중 논리"

들을 면밀히 분석함으로써 필자는 모호하고 불확정성에 놓인 주체의 위치를 드러내고, 이를 통해 "전체성의 순간은 또한 일관된 주체가 해체되는 순간이기도 하다"라는 결론에 다다른다. 필자는 결론적으로 주체사상을 통해 억압된 "진정한 주체성"이, 다만 국가의 외부 혹은 다양성의 차원을 통해 드러날 수 있는 것인지, 보다 근본적으로는 그러한 "진정한 주체성"이라는 것이 도달할 수 있는 어떤 것인지를 물으면서 불가능한 전체 속에서 '주체'가 처한 모호하고 불확정적인 위치로부터 출현하는 주체성의 순간을 상상하고자 한다.

4) 혼종화

통상적인 의미에서 혼종성이 그저 이질적인 것들의 뒤섞임이라는 특정한 '상황'을 묘사하는 어떤 것이라면, 혼종화(hybridization)는 변화에 대한 관리와 개입으로서, 혼종성을 특정한 방향으로 추동·억제·조절·재구성하는 힘이자 전략이라고 이해해 볼 수 있을 것이다. 달리 표현해 보자면, 혼종성이 '섞임'에 관한 것이라면 혼종화는 '섞음'을 의미하는 것으로서 '섞임'이 자체로 무작정 마구 섞이는 것이 아닌 일정한 논리와 질서, 이념을 담아내는 각축의 과정이라 할 수 있다. 따라서 북한 사회의 혼종성은 다양한 혼종화가 경합한 결과이자 효과이며 북한 사회의 '변화'를 혼종성과 연계한다는 것은 결국 '특수한 혼종화의 방식과 그 효과'에 대한 분석이라고 할 수 있다. 우리의 연구 프로젝트가 '북한의 사회변동과 혼종성의 역학(dynamics)'인 이유가 여기에 있다. 2부의 나머지 장들은 이러한 혼종화의 장치와 논리들을 고찰하고 있다.

이경묵은 6장에서 북한 사회의 혼종성에 대한 연구가 단지 '속성의 뒤섞임'과 같은 일반론을 확인하는 데 머무르는 것이 아닌, 북한 사회의 특수한 변화 혹은 변용의 메커니즘을 밝혀주는 발견적 가능성의 조건을 묻는다. 혼종성 연구의 이러한 기능을 위해 필자는 북한 체제의 기원과 작동상 서로 분리되는 것으로 식별되는 상이한 체계들이 서로 접합하거나 결합되는 지점과 방식, 그리고 그러한 결합의 '효과'로 나타나는 "예상 밖의 속성"으로서 혼종성을 이해하자고 제안한다. 즉 앞서도 지적했듯이, 혼종성에 대한 연구는 혼종화의 효과에 관한 연구라는 것이다. 필자는 '특구'야말로 혼종성에 관한 이러한 관점과 정의에 부합하는 사례로 보고 북한의 특구에서 나타나는 혼종화의 특질을 분석한다. 이를 위해 우선 특구를 "해외 자본 유치라는 목적이나 일군의 정책 수단 및 혜택의 묶음"으로 협소하게 정의하기보다는 "북한 정권 스스로가 만들어내고 선언한 예외적 공간"이라는 넓은 의미로 인식한다. 그리고 이러한 예외적 공간의 창출을 통한 발전모델을 국가의 일관된 목적과 의지(행위자-모델 국가)로 등치시키기보다는 다양한 수단들, 즉 행위자-연결망들의 '효과'(연결망-모델 국가)가 발생시키는 불확실성에 맞닥뜨려 "매번 새롭게 규칙의 적용 범위를 정하고 그 규칙을 수정하는 과제"를 떠안는 수행적 과정으로 인식한다. 필자는 특구가 예외 공간으로 발생시키는 이러한 혼종화의 효과로서 국가의 통치성과 혼종성 연구 사이의 연관, 즉 "혼종성의 국가모델"을 구성한다고 설명한다.

이지순은 7장에서 김정은 시대 국가의 문화적 퍼포먼스에 대한 분석을 통해 크레올(creole) 이미지의 차원에서 혼종화의 전략들이 드러나는 지점들을 포착하고 있다. 최근 5년 만에 재개된 〈빛나는 조국〉이 기존의 대집단체조와 예술공연 〈아리랑〉과 많은 면에서 달랐다는 점에 주목하면서 필자는 여기에 국가주의 기표로 전시된 국가상징들은 민족주의가 혼재된 양상이었다고 분석한다. 이는 민족주의와 국가주의를 전략적으로 운용하는 김정은의 통치 전략과 관련되기도 하지만, 더불어 국가주의 맥락이 혼종적으로 등장할 수밖에 없는 사회문화적 상황과 결부되어 있다고 지적한다. 여기서 '애국'은 국가주의와 민족주의의 공통분모이며, 국가상징은 애국을 바탕으로 민족이 겪은 수난의 기억을 국가주의와 혼합해 민족문화로 재문맥화한다. 이때의 국가상징은 국가를 브랜드화하고 타국과 구별되는 체계로 국가제일주의를 표상하며, 동시에 민족문화의 유산과 전통을 계승하는 민족제일주의의 스타일도 용해하고 있다.

한재헌은 8장에서 '북한 사회가 개인주의화되고 있다'는 북한사회변동의 주류적 논의 지형에 대한 비판적 개입을 위해 개별적인 것과 집단적인 것의 이원론을 통치성의 관점에서 연계·통합할 필요가 있음을 주장한다. 이를 위해 우선 '정신주의'와 '물질주의'를 관념적으로 대립시키는 이원론적 구도를 비판하고 다음으로 집단주의를 이념의 차원으로 연역하는 것이 아닌 현실에서 작동 가능한 주체들을 생산하는 구체적인 실행 프로그램이라는 수준에서 접근할 필요성을 제시한다. 즉 현실의 복잡성과 구체성을 낱낱이 규제할 수 없는 추상적 원리나 이념으로서의 집단주의가 아닌, 구체적인 실천 프로그램으로서 집단주의는 결코 완전히 소거할 수 없는 개별 주체들의 의식과 욕망, 실천들을 참조·동원하면서 집단적인 것의 외연과 내포를 구성해 나간다는 것이다. 이러한 시각을 토대로, 기성 시스템의 붕괴와 새로운 시스템의 부재 속에서 가중되는 '불확실성'은 집단주의와 개인주의 사이의 관계를 보다 복잡하게 만들 수밖에 없다는 점에 유념하면서 향후 북한 사회의 개인주의화에 관한 연구가 진행될 필요가 있음을 강조한다.

윤보영은 9장에서 북한 정부가 놀이에 부여하는 의례로서의 의미를 살펴보고 수행하는 놀이 안에서 북한 주민이 어떤 방식으로 세속화되는지를 분석하고 있다. 북한 정부는 북한 주민에게 어렵고 힘이 들수록 노래를 부르고 춤을 추며 '혁명적 랑만'의 정신으로 고난을 이겨낼 것을 독려한다. 놀이에는 고난을 맞이하는 북한 주민이 가져야 할 정신, 태도, 지향과 국가에 대한 믿음을 굳건히 가지고 있음을 확약하는 의례의 의미가 담겨 있다. 그러나 북한이탈주민이 북한에서의 삶을 회고하면서 공식적 혹은 비공식적 놀이를 하던 때를 떠올리면 그러한 의례의 '의미'를 생각하기보다는 그저 "노는 자유"를 만끽했음을 이야기한다. 우리 시선에 어둡고 갇혀 있는 것처럼 보이는 북한 사회 안에서 북한 주민은 풍부한 하위문화를 형성하고 있고 여기에서 제3의 문화, 밀고 당겨지는 제의와 놀이의 영역이 발견된다. 또한 외부 문화는 어떤 것은 선택되고 어떤 것은 누락·변별되어 북한 놀이와 섞인다. 필자는 성스러운 의례로서의 놀이를 세속화하는 문화적 혼종화의 실천들을 북한이탈주민의 생생한 언어 속에서 포착함으로써, 북한 주민들을 그저 이데올로기의 절대적 희생자이거나 외부 문화에 대한 무조건적 수용자가 아닌 능동적 행위 가능성을 지닌 주체로 인식할 필요성이 있음을 일깔한다.

3. 혼종성의 지형도 그리기, 혼종화를 추적하기

한국연구재단의 대학중점연구소 지원사업의 일환으로 진행되고 있는 우리 연구는 1~2단계 6년의 연구를 통해 총 6권의 연구 총서 발간을 계획하고 있다. 이 책을 시작으로 2권에서는 북한의 도시와 공간에서 나타나는 비공식성, 공간성 및 도시성의 재구성을 살펴볼 예정이며, 3권에서는 연줄과 뇌물, 친밀성의 재구성 등 다양한 형태로 출현하고 있는 비공식적 관계와 교환의 양식들을 고찰할 예정이다. 이후 두 번째 단계 3년 동안은 북한에서 구성되는 이러한 혼종성의 양상을 포스트 사회주의의 혼종들과 비교해 보고 그 연구 성과를 3권으로 나눠 출간할 계획이다.

아직 갈 길이 먼 우리의 연구에 관련 연구자와 독자들의 격려와 날카로운 비판은 보다 나은 연구를 위한 든든한 힘이자 길잡이가 될 것이다. 아무쪼록 많은 관심과 논평을 감히 부탁드린다.

감사와 양해의 말을 빼놓을 수 없다. 여러 업무와 연구로 바쁜 와중에도 소중한 원고를 보내주신 필자들께, 그리고 수요가 매우 제한적일 수 있는 주제임에도 불구하고 출간을 결정해 준 한울엠플러스(주)와 늦어지는 원고와 교정본을 기다리며 수고해 준 편집자에게 깊은 감사의 말씀을 드린다.

2021년 4월
필자들을 대신해
김용현·한재헌

차례

제 **1** 부

혼종성이라는 문제 설정

북한 사회 인식의 습속과 혼종성이라는 문제 설정

한재헌_동국대학교 북한학연구소 연구교수
고유환_통일연구원 원장, 동국대학교 북한학과 교수

1. 서론

남북정상회담 이후 북한 도시와 일상의 변화상을 소개하는 대중서가 서점에 즐비하다. 저널리즘 시선들은 평양의 '놀라운' 외관 변화를 담아내기에 분주하다. 아래로부터의 소비 열망과 갖가지 사물과 매체를 이용한 외부 세계 접속 경험이 더 이상 불온한 인민 식별의 표지는 아니다. 국가는 서구를 향한 한편의 열망과 다른 한편의 두려움으로, 나름대로 모방과 번안의 통치 전략을 구사하면서 사회주의라는 기표에 '문명국'을 접합시킨다. "북한은 놀라울 정도로 변하고 있다"라는 탄성을 잠시 거두고, 북한 사회 변화 논리의 이러한 다층성과 교차를 이해하기 위한 새로운 언어를 발견해야 할 시점이다. 이 글의

＊   이 장은 필자가 2020년 《북한학 연구》 제16권 1호에 게재한 「북한사회인식의 습속과 혼종성이라는 문제설정」을 수정·보완한 것이다.

'혼종성(hybridity)'에 대한 관심은 한편으로는 북한의 변화가 지닌 이러한 복잡성을 드러내고, 다른 한편으로는 이를 새롭게 이론화할 필요성이 있다는 인식에서 비롯된다. 이러한 배경에서 이 장은 북한 사회 혹은 북한사회변동에 관한 기존의 지배적 논의들이 지닌 이원론적 구도를 비판적으로 검토하고, 대안적 문제 설정으로서 혼종성의 시각(perspective)을 도입할 것을 시론적으로 제안하는 것을 목적으로 한다. 이를 위해 혼종성 이론의 계보를 북한 사회 인식의 성찰이라는 과제와의 연관을 중심으로 살펴본 후 혼종성이라는 문제 설정을 통해 북한 사회 변화를 이해할 과제를 도출한다.

혼종성은 주로 탈식민주의와 문화연구를 필두로 한 문화혼종성의 용법과 이미지를 떠올리게 한다. 이질적인 문화들이 뒤섞인다는 혼종성에 대한 강력한 이미지로 인해 북한과 같이 폐쇄적이고 동질적인 체제에 이 개념이 과연 적실성이 있는가에 대해 의문을 던질 수도 있다. 그러나 혼종성이라는 개념은 서로 다른 문화의 섞임이라는 협소한 차원을 넘어 전 지구화와 로컬의 상호 관계, 경계와 접촉 및 이동을 통한 문화변용의 과정, 자본주의와 사회주의를 가로지르는 포스트 사회주의 체제 사회구성체의 복잡성, 이질적인 요소들을 접합시키는 담론 정치의 기술 등, 실로 다양한 분야와 주제를 포괄하는 의미로 쓰이고 있다. 이 글에서 혼종성이라는 개념적 틀을 도입하는 이유는 바로 기존의 문법으로 북한 사회의 중층적이고 다면적인 변화 메커니즘과 성격을 이해하는 데는 일정한 한계에 봉착했다는 인식하에, 혼종성의 다양한 용법을 참조하고 변용해 활용함으로써 김정은 시대 북한 체제의 작동 논리를 이론화하기 위한 작업의 시작을 알리는 의미가 있다. 특히 포스트 사회주의 사회변동 연구의 다층적인 면모와 비교해 볼 때, 북한사회변동에 관한 연구들은 양적으로나 질적으로나 '시장화'라는 차원으로 과잉 환원되고 있다는 점이 이글이 우선적으로 주목하는 대목이다. 이 글은 사회변동을 다양한 층위와 영역을 지닌 것으로 인식하며, 개별 층위와 영역에 따라 상이한 논리와 메커니즘이 작동되면서 접합·공존하는 매우 혼종적인 성격을 지닌 것으로 파악하는 포스트 사회주의 연구를 주목한다. 이에 이 글에서는 사회과학 일반과 해외의 포스트 사회주의 연구의 최신 이론 및 연구 성과들과 적극적으로 조우하면서, 북한사회변동이 지닌 다층적 면모와 복잡한 맥락을 포착하고 전망하기 위한 후발 주자로서의 장점을 살리는 인식의 도구로 삼고자 한다.

이 장은 우선 북한 사회 변화론의 새로운 지평을 모색하기 위한 선차적 과제로서 북한 사회를 인식하는 일련의 시각과 습속을 비판적으로 검토하고, 이어 이러한 성찰적 과제와 관련해 혼종성의 이론과 관점은 어떤 유사한, 그리고 유의미한 문제의식을 제출해 왔는지를 살펴본다. 이를 토대로 북한 사회에 관한 새로운 인식의 과제를 제출한다.

2. 북한 사회 인식의 이원론적 구조

북한 사회와 사회 변화에 대한 학술적·비학술적 언술들은 외견상 최근 북한의 변화상을 그저 사실적이고 객관적인 방식으로 서술하는 듯 보이지만, 변화에 대한 해석의 전제와 서술의 구성 방식을 자세히 톺아보면 어떤 공통적인 지배적 시선들에 입각한 '담론 구성체'적 성격을 강하게 보여주고 있다. 이 장에서는 그러한 지배적 시선과 그것을 떠받치는 선험적 전제를 20세기 국가사회주의를 바라보는 '이원론적 사고'의 한 유형[1]으로 보고, 그것의 다양한 양태들을 스케치하는 것으로 논의를 시작하고자 한다.

---

1) 유르착(2019)의 "1장 이원론적 사회주의"를 참조.

1) 북한 사회(변동) 인식의 풍경

(1) 환원(reduction): '북한 사회 변화=시장화'

북한의 사회 변화를 시장화로 환원하는 태도는 변화의 다층적 차원과 맥락을 시야에서 놓치게 될 뿐만 아니라, 북한사회변동의 성격 해석과 앞으로의 변화 방향을 전망하는 데 있어 일정한 편향을 가져올 수 있는 매우 중요한 문제이다.[2] 북한 사회의 변화를 '시장화'로 환원하거나, 더 나아가 북한 사회 변화란 시장화와 동의어인 것처럼 사태를 인식하는 태도는 '시장화'가 경제의 구조 개혁을 가져오고 그 결과, 새로운 주체들을 생산해 내면서 장기적으로는 정치적 개방으로까지 나아갈 잠재적 동력을 마련하게 된다는 일련의 '근대화론'적 가정을 전제로 한다. 그러나 포스트 사회주의의 역사, 그리고 제3의 물결이라 명명된 제3세계 민주화 이행의 역사가 말해주는 바는 시장화·사유화 등의 개혁·개방이 제도적 진화·발전의 의미와 경로만을 결과하지 않는다는 점을 다양한 형태로 보여준다. 그것은 되려, 개혁과 이행이 놓여 있는 정치사회적 맥락, 관여하는 개별적·집단적 주체들의 네트워크 형태와 그를 통한 자원 동원 방식 및 정치적 선택 등 실로 다양한 변수들에 따라서―인류학적 용어를 빌리면―'내향적 복잡화'(involution)의 형태를 심화시키는 일련의 '과도기적 양식'의 고착화로 나타나기 일쑤였다.[3] 따라서 혼종성의 관점은 정치-경제-사회 전 영역에 연루되면서 모든 변화를 시장 논리로 말끔하게 대체-재구성

---

2) 북한 사회 변화에 대한 주류적인 연구 경향에서 나타나는 이와 같은 편향에 대해서 박형중(2013)과 김성경(2019)도 유사한 비판을 한 바 있다. 이들은 모두 북한의 '변화'를 '시장화'로 환원하는 구도에 대해 문제를 제기한다.

3) 포스트 사회주의 체제의 "involution"에 대해서는, 중국과 러시아를 비교한 마이클 부라보이(Burawoy, 1996: 1105~1117)를 참조.

되는 것이 아니라 오히려 그 반대로, 시장화의 메커니즘과 시장의 논리가 복잡한 맥락 속에서 변형된다는 점을 강조한다. 즉 시장의 논리는 어떤 정치사회적 맥락 속에 놓여(embedded) 작동하게 되는지, 그리고 시장 논리로 환원되지 않는 상이한 정치적·사회적 논리 등이 접합되는 양상을 논구하는 전략이보다 중요하다고 보는 것이다. 따라서 '시장화'는 중요한 연구 대상임은 분명하지만 북한사회변동의 한 양상으로 상대화해 다룰 필요가 있다.

(2) 총체성(totality): 과잉-극화와 과잉-기각의 윤회(輪廻)

거대한 정치 이벤트를 계기로 다양한 미디어 장치를 통해 북한의 변화상을 엿볼 때면 북한의 변화에 대한 감탄을 늘어놓다가도, 북한 최고지도자의 말과 행동 향방에 따라 어느새 또다시 '북한은 하나도 변하지 않았다'는 언술이 힘을 얻는다. 그러다 또 다른 역사적 이벤트가 도래하면 언제 그랬냐는 듯, 다시 '북한이 변하고 있다'는 탄성을 쏟아낸다. 이런 윤회의 구조는 어디에서 비롯되는가? 다양한 차원으로 분석이 가능하겠지만 여기서는 북한이라고 하는 인식 대상에 대해 항상 '총체적'인 이미지 혹은 감각, 심지어 기분으로 그들을 대상화한다는 점을 지적하고자 한다.[4] 부분은 총체성과의 연관 속에 놓이기에 부분의 변화를 전체의 변화와 연관시키는 입장이 나올 수 있으며, 반대로 총체적으로 구성되어 있기에 부분의 변화는 그 변화하지 않는 총체성의 위계 안에서 무력화되는 것으로도 이해된다. 따라서 '총체성'이라는 시각 속에서, 한편에서는 연구자의 입장에 따라 가시권에 드는 외양의 변화를 '과잉-극화' 하는 한편의 태도와, '본질'적으로 보면 그들은 하나도 변한 것이 없다는 '과잉

---

4) 이와 관련해서 다른 한편으로, 북한에 대한 일상적 담론들은 언제나 구체적 층위와 부문을 건너뛴 '북한은'이라는 추상적이고 단일한(monolithic), 총체적 주어를 사용한다는 점도 주목해 볼 필요가 있다.

-기각' 태도의 이분법적 대결 인식을 수반한다는 것이다.[5]

북한 사회 인식의 이러한 습속이 말해주는 점은, 우리는 어떤 면에서는 북한을 철저히 미지의 영역으로 놓으면서, 다른 한편으로는 마치 우리 모두가 이미 북한의 본질을 알고 있는 것처럼 생각하고 말하는 역설적 상황과 연관된다. 이러한 역설의 구조는 잊을 만하면 반복되는 '붕괴론'과 그와 대립하는 '북맹론'의 대결 구도로도 이어진다. '붕괴론'이 역사 종언 테제나 '워싱턴 컨센서스'와 같은 서구 중심주의를 인식의 기저에 깔고, 낡은 전체주의론의 총체성과 결합해 나타나는 것이라면,[6] '북맹론'은 그 거울상으로서, 북한에 대한 자신의 경험 세계를 북한의 '모든 것'인 양 과장하는 조야한 경험주의적 태도를 인식의 기저에 깔고 등장한다.[7]

북한이 변하고 있다는 '탄성'은 그들이 늘 변하지 않는 무엇인가—본질—를 지니고 있다는 굳건한 무의식을 이면에 감춰두고 있다.

---

5) "과잉-극화"라는 표현은 오스본(Osborne, 1998)에서 가져온 것이다. 오스본은 근대성에 대한 이분법적 이해가 지닌 문제로 사회 변화를 한두 개의 기본적인 요소들로 '과잉-극화'(over-dramatize)하고 압축(condense)해 버리는 것에 있다고 비판한다(Osborne, 1998: 19). 오스본을 원용해 본다면, 우리는 평양 등 몇몇 대도시의 외양 변화를 '과잉-극화'하고 시장화라는 요소로 '압축'해 북한의 변화를 과잉-대표해 이해하고 있다고 말할 수도 있다. 그리고 이것을 인정한다면 우리는 북한의 근대성에 대해 거대한 이분법적 틀 내에서 사고하고 있다고 또한 말할 수 있다. 베이징대의 진징이 교수는 《한겨레》 신문의 칼럼을 통해 북한이 "어지러움을 느낄 만큼 현란한 변화를 일으키고 있다"라고까지 말한 바 있다(진징이, 2018. 5.20).

6) '북한 붕괴론'만큼이나 '중국 붕괴론'도 끈질기게 반복된다는 점은 이를 흥미롭게 방증한다(정종호, 2017.4.19).

7) 조야한 경험론의 형태를 띤 이 '북맹론'은 민주화 이후 불었던 '북한바로알기' 담론의 최근 판본으로 다양한 강연과 언론을 통해 "대한민국 사회는 총체적 북맹(北盲)의 사회"라고 설파하고 있는 김진향을 통해 발화되었다. 그리고 직접적으로 '북맹'이라는 표현을 쓰고 있지는 않지만 기본적으로 관점을 공유하는 다양한 대중서가 출판된 바 있다. 이들은 하나같이 북한에 대한 '총체적 무지'에 대응한 '완전한 앎'을 약속한다. 이것이 단지 프로모션을 위한 과장된 서사이기만 한 것이 아님은 자명하다(김진향, 2019; 김이경, 2019; 신은미, 2019).

(3) 이분법(dichotomy): '내재적 접근법'의 그림자

이러한 총체성의 시각은 북한이라는 세계 인식에 대한 이분법으로 이어지는바, 이는 기성의 전체주의 접근법을 비판하고 성찰하는 것으로 자신을 규정하면서 출현, 북한 연구의 한 국면을 풍미했던 이른바 '내재적 접근법'의 축을 이루고 있다.[8] 내재적 접근법식의 북한 사회 설명 방식에서 나타나는 극단적인 이분법의 대표적 예로 사회주의를 집단주의·정신주의로, 자본주의를 개인주의·물질주의로 추상화하는 것 등을 들 수 있다. 이러한 인식의 틀은 학술적 담론의 장과 비학술적이거나 저널리즘적인 공간의 담론 사이에서 질적인 차이를 보이지 않고 나타나기도 한다. 이러한 설명 방식은 '집단주의'나 '개인주의'에 대한 개념 정의를 북한의 공식 담론의 것을 무비판적으로 그대로 인용하면서 논의를 풀어가는 것의 귀결이다. 여기서 집단주의의 다양성, 개인주의의 다양성, 집단주의와 개인주의의 중첩, 집단주의적 개인주의, 개인주의에 기초한 집단주의, 사회주의의 물질주의(산업주의), 자본주의의 집단주의(개발독재 체제) 등은 시야에서 사라진다. 그 귀결은 바로 북한이 집단주의에서 개인주의로 단절적으로 '이행'하고 있다는 등의 설명이다. 이러한 도식적 설명의 구도는 낡은 전체주의와의 질적인 차이를 보이지 못한다. 바로 이러한 설명의 방식이, 동독을 엄밀한 사회과학적 분석의 대상으로 삼아야 한다는 인식 하에 다양한 이론적 자원들과 개념적 도구를 통해 동독을 연구했던 서독의 내재적 접근과 한국의 내재적 접근이 갖는 질적인 차이였다.

---

8) 이러한 의미에서 실제 한국의 북한 연구 장에서 '실행되었던' 그것은 기실 전체주의 접근법
　　―총체성―의 전도된 이미지였다는 혐의를 안고 있다고도 볼 수 있다.

(4) 일의성(univocity): 프로파간다라는 시선[9]의 텍스트 이해

알렉세이 유르착(Alexei Yurchak)은 사회주의 체제의 몰락 이후 학술 저술 및 언론에서 재생산되고 있는 이원론 담론의 가장 극단적 사례들에서 소비에트 시민은 아예 행위 주체성을 갖지 못한 존재로 그려진다는 점을 비판한 바 있다. 그러한 이원론적 모델 담론은 연구자가 "특수하게 처해 있는 입장"에서 생산되었다는 것이다. 즉 사회주의 바깥이나 사회주의 이후의 회고적인 입장에서 대개 반(反)사회주의적, 포스트 사회주의적 입장이 지배하는 맥락 속에서 생산된 것들이 많다(유르착, 2019). 이러한 설명의 대표적인 구도가 바로 외부 문물에 의한 북한 내부 변혁의 담론이다. 예컨대 미국을 방문했던 탈북자들이 존스홉킨스대학교 국제대학원 산하 한미연구소 주최로 열린 토론회에서 "북한의 변화를 위해서는 외부 세계의 정보를 북한에 보내는 것이 중요하다"라고 말하면서 그 이유로 "북한 주민들이 그 같은 정보를 통해 진실을 알 수 있기 때문"이라고 한목소리를 냈다(이연철, 2015.3.5). 이 매우 익숙한 언명은 물론 그 자체로 부정될 수 없는 부분적 진실을 담고 있다. 다만 우리가 한 걸음 더 나아가야 하는 것은 북한의 변화 동력에 관한 다양한 요인 설명 방식 중 가장 먼저 '외부 정보의 유입'이라는 차원을 최우선적 요소로 언급하고 있는가의 문제이다. 이러한 관점은 북한에서 유통되는 텍스트가 단 하나의 의미만을 지닌다는 것, 그리고 북한 주민은 이들 이데올로기와 담론의 완전한 희생자로서만 존재한다는 점을 전제한다. 따라서 북한 내부로부터의 새로운 담론 생성은 불가능하며 그것은 오직 그러한 담론들 외부의 진리-담론 유입을 통해서만 가능하다는 것을 의미한다. 외부 문화와의 접촉을 통한 '계몽적 자각'이 북한의 내부로부터 '변화'를 만들어내는 요소의 하나라는 설명과, 북

---

9) 이 표현은 박세진(2019) 참조.

한 사회를 변화시키는 힘은 오직 그것으로부터 나올 것이라는 믿음은 전혀 다른 문제이다. 또한 이들이 "대북 정보 유입은 시간이 많이 걸리는 방법이지만 통일 이후에도 남북 간의 문화적인 차이를 줄이고 서로 화합할 수 있도록 만드는 아주 좋은 정보 공유 수단"(이연철, 2015.3.5)이 될 것이라고 덧붙인 언명은 그 '변화'라는 것이 뚜렷한 '목적론적' 혐의를 지닌 것이자, '동질화'의 욕망과 희망적 믿음을 예비하고 있는 것이라고 볼 수 있다. '외부 문화에 의한 변화'라는 강력한 시각은 프로파간다 체제를 향한 우리의 시선이 역(逆)프로파간다의 구조를 내포한 일종의 거울상임을 표현한다.[10]

2) 혼종성의 흔적들: 기존 북한 연구의 관련 성과와 한계

(1) 지향과 성과

기존 연구에서도 혼종성에 관한 흔적들은 찾아볼 수 있다. 이는 직접적으로 '혼종성'이라는 명명의 형태를 취하는 경우와, 문제의식과 관점상에서 혼종성의 관념을 일정 부분 공유하는 경우로 나눠볼 수 있겠다. 우선 '혼종'이라는 표현은 기존의 연구들 속에서도 간헐적으로 언급되어 왔다. 주로 시장화 이후 나타나는, 어느 하나의 특징으로 환원할 수 없는 '복합적' 정체성의 특질들을 표현하고자 할 때[11] 혹은 그러한 '모호성'을 좀 더 적극적으로 개념화하면서 북한의 현 정치경제 체제를 '혼종 체제'라고 규정하는 경우[12]도 있다.

---

10) 이에 대한 자세한 설명은 이 책 2장을 참조하시오.

11) 예컨대 윤철기는 북한 노동계급의 정체성에 관한 연구에서 북한의 노동자들이 "현존 사회주의의 특성을 가지고 있지도 그렇다고 자본주의적 특성을 가지고 있다고도 말할 수 없(는) …… '복합적(hybrid)'인 성격"을 띠고 있다고 요약한 바 있다(윤철기, 2016: 179~180).

12) 대표적으로 최봉대(2019)와 민영기(2019.12.30)를 들 수 있다. 최봉대는 "소련이나 동구의 체제 전환의 중요한 특징은 국(공)유제에서 사유제로의 전환과 시장경제의 도입과 발전

다음으로 '혼종성'이라는 개념 혹은 명명의 형태를 직접적으로 취하고 있지는 않지만 문제의식에 있어서 근접한 관점을 공유하는 연구들이 존재한다.

우선 대표적으로 행위자-네트워크 이론(이하, 'ANT')을 경유해 북한을 분석하는 연구들[13]을 들 수 있다. 혼종성을 세계에 관한 존재론적 지평에 관한 것이라고도 볼 수 있다면 ANT는 그러한 존재론을 가장 치열하게 전면적으로 펼쳐 보인 이론이라고 할 수 있다. ANT가 새로운 존재론이라는 점은 인간·비인간, 자연·사회, 미시·거시, 행위·구조 등과 같은 일체의 '선험적' 이원론의 전제와 그에 기반한 선후의 위계와 인과관계의 체계를 '존재론적으로' 기각한다는 점에 있다. 그러한 이원론은 '존재하지' 않으며 존재하는 것은 선후도 위계도 미리 전제되지 않는 '하나의 지평(the one plane)'일 따름이라는 것이다

…… 그런데 중국이나 베트남, 또는 일부 재국유화가 이루어진 러시아처럼 소유권이 다변화되어 있고, 국가 부문도 사적 부문과 마찬가지로 시장 의존적 발전을 도모하는 혼종형 체제의 특성을 국유제-사유제 또는 계획경제-시장경제와 같은 이분법적 접근에 의해 설명하기는 곤란하다"면서, 이러한 "모호한 혼종형 체제와 관련된 이행론적 시사점을 도출할 수 있는 유용한 분석도구로 재산권 레짐(the property rights regime)과 재산권 권리다발(the bundle of property rights) 개념"을 제안한다. 그에게 있어 혼종성은 "국가-시장의 이분법적 범주로는 규정하기 어려운" 이행의 한 형태—즉 "혼종성 이행 체제"—로 요약된다(최봉대, 2019: 194~195). 민영기는 "팽창되는 화폐적 관계"와 "주춧돌만 남은 노쇠한 모습"의 "기존 공동체"를 대비하면서, "표면적으로는 수령-당의 무오류한 신성성이 끊임없이 선포되는 가운데, 내면에는 탐욕스러운 미다스가 웅크리고 앉아 황금 주판을 두드리는 혼종(hybrid) 체제로 변화하고 있다"라고 요약한다. 그에게 있어 혼종성은 "기존 공동체를 해체하고 한 단계 더 높은 형태의 공동체로 도약할 의지도, 능력도 없(는)" 결과로서 생성된, "사회주의도 자본주의도 아닌, 묘한 체제의 덫"으로 이해된다(민영기, 2019.12.30).

13) 행위자-네트워크 이론을 경유한 연구들은 우선 분단/탈분단을 연구하기 위해 '도입'되었다가 이들 과제를 진행해 온 일군의 연구자들을 중심으로 북한 연구로 영역을 확장하면서 간헐적으로 이루어지고 있다. ANT 자체가 북한 연구의 장에서는 매우 낯선 것이기도 하거니와, 그 존재론과 방법론이 근대성에 대한 발본적인 문제 제기로서 북한 연구의 에토스를 근본에서 재고할 것을 요구하는 것인 까닭에, 학술적으로나 정서적으로나 북한 연구의 주류로 진입하기에는 다소 시간이 걸릴 것으로 보인다. 따라서 ANT를 경유한 북한 연구가 현재로서는 매우 부족한 상황이다. 관련 연구 성과들로는 홍민(2013), 고유환(2013)이 있다.

(Law, 1992: 379~384; Latour, 1996; Latour, 2007: 173~246). 이러한 존재론에 기초해 ANT는 연구의 태도이자 방법으로서 어떤 선험적 가정도 배제하는 의미로서 "일반화된 대칭성(generalized symmetry)", "일반화된 불가지론(generalized agnosticism)" 등의 원칙들을 제시한다(Callon, 1986: 196~201, 221~222).

일상생활 연구 방법을 통한 북한 연구에 있어서도 '방법론적 지향'에 있어서 혼종성의 문제의식을 공유하고 있다. 박순성·고유환·홍민(2008)은 일상생활 연구가 단지 일상의 자질구레한 생활상을 살펴보는 차원이 아닌 일상과 비일상의 '구분'을 넘어서려는 방법론적 시도임을 밝히고 있다. 이러한 문제의식에 따라 일상생활을 하나의 '방법'으로, 즉 구조·행위, 거시·미시, 지배·저항의 이원론적 쌍을 분리·대립이 아닌 '연계'라는 차원에서 이해할 수 있는 공간으로 이해함으로써 혼종성의 문제의식을 일정하게 선취했다고 할 수 있다.[14]

(2) 현실과 한계

기존 연구들은 북한 연구의 이원론적 구도를 넘어서겠다는 인식론적·방법론적 지향에도 불구하고 현실에서는 그러한 도전이 온전히 구현되기에는 일정 정도 한계를 노정해 왔다고 할 수 있다.[15] 이는 무엇보다 북한 연구 학계에서 아직 이와 같은 발본적인 존재론적 전환의 필요성이 북한을 인식하는 데까지 적용될 수 있는지에 대한 의구심 내지 주저, 혹은 저항의 존재 때문일 것

---

14) 그러나 이러한 문제의식에도 불구하고 실제 연구가 수행되는 과정에서는 그러한 관점과 지향들이 일정 정도 후퇴하거나 사상되는 경우도 발생하고 있다. 그럼에도 불구하고 그러한 문제 제기와 일상생활 연구 선언의 의미는 그 자체로서 자못 컸다고 할 수 있으며 이 글은 그러한 미완의 지향들을 계승하고 심화시켜 나가려는 노력의 일환이라고 하겠다.
15) 이러한 현실과 한계들은 연구자들 개인의 연구 관점이나 역량 문제로 환원할 수 없는, 장기적 연구를 가로막는 한국의 객관적인 연구 풍토에 절반의 책임이 있다고 하겠다.

이다. 예컨대 앞서 언급한 ANT의 방법론적 가능성 또한 난해한 ANT를 '제대로' 이해하고 '정확히 적용'하는 문제 이전에, 우리는 과연 북한이라는 연구 대상에 대한 기존의 군건한 존재론을 의심하고 이를 새롭게 인식할 준비가 되어 있는가의 문제라고 할 것이다. 즉 홍민(2013)이 지적했듯이 우리에게 너무나 자명하고 또 확정적으로 인식되는 '북한적인 것', 그러한 설명을 가능케 하는 일체의 요소들을 새롭게 추적, 재조립하는 작업이 필요한 것이다. '북한적'이라는 것은 설명의 전제가 아니라 설명되어야 하는 것이다. ANT라는 이론 자체의 생경함이 일정 정도 해소되고 이를 근거로 삼은 설득력 있는 연구 성과들이 도출되면 ANT에 대한 다소간의 '정서적인 거부감'은 해소될 것으로 보인다. 무엇보다 중요한 것은 ANT를 경유함으로써 그렇지 않았을 때보다 더 나은 설명, 더 많은 포착이 가능함을 보여주는 것이다.

다음으로 '혼종'이라는 표현을 직접적으로 언급하는 연구에서도 우선 연구 주제의 면에서 '시장화'라는 차원으로 협소하게 다뤄지고 있다. 주로 계획과 시장의 원리와 메커니즘이 결합해 작동하는 현상을 집약해 묘사하는 수준에서 언급되고 있다. 혼종성에 대한 이러한 용법들은 혼종성을 현상 '기술(description)'의 용도 이상으로 적극적으로 활용하지 않거나 못하고 있는 까닭에, 혼종성 자체의 역학(dynamics)과 혼종성의 정치학을 사유하지 않거나 못하고 있다. 전략으로서의 혼종성, 혼종성을 둘러싼 국가·사회 간의 각축과 갈등, 국가·사회의 세계 체제 편입과 관련한 갈등, 혼종성의 담론적 구성 전략 등 동학적 관점에서 혼종성을 적극적으로 사유할 필요가 있다는 것이 이 글의 관점이다. 요컨대 기존 용법이 논의의 봉합 혹은 결론을 위한 것이라면 우리에게 혼종성은 논의의 출발점을 의미한다.

3. 혼종성 이론의 주요 관점들: 북한사회변동의 문제와 연관하여

혼종성 혹은 혼성성(hybridity)과 관련한 연구는 자연과학에서부터 근대성(modernity), 지구화(globalization), 식민주의 등 인문사회과학까지 아우르는 너무나 방대하고 복잡한 개념, 발상, 이론, 관념의 집합체이기 때문에 여기서 혼종성의 이론을 '개괄'한다는 것은 물리적으로 불가능할 뿐더러 동시에 무용하다. 그렇다고 해서 이를 건너뛸 수도 없다. 따라서 이 장에서는 북한 사회 변화를 인식하는 기성의 '이원론적 구조'에 대한 성찰을 염두에 두면서 혼종성이론을 구성하는 몇 가지 주요 개념과 관점들을 살펴보고자 한다. 즉 서구 자본주의에 대한 인식과 담론에 관한 문제로서 '양가성(ambivalence)'의 개념, 중심과 주변 혹은 지구화와 로컬의 관계에 관한 물음으로서 '동질화인가, 혼종화인가'의 문제, 마지막으로 혼종성의 포스트 사회주의적 차원에 관한 문제 ─혼종성의 정치경제학─가 그것이다.

1) 양가성과 헤게모니: 혼종성의 정치

혼종성은 너무나 남용되어 온 용어이다. 또한 한편으로는 생물학적 본질주의에 연루되었다는 오명의 덫에 걸린 용어로, 다른 한편으로는 문화적 유목주의(cultural nomadology)라는 형식을 증대하기 위해 가속화된 용어라는, 양극단의 입장을 표현하는 용어이기도 했다. 혼종성에 대한 학술적, 실천적 논의들은 이러한 고정성과 이동성의 이분법적 극단에 대한 비평의 과정이었다고 해도 과언이 아니다(Papastergiadis, 2005: 39). 즉 혼종성은 '이러저러한 이질적인 것들이 뒤섞여 있다'는 중립적(neutral)이고 정적(static)이며 객관적인 상태 묘사의 차원으로 그치는 것이 아닌 매우 정치적이고 양가적인, 따라서 역동적이고 경합적인 성격을 내포한 현상을 포착하고 해석하려고 하는 관점들의 포괄적 범주이다. 따라서 혼종성은 비대칭의 권력관계를 조건으로 하는 정치적인 것의 영역으로, 동등성을 의미하지 않는다. 그리고 혼종화 과정 속에서 권력관계는 재생산(reproduced)될 뿐만 아니라 재구성(reconfigured)된다. 이러한 점에서 다시, 혼종성은 단순한 상태의 묘사가 아닌 동적인 다이내믹스에 대한 포착을 의미한다는 점을 강조한다. 즉 혼합의 요소들이 처한 맥락과 상대적 위치에 따라 혼종성은 비대칭이 될 수도, 대칭적 관계가 될 수도 있는 정치적 구성의 과정이다. 예컨대 혼종성은 민족적 통합의 요소와 과정이라는 기능주의적 속성으로 이해되기도 하면서(송병선, 2004) 동시에 그러한 통합의 논리를 미끄러지게 하고 파열을 만들어내는 급진적 가능성의 차원에서 해석되기도[16] 한다.

이러한 점들은 『문화 혼종성』(버크, 2012)에서 혼종성에 대해 펼쳐 보이는 저자 피터 버크(Peter Burke)의 다소간 '중립적인' 서술 방식과 이에 대한 '해제'의 형식을 빌려 은연중의 불만을 드러내 보이는 이택광의 '정치적 독해'[17] 사이의 긴장에서도 흥미롭게 포착된다. 이러한 연유로 특별히 포스트 식민주의 담론의 공간은 혼종성이라는 개념이 만들어지고 전략으로 활용되는 핵심적 장소가 되었다.

북한사회변동의 논리와 방향을 해석함에 있어서도 자본주의 혹은 서구라는 대상을 인식하면서 구성해 내는 일련의 지배적 담론들은 가장 핵심적인 지

---

16) 호미 바바로 대표되는 포스트 식민주의적 문화이론이 여기에 해당한다. 바바(2016)는 바로 그러한 미끄러짐과 균열이 만들어지는 양가성의 제3공간에 '문화가 위치한다'고 보고 있다.

17) 이택광은 문화 다양성, 다문화주의와 같은 문화적 혼종성이 하나의 "거부할 수 없는 현실"임과 동시에 "차이를 전제한 동화 정책의 변주에 불과"한 가능성이자 "정치적 사안을 봉합시켜 버리는 억압의 기제가 감춰져 있을 수 있다"라는 가능성, 즉 곤경과 실패의 징후이기도 함을 역설한다.

위를 점하는 문제라고 할 수 있다. 호미 바바(Homi Bhabha)로 대표되는 포스트 식민주의 문화이론의 핵심 개념이라고 할 수 있는 양가성의 차원이 이를 해석하기 위한 도구로서 중요하게 대두된다. 즉 '세계적 추세'를 따라잡으면서도 '사회주의적 본류'를 고수하고, 동시에 전통을 현대에 맞게 재구성함으로써 인민들에게 '문명한' 세계상을 경험하게 해주겠다는 양가적 담론들은, 그래서 "서구의 테크놀로지는 차용"하면서 "서구의 이데올로기는 거부하는" 비판의 가능성을 내재하는 전유의 과정이자 서구 문명을 '사회주의 문명'으로 다시 쓰려는 "상호텍스트적 혼성화"의 장인 것이다. 따라서 이는 외래문화의 '침습'에 의한 '오염'이라거나 '한류'에 의한 '동질화'의 과정이라기보다는 "'교섭'과 '혼성성'의 과정"으로 이해될 수 있는 것이다(이경원, 2000: 186).

앞서 강조했듯이 혼종성은 특정한 정태적(static) 상황, 혹은 그것의 실체를 단순 기술(description)하는 것이 아니다. 그것은 권력과 담론, 즉 통치의 장치와 전략, 정치적인 것의 연관을 지닌 문제라고 볼 수 있다. 따라서 북한 사회의 '변화'에 대한 새로운 인식 가능성이라는 과제를 유념한다면, 혼종성에 대해 '혼종성이란 무엇인가?(What is hybridity?)'라는 영원히 끝나지 않을 늪 속으로 빠져드는 것이 아니라, '그래서 혼종성이 어쨌다는 말인가?(Hybridity, so what?)'[18]라는 보다 실천적인 질문으로 접근하는 것이 훨씬 유익하다고 할 것이다. 혼종성은 어떤 '힘'을 발휘하는가, 혼종성은 어떤 '논리와 전략'을 구성하면서 나타나는가, 즉 혼종성 자체의 다이내믹스에 대한 것에서부터 결국 혼종성이란 좋은 것인가 나쁜 것인가라는 문제에까지 접근해야 할 것이다. 결국 혼종성은 철저히 정치적인 문제이자 권력의 자장 속에서 작동하는 것이라

---

18) 이는 지구화 연구의 대표적 학자이자 지구화를 동질화의 과정이 아닌 혼종화의 차원으로 접근한 대표적 논자이기도 한 얀 피테르서의 논문 제목이기도 하다(Pieterse, 2001).

고 할 수 있으며, 혼종성의 향방은 목적론적으로 정해져 있지 않은 그야말로 헤게모니적인 문제라고 할 수 있다.

2) 중심과 주변: 동질화인가, 혼종화인가?

이러한 양가성과 헤게모니의 문제는 지구화의 압력과 로컬의 대응이라고 하는 문제에서 중요하게 표현된다. 혼종성은 혼종적인 것과 순수한 것 사이의 '관계' 문제이다. 따라서 혼종성은 'multi-'보다는 'inter-'를 강조하는 관점이라고 할 수 있다. 혼종성은 순수성을 전제로 할 때만 가능하기 때문에 혼종성을 말하려면 순수성이라는 것을 정의할 수 있어야 한다. 순수성이라고 정의 내릴 수 있는 것이 없다면 모든 것은 혼종적인 것이 되며, 따라서 혼종성은 의미 없는 개념이 되기 때문이다. 이와 관련해 혼종성은 세 차원을 포함한다. 서로 다른 집단들이 서로 간의 비대칭적 관계를 유지 혹은 강화하기 위해 혼종과 순수의 개념을 구축하는 인식 방식으로서 혼종성, 문화적 순수성이라는 가정이 만들어내는 비대칭적 힘의 관계를 분석하고 해체하기 위한 학문적 접근법의 은유로서 혼종성, 문화 간 만남을 분석하기 위한 방법론적 접근의 기초로서 혼종성이 그것이다. 혼종성은 어휘로서의 의미로만 보면 서로 다르게, 분리되어 있어야 할 현상들의 섞임으로 대중적으로 인식된다. 섞임으로서의 혼종성은 혼종화라는 섞음의 양식을 포함하게 되는데 혼종화는 기존의 실천·관행(practices)으로부터 분리되어 새로운 실천·관행의 형식과 재결합하는 방식을 의미하게 된다.

그렇다면 이러한 언명이 던져주는 질문은 우선, 북한의 변화가 어떤 구체적인 구조적(전략적·전술적) 양태를 갖게 될 것인지, 그리고 그러한 변화는 그들이 욕망하는 바대로 '동질화'의 방향성을 전망하는 성격을 갖게 될 것인지의 문제이다. 이 지점에서 북한 사회의 변화를 인식하는 관념으로서 '혼종성'이라는 문제틀이 갖는 의의가 있다. 혼종성의 관념은 '혼종적 동질화'의 방향성과 '더 많은 혼종화'의 방향성을 동시에, 그리고 양가적으로 표현하는 것이기 때문이다(이진형, 2017). 결국 문제는 혼종화-동질화의 '관계'에 관한 물음이 된다.

혼종성의 연구에서 동질화와 혼종화의 관계는 '글로벌라이제이션과 문화'의 관계를 바라보는 관점으로서 혼종성을 연구하는 핵심 주제이기도 하다. 지구화의 압력과 로컬의 대응이라는 문제가 그것인바, 지구화를 제국주의적 관점, 혹은 미국화라는 차원에서, 혹은 조금 완화된 표현으로 서구화로 인식하는 것으로 보는 입장[19]이 있는 한편, 지구화를 로컬의 '혼종화'라는 차원으로 접근하는 일군의 입장[20]이 존재한다. 동질화의 관점은 지구화를 문화의 표준화와 획일화, 즉 가장 유명한 개념화를 인용한다면 맥도날드화(McDonaldization)라고 보는 입장이다. 다른 한편 지구화를 동질화가 아닌 문명 간 충돌의 관점에서 보는 입장이 있다. 이러한 양극단적 입장에 대응해 지구화를 혼종화, 즉 새로운 결합 혹은 혼합을 생산하는 과정으로 보는 일군의 입장이 존재한다. 획일화의 관점이 서양 문화의 지역적 수용 혹은 토착화, 크로스오버 문화와 세계음악과 같은 "제3의 문화"를 간과한다는 점을 강조하는 한편, 보다 근본적으로는 획일화의 관점이 서양 문화의 동질성을 과대평가한 전제에서 가능한 것으로 서양의 문화 자체가 이미 혼합된 문화의 한 형태임을 강조한다.

---

19) 대표적으로 크레디(Kraidy, 2005)는 포스트모더니즘을 지구화의 문화 논리라고 비판한 프레드릭 제임슨의 저서(『Postmodernism, or, the Cultural Logic of Late Capitalism』)를 패러디했다.

20) 대표적으로 피테르서(Pieterse, 1994: 161~184).

3) 정치와 경제의 접합: 혼종성의 정치경제학

전통적인 북한 연구에서 가장 기본적으로 언급됐던 부분은 북한 체제 또는 국가 성격에 관한 것이다. 대부분의 북한 연구자들은 김일성 체제 성립과 유지 과정에서 나타난 지배·통치 방식에 주목해 국가-체제-정권을 동일시하면서 북한 지배 체제의 성격을 나름대로 규정했다(고유환, 2019: 25). 북한 지배 체제의 성격과 관련해서 정치와 경제, 국가와 시장 등의 '연관', 그로 인한 정치경제적 혼종성의 형성은 매우 중요한 연구과제가 된다. 이는 포스트 소비에트 사회변동 연구에서도 핵심적인 지위를 차지하는 부분이기도 하다.

포스트 사회주의에 대한 일군의 주류적 연구는 "이행(transition)"의 문제를 중심으로 다뤄져 왔다. 이행의 문제는 시민사회, 시장화, 사유화, 민족주의 등 추상적이고 거대한 개념들의 바로미터를 중심으로 이행의 척도를 측정하는 것으로 논의가 집중되어 왔다고 거칠게 요약해 볼 수 있다. 이러한 연구 경향은 사회주의 그리고 포스트 사회주의를 추상적으로 동질화하는 모습들을 강하게 띠는바, '워싱턴 콘센서스'로 대표되는 이러한 접근들에 대한 비판적 개입은, 그 규범적·정치적 옳고 그름과는 별개로 포스트 사회주의가 '사회주의에서 자본주의, 민주주의 또는 시장경제로'의 전환을 목도하고 있다는 가정에 문제를 제기하는 것에서 출발한다.[21] 또한 데이비드 스타크(David Stark), 마이클 뷰러웨이(Michael Buraway), 밸러리 번스(Valerie Bunce) 등은 1990년대 10년을 사회주의에서 탈바꿈한 시기로 보고 있는데 다만 이 과정이 극도로 다양하고 복잡한 형태를 만들어내고 있다는 점을 강조한다(Stark, 1996: 993~1027;

---

21) 뷰러웨이와 버더리는 이를 "불확실한 이행"으로 압축해 표현한 바 있다(Burawoy and Verdery, 1999).

Bunce and Csanadi, 1993; Verdery, 1996).

캐서린 버더리(Katherine Verdery)는 포스트 사회주의 체제에서 나타나는 이와 같은 정치-경제의 특유한 접합(articulation)을 설명하기 위해 "사회주의에서 봉건제로의 '이행(transition)'"이라는 은유를 사용함으로써 '이행론'의 '나이브함'을 조롱하기까지 한다(Verdery, 1996: 15~16).

그렇다면 이렇게 다양한 포스트 사회주의의 현상들을 포스트 사회주의라는 범주로 과연 묶을 수 있는가라는 질문이 제기될 수 있는데, 캐럴라인 험프리(Caroline Humphrey)는 『포스트-사회주의』라는 제목을 단 공동 저작의 서론에서 "포스트-사회주의라는 범주는 여전히 유효한가?"라는 질문을 던지면서 동유럽에서 블라디보스토크까지 지난 10여 년 동안 구 사회주의 국가들 간의 차이점이 부각되었음을 강조한다. 특히 중유럽(발트 주 포함)과 러시아 연방과 중앙아시아 국가 사이, 코카서스, 중국은 말할 것도 없고, 다른 한편으로는 중앙유럽과 동유럽(발트 주 포함)과 러시아 연방과 중앙아시아 국가 간에도 격차가 커지고 있다고 설명한다. 특히 "민주주의" 방식 등에서 나타나는 중대한 운영 방식의 차이, 토지의 사유재산에 대한 태도, 개인과 국가의 관계, 그리고 법의 역할에 대한 격차와 다양성은 점점 더 확대, 심화되고 있다고 설명한다. 험프리는, 그럼에도 불구하고 포스트 사회주의를 하나의 '국면'으로 이해하고 이 국면에서 나타나는 현상의 비교를 위해 포스트 사회주의의 범주를 유지하는 것이 유효함을 주장한다. 이를 필자의 언어로 번역해 이해한다면, 비교 범주로서, 포스트 사회주의의 구심력으로서 사회주의적 공통 지반과 그 구심력으로부터 이탈하려는 다양한 양태들 사이의 특수한 접합의 양식에서 포스트 사회주의의 혼종화 양식을 이해해 볼 수 있지 않을까 한다.[22]

---

22) 이러한 일련의 작업들을 필자는 비판적 포스트 사회주의론으로 명명해 보고자 한다. 이는

닐 라자루스(Lazarus, 2012) 같은 학자들은 포스트 사회주의가 본질적으로 포스트 식민주의와 대립하고 있다고 주장한다. 그가 보기에 포스트 사회주의론은 세계 자본주의 확산에 대한 대안적인 관점을 제시하지도 못했고 이전의 유럽의 제3세계주의적 비평과도 다르게 유럽과 자본주의적 발전을 무비판적으로 받아들인다는 것이다(Lazarus, 2012: 126). "고립된 유럽인에서 핵심적 유럽인으로" 이동하고자 하는 욕망은 제2세계 국가들로 하여금 (식민지 국가들과는 대조적으로) 유럽중심주의라는 문제를 사유하지 못하게 하는, 일종의 불가능한 장소를 제공하고 있다는 것이다(Lazarus, 2012). 이러한 질문들은 포스트 사회주의가 지닌 비판적 잠재력을 기존의 포스트 사회주의론이 억압해 왔다는 주장인바, 포스트 사회주의를 특정 시공간의 특질로 '동질화'시키고, 더욱 중요하게는 오늘날의 포스트 식민주의적인 실천의 맥락에서 사회주의적 유산의 '복수성'을 지워버리고 있다는 것이다. 이러한 점에서 '소비에트 제국주의' 내에 존재하는 특수한 사회주의적 유산"들"을 기술함에 있어 포스트 식민주의의 개입이 의미를 갖게 된다고 주장(Chari and Verdery, 2009: 150)하는 것이다. 이러한 포스트 식민주의의 비판적 문제의식에서 '방법으로서 사회주의의 복수화'라는 차원이 제기될 수 있다(Chari and Verdery, 2009: 141). 즉 너무나 당연한 얘기이지만 쉬 간과되는, 사회주의는 다양하다는 점이다. 사회주의의 "전형(typical)"이라는 것은 없다는 도발적인 주장도 존재한다. "소비에트 국가 사회주의를 지방화(provincialize Soviet state socialism)해야 한다"라고 주장하는 여성주의적 포스트 사회주의론 또한 이러한 주장과 공명하고 있다(Atanasoski

---

비판사회이론이 사회를 비판한다는 의미와 사회이론을 비판한다는 의미를 동시에 포함하는 것처럼, 포스트 사회주의를 비판함과 동시에 포스트 사회주의론을 함께 비판한다는 의미이다. 포스트 사회주의를 방법으로 채택한다는 것은 이러한 비판적 태도를 취한다는 것이며, 마찬가지로 북한 사회 변화에 대한 비판임과 동시에 북한 사회 변화 연구에 대한 비판이기도 하다.

and Vora, 2018: 149).

혼종성의 정치경제학은 다시 생산양식(modes of production)의 혼종성이라는 명명으로 대체할 수 있다. 예컨대 봉건제와 자본주의와 같은 생산양식들은 서로 깔끔하게 대체되지 않고 공존한다는 관점을 드러낸다. 즉 상이한 생산양식이 서로 결합함으로써 다양한 형태의 혼종적 사회구성체(social formation)를 구성한다는 점이다. 예컨대 반봉건(semi-feudalism), 봉건적 자본주의(feudal capitalism), 가산제적 자본주의(patrimonoial capitalism), 그리고 정치적 자본주의라고 명명할 수 있는 다양한 유형이 이러한 생산양식의 접합, 혼종적 사회구성체로 볼 수 있는 것들이다. 북한이 '우리식 사회주의'를 고수하면서 자력갱생을 표방하고 있지만 북한의 사회구성체는 사회주의 생산양식으로 자급자족할 수 없는 '혼종 체제'라고 할 수 있다. 북한 사회 구성체는 사회주의와 자본주의, 봉건적 요소가 혼합되어 있다고 봐야 할 것이다(고유환, 2019: 20~26).

혼종성의 정치경제학은 또한 경제적 조절 메커니즘의 혼종성으로도 살펴볼 수 있다. 북유럽의 '사회적 시장경제', 중국의 '시장사회주의' 등 다양한 정치-경제적 원칙의 결합을 통한 경제 질서의 조직을 의미하는 것으로, 공공-민간 제휴, 사회적-자본, 시민적-기업가, 조합주의적-시민권 등 전통적으로 갈등하거나 양립 불가능한 것으로 이해되던 대당들의 결합을 통한 사회경제적 조절의 양식이 나타나고 있다는 것이다. 포스트 소비에트 체제에서 나타나는 혼종성의 정치경제학에 대한 연구들은 비민주주의 국가의 혼종성은 정치적일 뿐만 아니라 경제적으로도 나타난다는 점에 착목한다. 그러나 기존의 주류 정치학적 접근에서는 경제적 혼종성, 그리고 그것이 정치적 혼종성과 맺는 특유의 다양한 관계성에 대한 연구가 상대적으로 미약했음을 강조한다. 이러한 입장에 대해 막스 베버(Max Weber)의 정치적 자본주의(political capitalism)라는 개념에 주목, 포스트 소비에트 체제에서 나타나는 가산제적 자본주의 현상을 포착해 (1) 정치적 혼종성과 경제적 혼종성의 관계, (2) 경제적 혼종성의 안정성 여부와 그것이 장기적인 정치적 안정성에 미치는 영향에 대해 연구를 진행한다(Robinson, 2013: 136~145). 고유환(2019)은 국가-체제-정권에 대한 일원론적 동일성의 틀이 아닌 '혼종적 사회구성체'라는 관점에서 북한의 경제와 정치가 접합되는 양상들을 해석함으로써 향후 북한 체제의 성격을 전망해 볼 필요가 있음을 강조하는 등 이러한 문제의식을 선취하고 있다.

4. 혼종성의 문제 설정과 북한사회변동

이 장에서는 혼종성의 문제 설정을 통해 북한사회변동을 보기 위한 몇 가지 이론적, 개념적 레퍼런스들을 소개함으로써 새롭게 포착되고 해석될 수 있는 북한사회변동 연구의 가능성을 제시하고자 한다.

1) 사회구성체의 소환

앞서 우리는 '혼종성의 정치경제학'이라는 차원에서, 포스트 사회주의에서 나타나는 다양한 형태의 정치-경제 접합의 유형과 가능성들을 언급했다. 여기서는 이러한 차원을 사회 혹은 사회적인 것과의 연관 속에서 보다 확장하고자 하며 이를 위해 밥 제숍(Bob Jessop)과 가라타니 고진(柄谷行人)을 경유해 '사회구성체(social formations)'라는 오래된 개념의 재소환 필요성을 간략히 제기하고자 한다.

(1) 사회구성체: '사회화의 한 형식'

제숍(Jessop, 2012: 5)은 시장화를 사회화(societalization)의 한 원리로서 '사회구성체의 경제화(economization)'를 이해하는 문제로 설정하고 이를 위해 경제화/사회화를 질적으로 상이한 7개의 의미로서 구별하는데 이를 정리하면 〈표 1-1〉과 같다.

제숍의 이러한 구분에 따른 설명은 결코 '경제결정론'을 의미하지 않는다는 점을 강조해 둘 필요가 있다. 그는 이러한 경제화·시장화의 유형들이 지닌 의미를 사회화의 가능한 원리들이라는 차원에서 검토하고 있을 따름이다. 이는 제숍이 사용하는 '사회화'라는 용어가 게오르크 지멜(Georg Simmel)의 조어이자 그의 핵심적 개념이기도 한 'Vergesellschaftung'의 번역어, 즉 'societalization'으로서 'socialization'과 의미적으로 다르다는 점에 놓여 있다. 주지하다시피, 지멜에게서 사회는 개인에 우선하거나 개인에 외적으로 존재하는 '실체'가 아닌 개인들 간의 관계 맺음의 형식으로 이해되며 그의 사회학은 '사회화의 형식'에 관한 학문이 된다. 그의 주저가 『사회학: 사회화 형식 연구』라는 제목을 달고 있는 것은, 그리고 그의 사회학을 형식사회학이라 명명하는 이유도 그의 사회학이 '사회에 관한' 학문이 아닌 '사회화에 관한' 학문임을 의미한다. 그에게 실재하는 것은 개인에 앞서, 개인에 외재하는 것으로서의 사회 자체가 아닌 개인들 간의 상호작용이며 그의 사회학적 인식 대상은 그 상호작용의 형식이 된다.[23] 이런 맥락에서 제숍에게 시장화는 사회화의 한 형식을 의미하며, 여기서 총체적인 사회적 관계들이 경제적 기준이나 시장적 원리에 종속되는 것과 같은, 사회에 관한 총체적 관점을 수반할 필요는 없다고 말한다. 근

---

23) 이 상호작용의 형식은 "개인의 심리 상태나 객관적인 역사의 운동 또는 발전 법칙 그리고 경험적으로 행위하는 인간을 초월해 보편타당성을 지니는 그 어떤 형이상학적 영역에 환원시키지 않고 다양한 역사적-사회적 현상에 적용할 수 있다"(신응철, 2009: 117).

〈표 1-1〉 경제(화)의 유형

경제(화)의 유형	내용과 의미
(ㄱ) 물질적 공급으로서의 경제	• 폴라니의 실체적 경제와 연관 • 시장 교환과 내재적/필연적 연관을 갖지 않음 • 가정 경제, 호혜성, 그리고 국가 재분배 등의 할당 원리 가능
(ㄴ) 시장 교환을 통한 물질적 욕구 충족	• 시장 교환을 도입하지만 경제 기구를 수반하지 않음 • 시장은 가정 경제, 재분배 공동체, 호혜 기반 네트워크의 경계에 존재 가능
(ㄷ) 상품화와 화폐화	• 시장화라고 부를 수 있는 단계 • 물질적 공급이 상품 생산의 형태를 취함 • 화폐 거래의 대상이 아니었던 물질적 공급이 화폐 이익의 출처가 됨
(ㄹ) 시장경제의 발전과 생산의 합리화	• 정치적 자본주의들과 구별되는 합리적 자본주의 출현(베버)
(ㅁ) 일반화된 상품 생산	• 마르크스주의 경제학적 분석의 주 영역
(ㅂ) 화폐의 자본화	• 시장원리의 허구적 상품(토지, 노동력, 화폐 등)으로의 확대 • 시장화의 극단적 형태로서 증권화와 금융화
(ㅅ) 자본의 금융화	• 자유주의와 신자유주의

자료: Jessop(2012: 7~8).

대사회가 기능 분화로 특징지어질 수 있다면, [시장화의 체계]와 다른 기능적 체계들에 연계된 규칙과 프로그램을 확장하려는 경쟁적인 사회화의 원리, 절차, 계획 등이 존재할 것이기 때문에 시장화는 상이한 상호 관계의 형식("사회적 관계들의 앙상블")에 영향을 미치는 사회화의 한 가지 가능성을 탐구하는 것으로 볼 수 있다는 것이다(Jessop, 2012: 6). 이처럼 시장화를 사회화의 가능한 하나의 원리로 본다는 것은 계획과 같은 경제적 조정 기제와의 연관이라는 차원으로 환원되지 않는, 동시에 그것을 초과하는 차원과의 연관이라는 문제가 됨을 의미한다. 시장화를 하나의 사회화의 원리로서 이해할 수 있다면, 이는 "이윤-지향과 시장-매개의 경제행위의 논리가 그것이 부재한 사회적 관계들로 확장된다는 한 가지 의미를 넘어 사법화, 의료화, 군사화, 신성화, 정치화, 과학화와 같은 '상이한 기능 체계들'과 연관된 원리들 혹은 인종, 종족성, 민족성, 젠더, 세대와 같은 정체성과 가치들과 연관된 '다른 [사회화의] 경쟁적 원리들'에 대한 고찰"과 관계된다(Jessop, 2012).

(2) 사회구성체: 보로메오의 매듭

제숍의 사회구성체론이 헤게모니 프로젝트, 역사적 블록 등에 연관된 생산양식의 문제였다면 가라타니 고진의 사회구성체의 문제 설정은 국가론의 부재를 극복하려는 노력과 동시에 국가를 교환양식으로 본다는 점에서 한 걸음 더 나아간다. 교환양식으로서의 국가와 사회구성체는 시장화라는 현실을 경제화-국가-네이션의 배치라는 문제와 관련된다.[24] "사회구성체의 역사를 '교환양식'에서 다시 보려는 시도"(가라타니 고진, 2012: 5)를 제시한 가라타니 고진의 문제 설정이 지닌 중요성은 우선 자본과 국가, 그리고 네이션을 불가분의 연관 속에서 인식하게 한다는 점, 다음으로 자본뿐만 아니라 국가와 네이션 또한 고유한 교환양식을 지닌 것, 즉 '경제적인 것'과의 연관 속에서 사고한다는 점[25], 마지막으로 국가-자본 관계를 매개하는 것으로서 네이션의 작동을 분석하게 한다는 점에 있다.[26] 생산양식을 교환양식으로 대체함으로써 사회구성체는 자본-국가-네이션의 불가분의 연관, 즉 "보로메오의 매듭(Borromean

---

24) 이른바 북한의 '비사회주의'라는 담론은 단지 사회를 통제한다는 차원을 넘어 이러한 배치에 관한 문제틀 속에서 등장하는 담론의 구성과 실천이라는 문제라고도 볼 수 있다.

25) 이것이 국가론이 부재했던 전통적인 마르크스주의, 그리고 상부구조의 자율성을 강조한 '포스트마르크스주의' 진영과 가라타니 고진의 결정적인 차이점이다. 가라타니 고진은 근대의 사회구성체에서 자본은 '상품과 화폐' 교환양식을, 국가는 '약탈(납세)과 재분배'라는 교환양식을, 네이션은 '호혜(혹은 호수)와 증여라는 교환양식을 지닌 것으로 해석한다. 그러나 동시에 이 각각의 교환양식들은 항상 불가분의 연관 속에서 결합되어 있는 것으로 해석하며 다만 특정한 사회구성체에 따라 지배적인 교환양식이 있을 따름이라고 설명한다.

26) 이러한 문제 설정에 대한 상세한 설명은 가라타니 고진(2013) 참조. 『세계사의 구조』는 『트랜스크리틱』에서 정리한 사회구성체의 교환양식에 따른 재구성을 '복수의 사회구성체'라는 의미로서의 '세계시스템의 역사'라는 차원으로 확장시킨 것이다.

knot)"27)으로 짜이게 된다(인디고 연구소, 2015: 73~74). '보로메오의 매듭'이 어느 하나라도 끊어지면 매듭 전체가 불가능한 동시에 어느 것이 절대적 우위를 지니지 않는 요소들의 불가분의 연관성에 대한 알레고리라고 본다면, 이는 마르크스주의의 '생산양식 접합론'과도 다르고 '계획에서 시장으로'의 '대체' 과정이나 계획과 시장이라는 '조정 기제의 결합'과도 다른 논의의 지평을 의미하게 된다. 즉 시장(경제)이 국가(정치)와 대립·결합한다는 문제가 아니라, 국가라는 교환양식, 시장이라는 교환양식, 네이션이라는 교환양식의 내적이고 안정적인 연관과 결합을 분석한다는 것을 의미한다. 또한 시장만이 교환양식이 아니라 국가 그리고 네이션도 교환양식의 하나로 보기 때문에 시장 교환만이 사회와 연관되지 않으며 국가와 네이션도 교환양식을 통해 사회적인 것과 연계된다. 이와 같은 의미의 사회구성체는 "경제적 하부구조를 되찾[되] 그것을 생산양식이 아닌 교환양식의 측면에서"(가라타니 고진, 2014: 18) 되찾는 것을 의미하기에, 이러한 구도에서는 자율성을 지닌 이데올로기적 상부구조로서의 국가가 경제적 하부구조로서의 시장을 억압 혹은 개입, 활용한다는 차원에서, 수탈-재분배(지배와 보호)라는 '교환양식으로서의 국가'와 '상품-화폐라는 또 다른 교환양식으로서의 시장'을 특정한 방식으로 매개하는 네이션이라는 문제 설정의 차원으로 전환해 '시장화'의 문제를 분석하게 되는 것이다. 요컨대 이는 국가와 시장이라는 상이한 경제적 하부구조의 양식들이 맺는 특유의 역사적 결합태에 관한 문제로 전환된다. 시장이라는 경제적 하부구조에 따라 국가의 성격이 새롭게 규정된다거나, 그 반대로 그로부터 자유로운 이데올로

---

27) 상상계-상징계-실재계라는 3항 관계의 질서가 상호 의존하고 있다는 것을 보여주기 위해 자크 라캉(Jacques Lacan)이 구상한 그림으로, 각각의 질서를 나타내는 고리가 서로 겹치는 부분은 이 질서들 사이에 공통적인 요소가 존재하고 이 질서들 사이에 위상 관계가 성립하지 않음을 보여준다(네이버 지식백과, 2020).

기적 상부구조의 자율적 힘을 지닌 것으로서 시장을 규제하고 활용하는 것으로 이해하는 것 모두 국가를 국가 내적으로 인식하는 문제를 지닌다. 그에 비교해, 국가를 국가 간 관계의 현실이라는 존재론적 본질 속에서 "무력과 공포, 그리고 재분배와 보호에 기반한 교환양식"(김영철, 2017: 547)이라고 이해하면 상이한 교환양식 간의 구체적 연관성을 기준으로 한 사회구성체가 어떤 교환양식이 상대적으로 지배적 위치를 점하는 것인지[28]를 인식할 수 있게 된다. 더불어 사회주의, 포스트 사회주의, 자본주의에 각각의 생산양식의 차원에서는 드러나지 않는 구체적인 차이들도 판별할 수 있게 된다. 결국 시장화가 통치를 잠재적으로 위협할 수 있다는 인식은 보다 많은 이론적 검토를 요하는 문제이자 미리 답이 정해져 있지 않은 열린 가능성의 영역이다. 시장화는 통치를 위협하는 것이 아닌 자본=국가=네이션의 안정적 결합—보로메오의 매듭—을 예비하는 의미로도 독해될 충분한 여지가 있는 것이다.

2) 문화와 공간, 실천의 탈이원론적 인식

(1) 외래문화에 대한 상이한 대응들

북한의 사회변동에서 이른바 '외부 문화 유입'에 의한 내적인 변화라는 문제는 매우 중요한 의제이다. 혼종성, 특히 문화혼종성의 이론들은 외래문화와의 관계에 대한 개념들, 그리고 문화혼종성에 대한 반응들과 관련한 다양한 관점들을 제시해 왔다. 이는 글로벌라이제이션(globalization)과 로컬(local)의 문제를 둘러싼 상이한 입장, 외래문화와의 접촉과 만남에 따른 반응의 양상에

---

28) 예컨대 '시장화'가 진행되더라도 그것이 국가 간 경쟁이라는 구조 속에서 약탈-재분배의 교환양식이 여전히 지배적이면서 시장이라는 상품=화폐의 교환양식이 결합하는 사회구성체를 구성할 수도 있다.

〈표 1-2〉『문화혼종성』의 구성 체계

각양각색의 사물	• 혼종적 인공물	• 혼종적 텍스트	• 혼종적 실천	• 혼종적 인간
각양각색의 용어	• 모방과 전유	• 포용과 협상	• 문화 번역	• 크레올화
각양각색의 상황	• 평등과 불평등	• 전유의 전통	• 경계 지역	• 문화로서의 계급
각양각색의 반응	• 외래문화의 유행	• 저항과 정화	• 분리	• 적응
각양각색의 결과	• 문화적 균질화	• 반(反)지구화	• 문화적 양층 언어	• 세계의 크레올화

대한 유형 분류, 그리고 각각의 유형에 따른 전략과 실천 및 그 결과와 효과에 대한 각양각색의 설명으로 나타났다. 문화혼종성이 알려주듯이 혼종성은 그 자체로 혼종적이며 혼종성에 대한 입장과 반응, 그리고 그것에 대한 해석 또한 매우 상이할 수밖에 없음을 보여준다. 따라서 북한의 사회변동을 혼종적으로 분석함에 있어서 '외부 문화 유입'이라는 문제는 '안과 밖'이라는 이분법과 그에 대한 이원화된 반응으로 축약할 수 없는 다양한 양상들을 포착하고 이를 개념화하는 문제라고 할 수 있다. 앞서도 언급한 바 있는 피터 버크의 『문화혼종성: 뒤섞이고 유동하는 문화를 이해하기 위한 가이드』는 문화혼종성이라는 문제를 혼종성의 사물, 혼종성에 관한 다양한 용어와 은유, 혼종성이 처한 다양한 상황맥락, 혼종성에 대한 상이한 반응, 그리고 혼종성의 결과라는 차원에서 체계적으로 나눠 정리해 주고 있다. 이를 표로 간략히 정리하면 〈표 1-2〉와 같다.

혼종성에 대한 반응은 보는 것처럼 상이하다. 유행, 저항, 정화, 분리, 적응 등 각양각색으로 나타나는 반응들은 현재 북한에서 출현하는 외래문화에 대한 반응들 속에 부분적으로 혹은 결합의 형태로 나타나고 있다. 비공식적인 유행에 대한 당국의 대응은 공식적 저항과 정화의 형태로 나타나기도 하지만 공간과 계층에 따른 분리와 한편의 제한적 적응의 전략들이 동시에 나타나기도 한다. 따라서 북한의 '외부 문화 유입'이 북한을 변화시키고 있다는 주장을

〈표 1-3〉 외래문화에 대한 반응의 개념화

차용 (borrowing)	• 문화 변용(acculturation): 지배 문화의 특질을 채택하는 종속 문화라는 개념으로 발전 • 문화 횡단/문화 교차/초문화화(transculturation): 일방향이 아닌 쌍방향의 과정 • 적응/조정(accommodation)과 교섭(negotiation): 정체성의 다양성과 유동성
수용 (acceptance)	• 유럽의 역사 속 외국의 패션에 대한 수용의 사례 • 르네상스 시대의 이탈리아 애호(Italophilia), 17세기의 프랑스 애호(Francophilia), 18~ 19세기의 영국광 문화(Anglomania)
거부 (rejection)	• 반대를 통한 문화정체성 혹은 정화(purification)와 탈혼종화(de-hybridization) • 반대를 통한 문화정체성: 1630~1860년대 일본의 쇄국(sakoku) 정책 • 정화와 탈혼종화: 언어 정화 운동 등
분리 (segregation)	• 자기와 타자 사이가 아닌, 자기 문화 내부에 경계를 긋는 대응방식 • 문화 전체가 아닌 특정한 '핵심적(essential)' 부분을 '오염(contamination)'으로부터 보호 • 이슬람적·유교적·아시아적 가치를 지키면서 '서구' 기술을 도입하자는 비서구 사회 의 운동들
적응 (adaptation)	• 가장 일반적인 로컬의 반응 형태: 탈맥락화와 재맥락화의 이중 운동 • 본래의 문화적 요소들을 새로운 환경에 맞게 개조 예) 브리콜라주(bricolage), 전유(appropriation), 현지화(tropicalization)

자료: Pieterse(2016)를 참고해 필자 정리.

넘어 그러한 변화의 양상에 대한 정교한 개념화를 요하는 문제라고 보겠다.
관련해서 앞서 소개한, 글로벌라이제이션과 로컬의 문제를 중심으로 혼종성
을 연구했던 피테르서는 이 문제를 '차용', '수용', '거부', '분리', '적응'이라는
개념들로 나눠 정리하고 있다(〈표 1-3〉).

외래문화라는 지구적 압력에 반응 혹은 대응하는 로컬의 실천들에 대한 이
러한 구분은 북한의 최근 외부 문화 유입에 대한 대응과 실천을 개념적으로
이해하는 데 많은 참조점을 줄 수 있을 것으로 보인다. 여기서 중요하게 지적
해 두고 싶은 점은 외부 문화 유입에 대한 북한의 대응과 실천이 '거부', '정
화', '분리', '차용' 등이 뒤섞여 나타나고 있다는 점이다. 외부 문화는 그 문화
의 구체적 내용과 대상에 따라 상이한 대응과 전략들이 수립되고 실천될 수
있으며 문화 접촉의 공간과 계층 등에 따라 여러 전략들이 차별적이고 중첩적

으로 나타날 수도 있다. 이러한 점에서 '문화혼종성'과 '글로벌-로컬 간 문화 관계'에 관한 이러한 개념화는 이와 관련해서 많은 분석적 도구를 제공해 주고 있다. 이러한 도구들을 적극 동원함으로써 '안과 밖'이라는 구도의 불안정성과 트랜스내셔널한 경계들 사이로 드러나는 정체성의 진통을 들여다볼 필요가 있다. 즉 급변하는 사회질서와 규범의 혼란 속에서 다양한 주체들이 겪는 정체성의 혼란과 새로운 정체성의 모색과 갈등, 그 진통을 살펴본다. 기존의 일탈과 억압이라는 이분법적 틀이 아닌 정체성의 협상(bargaining), 새로운 정체성의 적용과 적응(adoption and adaptation) 등 (재)구성의 과정을 통해 펼쳐지는 이질적인 정체성들의 접합(articulation)을 살펴봐야 할 것이다.

(2) 교차하는 욕망의 '헤테로토피아'[29]

김정은 위원장은 자신의 시대를 표상하는 핵심 키워드를 '사회주의문명국'으로 내걸고 이에 걸맞는 새로운 통치 테크놀로지를 구사하고 있다(홍민, 2017). 헤테로토피아(heterotopia)는 북한의 변화가 지닌 공간적 맥락 그리고 공간적 변화를 '만들어내는' 권력의 공간 생산의 차원과 연관되는 인식의 틀이라고도 볼 수 있다. 헤테로토피아라는 틀은 구체적인 도시와 공간을 중심으로 '혼종성'의 논리와 특질이 나타나는 양상들을 고찰하기 위한 일련의 공간적 시도들을 포괄한다. 유토피아(u-topia)와 대비되는 '다른 장소들'이라는 의미의 헤테로토피아(hetero-topia)는, 주체의 이념과 계획의 신화를 통한 '낙원의 공간'이자, 파놉티콘(panopticon)과 격자의 장치를 통해 완전무결한 전체주의적 통제체제를 작동시키는 '억압의 공간'이라는 이분법적 공간 이해를 넘어서, 교차

---

29) 이 부분에 대한 설명은 북한혼종사회연구단(CHNK)의 세미나 "헤테로토피아와 도시"에서 발표한 이경묵과 한재헌의 발제문을 토대로 한다.

하는 욕망과 실천들의 혼종 공간, 공간적 혼종성의 논리 등으로 이해될 틈을
제공한다.

헤테로토피아는 어디부터 어디까지가 헤테로토피아인지를 규정할 수 없는
태생적 모호함을 지니고 있다. 헤테로토피아로 묘사한 사례들이 너무나 광범
위하고 또한 '불균등'하다.

예컨대 유람선, 테마 호텔, 사파리 공원은 '다른 공간'인가? 더 넓게는, 레저 공원,
포장마차, 해변은 어떤가? '다른 공간'보다 오히려 일상적인 영역으로 이끌려 가
는 것이 아닌가? 어디에 선을 그을 것인가? '일탈의 헤테로토피아(deviation heter
otopia)'라면, 기숙학교, 정신병원, 막사 …… 어디에서 멈출 것인가? 이 모두를
헤테로토피아에 포함시킨다면, 미셸 푸코(Michel Foucault)가 헤테로토피아의
대표적 장소로 예시한 '축제, 공동묘지, 사창가' 등과의 질적 '불균형'은 어떻게
설명되어야 하는가? 결국 헤테로토피아는 다른 모든 곳들과 완전히 다른 어떤
것인가("절대적으로 다른 공간", "단독적인 대항-공간"), 아니면 어디에나 있는
("주어진 사회 안에") 것인가라는 양가적 규정이 그 자체로 회피되어서는 안 되
는 질문으로 되돌아온다(Johnson, 2013).

비정상이라는 어원인 헤테로(hetero)에 장소를 뜻하는 토피아(topia)가 결합
한 헤테로토피아에 대한 통상적인 이해를 하나씩 검토해 보면, 첫째는 <u>하나의
원리가 아니라 서로 충돌하는 둘(이상)의 원리나 의미가 작동하는 공간</u>이라는
의미로 혼종성, 복수성과 이어지며, 두 번째는 <u>통상의 공간과는 다른 원리가
관철된다는 의미</u>에서 불연속성, 정상성의 교란, 대항-공간 등으로 이어진다.
이 두 방향 중 어느 쪽에 주목하는가에 따라 서로 다른 분석이 이어진다. 예
컨대 이준석(2013)은 전자의 의미에 집중한다. 그는 "헤테로토피아 개념은 서

로 상반된 가치가 병존하는 공간 …… 예를 들면 삶과 죽음이 병존하는 묘지, 건강함과 병듦이 공존하는 병원, 범죄성과 교화된 모범수의 속성이 병존하는 교도소, 성과 속이 공존하는 교회, 미숙함과 원숙함이 병존하는 학교 등은 …… 양가적 속성이 함께 존재하기에 사회 내부에서 특수성을 지니는 공간으로 위치지어진다"(이준석, 2013: 33)라고 요약한다(밑줄은 필자 강조). 헤테로토피아로서 병영과 학교가 유지된다는 사실은 양가적 속성이 드러나고 그 드러남을 통해 충돌하는 속성들이 묶이는 어떤 코드가 만들어짐을 의미한다. 헤테로토피아는 그 안의 이질성이 있기 때문이 아니라 이질적인 것을 묶는 방식이 특권적으로 만들어진다는 점 때문에 분석적 가치가 있다. 즉 헤테로토피아적 관점은 그저 혼종적인 것들이 뒤섞이면서 공존하는 특이한 공간을 선별해 "이것이 헤테로토피아다! 저것도 헤테로토피아다!"라는 주장을 하려는 것이 아니다. 그럴 경우 상이한 전제를 지닌 복수의 논리가 존재한다는 '사실'만을 지적하게 된다. 헤테로토피아를 분석하는 작업의 의의는 그러한 장소성이 바로 그러한 방식으로서 어떠한 분명한 기능을 하고 있다는 점에 모아진다. 즉 그 장소는 헤테로토피아적으로 불만이 상쇄되고 (잠정적으로) 문제가 해결되고 있다는 점이다.

물론 헤테로토피아는 정확한 이해와 적용을 기다리는 공간에 관한 일반이론 같은 것이 아니다.[30] 헤테로토피아는 한편으로 공간을 '다르게' 봄으로써 새로운 질서의 가능성을 찾아내려는 공간론이자 공간에 관한 철학이라고 볼 수 있고(Faubion, 2008) 특정한 공간이나 건축물들을 선택해 "바로 이러한 공간들이 헤테로토피아다!"라고 설명할 수도 있다. 그러나 어떤 특정한 공간이

---

30) 물론 그러한 시도가 전혀 없는 것은 아니다. 대표적으로 데하네·코터(Dehaene and Cauter, 2008)이 있다.

나 건축물들을 예시하며 그것을 헤테로토피아로 명명하는 것 자체는 그다지 흥미롭지도 않고, 북한의 사회와 공간을 이해하는 데도 실천적 유의미성을 갖기 힘들다고 본다. 그보다는 '공간의 의미를 다르게 구축하는 공간'이라는 헤테로토피아의 존재적 특질과 힘에 주목한다면, 중요한 것은 기존의 공간 논리를 재구성함으로써 헤테로토피아를 '발견'해 내는 작업의 필요성일 것이다. 이는 단순한 '명명'을 의미하는 것이 아니라, 예컨대 기존의 북한의 공간 이해를 구성하던 공적인 것과 사적인 것에 관한 기능주의적 이분법을 재고하는 등 (Dehaene and Cauter, 2008), 북한의 공간 기능에 대한 새로운 이해와 재구성을 수반하는 것을 의미한다. 헤테로토피아는 "사회적으로 그리고 문화적으로 조건화된 상상력"(Faubion, 2008: 39)으로서, 헤테로토피아가 어떤 기능을 하는지에 대해 '기능주의적 차원'을 넘어서는 인식의 방식을 고민하는 것과 연관된다.[31]

(3) '가면론'을 넘어서

북한 주민의 일상은 공적인 것과 사적인 것, 드러나는 공간과 감춰진 공간이 상호 침투하고 전유(appropriation)하면서 실현되는 관계적 성격을 전제한다. 이러한 점에서 북한 주민들의 내면과 행위 속으로 장기간 누적된 일상-비일상의 혼종적인 아비투스와 에토스, 그리고 사회·문화 자본, 교육적 자원과 숙련성, 가족·친척·지인의 연줄망 등 다양한 개념과 차원들을 통해 주체들의 일상적 실천과 적응 전략들을 유형화하고 그 적응의 다이내믹스, 그리고 다양한 계층 속에서 나타나는 주체성의 전략과 일상의 재구성을 살펴볼 필요가 있다. 여

---

[31] 홈타운과는 너무나 동떨어진, "지역 공동체도, 어린아이도, 이웃과의 교류도 없는 조건의 묶음에 '홈타운'의 이미지를 연결시키는" 게이티드 커뮤니티(주택단지)-헤테로토피아의 사례 등을 들 수 있겠다(Low, 2008).

기서 중요하게 지적되어야 할 것은 바로 '통치와 이데올로기의 공적 공간'과 '내밀한 진실의 사적 공간'이라는 이분 도식을 재고해 봐야 한다는 것이다.

알렉세이 유르착이 인터뷰를 통해 포착한바, '영원할 줄 알았던' "소비에트 시스템이 …… 어느 날 갑자기 무너져버렸다는 느낌"과 "실은 그들 스스로가 그것에 대비해 왔다는"(유르착, 2019: 10) 것으로 요약될 수 있는, 소비에트 마지막 세대들의 공통된 증언을 통해 특징적으로 표현되는 후기사회주의의 '역설'32)은 바로 그 체제가 평범한 소비에트 인민들의 수행적 실천을 통해 지탱되고 재생산되어 왔다는 것을 의미한다. 이러한 역설과 모순의 언술은 국가사회주의에 관한 서방의 이원론적 논의가 전제하는 '가면'적 논리의 표현도 아닐 뿐더러 "새롭고 예측 불가능한 의미, 공동체, 관계, 정체성, 관심, 추구"(유르착, 2019: 527~528) 등을 가능하게 하는 창조적 차원을 지닌 것으로 새롭게 지위를 부여받는다. 혼종성은 이러한 역설을 인식하는 시야를, 또한 역설이 지닌 이러한 '생산적' 차원에 주목하는 개념, 관념, 인식의 문제틀이라고 할 수 있다. 이러한 점에서 권위적 담론이 지배하는 맥락 속에서 이데올로기적 텍스트와 의례들이 어떻게 기능했는지 설명하는 흔한 시도는 시민이 사적으로는 다른 것을 믿으면서 공적으로는 '마치(as if)' 공식 표어와 의례들을 지지하는 것처럼 행동했다고 하는 주장이 문제시된다. 즉 "공적 영역"과 "숨겨진 내밀한" 영역에서 각기 다르게 행동하는 위선자라고 주장되는 '가면/위선자 모델'은 진실과 거짓, 현실과 가면, 위선이라는 또 다른 문제적 이원론을 만들어내고 있는 것이다(유르착, 2019: 17~23). 통치 이데올로기나 지배적 담론에

---

32) 이러한 '역설'에 대한 인식과 해명은, 동구권 붕괴를 전후해 시차를 두고 나타난 양극단적 질문, 즉 '어떻게 이렇게 갑자기 무너질 수 있었는가?'와 '어떻게 이렇게 오래 유지될 수 있었는가?'라는 질문이 지닌 서방 학자들의 무지와 무능을 꼬집는 것이기도 하다. 그 무지와 무능은 바로 보통사람들의 '수행적 실천'을 인식하지 못하고 20세기 사회주의를 그저 판에 박힌 '이원론적 시각'으로 바라본 것에 따른 귀결이었다는 것이다.

대한 이러한 관점들은 권위주의적 담론의 이른바 '진술적 차원'(내용)에만 분석의 무게를 둠으로 인해 공식 담론이 지닌 '형식과 의례'의 반복과 재생산이라고 하는 '발화적', 즉 '수행적 차원'을 간과하고 있다는 문제를 지닌다(유르착, 2019: 43~58). 20세기 사회주의에서 점점 중요해지는 것은 바로 그 '형식'이며 '표준화'의 절차를 통한 '(초)규범화'의 양식과 의례였다는 점을 감안했을 때, 체제의 재생산도, 그것의 균열은 바로 '진술적 차원'에서 형식과 의례라고 하는 '수행적 차원'의 중요성이 점점 더 중요해졌다는 점에 대한 인식을 요한다.33) 또한 이러한 분석을 위해서는 공식 담론을 프로파간다라는 차원으로 보거나, 그 담론의 '내적 통일성'을 과도하게 전제한 담론의 '의도'와 그 (투명한) '관철'의 여부에 초점이 맞추던 기존의 관성을 넘어, '텍스트의 분열과 전유' 가능성에 대한 인식과 이를 가능케 할 텍스트 분석 방법의 정교화와 해석의 감각을 키워나갈 필요성을 동시에 제기한다.34) 북한의 사회에 대한 프로파간다적 시선은 북한에서 살고 있지만 그들이 '미처 깨닫지 못하는' 사회적 질서의 비밀을 누군가는 알고 있다는 구도를 전제해야 가능하다. 그러나 여

---

33) 이는 경제에 있어 '형식상의 달성'이 중요한 것이지 '내용상의 달성'이 중요한 것이 아니었다는 20세기 사회주의 계획경제의 현실과 유비해 본다면 이해가 쉬울 것이다. 체제의 재생산도, 또 그것의 변화와 전환도 바로 이러한 지점(수행적 실천)에서 유지되고 또 발생하는 것이지 공식적인 이데올로기에 대한 '진정성'의 유무 판별로 확인될 수 있는 것이 아니었다는 것이다.

34) 수행성은 존 오스틴의 화행이론에서 사용된 개념이다. 오스틴에 따르면 언어는 무언가를 기술하거나 보고하는 "진술적/진위적(constative)" 발화와 함께 무엇인가를 행하는 언술의 전체 집합을 포함한다. 가령 '유죄!(법정 진술)', '내일 비가 올 거라는 데 6달러를 걸겠소' 같은 발화는 사회적 현실을 묘사하는 대신에 그 속에서 무언가를 변화시키는 (모종의) 행위를 수행한다. 오스틴은 이런 종류의 언술을 "수행적(performative)" 발화 혹은 간단히 수행문이라 불렀다. 전자가 진실이거나 거짓일 수 있는 의미를 전달한다면 후자는 어떤 힘을 전달하는바, 그것은 진실도 거짓도 될 수 없고 다만 적절하거나 부적절할 수 있을 뿐이다. 따라서 전자에서는 화자의 의도가 중요하지만 후자에서는 의도가 아닌 문맥이 훨씬 더 중요해진다(김수환, 2012: 191).

기서 알렉세이 유르착의 수행적 변화라는 통찰이 갖는 의미가 돋보이게 된다. 유르착의 미덕은 단지 어떤 이론적 통찰에만 있는 것이 아니라, 바로 후기사회주의를 실제로 살았던 세대들의 인식과 언어 등을 세밀히 추적해 나가는 연구의 전략에 있다고 볼 수 있다. 유르착이 반복해서 강조하는 바는 바로 일탈과 작은 전술들이 결코 "공식 담론과 제의에 '반하여' 혹은 그것의 '바깥'에서 이루어지는 게 아니라는 점"(김수환, 2012: 194)이다. 오히려 그것이 가능해지는 것은 "공식 이데올로기의 '외부'가 아니라 그것의 반복적인 수행 '한가운데서' 이루어진다"(김수환, 2012: 195). 더 나아가, 그것을 "야기한 진정한 요인은 공식 담론의 '과도한' 팽창 상황 자체"(김수환, 2012)라고 본다. 이는 절대적이고 최종적인 이데올로기의 해석자이자 참조의 기준, 즉 '메타주석'이 사라지게 되자, 결정적으로 중요해지게 되는 것은 바로 광범위한 대중의 권위적 담론에 대한 반복적이고 과표준화된 형식의 참여 자체, 즉 의례의 반복 재생산 그 자체인 것이다. 이러한 유르착의 통찰은, 북한사회변동에 관한 내적인 동학, 내적인 가능성, 그리고 그러한 변동 과정에 개입하는 주체성의 모습들을 적극적으로 모색해야 한다는 의미를 내포한다. 북한의 주민들은 그저 공식 담론의 '희생자'만도 아니고, 그저 외부 문화에 '물들어' 가고 있는 수동적 행위자만도 아니다. 그들은 오늘도 끊임없이 통치가 구성한, 엄격하게 형식화된 의례들을 '반복적으로 수행'함으로써 앞날을 대비한 담론의 생산을 예비하고 있는 것이다.

5. 결론

혼종성은 시각이자 문제 설정의 방식이다. 혼종성은 하나의 완결된 독자적인 이론적 체계를 지닌 어떤 것이 아니다. 따라서 북한사회변동을 혼종성의 시각으로 고찰한다는 것은 기존의 연구들과 질적으로 구별되는 상이한 이론을 추가하는 것으로 인식되어서는 곤란하다. 오히려 기왕의 연구들에서 징후적으로 혹은 다소간 소극적으로 '언급'되고 '인식'되었던 혼종성에 대한 관념을 보다 적극적으로 확장해 보자는 제안에 가깝다. 따라서 북한 사회의 면모들이 '혼종적이다'는 차원으로 '결론' 내리기보다는 '혼종적이다'는 인식을 '출발'로 삼아 다양한 혼종성의 지형도를 그려내고 이를 토대로 북한 사회의 혼종성에 대한 개념화로 나아가자는 것이다. 다시 말하면, 어떤 완결된 혼종성의 개념과 이론이 있어서 이를 북한 사회에 적용하는 것이라기보다는 장기간의 학제적 집단 연구의 결과를 토대로 북한 사회의 혼종성을 어떻게 개념화해 볼 수 있을까를 고민해 보는 과정에 가깝다고 할 것이다.

혼종성은 유사한 인식 지평을 공유하는 다양한 접근을 총칭하는 어떤 것이기도 하고, 동시에 포스트 식민주의 연구에서처럼 특정한 개념과 이론을 의미하는 것이기도 하다. 혼종성의 시각을 통한 북한사회변동 연구의 가능성과 성패는 혼종성의 이론들을 잘 적용해야 한다는 것보다는, 혼종성이라는 관념(notion)을 어떻게 인식할 것인가라는 문제가 보다 관건이라고 할 수 있다. 혼종성을 특정한 연구 대상과 영역에 대응하는 특정한 방법의 문제에 국한된 것으로 인식할 경우, 이는 "분석적으로 의미 있는 도구보다 유행어"(Balthasar, 2015: 28)[35]로 받아들여지거나 그저 기성의 인식에 혼종성이라는 수사를 덧칠하는 다소 '싱거운' 무엇에 불과하지 않느냐는 질문에 휩싸일 수도 있다. 따라서 혼종성의 '가능성'은 혼종성이라는 개념이 지닌 한계와 문제들을 분명히

---

35) 로트홀츠(Lottholz)는 '혼종성'을 '개념'이나 '이론'이 아닌 세계를 바라보는 '렌즈(lens)'로 보고 그 분석적 힘 또한 다소 조심스럽게(modest) 주장할 때 오히려 분석의 유의미성을 확보할 수 있다고 주장한다(Lottholz, 2015: 1).

인식함으로써 가능해진다는 다소 역설적인 구조를 지니고 있다. 따라서 세계를 보는 하나의 방식이자, 세계를 구성하는 다양한 "범주들의 고정성의 결여와 그 변화를 포착"하는 "분석적 장치"로서 혼종성의 의의는 "불명료함을 숙고하고 우발성을 인식하는" 태도를 통해 "복잡한 과정과 유동적인 결과들 사이의 관계를 포착하는 더 나은 설명을 발전시킬 필요성을 강화"한다는 데서 찾을 수 있다(Ginty and Richmond, 2016)(강조는 필자). 이러한 점에서 혼종성이라는 관념은 "비판적이고 성찰적인 다양한 접근과 결합해서 사용될 때" 유용한 분석의 도구가 될 수 있다는 주장(Lottholz, 2015)은 우리의 연구에 있어서도 매우 의미 있는 지적이라고 할 수 있다. 4절에서 좁은 편폭에도 불구하고 혼종성이라는 문제 설정을 통해 북한사회변동을 이해할 수 있는 가능성을 타진하면서, 다소간 매우 압축적인 방식으로 다소 무리하게 여러 이론적 혹은 개념적 도구와 레퍼런스를 소개한 이유도 바로 이러한 이유 때문이었다. 혼종성에 대한 깊은 개념적 이해와 도구들의 습득 이전에, 아니 어쩌면 바로 그것을 가능케 하기 위해서 필요한 것은, 바로 "북한 사회를 혼종적으로 봐야 한다"라는 필요성에 대한 인식론적 '수긍' 혹은 '결단'일지도 모르겠다.

참고문헌

가라타니 고진. 2012. 『세계사의 구조』. 조영일 옮김. 도서출판 b.

_____. 2013. 『트랜스크리틱: 칸트와 맑스』. 이신철 옮김. 도서출판 b.

_____. 2014. 『「세계사의 구조」를 읽는다』. 최혜수 옮김. 도서출판 b.

고유환. 2013. 「북한의 3차 핵실험 이후 위협인식과 대응에 관한 행위자-네트워크」. ≪북한연구학회보≫, 17(2).

_____. 2019. 「북한연구방법론의 쟁점과 과제」. ≪통일과 평화≫, 11(1).

김광기. 2003. 「양가성, 애매모호성, 그리고 근대성: 알프레드 슈츠의 '전형성' 개념의 응용 연구」. ≪한국사회학≫, 37(6).

김성경. 2019. 「북한연구 현황과 과제」(서울대 통일평화연구원 전문가 토론회, 2019.2.13).

김수환. 2012. 「소비에트 마지막 세대의 눈으로 본 후기사회주의」. ≪러시아어문학연구논집≫, 41.

김영철. 2017. 「가라타니 고진의 『세계사의 구조』에 나타난 교환양식과 교육의 양상」. ≪아시아교육연구≫, 18(4).

김용규. 2013. 『혼종문화론: 지구화 시대의 문화연구와 로컬의 문화적 상상력』. 소명출판.

김이경. 2019. 『좌충우돌 아줌마의 북맹 탈출 평양이야기: 평양을 제집 드나들듯 했던 대북사업 전문가의 「레알 北큐멘터리」』. 내일을여는책.

김진향. 2019. 『우리, 함께 살 수 있을까?-밀레니얼 세대를 위한 북맹 탈출 안내서』. 슬로비.

네이버 지식백과. 2020. "보로메오 매듭". https://terms.naver.com/entry.naver?docId=3379591&cid=40942&categoryId=31531 (검색일: 2020.5.26).

민영기. 2019.12.30. "혼종 체제, 회고와 전망"(e-Commons). https://www.ecommons.or.kr/essay/donju/post/105 (검색일: 2020년 5월 26일)

바바, 호미(Homi Bhabha). 2016. 『문화의 위치: 탈식민주의 문화이론(수정판)』. 나병철 옮김. 소명출판.

박세진. 2019. 「프로파간다라는 시선을 넘어서: 수령님 노래와 어버이의 나라」. ≪문화와 사회≫, 27(2).

박순성·고유환·홍민. 2008. 「북한일상생활 연구의 방법론적 모색」. ≪현대북한연구≫, 11(3).

박형중. 2013. 「북한은 왜 '붕괴'도 '개혁개방'도 하지 않았을까?」. ≪현대북한연구≫, 16(1).

버크, 피터(Peter Burke). 2012. 『문화 혼종성: 뒤섞이고 유동하는 문화를 이해하기 위한 가이드』. 강상우 옮김. 이택광 해제. 이음.

송병선. 2004. 「카리브 해의 혼종성과 정치적 의미」. ≪외국문학연구≫, 18.

신은미. 2019. 『우리가 아는 북한은 없다』. 도서출판 말.

신응철. 2009. 「현대문화와 돈 그리고 개인-짐멜(G. Simmel)의 『돈의 철학』에 나타난 문화와 돈의 관계를 중심으로」. ≪동서철학연구≫, 53.

유르착, 알렉세이(Alexei Yurchak). 2019. 『모든 것은 영원했다. 사라지기 전까지는: 소비에트의 마지막 세대』. 김수환 옮김. 문학과 지성사.

윤철기. 2016. 「북한 시장화 이후 계급체계와 노동계급의 이데올로기적 정체성 변화」. ≪현대북한연구≫, 19(2).

이경원. 2000. 「그들의 테크놀로지와 우리의 이데올로기-포스트모던 시대의 '파농주의'」. ≪비평≫, 3.

이연철. 2015.3.5. "탈북자들, 북한 변화 위해 대북 정보 유입 중요". ≪VOA≫. https://www.voakorea.com/korea/korea-social-issues/2668707 (검색일: 2020.5.26).

이준석. 2013. 「과학적 실행의 회색상자(grey box): 비가시적 협력의 헤테로토피아(heterotopia)로서의 실험실 공간」. ≪과학기술학 연구≫, 13(1).

이진형. 2017. 「혼종성' 관념의 이론적 난국 그 이후」. 『혼종성 이후』. 앨피.

인디고 연구소. 2015. 『가능성의 중심: 가라타니 고진 인터뷰』. 궁리.

정영철. 2015. 「사회문화 교류의 '순수성' 신화에 대한 비판: '문화'의 양가성을 중심으로」. ≪북한학연구≫, 11(2).

_____. 2017. 「북한의 민족주의와 문화변용: 김정은 시대 북한 문화의 변화」. ≪문화정책논총≫, 31(2).

정종호. 2017.4.19. "중국 붕괴론은 왜 매번 빗나가고 또 등장하는가". ≪중앙일보≫. https://news.joins.com/article/21489842 (검색일: 2020.5.26).

진징이. 2018.5.20. "북한 변화의 원동력". ≪한겨레≫.

최봉대. 2019. 「2000년대 말 이후 북한의 시장화와 재산권 레짐의 변화: 재산권의 '모호성'과 체제이행의 동학」. ≪통일과 평화≫, 11(1).

홍민. 2012a. 「북한경제 연구에 대한 위상학적 검토: 수령경제와 시장세력을 중심으로」. ≪KDI 북한경제리뷰≫, 2012(1).

_____. 2012b. 「북한의 국가와 시장 관계: 위상학적 이해의 가능성」. ≪북한연구학회보≫, 16(2).

_____. 2013. 「행위자-네트워크이론과 북한연구: 방법론적 성찰과 가능성」. ≪현대북한연구≫, 16(1).

_____. 2017. 『김정은 정권의 통치 테크놀로지와 문화정치』. 통일연구원.

Atanasoski, A. and K. Vora. 2018. "Postsocialist Politics and the Ends of Revolution," *Social*

Identities, 24(2).

Balthasar, D. 2015. "From Hybridity to Standardization: Rethinking State-Making in Contexts of Fragility." *Journal of Intervention and Statebuilding*, 9(1).

Bunce, V. and M. Csanadi. 1993. "Uncertainty in the Transition: Post-Communism in Hungary." *East European Politics and Societies*, 7.

Burawoy, M. 1996. "The State and Economic Involution: Russia Through a China Lens." *World Development*, 24(6).

Burawoy, M. and K. Verdery. 1999. *Uncertain Transition: Ethnographies of Change in the Postsocialist World.* Rowman and Littlefield Publishers.

Callon, M. 1986. "Some Elements of a Sociology of Translation: Domestication of the Scallops and the Fishermen of St Brieuc Bay." John Law(ed.). *Power, Action and Belief: A New Sociology of Knowledge?* Routledge and Kegan Paul.

Castoriadis, C. 2010. "The Project of Autonomy is Not a Utopia." in E. Escobar, M. Gondicas and P. Vernay(eds.), translated by Helen Arnold, *A Society Adrift: Interviews and Debates, 1974~1997.* Fordham University Press.

Chari, S. and K. Verdery. 2009. "Thinking between the Posts: Postcolonialism, Postsocialism, and Ethnography after the Cold-War." *Comparative Studies in Society and History*, 51(1).

Dehaene, M. and L. De Cauter. 2008. "The space of Play: Towards a General Theory of Heterotopia." in Michel Dehaene and Lieven De Cauter(eds.). *Heterotopia and the city: Public Space in Postcivil Society.* Routledge.

Faubion, J.D. 2008. "Heterotopia: an Ecology." in Michel Dehaene and Lieven De Cauter (eds.). *Heterotopia and the City: Public Space in Postcivil Society.* Routledge.

Ginty, R. Mac. and Oliver P. Richmond. 2016. "The Fallacy of Constructing Hybrid Political Orders: A Reappraisal of the Hybrid Turn in Peacebuilding." *International Peacekeeping*, 23(2).

Jessop, B. 2012. "Understanding the 'Economization' of Social Formations." in Uwe Schimank and Ute Volkmann(eds.). *The Marketization of Society: Economizing the Non-Economic,* Welfare Societies Conference Paper.

Johnson, P. 2013. "The Geographies of Heterotopia." *Geography Compass*, 7/11.

Kraidy, Marwan M. 2005. *Hybridity, or the Cultural Logic of Globalization.* Temple University Press.

Latour, B. 1996. "On Actor-Network Theory: A Few Clarifications." *Soziale Welt*, 47.

_____. 2007. *Reassembling the Social: An Introduction to Actor-Network-Theory*. Oxford University Press.

Law, J. 1992. "Notes on the Theory of the Actor-Network: Ordering, Strategy, and Heterogeneity." *Systems Practices*, 5(4).

Lazarus, N. 2012. "Spectres Haunting: Postcommunism and Postcolonialism." *Journal of Postcolonial Writing*, 48(2).

Lottholz, P. 2015. "Exploring the Boundaries of Knowledge via Hybridity." *Journal of Intervention and Statebuilding*, 10(1).

Low, S. 2008. "The Gated Community as Heterotopia." in Michel Dehaene and Lieven De Cauter(eds.). *Heterotopia and the City: Public Space in Postcivil Society*. Routledge.

Osborne, T. 1998. *Aspects of Enlightenment*. UCL Press.

Papastergiadis, N. 2005. "Hybridity and Ambivalence: Places and Flows in Contemporary Art and Culture." *Theory, Culture and Society*, 22(4).

Pieterse, J. Nederveen. 1994. "Globalization as Hybridisation." *International Sociology*, 9(2).

_____. 2001. "Hybridity, So What?–The Anti-hybridity Backlash and the Riddles of Recognition." *Theory Culture and Society*, 18(2-3).

_____. 2016. "Hybridity." in John Stone et al.(eds.). *The Wiley Blackwell Encyclopedia of Race, Ethnicity and Nationalism*. John Wiley and Sons.

Robinson, N. 2013. "Economic and Political Hybridity: Patrimonial Capitalism in the Post-Soviet Sphere." *Journal of Eurasian Studies*, 4.

Stark. D. 1996. "Recombinant Property in East European Capitalism." *American Journal of Sociology*, 101(4).

Tarinski, Y. 2020. *Short Introduction to the Political Legacy of Castoriadis*. Aftoleksi.

Verdery, K. 1996. *What was Socialism, and What Comes Next?* Princeton Univ. Press.

제2장

프로파간다라는 시선을 넘어서
수령님 노래와 어버이의 나라

박세진_제주대학교 사회학과 강사

1. 서론

오늘도 평양의 하루는 「어디에 계십니까 그리운 장군님」[1]의 선율과 함께 시작한다. "자애로운 어버이사랑"을 담은 "아침해빛"을 '천만자식들'에게 비춰 주는 선율, "어버이수령님과 위대한 장군님에 대한 그리움으로 심장을 불태 우며 언제 어디서나 부르는 다함없는 전인민적송가"(≪로동신문≫, 2014.12.11) 라는 이 노래에 발맞춰 북조선이 걸어가고 있는 것은 어버이 나라의 길이다. 북조선은 1967년 갑산파 숙청과 '당의 유일사상 체계' 확립 이래, 어쩌면 1956년 8월의 사변 이후부터 이 길을 가고 있으며,[2] "나에게서 그 어떤 변화

---

* 이 장은 필자가 2019년 ≪문화와 사회≫ 제27권 2호에 게재한 「프로파간다라는 시선을 넘 어서: 수령님 노래와 어버이의 나라」의 일부분을 수정·보완한 것이다.
1) 혁명가극 〈당의 참된 딸〉(1971)의 주제가. 김정일이 작사·작곡한 것으로 알려져 있다.

를 바라지 말라!'라는 결연한 구호와 함께 '고난의 행군' 시기에도 이 길을 걸었다. '어버이의 나라'라는 노선은 김정은 집권 이후에도 흔들림이 없다. "위대한 수령 김일성대원수님과 위대한 령도자 김정일대원수님의 한평생"을 노래하는 귀에 익은 선율은 오늘 북에서 "이 세상 제일 위대한 어버이사랑으로 후대들의 눈부신 미래를 펼쳐가시는 경애하는 원수님"에 대한 칭송의 노래와 어우러진다(≪로동신문≫, 2019.1.1).

어버이수령(아버지장군, 아버지원수)에 대한 송가의 끝없는 울려 퍼짐은 어버이 나라의 지속·발전이라는 북조선 혁명의 근본 과제와 어떤 관계에 있는 것일까? 모두가 알고 있는 상식적인 답은 노래와 음악이 북의 다른 문학예술 장르와 마찬가지로 체제 유지와 우상화를 위한 선전 수단, 즉 프로파간다로 기능한다는 것이다. 이러한 관점은 북조선 스스로가 문예의 수단화를 적극 천명한다는 사실을 통해 지지된다. 2014년에 열린 〈제9차 전국예술인대회〉의 참가자들에게 보낸 서한에서 김정은은 다음과 같이 말한다.

우리 문학예술의 근본사명은 당의 사상과 의도를 인민들의 심장속에 심어주고 천만군민을 불러일으켜 주체혁명위업, 선군혁명위업을 힘있게 추동해나가는 것

---

2) 1970년을 전후한 시기 북조선이 정치적·이데올로기적 '상부구조'의 차원에서 결정적 변화를 겪는다는 견해는 '유격대국가'(와다 하루키, 2002), '수령제'(스즈키 마사유키, 1994), '유일지도체계'(이종석, 1995) 등의 개념과 함께 널리 받아들여지고 있다. 이러한 변화는 1956년 8월 종파사건 이후 만주파의 권력 독점이 정책 결정 과정에서의 자기 교정 가능성을 차단하고, 그 결과 "체제의 자기모순이 최고지도자를 한층 더 절대화하지 않고서는 체제 안정을 보장할 수 없는 지점에 달하고 있었"다는 점에서(서동만, 2005: 930) 일정하게 불가피한 것으로 간주될 수 있다. 연구자의 가설은 이 불가피한 변화의 현실화가 '어버이수령의 이름'이 행사하는 효과에 의존한다는 것이다. 김일성의 지도가 유일성을 주장할 수 있는 이유는 그가 아무런 수령이 아니라 어버이수령이라는 사실, 그리고 누구에게나 어버이는 유일하다는 사실과 무관하지 않을 것이며, 북의 인민이 유격대국가라는 모델로 이끌려 들어가는 것 역시 그 지도자가 어버이로서 자신을 부르고 있다는 사실을 통해 이해될 수 있을 것이다.

입니다. …… 우리의 문학예술은 수령의 사상과 위업을 옹호하고 빛내여나가는 수령의 문학예술로 되어야 합니다. 위대한 김일성동지와 김정일동지의 사상과 위업, 불멸의 업적을 옹호하고 길이 빛내여나가는것은 우리 문학예술의 첫째가는 본분이고 가장 영예로운 임무입니다(≪로동신문≫, 2014.5.17).

북조선 문예를 프로파간다로 보는 관점은 이 같은 담화를 부정적인 것으로 뒤집어서 반복한다. "우리 당의 음악정치는 혁명의 수뇌부의 두리[둘레]에 철통같이 뭉친 우리의 일심단결을 백방으로 강화해 나갈 수 있게 하는 위력한 무기"(≪로동신문≫, 2006.2.27)라고 북에서 말하면, 이를 남에서는 '북조선 음악은 지도자 찬양과 체제 결속을 위한 수단으로 변질되었다'는 식으로 되풀이한다. 이 글은 프로파간다라는 시선이 수행하는 이러한 반복에 대한 문제의식에서 비롯된다. 수없이 반복되었던 말을 다시 반복하게 할 뿐인 이 시선은 과연 북이 노래에 부여하는 막중한 위상 ["수령님노래를 잃는것은 민족의 생명도 미래도 잃는 것이다"(≪로동신문≫, 2008.4.17)]을 제대로 이해하는 것일까? '어버이수령의 혁명적 사랑이 낳은 어버이의 나라'라는 고유한 지평 위에서 전개되는 북조선의 사회정치적 삶을 해명하는 데 있어, 프로파간다라는 시선이 제안하는 반복의 반복은 어떤 가치를 지닐 수 있을까?

이하의 논의는 북조선에서 울려 퍼지는 어버이수령에 대한 노래를 체제 유지와 우상화의 수단으로 환원하는 익숙한 시선, 문예를 넘어 북조선의 모든 커뮤니케이션 매체와 거기서 발신되는 모든 메시지에 무차별적으로 적용되는 프로파간다라는 시선을 비판적 검토에 부친다. 이를 위해 첫째, 프로파간다라는 시선이 정치적 중립성의 외장을 취하기 위해 내세우는 순수예술이라는 당위의 실상을 예술장의 역사적 성립에 대한 피에르 부르디외(Pierre Bourdieu)의 연구에 입각해 살펴본다(Bourdieu, 1998). 둘째, 프로파간다라는 시선이 준거하는 현실, 즉 '우리'와 '적'이 진실과 정의의 독점을 놓고 쟁투하는 정치적 현실을 그 존립에 요구되는 믿음-의미-오인의 순환에 초점을 맞춰 분석한다. 끝으로 어버이의 나라라는 지평 위에서 펼쳐지는 북조선적 삶의 '꿈'과 '진리'가 수령님 노래에 집약되어 있다는 주장과 함께, 노래를 북조선에 대한 사회학적 해명의 기획이 천착해야 할 대상으로 제안한다.

프로파간다라는 시선은 정확히 '아는 만큼 보는' 시선, 이미 알려져 있는 어떤 것들에 의해 한계 지어진 시선이다. 이 시선이 이미 알고 있는 것들의 총체를 '지식의 상황'이라고 불러준다면, 그 특징은 다음과 같이 제시될 수 있다. 일단 그것은 내적으로 충만하다. 지식의 상황은 '올바른' 정치와 '참된' 예술, '정의로운' 국가와 '바람직한' 시민의 상들로 충만하며, 이로부터 북에 대한 프로파간다라는 시선의 단호함과 자명함이 비롯한다. 지식의 상황은 온갖 형식과 계기(미디어·학교·집회·술자리 등)를 갖는 커뮤니케이션을 통해 구성된다. 의사소통의 필요에 부합하는 의견들과 그 결과 확립된 속견들로 지식의 상황이 포화되는바, 내가 프로파간다라는 시선을 취할 때 "의견은 내 귀에 대고 중얼거"리며, "나는 결코 의견 밖에 있지 않기"에 즉각 "나는 나에게 중얼거린다"(바디우, 2001: 97). 결국 아는 만큼 보는 나는 보는 만큼 알게 될 것인데, 이때 '봄'에 의해 매개된 두 '앎'은 지식의 상황 안에서 유통되는 의견들과 속견들로 수렴한다.

프로파간다라는 시선이 수반하는 '앎'이 북의 문예를 다만 자기 확신의 한 계기로 이용할 뿐이라면, 본 연구는 다음과 같은 가능성에 대한 자각에 의해 추동된다. 북조선의 생활 속으로 직접 들어가 연구를 진행하는 것이 불가능한 상황에서, 문예는 거기에 실현된 세계(어버이의 나라)와 그 거주자들(어버이 수령의 아들딸, '그이의 혁명전사')의 삶과 꿈에 대한 사회학적 이해의 가능성을 담보해 주는 핵심 자료라는 위상을 갖는다.[3] 프로파간다라는 시선과 공모하는 지식의 상황이 저 세계와 사람들의 삶과 꿈을 부정·동정하거나 거부·조롱·비난하는 의견들에 의해 지배된다면, 사회학을 특징짓는 것은 정확히 반대의 지향이다. 부르디외에 따를 때,

사회학은 예컨대 '누구누구의 아들'로 타자들을 고정시키고, 대상화하고, 비난하는 것을 목표로 하지 않는다. 정반대로 사회학은 세계를 이해하고 그 이유를 밝힐 수 있도록, 또는 내가 좋아하는 프랑시스 퐁주(Francis Ponge)의 표현을 빌리자면 세계를 '필연적으로 만들도록(nécessiter)' 해준다. 이는 세계를 있는 그대로 유지해야 한다거나 좋아해야 한다는 것을 함축하지 않는다. …… 이것은 세계를 정당화하는 것이 아니라, 다른 방식으로는 수용할 수 없는 것처럼 보이는 많은 사실들을 받아들이는 것을 배우는 일이다(Bourdieu, 1992: 171).

이 진술에서 우리가 읽어낼 수 있는 것은 사회학적 관점과 프로파간다라는 시선의 화해 불가능한 대립이다. 전자의 관점에서 북조선은 그 필연성을 밝히려는 노력이 경주되어야 할 연구 대상 이상도 이하도 아니며, 이 노력은 현상들을 정치적·도덕적 판단의 소재가 아니라 세계의 해명을 위해 분석되어야 할 요소로 다룰 것을 요청한다. 프로파간다라는 시선은 정반대의 길을 간다. 그것은 북조선을 응당 싫어해야만 하는 대상, 받아들일 수도 유지되어서도 안될 체제로 고정시키고 대상화하고 비난함으로써 북조선이라는 세계를 '필연적으로 초래하는 것'에 대한 이해의 시도를 가로막는다. 여기에 북조선을 사회학적 연구의 대상으로 확립하고자 하는 기획이 프로파간다라는 시선에 대

---

3) "문학 텍스트를 자료의 원천으로 다룬다"(Ryang, 2012: 13)라는 동일한 전략과 "인민과 위대한 수령 사이의 연결이 담보되는 방식"(Ryang, 2012: 1)에 대한 유사한 관심과 함께, 인류학자 소니아 량은 연구자의 문제의식을 선취하고 있다.

한 발본적 비판 작업을 회피할 수 없는 이유가 있다.

2. 프로파간다: 실천과 시선

프로파간다라는 '실천'은 복수의 진영들이 자기 이념의 정당성과 그 실현 동력을 공중의 지지 안에서 확보하려는 투쟁 상황의 상수를 이룬다. 대중적 정치 프로파간다가 역사적으로 확립된 무대였던 프랑스혁명의 상황이 그러하며(Ellul, 1976), 제1차 세계대전 발발에서 시작해 소비에트연방의 붕괴로 끝나는, 에릭 홉스봄(Eric Hobsbawm)이 명명한바 '단기 20세기'를 움직인 극적 대립들 또한 이를 예증한다(웰치, 2015; Ellul, 1990; Tchakhotine, 1992). 종종 오해되는 것과 달리 프로파간다는 이른바 '전체주의'의 전유물이 아니다.[4] 체제를 불문하고 나름의 대의를 걸고 투쟁하는 세력들은 프로파간다의 공격을 피할 수도, 그 사용을 회피할 수도 없다. 의회민주주의 체제하에서는 '전체주의' 체제와는 상이한 프로파간다의 지평이 형성되며(버네이스, 2009; 촘스키·버사미언, 2002), 각자의 이상에 헌신하는 비정부기구와 운동 세력 또한, 가령 '환경 파괴 다국적기업'이나 '가부장제'와 같은 적과 투쟁하는 과정에서 전략적으로 프로파간다에 의존한다.[5]

---

4) 프로파간다의 대명사로 널리 간주되는, 나치 독일의 대중계몽 선전 장관이었던 요제프 괴벨스(Joseph Goebbels)가 아돌프 히틀러(Adolf Hitler)의 집권을 위해서는 "미국적 방법을 미국적 수준"으로 실천에 옮겨야 한다고 역설했다는 사실은 흥미롭다(Tchakhotine, 1992: 30). 또 유네스코의 첫 번째 수장이었던 줄리안 헉슬리(Julian Huxley)는 "우리가 세계대전 기간 동안 국가적 수준에서 응용하는 법을 배운 설득과 정보전달, 진실한 프로파간다의 테크닉을 단호하게 평화의 사명을 향해 돌리는 것, 필요하다면 레닌이 생각한 것처럼 '수백만 사람들의 저항을 굴복'시키고 그들을 바람직한 변화로 이끌기 위해 사용하는 것"을 고려해야 한다고 설파한 바 있다(Huxley, 1947: 60; Aumercier, 2007: 460에서 재인용).

북에서 울려 퍼지는 노래가 프로파간다라는 '실천'의 정의에 부합한다는 사실에는 의문의 여지가 없다. 노래는 '혁명의 대의'를 전파한다. 음악은 "사람들을 혁명적으로 교양하는 힘있는 무기"이자 "당사상사업의 중요한 수단의 하나"이다(김정일, 1992: 48). "대중을 동원하고 조직화하여 혁명과 건설에 떨쳐나서도록 불러일으키는데서 가요만큼 위력한 음악은 없다"(김정일 1992: 115)는 사실이, 노래를 "음악에서 중요한 역할을 할뿐아니라 음악의 본질적속성을 규정하는 기초"로 만든다(김정일 1992: 59).

노래와 음악을 넘어 북의 문학예술을 일반을 포괄하는 '혁명의 무기이자 추동력'이라는 사명은 혁명을 위협하는 적의 존재에 의해 필연성을 획득한다. "미제국주의자들은 공화국북반부에서 달성한 민주건설의 성과를 말살하고 조선인민을 자기들의 식민지노예로 만들려고 광분하고 있"다는 1949년의 인식(김일성, 1980a: 59)은 북조선 역사 전체를 관통하면서 지속·강화된다. 적에게 '먹히는' 것에 대한 공포, 만일 "당원들과 근로자들 속에서 계급적교양을 소홀히 한다면 그들이 오늘의 행복한 생활에 도취하여 제국주의자들과 착취계급을 반대하는 투쟁정신이 마비될수 있"고, "그렇게 되면 우리는 또다시 식

---

5) 프로파간다라는 실천은 타도해야 할 적의 존재를 전제로 한다. 적이 없다면 만들어내기라도 해야 '신념의 공동체' 안으로 사람들을 끌어들일 수 있다. "프로파간다는 우리가 적을 필요로 하기 때문에 생겨난다. 적은 그저 있는 것이 아니라 불가피하게 존재한다. 그들은 우리의 가치관을 정의하며 가치관에 일관성을 부여한다. 그리고 우리를 자극해 행동하게 한다"(오쇼네시, 2009: 21). 우리와 적이 대립하는 세계 안에서 프로파간다는 그 사용자의 관점에서는 바람직한 것, 최소한 현실적으로 요청되는 것인 반면, 적으로 규정된 쪽의 입장에서는 당연히 나쁜 것, 거부해야 할 것이다. 이러한 적대의 맥락에서 프로파간다라는 용어가 처음 출현했다는 사실을 상기할 필요가 있다. 종교개혁에 대한 물리적 개입이 실패로 끝난 후, 교황청은 '포교성성(布敎聖省, Sacra Congregatio de Propaganda Fide)'을 세워 "교회의 가르침을 '자발적으로' 받아들일 수 있게 하려는 유화책"을 실천에 옮기는데, 이러한 프로파간다가 가톨릭 지역에서는 긍정적으로, 신교도 국가에서는 부정적으로 받아들여졌음은 물론이다(오쇼네시, 2009: 31).

민지노예의 처지를 면치 못하게 될 것"(김일성, 1980a: 59)이라는 논리가 혁명이라는 '숭고한 목적'에 복종하고 혁명의 승리를 위한 투쟁에 함께하는 예술을 요청한다.

이처럼 북조선의 커뮤니케이션은 문예가 적에 대항하는 무기라는 사실을 감추지 않는다. "수령님께서 한편의 시가 천만사람의 가슴을 격동시키며 총칼이 미치지 못하는 곳에서는 우리의 노래가 적의 심장을 꿰뚫을수 있다는것을 항상 명심해야 한다고 하신 말씀은 가요음악이 얼마나 커다란 역할을 하고 있는가 하는것을 가르쳐주고 있다"(김정일, 1992: 115). 이와 달리 북의 문예를 프로파간다는 '시선'으로 바라보는 남한의 관찰자들은 순수예술이라는 이상에 호소함으로써 정치적 중립성의 외양을 취하려 한다.

> 북한의 문예정책은 예술성보다 당국이 지향하는 이념 전달 수단으로서의 역할이 강조된다. 즉 북한의 문학과 예술은 개인의 자유로운 의지가 발현된 창작보다 정권 유지를 위한 홍보와 선전 기능을 중시하고 있다. 따라서 자유주의 국가에서 개인의 창의를 중시하는 예술 가치는 배제되고 단순히 정치 도구로 전락하였다. …… 북한의 문예정책은 지도자(수령)에 대한 정당성과 충성심 확보를 목표로 하고 있다(북한정보포털, 2019).

비판적 톤의 정도 차이는 있지만, 북의 음악이 순수예술이 아닌 정치적 수단으로 기능한다는 확언, 그것이 지도자 우상화를 위한 매체로 변질되었다는 메시지는 인용문과 같은 '관'의 담화뿐만 아니라 '학'의 공간에서 생산되는 논의들 속에서도 확인된다. "체제선전과 우상화를 목적으로 하는 북한의 음악"(하승희, 2015: 241)은 "예술이 아니다. 그것은 무기이며 투쟁의 수단이다. '일종의 정치'라는 것이다"(주정화, 2014: 13). "북한음악을 이해하는 데 필요한 가장 중요한 마지막 특징은 …… 김일성 찬양이론이다"(최영애, 2010: 185). "수령과 수령 결사옹위의 주제는 선전선동 매체로서 북한 음악의 본질적 기능이다"(전영선, 2007: 72). 예컨대 김정은 집권 이후 ≪로동신문≫에 실린 노래들은 "이미지와 언어로 감성에 호소하면서 김정은 권력을 공고화하는 역할을 하였다"(이지순, 2016: 215).

과연 이러한 진술들은 '사실'을 적시하고 있을 뿐인 것일까? 확실히, 북조선 문예를 프로파간다로 보는 시선은 우리 모두가 이미 알고 있다고 믿는 사실을 말한다. 하지만 이때의 '우리'는 자신의 비판이 겨냥하는 대상을 적으로 가진 존재, 바로 그 적에 의해 규정되는 정치적 통일체 안에서 '반공자유주의'(김동춘, 2018) 이데올로기의 세례를 받아온 모든 이들을 가리킨다. 그리하여 다음과 같은 질문들이 제기된다. 적을 바라보는 우리의 '시선'이 과연 우리의 적이 수행하는 '실천'과 다른 수준에 위치한 것일 수 있을까?[6] 혹 프로파간다라는 시선은 자신이 비판하는 대상만큼이나 정치적이고 수단적인 것은 아닐까?[7] 가령 그것은 남북 적대라는 '조건'하에서 남의 체제 정당성 확보라는

---

[6] 적대의 쌍방이 자신의 신념과 이상을 확산시키기 위해 수행하는 프로파간다라는 '실천'은 적대의 상대를 향하는 프로파간다라는 '시선'과 짝을 이룬다. 이 시선의 관심은 오직 적의 프로파간다에 있다. 그것은 적의 메시지를 부정하고 거부하는 우리의 시선이다. '자유세계'의 언어에서 프로파간다는 거짓·기만·왜곡·날조·세뇌·우상화·신화와 같은 단어들과 계열을 이루면서 진실·진리·각성·지식·교육·역사 등의 계열과 대립한다. '자유세계'의 온갖 적들(스탈린, 히틀러, 일제, 독재, 전체주의, 파시즘, 공산주의)에 대한 혐오를 표현했던 이 20세기적 시선은 오늘날 북조선에서 자신의 특권적 대상, 자신이 믿는 모든 가치(자유, 민주, 평화, 인권 등)의 '주적'을 발견한다.

[7] 프로파간다라는 시선이 북에서 보는 것은 '기만의 정치'에 의해 '타락한 예술'인바, 이 시선은 북조선 문예가 주어진 '조건'하에서 특정한 정치적 '목적' 달성에 복무하는 '수단'이라는 메시지를 반복 생산한다. 예를 들어 김정일 시대의 새로운 통치 방식으로 강조되었던 '음악정치'를 어떻게 볼 것인가? 그것은 필시 국내외적 위기의 '조건'하에서 체제 결속의 재고라는 '목적' 달성에 기여하는 '수단' 중 하나일 것이다. 음악정치는 극심한 경제난으로 당에 대한 신뢰가 흔들린 상황에서 노래를 통해 "당과 수령에 대한 충실성으로 [인민의] 심장을 불

'목적' 달성에 기여하고 있는 것 아닐까?

그러나 순수예술이라는 당위가 이러한 의문들을 억압하고 대체한다. 예술은 정치적 목적으로부터, 예술적 표현은 정치적 제약으로부터 당연히 자유로워야만 하지 않을까? 그렇다면 정치의 수단으로 전락해 버린 예술, 역으로 예술을 자신의 수단으로 타락시킨 정치에 대한 비판 역시 당연한 것 아닐까? 이처럼 북이 주장하는 '혁명을 위한 예술'에 반해 '예술을 위한 예술'의 편에 섬으로써 프로파간다라는 시선은 일정한 객관성의 외장을 확보한다.

3. '예술을 위한 예술', 또는 프로파간다라는 시선의 핑계

1) 순수예술의 가정된 순수함

예술에 대한 두 이상이 프로파간다라는 실천·시선의 배후에서 충돌한다. 한편으로 예술의 정치적 사용을 무엇보다 혐오하는 '예술을 위한 예술'이라는 이상, 다른 한편 이 이상의 무지와 기만성을 경계하면서[8] 문예의 올바른 정

태우게"(≪로동신문≫, 2006.2.27) 하려는 목적, 또는 "우리 인민은 언제나 원쑤들을 전율케 하는 신념의 노래, 투쟁의 노래를 높이 부르며"(≪로동신문≫, 2006.2.27) 혁명의 난관들을 극복해 왔다는 것을 강조함으로써 미래의 승리에 대한 신념을 제고하려는 목적하에서 이뤄졌을 것이다. 노래의 주제로 눈을 돌려본다면, 동지애를 다루는 노래의 전파는 동지애 고취의 수단이라는 식, '조선민족 제일주의'를 테마로 한 가요 확산은 인민들의 '민족적 자존심'을 고양하는 목표를 갖는다는 식, 또 생활소재 가요의 창작은 인민들의 문화적 요구 충족을 통해 정치적 불만의 표출을 차단하기 위한 것이라는 식의 진술이 가능할 것이다. 이런 식으로 김정은 집권 이후 전파되는 노래들이 어떤 목적을 갖는지도 어렵지 않게 파악할 수 있을 것이다(전영선, 2007; 정철현, 2008; 이재용, 2012; 하승희, 2015; 이지순, 2016).

8) 마오쩌둥은 『문예강화』에서 이렇게 말한다. "지금 이 세계에서, 모든 문화 혹은 문학예술은 일정한 계급에 속해 있으며 일정한 정치노선에 속해 있습니다. 예술을 위한 예술, 초계급적

치적 사용(누구와 무엇을 위해 복무할 것인가?)을 추구하는 이상이 그것이다. 『예술의 규칙』에서 부르디외는 두 이상의 적대적 공존을 예술장의 개념을 통해 문제 삼는다.[9] 사회 세계의 다른 장들(경제장, 정치장, 언론장, 학문장 등)과 마찬가지로 예술장은 가용한 자원과 권력의 상이한 크기에 대응하는 '위치들'을 점유한 행위자들(작가들, 비평가들, 각종 '업자'들, 이들이 속한 기관들)이 장에 고유한 '자본'의 획득·축적을 놓고 투쟁하고 있는 공간으로서(Bourdieu, 1998: 341), 미적 가치의 절대화라는 기치 아래에서 예술 생산을 일체의 외적 목표로부터 독립시키고자 한 "역사에 기록되는 투쟁의 산물"이다(핀토, 2003: 107~108).

부르디외의 일차 목표는 예술의 가정된 순수함의 실상을 폭로하는 것이다. 순수예술을 위한 역사적 투쟁이 특히 격렬하게 거부했던 타율적 규범이 상업의 논리이기에,[10] 우선 예술이 경제로부터 얼마나 자유로운지를 확인해야 한다. 부르디외에 따를 때, 예술장이 거부하는 상업의 논리가 남긴 빈자리를 차지하는 것은 '또 다른 경제의 원칙'이다. 화폐 추구의 거부를 천명하면서 마치 대가 없는 선물처럼 자신의 작품을 세상에 내놓는 작가는 바로 이 무사 무욕

예술, 정치의 옆에 서 있거나 정치로부터 독립적인 예술 따위는 실제로는 존재하지 않습니다"(이현정, 2017: 38에서 재인용).

9) 예술을 자체 논리에 입각해서만 평가해야 한다는 입장은 예술장 내부의 대립적 이해관계의 구조가 행위자에게 가하는 제약을 사상함으로써, 작품을 그 생산의 사회적 조건들부터 단절시켜 '관념들의 하늘'로 승천시키는 오류에 노출된다. 반대로 정치에 복무하는 예술(또는 사회적 예술)이라는 지향은 예술장의 매개를 고려하지 않고 작품을 특정한 정치·경제적 이해관계에 직접 조응시키는 환원주의적 오류에 취약하다. 외적 규정성들은 자신만의 경제(고유한 자본의 차별적 분배)와 정치(이를 둘러싼 적대와 공생)를 갖는 예술장의 매개('굴절')를 거쳐서만 예술 생산에 영향력을 행사한다.

10) 부르디외가 이 투쟁의 '영웅'으로 묘사하는 귀스타브 플로베르(Gustave Flaubert)는 1872년에 쓴 한 편지에 다음과 같이 적는다. "예술이라는 이름에 값하며 확신을 갖고 창작된 작품은 값을 매길 수 없고, 상업적 가치가 없으며, 지불될 수 없다"(Bourdieu, 1998: 139). "누가 스스로를 작가라고 말할 수 있는가"라는 질문에 대한 예술장의 수호자들의 답은 이렇게 요약될 수 있다. "예술 사업을 화폐의 사업으로 축소"하지 않는 자(Bourdieu, 1998: 366).

함의 몸짓 덕분에 오히려 "가장 귀중한 답례, 즉 '인정'"의 획득을 기대할 수 있게 된다. 예술가는 "가장 사심 없는 투자에 보장된 이익"(Bourdieu, 1998: 246)인 인정에의 욕망에 예속됨으로써 스스로를 예술가로 생산한다. 나아가 무사 무욕한 증여의 논리와 이해 관심으로 점철된 교환의 논리 사이의 '대립을 통한 연결'은(박정호, 2012), 그 어떤 예술가도 피해갈 수 없는 삶의 물질적 요구의 충족까지 보장할 수 있다. 증여의 무사 무욕함이 그에 대한 인정(감사)은 물론 시간이 흐른 후 되돌아오는 답례를 통해 부정되듯, 미를 위한 헌신의 순수함도 그 첫째 목표인 상징적 이익의 수취와 더불어 일정한 지연 뒤에 찾아오는 금전적 이익을 통해 부정된다는 것이다(Bourdieu, 1998: 246~249).

고로 순수예술의 승리는 결코 경제의 패배가 아니다. 예술장이 자율성을 획득하는 과정에서 '또 다른 경제의 원칙'을 자기화할 뿐만 아니라 이를 매개로 해서 경제장과의 은밀한 교류를 지속하는바, 부르디외는 예술장의 제일 원리인 경제에 대한 미적 거부를 '거짓 부정(dénégation)'으로 판명 내린다(Bourdieu, 1998: 421).

이와 비근한 논리가 예술장과 정치장 사이에도 적용될 수 있다. 예술장은 일단 자체의 정치를 통해 규정된다. 인정이라는 특수한 '이익'을 둘러싼 행위자들 간 경쟁으로 특징되는 예술장은, 이로부터 솟아나는 '예술적 계급 질서'와 그 내부 투쟁에 의해 조직되는 정치의 공간이기도 하다. 시쳇말로 문학판은 이미 정치판이며, 마르크스주의적 표현을 원용하자면 예술장의 경제는 '정치적 상부구조'를 가진다고도 할 수 있다. 그리하여 예술장을 기술하기 위해 부르디외가 동원하는 경제적 범주들(재화·자본·이익·투자·축적·독점 등)은 그 핵심을 구성하는 인정 개념의 매개를 통해 일련의 정치적 범주들(권력·투쟁·힘 관계·지배·피지배·혁명·반란 등)로 번역된다.

이는 순수예술의 가정된 순수함이 예술장에 대한 경제장의 구속을 '거짓 부정'한다는 테제가 예술장에 대한 정치장의 은밀한 구속에 대한 테제로 번역될 수 있음을 시사한다. 물론 투쟁은 일차적으로 예술장 내부에서 벌어진다. 행위자들은 무엇보다 예술장의 노모스(nomos)의 정의를 놓고, 즉 '진정한 예술가'와 '진정한 작품'의 적법한 정의를 두고 투쟁한다. 그러나 예술장의 "내부 투쟁은 원칙상의 독립성에도 불구하고 그 결과에서는 언제나 외적 투쟁(권력장 내의 투쟁이건 전체로서 사회장 내의 투쟁이건)과의 가능한 조응에 의존한다" (Bourdieu, 1998: 213). 이를 보장하는 것은 예술장이 그 정치적 '구조'에 있어서 다른 장들과 상동적이라는 사실이다. "문화생산장과 권력장(또는 전체 사회장) 사이에 확립된 상동성의 관계로 인해, 순수하게 '내부적' 목적에 준거해 생산된 작품들이 외적 기능을 자연스레 수행하는 경향이 항상 발생한다. 이는 (외적) 요구에 대한 작품들의 예속이 의식적으로 추구된 것이 아니라 (문화생산장과 권력장의) 구조적 일치의 결과라는 점에서 더욱 효율적으로 작동한다"(Bourdieu, 1998: 277).[11]

결국 부르디외가 예술 생산의 현실에서 확인하는 것은 예술장의 내적 구조를 매개로 한 예술과 정치·경제적 논리 사이의 이중의 접속이다. "외부의 제약과 요구로부터 제아무리 해방되었다 한들, (문화생산)장은 자신을 둘러싸고 있는 다른 장들의 필연성, 즉 경제적·정치적 이해관계의 필연성에 의해 관통된다"(Bourdieu, 1998: 355). 이러한 현실에서, 예술을 위한 예술이라는 관념은 정치·경제·종교·이데올로기 등으로부터 진정으로 자유로운 작품의 객관적 존

---

11) 이 "상동성의 작용으로 인해 대다수의 문학 전략들은 중층 결정되며, 수많은 '선택'은 미학적이면서 정치적이고, 내적이면서 외적인 이중의 타격이 된다"(Bourdieu, 1998: 339). "문화 생산장에서 세속적이고 일시적으로 지배적인 위치를 점유하고 있는 이들(성공한 작가, 소설가)이나 반대로 그것을 차지하길 갈망하는 이들(돈을 위해 창작해야 하는 피지배적 생산자들)은, 권력장 내에서 상동의 위치들을 점하고 있는 이들과 가장 가깝기에 또한 외적 요구들에 가장 민감하며 가장 타율적이다"(Bourdieu, 1998: 355).

재를 지시하는 것일 수 없다. 그것은 예술장이라는 "상대적으로 자율적인 세계, 다시 말해 당연히 상대적으로 정치장과 경제장에 의존적인 세계"(Bourdieu, 1998: 234)가 성립·유지되기 위해 요청되는 믿음의 대상, 곧 예술장의 토대가되는 합법성의 원칙이다.

2) 순수예술의 믿음과 프로파간다라는 시선

모든 장은 자신의 놀이를 파괴하는 이들을 처벌하고 축출하면서, 또 새로운 가입자들의 선택과 교육 작업(통과의례, 시험 등)이 그들로부터 장의 근본적인 전제들에 대한 찬동을 얻어내는 방식으로 이뤄지게 하면서, 실천적 신념(la foi pratique)이라는 입장세를 부과한다. 이때의 찬동은 논의와 숙고를 거치지않은 나이브하고 태생적인 것으로서, 속견(doxa)을 본원적 믿음으로서 규정한다. 소속을 확립하는 찬동의 주화이자, 그것으로부터 지속적으로 집합적오인이 산출되는 무수한 승인의 행위들은 장의 작동 조건임과 동시에 그 산물이며, 장의 작동 논리 자체는 무지의 영역으로 남아 있다는 조건하에서만 달성되는 상징적 자본의 창조라는 집합적 기획에 대한 무수한 투자를 표상한다(Bourdieu, 1980: 113~114).

부르디외는 예술장의 정치경제학을 무지의 영역으로 남겨두는 순수예술에대한 눈먼 믿음에 종교적·이데올로기적 위상을 부여한다. 주술에 대한 마르셀 모스의 고전적 이해, 즉 주술적 인과성에 대한 사람들의 '집합적 오인'이주술적 실천의 효율성에 대한 '집합적 승인' 외의 다른 기반을 갖지 않는다는논리를 원용하면서(Mauss, 1950: 118~119), 그는 예술장에 걸려 있는 '예술에의헌신을 통한 인정의 획득'이라는 내기(enjeux) 역시 마찬가지로 그 정당성과중요성에 대한 집합적 승인·오인에 입각한 것임을 폭로한다(Bourdieu, 1998:

282~283, 454). 예술장은 '불신자'가 보기에는 아무런 의미도 없는 것을, '믿는 자'의 눈에 인생을 걸 만한 가치가 있는 것으로 변모시키는 주술적 과정의 산물이다. 모든 장은 주술의 효과들에 의존하는 '놀이'(예술을 위한 예술, 권력투쟁, 지식의 확장과 같은 놀이)의 공간으로서, 선수들을 현혹하는 '이익'과 이를 쟁취하기 위한 존재의 '투자', 놀이의 황홀한 '경험'과 이를 통한 '리비도'의 부단한 갱신에 힘입어 유지되는 것이다. 부르디외는 일루지오(illusio)라는 개념을 통해 "놀이에 빠지고, 놀이에 사로잡히고, 놀이가 한번 해볼 가치가 있다고 믿는"(Bourdieu, 1994: 151) 선수들의 실천적 신념을 이에 대한 장 외부의 불신자들의 평가인 환상(illusion)과 대비·연결시킨다.

그렇다면 예술을 위한 예술이라는 관념과 프로파간다라는 시선의 관계는 어떻게 규정되어야 할까? 이 시선이 예술장에 참여하는 선수들의 시선이 아니라는 점은 분명하다. 그들이 프로파간다를 비판해서 얻을 수 있는 '이익'은 사실상 전무하다. 특정 학문 영역의 종사자들이 취하는 선택지 중 하나이자 정치장에 투신한 일군의 존재들이 '자본' 축적을 위해 이용하는 수단으로서, 보다 일반적으로는 언론장에서 광범위하게 유통되는 것으로서 프로파간다라는 시선은 '예술을 위한 예술'이라는 놀이와 존재론적으로 무관한 이들의 시선이며 그러한 한에서 순수예술의 이상으로부터 어떠한 지지도 이끌어낼 수 없는 시선이다. 예술에 존재를 건 이들의 자율성을 비록 불완전하게나마 보장해 주는 순수예술의 일루지오는 예술장 밖에서 볼 때는 차라리 현실 감각을 잃어버린 자들의 환상이나 몽상과 같은 것, 또 사회학적 관점에서는 경제장·정치장에 의한 예술장의 구속을 은폐하는 '신화'이자 "미적 체험의 발현지를 경제와 전적으로 무관한 어떤 천상(天上)에서 찾는 허구적 상상"(박정호·현정임, 2010: 22)일 뿐이다.

여기에 한 가지 사실을 추가할 수 있다. 예술의 실천적 자율성은 '정치와 무관한 예술'이라는 일반화로 귀결되지 않는다. 예술가와 지식인은 "문화생산장에 고유한 가치와 그 자율성의 이름으로" 세속 권력의 통제를 거부할 수 있을 뿐만 아니라 정치장의 문제들로 여겨지는 것들에 적극 개입할 수도 있다(Bourdieu, 1998: 216~217). 예술의 자유가 정치적 내용을 표현할 자유를 포함한다면, 반대로 예술은 순수해야 한다는 논리를 내세워 정치권력이 시대에 대한 침묵을 작가들에게 강요할 수도 있다(이현정, 2017: 36). 그러나 만일 예술에 대한 정치·경제적 구속의 상이한 양식들과 그에 대응해 예술이 외부의 권력과 맺는 상이한 관계들을 고려하게 된다면, 프로파간다라는 시선은 자신이 유래하는 진영 내부의 문화 생산물이 처한 상태에 계속 눈감을 수가 없을 뿐 아니라[12] 무엇보다 자기 앞의 적을 예술의 이름으로 비판할 값어치가 있는 유일한 대상으로 유지할 수도 없을 것이다.

프로파간다라는 시선이 '예술에의 헌신을 통한 존재의 긍정'이라는 놀이와 아무 관련이 없다면, 그것은 어떤 놀이에 연루된 것이며 또 어떤 존재를 건드리는 것일까? 전문직과 공적 활동의 영역을 지시하는 부르디외적 장들을 넘어서, 이 시선은 정치적 통일체로서의 남한에 정체화하고 남한이 속한 '자유

---

12) 우리의 문화 생산물이 순수하지만은 않다는 당연한 사실은 부르디외가 '대량생산의 하위장'이라고 부르는 곳에서 특히 잘 확인된다. 대중적 문화 생산물의 유통과 소비는 넓은 의미의 언론매체들에 의해 매개되고, 이 매체들의 대다수는 광고 수입을 통해 생존한다. 그리하여 대중적 문화 생산물의 유통과 소비, 궁극적으로는 팔릴 만한 문화적 재화의 생산은, 뻔한 이야기이지만 '자본의 울타리'에 의해 포위된다. 프랑스 방송사 TF1의 어느 전직 경영자는 이렇게 '고백'한다. "TF1의 기본적 임무는 예컨대 코카콜라가 팔리도록 돕는 일이다. …… 그런데 광고의 메시지가 지각되기 위해서는 시청자의 두뇌가 가용한 상태에 있어야 한다. 우리 프로그램들의 사명은 시청자의 두뇌를 가용한 상태로 만드는 것이다. …… 우리가 코카콜라사에게 파는 것은 가용한 인간 두뇌의 시간이다"(L'Obs, 2004.9.11). 인간 두뇌는 '오락'을 통해서 가용해지며, 오락의 세계는 그 탈정치화의 기능을 통해 지극한 정치성을 획득한다. "가용한 인간 두뇌의 시간"의 최대치에는 지배적 가치 체계에 대한 최대의 수용성이 대응하지 않을까?

세계'의 속견들을 승인하는 우리가 그 '적성국가'이자 '전체주의' 체제를 대표하는 북조선에 대해 갖는 시선이다. 국가와 체제 간 적대의 현실에 관여된 자들의 총합으로서 '우리'는, 불의와 거짓에 맞서 올바른 정치와 진실한 이념을 수호하는 투쟁에 일말의 존재를 건 모든 '나'들로 구성된다. 흥미로우면서도 어쩌면 당연한 사실은 이러한 나와 우리가 남한과 북조선 모두에, 즉 프로파간다라는 '시선'과 '실천'의 배후에 공통적으로 자리하고 있다는 사실이다.

4. 프로파간다라는 시선과 '정치적인 것'

'예술을 위한 예술'이 믿음과 환상, 신화와 상상의 질서에 속함이 확인된다고 해서 프로파간다라는 시선이 붕괴할 일은 없다. 사라지는 것은 그 객관성 또는 중립성의 외양, 예술사회학적 토대, 정치적 순수함의 허구일 뿐이다. 애초에 이 시선은 예술을 위한 시선이 아니며 예술에 국한해서 적용되는 것도 아니다. 우리와 적이 대립하는 현실에서는 매체를 불문한 모든 커뮤니케이션과 내용을 차치한, 모든 메시지가 프로파간다라는 시선에 붙잡힌다.

1) 우리를 만드는 믿음-의미-오인

프로파간다라는 시선은 커뮤니케이션을 실패로 만든다. 예컨대 "조국의 자유와 독립을 위하여! 인류의 평화와 안전을 위하여! 새 전쟁과 침략을 반대하여!"라는 메시지를 누군가가 프로파간다로 본다는 것은, 곧 그 수신을 거부한다는 것이다. 하지만 이 '결백한' 메시지에 대체 어떻게 프로파간다라는 낙인이 찍힐 수 있을까?

판단을 위해서는 추가 정보가 요구된다. 메시지가 말하는 전쟁이 어떤 전쟁인지, 누구의 조국이 누구에 의해 위협되는지, 무엇보다 메시지의 발신자가 누구인지 모른다면 판단은 불가능하다. 위의 메시지가 '1952년 6월 25일 미제 반대 투쟁의 날' 홍보 전단에 박혀 있었다는 것으로부터 단번에 필요한 모든 정보가 확보된다. 메시지는 6·25전쟁을 일으킨 '미제승냥이'와 '리승만반동도배'에 맞서 자유와 독립을 수호하려는 '인민공화국'으로부터 온 것이다. 이제 수신자는 메시지의 발신자와 다른 진영에 정체화한다는 유일한 조건하에서, 겉보기에 나무랄 데 없는 자유와 평화의 외침을 프로파간다로 판단 내릴 수 있다. 다음과 같은 일반화가 가능하다.

① 프로파간다라는 시선은 적이 발신한 메시지에 대해서만 활성화된다. 이 시선에 포착된 적의 메시지는 거짓이라는 일반적 속성을 가지며, 그것을 전달하는 커뮤니케이션은 기만이라는 맥락을 부여받는다. 위의 메시지는 자유와 평화를 위협하는 침략의 원흉으로부터 비롯된 것이므로 거짓이고 기만적이다.
② 수신자가 속한 우리로부터 메시지가 비롯되었을 경우에는 반대의 일이 벌어진다. 메시지는 언제나 진실을 담고 있는 것으로 간주되며, 커뮤니케이션의 맥락은 진리의 각성이라는 일반적 규정을 획득한다. 참된 자유와 평화의 메시지를 발신할 수 있는 것은 오직 우리뿐이다.

여기서 메시지는 진실과 거짓의 악순환에 사로잡혀 있다. 문자 그대로의 내용과는 상관없이 우리의 메시지는 언제나 진실에 부합하고 적의 메시지는 반드시 거짓으로 수렴되지만, 적이 보기에는 오히려 우리의 진실이 거짓이고 우리가 거짓으로 간주하는 것이 진실이다. 우리와 적이 맞서는 현실 안에서, 메시지는 진실에 정박할 수도 거짓으로 고정될 수도 없다. 이로부터 두 가지

명제를 제안할 수 있다.

① 메시지는 오인의 상대주의에 의해 희생된다. 그 축자적 내용과는 무관하게 수신자는 메시지의 속성을 항상 오인하되, 그것이 우리와 적 양극 중 어디에 할당되느냐에 따라 진실로 오인하거나 거짓으로 오인한다. [13]

② 이 같은 오인이 교차되는 현실은 참과 거짓에 미치지 못하는 곳이다. 그 자체로는 참된 것(또는 거짓된 것)이 될 능력이 결여된 의견, 우리와 적의 대립으로 인해 항상 상대주의적으로 오인될 뿐인 메시지가 현실을 구축한다.

이 두 가지 '결함'은 일종의 정적 피드백을 통해 상호 강화된다. 적의 메시지에 대한 눈먼(=내용을 보지 않는) 오인이 우리의 말은 반드시 옳다는 오인과 쌍을 이루고, 그 결과 현실은 참과 거짓 양쪽으로부터 점점 더 멀어진다. 동시에, 이 거리가 멀어지면 멀어질수록 오인은 더욱 증폭되어 종국에는 우리의 진리 소유와 적의 본질적 기만성이라는 확신의 쌍이 적대의 쌍방 모두를 사로잡는 데 이르게 된다. 예를 하나 들어보자.

백위군을 편들고 있는 자들은 '볼쉐비끼는 아주 뛰어난 선동을 전개하고 있으며, 그들은 선동을 위해서는 비용을 아끼지 않는다'라고 도처에 쓰고 있다. 그러나 인민들은 가능한 모든 선동을, 즉 백위군의 선동뿐만 아니라 제헌의회 지지

---

13) "북남관계의 전면적이며 획기적인 개선과 발전을 이룩하여 끊어진 민족의 혈맥을 잇고 공동번영과 자주통일을 앞당겨나가자"라는 북의 메시지는, 만일 그것이 남북 대치의 시기에 불현듯 튀어나온 것이라면 당연히 '거짓'과 '기만'으로 판정될 것이다. 반면 2018년에 경험한 것과 같은 예외적 화해 국면, 즉 북이 일시적으로 적이길 멈추고 북과 남이 더 큰 우리(한민족, One Korea)로 묶이는 순간에는 이 메시지가 마치 잊고 있었던 '진리'를 '각성'시키는 것처럼 보이게 된다.

자들의 선동도 체험하였다. 볼쉐비끼의 선동이 교묘했기 때문에 [인민들이] 볼 쉐비끼의 편을 들었다고 믿는 것은 웃기는 일이다. 결코 그렇지 않으며 결정적인 문제는 그들의 선동이 진리에 근거하고 있다는 점이다(깔리닌 외, 1989: 30~31).

인용문의 화자가 표명하는 확신은 부르디외적 의미의 것으로, 즉 특정 현실의 생산에 구성적인 믿음으로 이해되어야 한다. 진실·거짓의 경계가 우리·적의 경계와 중첩되는 현실의 체계적 생산은 우리가 진리와 함께하며 적은 항상 기만한다는 믿음을 전제한다. 우리와 적 사이의 모든 투쟁은 생사여탈적 성격을 가진다. 패배란 적에게 먹힌다는 것, 곧 우리의 소멸이다. 먹히지 않기 위해서, 소멸의 가능성에 저항해 계속 투쟁하기 위해서 우리는 스스로를 진리와 일체화시켜야 하는데, 그렇지 않을 경우 우리의 진실이 의심될 수 있고 따라서 거짓의 처소와 승패의 향방 또한 불투명해질 수 있기 때문이다.

그렇다면 우리를 이루는 개개의 '나'는 어떻게 진리 소유의 믿음에 빠져들게 되는 것일까? 대답은 적과의 투쟁에 투신한 대가로 행위자가 회수하는 의미에서 찾아진다. 진리의 이름하에 적과 싸울 때, '믿는 자'는 소속감, 명예, 자부심, 헌신, 올바름, 용기와 같은 존재론적 재화를 축적하면서 자신의 '세계 안에 있음'에 대한 의미를 확인한다. 종교장에 대한 투자를 통해 자기의 '존재', '사회적 존속', '정체성', '지위' 등을 보장받는 신자의 경우와 마찬가지로 (Bourdieu, 1987: 157), 진리의 편에 있다는 믿음과 이를 증명하는 투쟁에의 헌신을 통해 믿는 자들은 자신의 존재가치를 긍정할 수 있게끔 해주는 의미 충만한 현실과 접속한다.

현실은 믿음에 입각한 '놀이'를 통해 구축된다. 정치적 현실은 인류, 자유, 민주, 자주, 평화의 편에 우리가 있고 그 반대편에 적이 있다는 믿음 위에 서 있다. 이러한 '보편 가치'의 독점을 주장하면서, 정치적 행위자들은 적을 배제

<그림 2-1> 정치적 현실에 구성적인 믿음-의미-오인

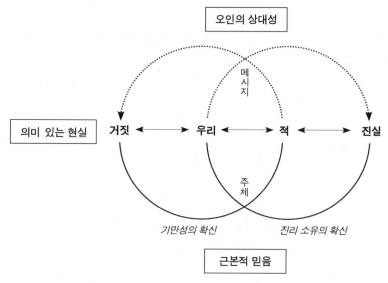

자료: 필자 작성.

하는 '특수의 놀이', 가령 대한민국 만세, 인민공화국 만세, 혁명 만세, 우리당 만세의 놀이를 논다. 이 만세의 외침 속에서 나의 유한성과 왜소함이 우리의 상상된 영원함과 위대함을 통해 극복되기에, 나는 놀이가 한번 해볼 가치가 있는지 결코 자문함 없이 놀이에 빠지고 사로잡힌다.

그러나 예술을 위한 예술 놀이를 하는 선수들이 예술장이 토대하는 믿음의 원리와 이에 대한 자신의 일루지오를 반성하지 못하듯, 적의 기만에 맞서 우리의 진리를 수호하는 데 존재와 열정을 투자한 주체들 역시 마찬가지이다. 반성의 부재를 조건으로 하는 놀이에의 계속된 참여 속에서 놀이의 정당성에 대한 일루지오는 세계의 독자적 현실성에 대한 일루지오로 진화한다. '존재론적 재화'를 향유하고 축적하면서 믿는 자가 그 안에 자리 잡는 세계는, 믿음과 무관한 객관성으로 현상한다는 조건하에서만 그의 의미 충만한 삶을 환상이나 몽상이 아닌 '리얼리티'로 유지시킬 수 있기 때문이다. 그리하여 행위자는 믿음 너머에서 실재하는 세계의 긴박하고 막중한 요구에 자신이 응답하고 있다는 생각, 자기의 편이 참된 가치들을 참으로 독점하고 있으며 적과의 대립에 걸려 있는 내기가 참으로 현실적이라는 환상 속에서 적과 투쟁한다.

세계의 객관성에 대한 일루지오로 인해 '존재의 투자'와 '존재론적 재화의 회수' 사이의 선순환이 가능해진다. 그러나 이는 우리를 매개로 한 '주체의 긍정'과 적의 편에 있는 '타자의 부정' 사이의 악순환이기도 하다. 예컨대 "부르주아지(bourgeoisie)에 대한 영원한 증오"로 노동계급과 프랑스 공산당의 편에 섰던 사르트르의 눈에 "반공주의자는 개"일 뿐이고, 그 반대편에 있던 알베르 카뮈(Albert Camus)에게는 장폴 사르트르(Jean-Paul Sartre)와 같은 친소비에트 좌파가 '나치 부역자' 같은 존재로 보인다(Aronson, 2005: 57). 한 관찰자는 1950년대에 위치한 이 에피소드를 다음과 같이 회고적으로 평가한다.

> 냉전 자체와, 그것이 강요한 선과 악 사이의 정면충돌(사르트르와 카뮈가 각자의 방식으로 희생양이자 공모자였던)하에서의 진영 선택은 그들의 분쟁을 비극으로, 그러나 세계사의 차원에서는 단순한 희곡, 교훈으로 만들었다. 둘 중 하나가 옳다면 다른 한 명은 틀린 것이었고, 그들의 이야기는 복잡성과 흥미를 결여한 것이었다(Aronson, 2005: 59).

교훈은 약간 더 복잡하고 중요할 수도 있다. 우선 확실히 해둬야 할 점은 관건이 되는 현실이, 선과 악이 정면충돌하는 현실이 아니라 진영에 따라 선악이 상대적인 현실, 따라서 엄밀히 말해 선과 악에 미치지 못하는 현실이었다는 사실이다. 그럼에도 불구하고 두 사람은 자신이 '진리의 과정'에 가까운 것에 참여하고 있다는 믿음에 사로잡혀 있었고, 그 결과 한편으로는 각자의

적에 대한 증오와 힐난을 스스럼없이 표현하면서 존재론적 재화들을 향유했지만 또 한편으로는 "자기기만(mauvaise foi)의 고전적 사례"가 되어 "불편한 사실들을 보기를 거부하고 반박했어야 마땅할 악행들 앞에서 침묵을 지"켜야 했다(Aronson, 2005: 58).

이 희곡은 남북 적대의 조건하에서 프로파간다라는 시선이 일상적으로 수행하는 일을 저명한 배우들(두 노벨문학상 수상자)의 참여 속에서 극적으로 보여준다는 점에서 흥미로운 것이기도 하다. 사르트르와 카뮈가 서로를 '개'와 '나치 부역자'라고 부르면서 부정한다면, 남한은 '프로파간다'라는 말로 북의 모든 메시지를 부정한다. 이미 그 자체로 모욕인 이 단어가, 자신의 의미의 자장 안에 '나치'(프로파간다의 대명사)와 '개'(파블로프의 개[14])를 포함하고 있다는 사실은 사뭇 의미심장하지 않은가?

2) 적을 만드는 자기기만-판타즘-무지

'반공주의자는 개'라는 시선, '친소주의자는 나치 부역자'라는 시선, '북의 메시지는 프로파간다'라는 시선 모두는 고유한 믿음-의미-오인의 순환에 의해 지탱되는 정치적 현실로 귀속된다. 이 시선들은 불의와 거짓의 편에서 적을 식별함으로써 정의와 진실의 쪽에서 우리를 긍정하는 것 외의 다른 기능을 수행하지 않는데, 바로 이 적의 식별이, 카를 슈미트(Carl Schmitt)에 의하면, '정치적인 것'의 출발이다. "정치적인 것이라는 현상은 오직 적과 동지의 편 가르기라는 현실적 가능성과 관련을 가짐으로써만 이해"될 수 있다(슈미트, 2012: 49).

---

14) "선전선동을 통한 북한 인민들에 대한 세뇌는 '공포를 동반한 선전에 의한 학습', 즉 파블로프의 '조건반응'으로 이뤄진다"(이기우, 2015: 3).

두 가지 질문을 던져볼 수 있다. 우선 적과 동지라는 "인간의 분류", 즉 "차별"(슈미트, 2012: 86)을 행하는 당사자는 누구인가? 슈미트는 "개인에게는 정치상의 적이 있을 수 없"다고 보기에(슈미트, 2012: 69), 다시 말해 그가 이야기하는 적은 언제나 '공공의 적'이기에(슈미트, 2012: 42), 구별의 당사자는 적을 식별하면서 그와 대립하는 '공공', 즉 우리일 수밖에 없다. 교회는 본성상 정치적 통일체는 아니지만 그 안에 모인 우리가 '적의 현실적 가능성'을 발견하게 될 때 본질적 성격 변화를 경험한다. 특정한 지리적 공간을 점유하는 인구 역시 적과 마주함으로써 비로소 국민 또는 민족이라는 정치적 실존을 얻는다. 모든 정치적 통일체는 "현실의 적과 현실적으로 싸운다는 위급한 경우의 가능성"(슈미트, 2012: 54)을 통해 구성되는바, 그 보편적 내용은 '적에 의해 규정된 우리'에 다름 아니다. 정치는 언제나 우리의 이름으로, 우리 조국과 우리 인민, 우리 당과 우리 조직의 이름으로 행해진다. 고로 정치적인 것의 출발점에 놓여 있는 질문은 다음과 같다. 우리의 적은 누구인가?[15]

어떤 조건하에서 우리는 이 질문에 답할 수 있는 것일까? 우리는 적의 현실적 가능성을 어떻게 발견하는 것일까? 누군가가 "낯설고 이질적인 존재"(슈미트, 2012: 39)라는 이유로 반드시 적으로 규정되어야 하는 것은 아니다. 우리의 모든 친구들은 애초에는 타인, 이방인, 남이었다. 마찬가지로 낯익고 동질적

---

15) 최초의 범주는 '우리'이고, 우리가 전제하는 유일한 대립물은 '남'이다. 물론 남이 '적'으로 표상되기 시작할 때 우리의 성격이 근본적으로 변화되는 것은 사실이지만, 적의 존재는 우리의 존재에 필수적이지 않다(우리 가족, 우리 학교, 우리 마을, 우리 회사, 우리 모임 등). 다른 한편, '정치적인 것'의 구성에 있어서 적 개념은 동지 개념에 우선한다. 적 개념에는 투쟁의 가능성이 이미 포함되어 있기에, 적이 있으면 정치적인 것도 있다. "그 결과 슈미트가 이 [적과 동지라고 하는] 관점을 보다 상세하게 설명할 경우, 적을 의미하는 것에 대해서만 서술하게 되는 것이다. 바꾸어 말하면, 모든 '인간의 총체'는 이미 적을 가지고 있기 때문에 비로소 동지를 찾게 되고, 바로 그 때문에 동지를 가지고 있다고 말할 수 있을 것이다"(스트라우스, 2012: 196).

인 존재라고 해서 적이 되지 말라는 법도 없다. '적에 대한 인류학'을 주제로 한 연구에서, 니콜라이 소린-차이코프(Nikolai Ssorin-Chaikov)는 어느 소비에트 영화에 대한 마거릿 미드(Margaret Mead)의 언급을 인용한다. "인민의 적은 가장 헌신적인 소비에트 시민이나 당원과 모든 면에서 꼭 닮았다"(Ssorin-Chaikov, 2008: 37에서 재인용). 영화에 등장하는 일제를 돕는 '배신자'는 주인공의 오랜 친구로서 그와 유사한 외모를 가졌을 뿐만 아니라 같은 직업과 삶의 양식을 공유한다.

낯선 자가 적이 아닐 수 있는 반면 동질적으로 보여도 실은 적일 수 있다는 가능성은 겉모습과 참모습의 구분을 전제한다. 이 구분은 곧장 진실과 거짓의 대립으로 이어진다. 적이란 겉모습과 참모습이 어긋나는 자, 선한 외양 뒤에 악한 내면을 감추고 있는 자, 다시 말해 존재 자체가 기만인 자, 따라서 거짓말을 할 수밖에 없는 자이다. 영화의 배신자는 바로 그래서, 즉 충직한 소비에트 시민의 얼굴을 하고 은밀하게 일제에 부역하기에, 인민의 적이다. 반대로 주인공은 수십 년 지기 친구를 적과 내통했다는 이유로 살해할 만큼 겉과 속이 일치하고, 바로 그래서 진정한 우리(=소비에트)의 영웅이다.

따라서 적과 동지라는 '인간의 분류'가 제기하는 어려움은 겉모습 뒤에 숨은 참모습을 어떻게 밝혀낼 것인지의 문제로 수렴된다. 소린-차이코프는 1930년대 시베리아의 지방 행정기관 파일에서 찾아낸, 한 인물의 탄원서를 예로 든다. 이 인물은 통례에 따라 스스로를 '농민 아무개'로 칭하지만, 탄원서에 요약된 개인사는 그의 참모습에 대한 최소한 세 가지 가능성을 제기한다(Ssorin-Chaikov, 2008: 51). ① 모피 거래상이 고용한 일꾼, ② 소비에트 공식 모피 거래 시스템에 참여하는 수렵 어로민, ③ 노동자로 위장한 불법 모피 거래상이다. 탄원서를 검토한 관리에게 제기된 문제는 그를 '적대분자'(곧 ③의 인물)로 분류할 것인지의 여부였는데, 실제로 이 한 장의 서류는 그러한 결론에

도달하기에 충분했다. 다음과 같은 과정을 상정해 볼 수 있다.

먼저, 적을 식별하려는 의도가 타자의 참모습에 대한 '의혹'을 만든다. 다음, 의혹은 주어진 모든 정보에 대한 '불신'을 생산한다. "외관은 오도하기 쉬우니 가면을 벗겨야 한다"(Ssorin-Chaikov, 2008: 43). 결정적으로, 불신은 의혹 자체에서 '기만의 증거'를 발견한다. 상기한 인물은 그의 실재에 대한 의혹이 해소되지 않는다는 이유에서 기만하는 존재로 판명된다. '적대분자'는 대개 스스로를 진실한 존재로 가장하지 않는가?(Ssorin-Chaikov, 2008: 52)

결국 숨겨진 참모습에 대한 질문 자체가 적이라는 답을 요구하는 것처럼 보인다. 진정성을 찾는 이는 반드시 애매함과 만나고, 애매함은 진정성의 반대 증거가 되기에 충분하다. "인민의 적은 가장 헌신적인 소비에트 시민이나 당원과 모든 면에서 꼭 닮았다"라는 미드의 말처럼, 이 질문은 우리와 가장 닮은 존재들로부터 우리에게 제기될 때 가장 첨예한 문제가 된다. 이와 관련해, 제2차 세계대전 종전 후 옥중의 슈미트가 스스로에게 던진 다음의 물음은 숙고해 볼 가치가 있다.

나는 세상 누구를 나의 적으로 인정할 수 있는가? 명백히, 오직 나에 대한 의문을 불러일으키는 자뿐이다. 누군가를 적으로 인정할 때 나는 그가 나를 의문에 부친다는 것을 인정한다. 그러나 누가 나를 진정으로 의문에 부칠 수 있는가? 오직 나 자신, 또는 나의 형제뿐이다. 타자는 내 형제이고, 내 형제는 내 적이다. …… 적은 우리 자신의 질문의 형상이다(Schmitt, 2017: 71).

적을 만들어내는 질문은 겉모습과 참모습의 관계에 대한 질문일 뿐 아니라 '우리'와 '닮은 자' 사이의 관계에 대한 질문이기도 하다. 이 질문이 적의 형상 속에서 해소되는 과정은 인간 존재에 대한 다음 두 명제에 입각해 이해될 수 있다. 우선 "존재한다는 의식은 언제나 특수하게 존재한다는 의식이다"(Christias, 2003: 30). 이 특수성, 곧 자기가 자기를 둘러싼 존재들과 구별되는 '고유한 정체성'을 갖는다는 의식에 대한 가장 큰 위협은 자신과 가장 닮은 자로부터 온다. "다름은 고유성을 위협하지 않는다. 반면 비슷함은 존재를 우연한 것으로 만들어버린다"(Christias, 2003: 30). 이처럼 자신과 타자의 '닮음'으로 인해 위협받는 인간은, 동시에 "자기의 내면에서 스스로의 낯섦(étrangeté)을 인지"하는 자이기도 하다(Enriquez, 2000: 71). 공격성·증오·두려움·혐오·멸시·우월감·열패감 등의 정동들에 의해 오염된, "구역질 나는 시궁창"(Enriquez, 2000: 74)과 같은 내적 실재를 자각하지 않을 수 없는 인간은, 이 자각을 타자에 대한 의혹으로 전이시키는 방식으로 자신과 닮은 이가 제기하는 위협에 대응한다. "각자는 자신이 결함과 공격 충동에서 자유롭지 않듯, 타자도 같은 질료로 만들어졌다고 스스로에게 말해야만 한다"(Enriquez, 2000: 78).

그렇다면 적이란 우리의 '진짜 모습'과 동일한 실재를 가진 존재를 칭하는 것이 아닐까? 적은 우리와 모든 면에서 꼭 닮았다는 바로 그 이유에서 적으로 선언되는 것이 아닐까? 적의 구성에 요청되는 근본적인 결단은 우리가 결코 그것으로부터 자유로울 수 없는 겉모습과 참모습 사이의 괴리를 '부정'하기로 하는 것이다. '존재한다는 의식은 언제나 특수하게 존재한다는 의식'이므로, 이러한 부정 속에서 남과 다르게 존재하기 위해서는 반대로 괴리가 '긍정'된 적의 형상이 필요하다. 이 괴리를 집합적으로 부정하면서 우리가 스스로를 기만한다면, 그 보상으로 우리는 언제나 외양과 실재가 괴리되어 있는 존재로서의 적, 슈미트가 인용하는 다음 진술이 명확하게 표명하듯 그 본질적 기만성에 의해 정의되는 적을 확보하게 된다. "사교도는 평화적인 경우라 해도 국내에 허용해서는 안 된다. 왜냐하면 사교도와 같은 인간은 결코 평화적일 수 없기 때문이다"(슈미트, 2012: 63에서 재인용). 결코 평화적일 수 없는 실재를 가진 자가 평화적 외양을 취한다는 것이 바로 기만이 아닌가?

'자기기만적 결단'이 '기만 추정의 원칙'을 통한 적의 정의를 가능하게 한다.[16] 북조선을 향한 프로파간다라는 시선 역시 이 원칙을 준수한다. 북조선이 평화를 말한다고 해서 그것을 믿어서는 안 되는데, 왜냐하면 북조선과 같은 국가는 결코 평화적일 수 없기 때문이다. 김정일(1992: 3)이 "시대의 요구에 충실하며 시대의 사명에 이바지"하는 음악에 대해 말할 때에도 그것을 곧이곧대로 받아들여서는 안 되는데, 왜냐하면 그와 같은 독재자는 인민에 대한 자신의 '지배'와 '착취'를 공고히 하는 것 이외의 다른 것을 원할 수 없기 때문이다. 김일성(1981: 451)이 '참된 생활과 위대한 목적을 위한 사람들의 투쟁'을 말할 때도 마찬가지인데, 왜냐하면 그가 기도하는 것은 사실 자신의 목적을 위한 투쟁에 사람들을 '동원'하는 것일 뿐이기 때문이다. 이처럼 북의 모든 커뮤니케이션이 기만을 위한 것이라면, 북조선 문예가 거기에 덮어씌워진 번지르르한 이상과는 하등 관계가 없는 체제선전(정당화·결속·유지·강화)과 우상화(세뇌, 신화 만들기)의 도구일 뿐이라는 것은 자명하다.

이종영(2016: 12)이 쓰듯 "자신의 악을 감추고 선을 드러내는 것"을 요체로 하는 "자기기만으로 인해 우리는 언제나 올바르다". 북을 향하는 프로파간다라는 시선의 담지자가, 가령 남한의 예술은 "시기별로 다소의 차이는 있을지

---

16) 일단 이 원칙이 확보된 이상, 적의 편에 있는 자를 식별하고 확정하는 것은 상대적으로 손쉬운 일로 남는다. 앞서 언급한 탄원서의 예가 보여주듯 타자에 대한 의혹과 불신, 경합하는 사실들의 존재와 그것이 야기하는 판단의 곤란은 사실 타자의 기만성 여부를 밝히려는 의도 자체로부터 발생하는 것이다. 그러나 증명할 수 없는 문제(당신의 모습은 진짜입니까?)가 아니라 증명하지 못하는 타자에게서 잘못을 찾을 때, 그리하여 개인사의 지당한 복잡성을 타자의 '양면성'의 메시지로, 인간 존재의 내면이란 결코 투명하게 관찰될 수 없다는 근원적 한계를 겉과 속의 '괴리'의 메시지로, 또 의혹을 벗어나려는 당연한 노력을 '속임수'의 시도로 오인할 때 적이 식별된다. 영화의 주인공을 죽음으로 몰고 간 '배신' 또한, 사건 발생을 둘러싼 모든 구체성들을 사상하고 오직 적과 우리의 대립에 준거할 때에만 그렇게 해석된다는 의미에서 하나의 오인이다.

라도 자유로운 환경에서 창작이 이루어"진다고 주장할 때(통일교육원, 2005: 9), 또는 "한 인간의 우상화를 위해 억지로 '불려지는 노래'"에 대비해 "인간의 감정과 사랑을 담아 자유롭게 '부르는 노래'"를 말할 때(강동완, 2018: 7), 무엇이 감춰지고 무엇이 전면에 내세워지고 있는지는 사실 명백한 것 아닐까? 문예를 넘어 북조선의 모든 것을 대상으로 반복되는 이런 유의 단언들의 공통된 함의는 '우리는 언제나 올바르다'라는 것으로 환원되지 않을까? 그러나 과연 우리의 '민주공화국'에 대한 우리의 표상은 정말 그 실재(구역질 나는 시궁창?)와 일치하는 것일까?[17]

우리 자신의 "객관성에의 무능력"(이종영, 2016: 13)만을 증명할 뿐인 올바름의 확신 속에서, 우리와 적 모두는 오인의 상대주의에 의해 희생된다. 그리고 그 대가는 둘 모두에 대한 근본적인 무지일 수밖에 없다. 무언가를 오인한다는 것, '잘못 안다'는 것은 곧 '모른다는 것을 모르는 것'이다. 하지만 만일 우리가 모른다는 것을 모르고 있는 것, 즉 적은 사실 우리와 모든 면(자신의 악을 감추고 선을 드러내려는, 자기기만 속에서 언제나 올바르다고 믿는)에서 꼭 닮았다는 것을 알게 된다면, 적-규정된 우리에게 유의미한 삶을 제공해 주는 현실 자체가 붕괴할 것이다.

"진정한 정치이론이란 모두 인간을 '악한 것'으로 전제"한다고 슈미트(2012:

---

17) 대의민주주의의 정당성에 대한 신념을 확산시키는 "참여의 프로파간다"의 온갖 미사여구 뒤에서, 피에르 르장드르(Pierre Legendre)는 "두 종류의 인류" 사이의 괴리를 본다. "만사는 마치 지도자들이라는 우월한 인류가 …… 열등한 인류의 사고능력마저 부인하는 것처럼 진행된다. 신성불가침의 권력에게 있어 신민들은 불쌍한 짐승, 신성한 우화에 나오는 양떼들이다"(Legendre, 1976: 44). 국제공산주의흐름(ICC)의 '기본 입장'에 따를 때, "쇠퇴기의 자본주의에서 의회와 선거는 하나의 눈가림에 불과하게 되었다. 선거라는 서커스에 참여를 부추기는 모든 시도들은, 선거를 착취당하는 자들에게 있어서 '진정한 대안'으로 제시하는 사기극의 효과를 강화시킬 뿐이다. '민주주의'는 부르조아 계급의 특히 위선적인 지배 형태의 하나로서, 스탈린주의나 파시즘과 같은 자본주의 지배의 다른 형태들과 근본적으로 다르지 않다"(ICC, 2019).

82)가 말할 때의 그 인간적 악함(또는 위험함)이 여기에 있을 것이다. 인간은 자기기만과 무지 속에서 타자로부터 일체의 진실을 박탈할 수 있을 만큼 위험하며, 진리의 과정에 참여하고 있다는 판타즘(phantasm) 속에서 타자를 물리적으로 제거할 수 있을 정도로 악하다. 적의 거짓을 확인함으로써 적의 기만성을 확증하는 임무를 수행하는 프로파간다라는 시선이 이러한 위험으로부터 자유로울 수 없음은 물론이다. "자기 자신은 순수하게 현실적이고, 순수하게 학문적이고, 순수하게 도덕적·법률적·미학적·경제적이라는 의미에서, 또는 유사한 논쟁적 순수성을 근거로 '비정치적'이라면서 적 위에 올라서려는"(슈미트, 2012: 44~55) 시도의 일종인 이 시선은, 보편을 참칭하려는 경향에 의해 정치적인 것에 고유한 위험성을 극대화한다. 이 시선은 단지 하나의 적-규정된 우리의 시선일 뿐이지만, 북조선 체제의 '비인간성'과 '반인간성'에 대한 널리 수용되는 비판이 예시하듯 '인간의 이름으로 인간적이지 않은 것과 싸우는 시선'으로 스스로를 제시하려 한다. 그러나

인류 그 자체는 전쟁을 수행할 수 없다. 왜냐하면 인류는 적어도 지구라는 행성에서는 적이 없기 때문이다. …… 한 국가가 인류의 이름으로 자신의 정치적인 적과 싸운다면, 그것은 인류의 전쟁이 아니라 특정한 한 국가가 전쟁 상대에 맞서 보편적인 개념을 점유하려고 하며(상대를 희생시킴으로써) 보편적 개념과 자신을 동일시하려는 것이다. 이는 평화, 정의, 진보, 문명 등을 자기 자신을 위하여 주장하고, 이를 적으로부터 박탈하고, 그러한 개념들을 이용하는 것과 유사하다. '인류'는 제국주의적 팽창에 대해, 특히 유용한 이데올로기적 수단이며, 윤리적·인도적인 형식에서 경제적 제국주의를 위한 특별한 도구이다. 이 점에 관해서는, 당연한 수정이 가해진다면, 다음과 같은 프루동의 인상적인 말이 타당하다. 즉 인류를 말하는 자는 기만하려는 것이다(슈미트, 2012: 72~73).

3) 프로파간다 시스템

진리의 독점을 말하는 자, 보편을 말하는 자는 기만하려는 것이다. 정치적 현실에서는 오직 독점 불가능성만이, '보편적 상대성'만이 진리이다. 거기선 누구나 진실과 진리를 주장하고 거짓과 기만을 비난하며, 동일한 메시지는 항상 진실임과 동시에 거짓이다. 적-규정된 우리의 메시지 또는 커뮤니케이션으로서의 프로파간다 또한 한쪽의 전유물일 수 없다. 프로파간다의 고유한 능력은 자신에 대한 규탄을 프로파간다라는 반박으로 물리치는 데 있기에, 프로파간다라는 시선 역시 모두의 것이다.

물론 차이는 있다. 북조선을 비롯한 사회주의 국가들에서는 당이 독점하는 진리의 전파를 프로파간다라고 부른다.[18] 따라서 북이 자신의 적을 향해 프로파간다라는 시선을 취할 때, 비난의 요체는 상대가 하는 것이 프로파간다(=진리의 전파)라는 이름에 값하지 않는다는 것, 기껏해야 나쁜 프로파간다, '악선전'에 불과하다는 것이다. 자유주의 진영에서는 다른 사태가 벌어진다. 자유주의적 정치 체제는 스스로의 커뮤니케이션을 프로파간다가 아닌 것, 가령 교육, 역사, 심지어 과학에 속하는 것으로 간주한다.[19] 하지만 제아무리 미화하

---

18) 북에서 선전이란 "대중에게 수령의 혁명사상과 리론, 당의 로선과 정책을 널리 알려주며 리론적으로 깊이 체득시키는 당사상사업의 한 형식"인데(백과사전출판사, 2000: 93), 북의 입장에서 수령의 사상(=진리)과 당의 노선(=진리의 구현 방안)을 대중에게 각성시키는 일보다 더 긍정적인 것이 없음은 물론이다.

19) 자유주의의 핵심 테제는 인간 생활의 다양한 영역들의 자율성(그 핵심에서 정치로부터의 자율성)이기에, 이 진영은 자신이 정치적으로 오염되었다는 이유로 비판하는 적의 프로파간다와 같은 종류의 것을 자기 안에서 인정할 수 없다. 네이버에서 검색되는 『교육학용어사전』(서울대학교 교육연구소, 1995)의 '선전' 항목이 이러한 부인을 예증한다. 선전은 "특정한 사상적 노선이나 파당적 의도에 따라서 대중의 사회적 태도에 영향을 주려는 정보나 이론. 선전의 목적을 위하여 모든 커뮤니케이션이 수단으로 동원될 수 있다. …… 엄격한 의미에서 교육은 선전과 구별되지만 세뇌·위교(indoctrination)에 의해서 선전의 내용이 교

<그림 2-2> 프로파간다 시스템

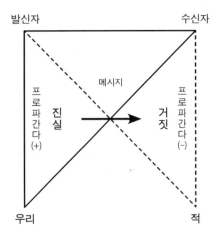

자료: 필자 작성.

거나 부인한들 '적-규정된 우리의 커뮤니케이션'이 다른 것으로 변할 수는 없다. 그것은 단지 자기가 속한 진영이 실천할 때는 긍정적인 것[프로파간다(+)]으로, 적대 진영에서 비롯되었을 때는 부정적인 것[프로파간다(-)]으로 오인될 수 있을 뿐이다. 한쪽에서는 진리의 전파여서 프로파간다라 칭하고 다른 쪽에서는 같은 이유에서 프로파간다가 아니라고 주장하지만, 이 양자택일에 공통적인 진리 소유의 믿음에 사로잡혀 있는 모든 적-규정된 우리는 프로파간다(+)를 생산하면서 적의 프로파간다(-)에 대항하도록 운명 지어져 있다. <그림 2-2>가 이러한 운명을 요약한다.

그 안에서 순환하는 모든 메시지를 진실로 만드는 '발신자-우리-수신자'의 삼각형과, 정확히 반대의 일이 벌어지는 '발신자-적-수신자'의 삼각형의 부분

육에 포함되는 경우가 있다. 물론, 진리의 개념을 만족시키는 지식을 선전의 내용이라고 할 수 없고, 어떤 특정한 사상적·파당적 노선으로 세뇌하거나 위교하는 것을 교육이라고 할 수도 없다".

적 중첩을 통해 '프로파간다 시스템'이라고 부를 만한 것이 구성된다. 두 삼각형은 동일한 메시지의 정의를 놓고 경합하는바, 메시지는 축어적 내용과 무관하게 언제나 오인의 상대주의에 의해 희생된다. '진실의 삼각형'과 '거짓의 삼각형'의 중첩은 프로파간다(+)와 프로파간다(-)의 이중화를 표현하는 것이기도 하다. 적이 프로파간다(-)를 통해 사람들을 기만하기에, 우리는 프로파간다(+)를 통해 진리를 각성시켜야 한다. 두 삼각형의 교차점을 관통하는 화살표(→)는 프로파간다라는 시선을 지시한다. 그것은 적의 거짓에 대한 체계적 식별을 통해 우리의 진실을 보편 진리로 '거짓 고양'시키는 한편, 이를 통해 갱신되는 우리의 진리 소유와 적의 기만성이라는 믿음의 쌍에 입각해 계속 작동한다.

우리/적의 차이를 정초하는 진실/거짓, 진리/기만의 차이는 정의/불의, 자유/착취, 민주/독재, 평화/침략 등의 차이들에 의해 보충될 수 있다. 이 시스템에서 차이는 차이를 낳고, 하나의 차이는 다른 차이로 변형되면서 강화된다. 정치적 성격이 자명하지 않은 다른 차이들이 시스템에 도입될 수도 있다. 예를 들어 부유/빈곤의 차이는 북조선에 대한 남한의 시선에서 명확히 확인되듯 우리의 정의를 강화하고 적의 불의를 비난하는 데 이용될 수 있다. 또 하나 고려할 수 있는 것은 미/추의 차이이다. 북의 문예를 프로파간다로 규정하는 시선을 배후에서 정당화하는 것은 북이 자평하는 '고상한 예술'이라는 것이 우리의 취향에서는 전혀 그렇지 않다는 사실, 그것이 우리가 찾는 아름다움을 제공해 주지 않는다는 사실이 아닐까?

정치적(또는 정치화된) 차이들 사이의 '빗금치기', 다시 말해 우리와 적을 가르는 차이들의 생산·변형·강화에 프로파간다라는 시선의 사명이 있다. 적-규정된 우리는 이 빗금치기에 의해 부단히 형성된다. 과정의 매 순간 우리 앞에는 거울상으로서의 적이 있으며, 프로파간다라는 시선은 거울에 비친 '또 다른 우리'의 결점을 지치지 않고 지적(저 거짓말 좀 봐, 저 불의를 봐, 저 추한 꼴을 봐)하면서 그에 대한 부정적 정체화의 산물로 우리를 형성시킨다. 바로 이런 의미에서 정치적 통일체는 '적-규정된' 우리인 것이며, 반대로 적은 우리 자신의 뒤집어진 이미지에 다름 아닌 것이다. 적의 모든 결점이 사실은 우리의 것이라면, 우리의 모든 자질은 다만 거울에 비친 이미지(image)의 작용에 따른 상상적인(imaginary) 것에 불과할 뿐이다.

5. 결론: 노래와 꿈-진리

프로파간다라는 시선은 순수하지도, 객관적이지도, 중립적이지도 않다. 그것은 정치적 현실에 고유한 적대 관계와 그 현상 형태로서의 전쟁[슈미트가 "다른 수단에 의한 전쟁의 계속"이라고 부른 '선전전'(슈미트, 2012: 152), 또는 "비전투원(vision to one)의 심리적이며 윤리적인 에너지"를 "적과의 대결에 동원하는 것"(슈미트, 2012: 155)]을 지속시키는 데 기여한다는 점에서 위험한 것이다.[20] 프로파간다

---

20) 프로파간다라는 시선의 주된 과제는 적의 기만성을 '증명'하는 사례들을 모으는 것이다. 이러한 활동에 의해 본질적으로 기만적인 존재로 확정된 적은 일체의 선에 대한 접근권을 차단당할 뿐만 아니라 우리에게 가해진 악에 대한 모든 책임을 져야만 한다. 그런데 악은 당연히 제거되어야 하는 것 아닐까? 악을 체현하는 적을 물리적으로 제거하는 일은 곧 선을 위한 것이 아닐까? 역사는 이 질문에 긍정으로 대답한 우리들에 대한 기록으로 가득 차 있다. 가장 비극적인 예들 중 하나는 나치 독일에서 오는데, 오메르 바르토프(Omer Bartov)에 따를 때 '유대인 문제에 대한 최종 해결책'의 실행은 유대인이라는 적의 상상적 구성과 그 '희생양'으로서의 독일인이라는 관념의 논리적 귀결을 구성한다. 이때 적으로서의 유대인이 겉모습과 참모습이 괴리된 기만적 존재라는 속성을 가짐은 물론이다. 정신적·육체적 은폐술을 통해 "우리와 꼭 닮은(just like us)" 것처럼 스스로를 드러내는 유대인은, 그러나 "극히 평범한 외양" 뒤에 완전히 "이질적인 본성", 곧 "흉물성"과 "기형성"을 숨기고 있는 존재로 표상되었다(Bartov, 1998: 779~782).

라는 시선은 진리 소유의 확신에 기초하지만, 이는 정치적 현실의 일상사가 '보편적 상대주의'에 의해 지배된다는 사실, 모두가 나름의 진리를 내걸고 쟁투하는 그곳은 실상 엄밀한 의미에서의 옳고 그름에 미치지 못한다는 사실을 알지 못하는 눈먼 믿음일 뿐이며, 그렇다면 우리는 이 시선이 무지한 것이라고 말할 수밖에 없다.

그러나 이 무지 속에서 프로파간다라는 시선은 적에 대한 진리를 이미 가지고 있다고 믿는다. 그것은 북조선 문예가 어떤 것인지는 물론, 북조선 사람들과 북조선 자체가 어떤 것인지에 대해서도 이미(=분석하기도 전에) 너무 잘 알고 있다. 그곳에서 사람들은 착취와 종속의 '객관적 현실'을 살지만, 당의 거짓말에 속아 현실을 잘못 보거나 국가의 폭력에 대한 공포로 현실을 감내한다. 아! 가여운 사람들, 우상숭배에 도취한 광신자와 겁에 질린 '파블로프의 개' 사이 어디엔가 있는 사람들, 자유와 풍요를 누리는 우리와는 다른 사람들, 그러니 우리보다 못한 사람들? '비인간적인 전체주의 체제'의 규탄이라는 도덕적 열정을 하나의 추동력으로 갖는 프로파간다라는 시선은, 이런 식으로 비윤리적인 것으로의 추락이라는 역설적 가능성과 마주한다. 소니아 량(Sonia Ryang)은 이렇게 묻는다. "북조선 사회는 비인간적인 것일까? 그렇다면 북조선 사람들은 인간이 아닌 것일까?"(Ryang, 2010: 210).

프로파간다라는 시선의 위험성과 무지, 그리고 의심되는 윤리적 파국이 진리를 가졌다는 확신의 대가이므로, 이 진리에 대해 좀 더 이야기를 해보자. 정치적 현실에 연루된 '진리'는 학문의 공간에서 사용되는 그 동음이의어와는 달리, 보다 높은 객관성과 타당성을 갖는 명제에 의해 기각되거나 유효성의 범위가 상이한 다른 진리들과 평화롭게 공존할 수 있는 것이 아니다. 적-규정된 우리의 진리는 정치적 투쟁과 명운을 같이한다. 투쟁을 승리로 이끌기 위해, 적으로부터 우리를 지키기 위해 진리는 확고부동하고 유일해야 하며, 그에 대한 믿음 위에 성립한 세계 안에서 진리는 실제로 확고부동한 유일성의 지위를 누린다. 모든 적-규정된 우리의 꿈은 자신의 진리가 실현된 세계의 영속인바, 이를 위해 적의 꿈과 진리는 반드시 부정되어야만 한다.

바로 이러한 꿈과 진리가 '응축'되어 있는 것이 수령님 노래가 아닐까? 이 글이 여러 문예 장르 중에서도 노래에 각별한 관심을 갖는 이유가 여기에 있다. 그 안에 "20세기의 전설적위인이시며 민족의 어버이이신 수령님의 사상과 신념, 혁명적락관과 참다운 인간의 세계가 가장 열렬하고 심오하며 가장 생동하게 집약되어" 있기에, "그 노래들은 김일성 민족의 제일가는 국보이며 후손만대가 대를 이어 추억하며 빛내여갈 영원한 승리와 영광의 기치"일 수밖에 없다. "노래여, 우리 심장에 가득찬 수령님의 목소리여", "영원한 태양의 메아리여", 네가 없다면 이 세계도, 그 안의 우리도 없다. "이 노래가 울리지 않는다면 이 땅은 조선 땅이 아니며 우리 민족은 존엄도 영예도 생명도 잃는" 바, "수령님 부르신 노래는 김일성민족의 영원한 넋이며 박동이다". 수령님 노래가 그려내는 "성스러운 혁명의 세계, 아름다운 인간의 세계"를 지키고 가꾸는 것이야말로 북조선이라는 적-규정된 우리의 꿈이다(≪로동신문≫, 2007.4.6).

북조선을 향한 프로파간다라는 시선은 이 같은 적의 꿈-진리를 부정함으로써 우리의 꿈-진리를 긍정하는 임무를 수행한다. 이 시선이 문예를 주요 과녁으로 삼는 이유 또한 그것이 부정해야 할 적의 꿈-진리를 담고 있을 뿐 아니라 긍정해야 할 우리의 꿈-진리와 연결되어 있기 때문이다. 앞서 부르디외의 예술사회학에 준거한 논의를 거쳐 이 시선의 '펑계'로 규정되었던 순수예술의 관념은 사실 자율적이고 자유로운 개인이라는 '자유세계'의 근본적인 꿈-진리를 표현하는 것이기도 하다.

다음과 같은 이유에서 예술은 자유주의적 꿈-진리의 보루들 중 하나가 된다. 정의상 진리는 언제 어디서나 보편적으로 관철되는 것이다. 하지만 개인의 자율성과 자유라는 진리는 '자유세계'의 현실 안에서 구체적 인간들이 마주하는 온갖 삶의 제약들에 의해 일상적으로 부정된다. 그리하여 진리는 현실의 구속을 초월해 언제나 스스로를 관철하는 꿈을 꾸는데, 창작자 개인의 지고한 자유가 무한히 펼쳐질 예술의 공간이 바로 이 꿈의 실현을 담보하는 '비물질적 영역'을 대표한다.21) 예술이 '자유세계'의 적을 향한 공격의 무기로 선택되는 빈도는, 개인에 대한 자유주의적 꿈-진리가 예술이라는 보루에 의존하는 정도를 정확히 반영한다.

그러니 예술을 이용하는 것은 어느 한쪽만이 아니다. 남과 북이라는 적대의 쌍방은 모두, 그러나 대립하는 방식으로 예술을 통해 진리의 관철을 꿈꾼다. 북의 입장에서 음악은 혁명의 요구에 복종해야 하기에 "사람들의 참된 생활과 위대한 목적을 이룩하기 위한 그들의 투쟁을 표현"하지 않는 노래, 그저 "노래를 위한 노래는 아무 소용도 없다"(김일성, 1981: 451). 반면 남의 입장에서 예술은 자유로운 개인이라는 이상을 수호하는 사명을 갖기에, 노래는 오직 노래를 위한 것, 개인의 감정과 사상을 표현하는 매체일 때에만 진실한 것이다. 이 두 입장, 곧 예술을 꿈-진리를 위해 이용하는 두 가지 방식 중 하나를 택한다는 것은 자기의 진영을 확정한다는 것이고, 이는 물론 우리의 편에 서서 적을 부정하길 계속한다는 것이다.22)

---

21) "자유주의에서는 예술이 자유의 딸이며, 미적 가치판단은 절대로 자율적이며, 예술적 천재는 지고하다는 것이 자명한 것으로 간주된다. 실로 많은 국가에서 무릇 이와 같은 예술의 자율적 자유가 도덕주의자인 '인류의 사도'에 의해 위협을 받은 경우에만 진정한 자유주의적 정열은 불타올랐다"(슈미트, 2012: 97).

22) '순수예술이 아닌 프로파간다'에 대한 부정='자유세계가 아닌 전체주의'의 부정='우리가 아닌 적'의 부정. 이는 프로파간다라는 시선에 대한 지금까지의 논의를 요약한다. 다른 한편, '혁명을 위한 예술이 아닌 예술지상주의'에 대한 부정='사회주의가 아닌 자본주의'의 부정='우리가 아닌 적'의 부정. 북조선에서 예술지상주의는 "착취계급의 취미와 비위에 맞는 요소를 허용"(김일성, 1981: 453)하고 "인민대중의 투쟁의욕과 건전한 혁명정신을 마비"(김정일,

하지만 진정 선택을 피할 수 있을까? 정말로 북조선에서 울려 퍼지는 노래가 '체제 유지와 우상화의 수단'이 아니라고 말할 수 있을까? 어버이수령(아버지원수, 아버지장군)에 대한 수많은 송가들은 어버이나라의 꿈-진리를 노래함으로써 그 부단한 생산을 도모한다. 수령님 노래가 프로파간다라면, 그것은 하나의 적-규정된 우리가 자신의 꿈-진리를 되새기는 수단으로서의 프로파간다이다. 적-규정된 우리가 자기 세계를 구축하는 데 반드시 필요한 꿈-진리의 프로파간다는 그 불가피함으로 인해 긍정(+)과 부정(-)의 판단을 초월하는 것, 모든 적-규정된 우리에게 요구되는 현실성으로서의 프로파간다이다. 이를 프로파간다(0)라고 적음으로써, 진실·프로파간다(+)와 거짓·프로파간다(-)를 단지 소속의 우연성에 입각해 구별하는 시선 밖에 노래를 놓을 수 있다. 아래의 정의들을 숙고해 보자.

① 프로파간다(+): 무조건적으로 긍정된 우리의 꿈-진리

② 프로파간다(-): 무조건적으로 부정된 적의 꿈-진리

③ 프로파간다(0): 모든 적-규정된 우리의 꿈-진리

수령님 노래가 북조선에 갖는 공식 위상이 프로파간다(+)라면, 그것이 남한에서 얻는 일반적 규정이 프로파간다(-)이다. 동일한 대상(수령님 노래)에 대한 동일한 성격(무조건성)의 태도를 상반된 방식(긍정/부정)으로 표현하는 이 두 정의는, 동일한 믿음-의미-오인 속에서 진리/기만 또는 정의/불의의 대립이라는 동일한 현실을 사는 이들의 상반된 진영 선택에 대응한다. 프로파간다(0)

1992: 7)시킬 수 있다는 이유에서 거부된다. "우리는 일부 작가들이 '창작의 자유'를 부르짖으면서 자본주의사상과 부르죠아적자유를 설교하는 것을 절대로 허용할 수 없다"(김일성, 1980b: 461).

라는 정의는 이 대립과 선택이 관철되는 수준을 넘어섬으로써 거기에 함몰되어 있을 때에는 보이지 않았던 것들을 메타적으로 사고할 수 있도록 해준다. 첫째, 진실·프로파간다(+)와 거짓·프로파간다(-)의 구획은 오인의 상대주의의 귀결이라는 것, 이 오인은 정치적 현실에 고유한 믿음으로부터 비롯된다는 것이다. 둘째, 우리와 적 사이의 대립은 절대적일 수 없다는 것이고, 우리는 적에 의해 규정되며 적은 우리를 비추는 거울이라는 것이다. 따라서 셋째, 오직 불의로 충만한 적의 '정치(-)'와 결국엔 정의로운 우리의 '정치(+)' 사이의 대립 역시 허상일 뿐이라는 것이다. 천착해야 할 것은 이 허구적 대립의 현실로 사람들을 유혹하면서 적-규정된 우리의 세계를 지속시키는 '정치(0)'라는 것이다.

이 글의 후경을 이루는, 어버이의 나라와 수령님 노래의 관계라는 주제는 이제 프로파간다라는 시선이 내포한 것과는 다른 문제를 통해 접근할 수 있다. 프로파간다라는 시선은 이미 답을 가지고서, 북조선이 주장하는 정치(+)와 프로파간다(+)가 실은 정치(-)와 프로파간다(-)가 아니냐고 묻는다. 그래서 이 시선이 생산하는 담화는 자기긍정으로 가득 찬 북조선의 메시지들을 부정적인 것으로 뒤집어서 반복한다.

반면 어버이의 나라를 경영하는 북조선의 정치(0), 고유한 꿈-진리의 프로파간다(0)를 통해 특수한 적-규정된 우리를 구성하는 정치(0)는 긍정이나 부정이 아니라 분석과 해명의 대상을 이룬다. 왜 북조선의 정치(0)는 수령님 노래에 담긴 꿈-진리의 프로파간다(+)를 필요로 할까? 혹 어버이의 나라의 '존재'가 이 꿈-진리에 대한 사람들의 '믿음'에 달려 있기 때문이 아닐까? 이것이 노래에 부여된 예외적으로 막중한 위상을 설명해 주는 것일까? "노래를 떠난 생활이 존재할수 없듯이 노래를 떠난 혁명의 전진과 승리가 있을 수 없다는 불멸의 진리"(≪로동신문≫, 2007.4.6)는 혹 그저 레토릭(rhetoric)일 뿐이진 않을까? 아니면 정말로 수령님 노래를 힘차게 부를 때만 사람들이 '혁명의 길동무'가 되고 북조선이 어버이나라의 '길'을 갈 수 있는 것일까? 노래에 담긴 꿈-진리는 대체 어떤 작용을 하기에 사람들을 이 길로 이끌 수 있는 것일까? 그 이전에, 노래가 전파하는 꿈-진리의 내용과 형식은 어떤 것인가? "주체음악의 혁명적 내용에서 근본문제로 되는것"이 "수령, 당, 대중의 혈연적련계에 관한 문제"라는 김정일(1992: 8)의 흥미로운 테제는, 노래의 꿈-진리 속에 어떤 식으로 구현되며 또 어떤 과정과 메커니즘을 거쳐 어버이의 나라의 현존으로 관철되는가?

'북조선 문예=체제 유지와 우상화의 수단'이라는 익숙한 답으로 해소될 수 없는 이 질문들은 '수령님 노래=어버이나라의 꿈-진리의 보고'라는 관점에 의해 가능해진 것이다. 프로파간다라는 시선이 전자의 등식을 재생산하면서 북조선에 대한 작금의 '지식의 상황'과 영합한다면, 후자의 등식은 지식의 상황을 구성하는 의견들과는 '다른 것'의 도래를 추구하는 사회학적 연구를 촉구한다. 북에서 실현된 세계를 이해하고 그 존재 이유를 밝히고자 하는, 보다 강력하게 말해 그 세계를 '필연적으로 초래하는 것'을 드러내길 열망하는 사회학의 관점에서는 이 등식이야말로 한번 천착해 볼 가치가 있는 것이 아닐까?

김정일이 「어디에 계십니까 그리운 장군님」의 선율이 21세기에도 계속 울려 퍼지도록 조치를 취했던 것[23] 역시 이러한 꿈의 소산이었을 것이다. "꿈결에도 그리운 아버지장군님 자나깨나 뵙고싶은 우리의 장군님"께 "머나먼 적

---

23) 김정일은 이렇게 이야기한다. "노래 「어디에 계십니까 그리운 장군님」은 전당, 전군, 전민이 21세기에도 계속 불러야 할 노래입니다. 노래 「어디에 계십니까 그리운 장군님」의 선율이 온 강산에 힘차게 울려 퍼지게 함으로써 2000년대에도 혁명가극 〈당의 참된 딸〉의 주인공과 같은 수령숭배, 수령결사옹위정신의 체현자들이 수많이 나와 일심단결의 대오를 이루어 나가도록 해야 합니다. 우리모두 혁명의 길동무가 되어 2000년대를 빛내어 나가야 하겠습니다"(≪로동신문≫, 2001.1.24).

후에서 북녘하늘 우러러" "아침인사 드리옵"는 "전사들"이 계속 나라를 이끌고 나가길 바라는 꿈, 다시 말해 어버이의 나라가 미래에도 '필연적으로 초래되길' 바라는 꿈이다. 오늘도 평양의 하루는 「어디에 계십니까 그리운 장군님」의 선율과 함께 시작한다.

참고문헌

강동완. 2018. 『김정은의 음악정치』. 도서출판 너나드리.

김동춘. 2018. 「한국형 신자유주의 기원으로서 반공자유주의: 반공국가, 발전국가와 신자유주의의 연속성」. ≪경제와 사회≫, 118.

김일성. 1980a. 「당단체들의 사업을 개선강화할데 대하여(1949.2.13)」. 『김일성저작집 5』. 평양: 조선로동당출판사.

_____. 1980b. 「현실을 반영한 문학예술작품을 많이 창작하자(1956.12.25)」. 『김일성저작집 10』. 평양: 조선로동당출판사.

_____. 1981. 「천리마시대에 맞는 문학예술을 창조하자(1960.11.27)」. 『김일성저작집 14』. 평양: 조선로동당출판사.

김정일. 1992. 『음악예술론』. 평양: 조선로동당출판사.

깔리닌(M. Kalinin) 외. 1989. 『선전선동론』. 편집부 옮김. 새물결.

서울대학교 교육연구소. 1995. 『교육학용어사전』. https://terms.naver.com/entry.naver?cid=42126&docId=511154&categoryId=42126 (검색일: 2019.3.1).

바디우, 알랭(Alain Badiou). 2001. 『윤리학』. 이종영 옮김. 동문선.

박정호. 2012. 「부르디외의 증여 해석: '사심 없음'의 경제적 정화(淨化)와 부정철학의 이중 효과」. ≪경제와 사회≫, 94.

박정호·현정임. 2010. 「부르디외의 예술사회학에 대한 비판적 검토」. ≪사회와 이론≫, 16.

백과사전출판사. 2000. 『조선대백과사전 14』. 평양: 백과사전출판사.

버네이스, 에드워드(Edward Bernays). 2009. 『프로파간다』. 강미경 옮김. 공존.

베이트슨, 그레고리(Gregory Bateson). 2006. 『마음의 생태학』. 박대식 옮김. 책세상.

북한정보포털. 2019. "문예 정책 및 이론". http://nkinfo.unikorea.go.kr/nkp/overview/nkOverview.do?sumryMenuId=CL406 (검색일: 2019.3.1).

서동만. 2005. 『북조선 사회주의 체제 성립사 1945-1961』. 선인.

슈미트, 카를(Carl Schmitt). 2012. 『정치적인 것의 개념』. 김효전·정태호 옮김. 살림.

스즈키 마사유키(鐘木昌之). 1994. 『김정일과 수령제 사회주의』. 유영구 옮김. 중앙일보사.

스트라우스. 2012. "카를 슈미트의 『정치적인 것의 개념』에 대한 주해." 카를 슈미트. 『정치적인 것의 개념』. 김효전·정태호 옮김. 살림.

오쇼네시, 니콜라스 잭슨(Nicholas Jackson O'Shaughnessy). 2009. 『정치와 프로파간다』. 박순석 옮김. 한울엠플러스.

와다 하루키(和田春樹). 2002. 『북조선: 유격대국가에서 정규군국가로』. 서동만·남기정 옮김. 돌베개.

웰치, 데이비드(David Welch). 2015. 『프로파간다 파워』. 이종현 옮김. 공존.

이기우. 2015. 「북한의 통치기제로서 선전선동과 『로동신문』의 역할. '체제유지'와 '권력세습' 과정에서의 기관성 분석」. 경기대학교 정치전문대학원 북한학과 박사학위 논문.

이재용. 2012. 「붉은 독재의 노래」. 민은기 엮음. 『독재자의 노래』. 한울엠플러스.

이종석. 1995. 『조선로동당연구: 지도사상과 구조변화를 중심으로』. 역사비평사.

이종영. 2016. 『마음과 세계』. 울력.

이지순. 2016. 「김정은 시대의 감성정치와 미디어의 문화정치학」. ≪비평문학≫, 59.

이현정. 2017. 「'예술의 정치화'의 관점에서 본 옌안 문예좌담회의 의미」. ≪중국현대문학≫, 81.

전영선. 2007. 「김정일 시대 통치스타일로서 '음악정치'」. ≪현대북한연구≫, 10(1).

정철현. 2008. 『북한의 문화정책』. 서울경제경영출판사.

주정화. 2014. 「『로동신문』을 통해 본 김정은 정치스타일」. ≪사회과학연구≫, 30(2).

촘스키, 노암(Avram Noam Chomsky)·데이비드, 바사미언(David Barsamian). 2002. 『프로파간다와 여론』. 이성복 옮김. 아침이슬.

최영애. 2010. 「북한 음악과 사회주의적 사실주의」. ≪남북문화예술연구≫, 6.

통일교육원. 2005. 『남북한 예술 어떻게 변하였나?』. 통일교육원 연구개발과.

핀토, 루이(Louis Pinto). 2003. 『부르디외 사회학 이론』. 김용숙·김은희 옮김. 동문선.

하승희. 2015. 「북한 로동신문에 나타난 음악정치 양상: 「로동신문」 1면 악보를 중심으로」. ≪문화정책논총≫, 29(2).

≪로동신문≫. 2001.1.24. "21세기는 거창한 전변의 세기, 창조의 세기이다 - 위대한 령도자 김정일동지의 말씀중에서".

_____. 2006.2.27. "우리 당의 음악정치는 선군위업수행의 위력한 추동력이다".

_____. 2007.4.6. 「수령님 부르신 노래」.

_____. 2008.4.17. "태양의 노래는 영원합니다".

_____. 2014.5.17. "경애하는 김정은동지께서 제9차 전국예술인대회 참가자들에게 력사적인 서한 '시대와 혁명발전의 요구에 맞게 주체적문학예술의 새로운 전성기를 열어나가자'를 보내시였다".

_____. 2014.12.11. "불후의 고전적명작 「어디에 계십니까 그리운 장군님」".

_____. 2019.1.1. "학생소년들의 주체108(2019)년 설맞이공연 〈축복의 설눈아 내려라〉 진행".

ICC. 2019. "ICC의 기본입장". https://ko.internationalism.org/basicpos (검색일: 2019.3.1).

Aronson, Ronald. 2005. "Sartre Contre Camus: le Conflit Jamais Résolu." *Cités* 22.

Aumercier, Sandrine. 2007. "Edward L. Bernays et la Propagande." *Revue du MAUSS*, 30.

Bartov, Omer. 1998. "Defining Enemies, Making Victims: Germans, Jews, and the Holocaust." *The American Historical Review*, 103(3).

Bourdieu, Pierre. 1980. *Le Sens Pratique*. Minuit.

_____. 1987. "Sociologues de la Croyance et Croyance de Sociologues." *Archives de Sciences Sociales des Religions*, 63(1).

_____. 1992. *Réponses*. Seuil.

_____. 1994. *Raisons pratiques*. Seuil.

_____. 1998. Les Ŕgles *de l'Art*. coll. Points. Seuil.

Christias, Panagiotis. 2003. "Ennemi et Décision. Hommage á Panajotis Kondylis." *Sociétés* 80.

Ellul, Jacques. 1976. *Histoire de la Propagande*. PUF.

_____. 1990. Propagandes. Armand Colin.

Enriquez, Eugéne. 2000. "L'autre, Semblable ou Ennemi?" *L'Homme et la Société*, 138(4).

Huxley, Julian. 1947. *UNESCO, its Purpose and its Philosophy*. Public Affairs Press.

Legendre, Pierre. 1976. *Jouir du Pouvoir*. Minuit.

L'Obs. 2004.9.11. "Le Lay: 'Nous Vendons du Temps de Cerveau'." https://www.nouvelobs.com/culture/20040710.OBS2633/le-lay-nous-vendons-du-temps-de-cerveau.html. (검색일: 2019.3.1).

Mauss, Marcel. 1950. *Sociologie et Anthropologie*. PUF.

Ryang, Sonia. 2012. *Reading North Korea*. Harvard University Press.

Schmitt, Carl. 2017. *Ex Captivitate Salus: Experiences, 1945~1947*. translated by M. Hannah. Polity.

Ssorin-Chaikov, Nikolai. 2008. "The Black Box: Notes on the Anthropology of the Enemy." *Inner Aisa*, 10(1).

Tchakhotine, Serge. 1992. *Le Viol des Foules par la Propagande Politique*. Gallimard.

제3장

체제 이행 사회에 대한 연구와 비공식경제

장호준_한국방송통신대학교 중문학과 부교수

1. 서론

20세기를 풍미했던 실증주의 사회과학이 남긴 유산 중 하나는 사회경제적 현실의 통계적 재현을 상식 차원의 관행으로 만들었다는 점이다. 경제 호황도, 취업, 실업 상황과 같은 경제적 현실은 물론, 인구 구성이나 교육 환경과 같은 사회적 현실을 분석하는 데도 통계수치는 꼭 필요하며 매우 유용한 자료이다. 또한 통계자료에 근거하지 않고서는 어떤 현실을 진단하고 적절한 정책을 입안하거나 실행에 옮기기도 어렵다. 통계자료에 대한 의존과 숫자를 통한 재현이 이렇게 현실 인식 과정에서 상식적 실천으로 자리 잡게 된 것은 그것이 객관적이고 과학적이라고 여겨지기 때문이다.

---

* 이 장은 필자가 2011년 《국제·지역연구》 제20권 3호에 게재한 「중국의 비공식경제론과 그 사회정치적 함의」의 일부분을 수정·보완한 것이다.

이러한 통계적 재현과 인식에는 두 가지의 암묵적인 전제가 깔려 있다. 첫 번째는 계량적 추상화 과정을 통해 사회경제적 현실을 복수의 하위 영역이나 세부 항목으로 구분하는 것이다. 두 번째는, 그 전체 영역을 조감하고 관리·제어하는 주체나 기구가 존재한다는 전제이다. 예를 들어, 경제 현실을 임금·고용·물가·환율 등의 영역으로 구분할 수 있으며, 국가의 여러 기관이나 협회 등과 같은 민간기구가 각 영역의 현황을 조감하고 관리할 수 있다는 인식이 그것이다. 실제로, 정부 기구나 민간단체는 임금·고용 등 주요 영역에 관한 각종 지표를 바탕으로 경제 상황을 진단하고 예측하며 시의적절한 정책을 취한다.

그러나 어떤 사회가 자본주의이든 사회주의이든, 경제 체제가 상대적으로 안정된 사회에서조차도 국가 기구의 관리를 벗어나 있거나 또는 법령 및 규정의 테두리에 모호하게 걸쳐 있는 경제 현상이 존재하기 마련이다. 즉 앞서 언급한 두 가지 암묵적인 전제가 제대로 적용되지 않는 현실 사례가 광범위하게 존재한다는 것인데, 그러한 현상은 자본주의적 경제 체제가 덜 성숙해 있거나 경제 체제가 이행 중인 사회에서 특히 두드러지게 발견된다. 사회과학자들은 그러한 '비정상적인' 현실의 단면을 포착해 설명하기 위해 별도의 개념 틀을 고안하고 동원해 왔는데, 이른바 '비공식부문' 또는 '비공식경제'가 그 대표적인 대안적 개념이다.

잘 알려진 바와 같이, 비공식부문 개념은 1960년대 후반 자본주의 경제 체제가 성숙하지 않은 아프리카 사회를 대상으로 한 연구에서 고안되었다. 이후 1980년대 중반 이후 구소련을 비롯한 당시 동구권 국가의 체제 이행 과정을 설명하는 과정에서 '비공식경제(informal economy)', '2차 경제(second economy)', '평행 경제(parallel economy)' 등 유사한 개념들로 확장되었으며, 중남미 국가를 배경으로 한 여러 연구에서는 당시의 신자유주의적 전환을 합리화하고 관련 정책을 입안하는 데도 중요하게 활용되었다. 뿐만 아니라, 비공식경제 개념은 2000년대 이후 중국 학계로 전파되어 중국의 성공적인 경제 체제 이행 경험을 이론화하는 데도 동원되었다. 더 나아가, 2000년대 들어 북중 접경지역에서 활발히 전개되었지만 통계에 잡히지 않는 여러 형태의 경제활동이나 북한 내부의 사적 생산과 거래를 수반하는 경제활동을 개념화하거나 설명하는 데 비공식경제 개념이 폭넓게 사용되고 있다(김석진·양문수, 2014; 이승철 외, 2019; 이승훈·홍두승, 2007; 임강택, 2013; 최지영, 2020; Hastings and Wang, 2018; Kim, 2016).

아프리카 사회를 배경으로 해 탄생한 비공식경제 개념은 이렇듯 반세기 동안 여러 대륙을 거쳐 한반도의 북녘에 대한 연구에서도 중요한 개념으로 자리를 잡아가고 있다. 개별 사회와 시대의 특수성을 고려해 학술적 개념을 보편적으로 적용하는 것 자체에는 이의가 있을 수 없다. 그러나 비공식경제에 관한 이론 틀은 지난 50년 동안 그 개념을 활용해 설명했던 여러 대륙, 많은 국가의 경제 및 사회 체제가 변화한 만큼이나 커다란 변화를 겪었다. 50년 전 가나(Ghana)를 배경으로 고안된 이 개념을 2021년 북중 접경지역이나 북한 내부의 시장경제 요소를 설명하는 데도 적실하게 적용하기 위해서는, 그리고 이 개념을 통해 북한 내 정중동(靜中動)의 흐름 속에서 사회경제 체제 변화와 관련한 보다 풍부한 설명을 이끌어내기 위해서는 비공식경제론의 복잡하고 다양한 층위에 관한 이해가 선행되어야 할 것 같다.

비공식경제에 관한 논의는 앞서 언급한 두 가지 암묵적인 전제, 즉 계량적 추상화를 통해 사회경제적 현실을 복수의 하위 항목으로 구분할 수 있으며 하위 영역을 조감하고 관리하는 주체의 존재를 전제하고 있다. 그러나 그 논의는, 이후 살펴보는 바와 같이 두 전제에 대한 의문·부정·수정의 과정을 거치면서 전개되었다. 또한 비공식경제 논의는 사회경제적 현실을 국가의 시각에서 바라보는 경향에 대한 비판적 사례이자 계량적 인식과 통계적 재현의 유용성과 합리성 그리고 그 한계를 동시에 보여주는 사례이다.

이 글은 통계적 인식과 재현에 대한 인식론적 비판이나 비공식경제(론) 자체에 대한 이론적 비판을 목적으로 하지 않는다. 전자는 필자의 전공 영역이 아니며, 후자는 다른 곳에서 필자의 견해를 거칠게나마 정리한 바 있다(Chang, 2009, Chapter 4). 이 글에서는 비공식경제론의 전개 과정에 대한 비판적 검토를 통해 복잡한 사회경제적 현실을 조사, 연구하는 데 그 개념이 어떠한 방법론적 유용성과 한계를 지니고 있는지 살펴보고자 한다. 이와 함께, 이미 체제 이행을 경험한 중국에서의 '비공식경제(론)'의 발전 양상에 대한 검토를 통해, 개혁개방의 전조가 일고 있는 북한의 사회경제적 현실을 분석하고 이해하는 데 참조할 만한 시사점을 모색하고자 한다.

2. 서구 비공식경제론의 전개와 분화

1) '비공식부문' 개념의 등장과 국제노동기구(ILO)

'비공식부문'이라는 용어는 영국의 인류학자 키스 하트(Keith Hart)가 1971년 아프리카의 도시 고용 문제를 다룬 학술회의에서 처음 사용했다. 그는 1960년대 가나에서의 도시화 진전에 따라 도시지역에서 급증한, 다양한 형태의 소규모 경제활동의 수입 창출 기능에 주목하면서, 자본주의적 임노동 관계에 편입되지 않은 경제 영역을 비공식부문이라고 칭했다(Hart, 1973: 68). 하트는 그 영역에서 행해지는 비공식적 경제활동들이 임노동 고용에 의해 특징지어지는 공식부문으로부터 자율성을 지니고 있으며, 그들 나름대로의 토착적인 자원 활용 방식을 통해 저발전 상태의 경제를 성장시킬 수 있는 가능성을 지닌 것으로 파악했다(Hart, 1973: 89).

하트의 주장과 비공식부문이라는 용어는 당시 회의에 참석했던 ILO(국제노동기구)의 정책 개발가들에 의해 곧바로 수용되었다. ILO는 1960년대 제3세계 사회에서의 급속한 도시화의 결과로 생겨난 도시 잉여노동력을 비공식부문으로 흡수할 수 있을 것이라는 기대하에, 비공식부문의 활성화를 통해 고용 기회를 창출할 것을 케냐 정부에 권고했다. ILO의 이 케냐 보고서(1972) 발간을 계기로 비공식부문 개념이 세계적 관심을 끌게 되었는데, 이는 한편으로는 ILO가 세계 각지에 네트워크를 확보한 영향력 있는 국제기구라는 점과 다른 한편으로는 이 보고서에서 비공식부문 개념이 비교적 명료하게 정식화되었기 때문이다. 수입의 원천에 따라 공식-비공식 부문을 구분했던 하트와 달리, ILO는 비(非)임노동 경제활동에서 공통적으로 발견되는 일곱 가지의 특성에 따라 비공식부문을 개념화했다.[1] 이 정의는 향후 약 20년 동안 ILO의 각종 고용 창출 프로그램과 다른 학자들의 비공식경제 개념화의 초석으로 작용했다.

한편 1993년 ILO 산하의 국제노동통계회의 제15차 회의(15th International Conference of Labour Statisticians: ICLS)를 거치면서 ILO의 비공식부문 개념에 약간의 변화가 생겨났다. 그 조직 업무의 특성상 비공식부문에서의 고용 증진 효과와 정책 방향을 통계의 형태로 제시해야 할 필요가 있었던 ILO는 비공식부문을 통계적으로 계량화하기 쉽도록 비공식부문 개념을 경제활동 단위의 규모를 중심으로 부분적으로 수정했다. ICLS의 1993년 결정문에 따르면, 비공식부문은 이제 어떤 경제활동의 특징이나 그 분야에 종사하는 사람들의

---

1) ILO에 따르면 비공식부문은 ① 시장 진입의 용이성, ② 토착 자원에의 의존, ③ 기업체의 가족 소유권, ④ 소규모 경영, ⑤ 노동집약적 방식과 제한된 기술, ⑥ 공식 교육체계 외부에서 기술 습득, ⑦ 통제되지 않은 경쟁적 시장으로 특징지어진다(ILO, 1972: 6).

속성보다는 재화와 서비스를 생산하는 경제활동 주체의 규모 견지에서 일차적으로 개념화되는 것으로서, 가구 기업(household enterprises) 또는 복수의 가구들에 의해 소유되면서 법인화하지 않은 기업들(unincorporated enterprises)로 구성되는 것으로 파악된다(ICLS, 1993).

2) 비공식경제 개념의 신자유주의적 변용

1980년대 대처리즘(Thatcherism)과 레이거노믹스(Reaganomics)로 대표되는 신자유주의적 경향이 강화되면서 비공식부문/경제의 사회정치적 함의에도 적지 않은 변화가 생겨났다. 페루의 경제학자 데 소토(Hernando de Soto)는 그의 저작 『The Other Path』에서 20세기 중반 이래 비공식부문이 지속적으로 팽창해 온 원인을 경제활동에 대한 국가의 과도한 규제에서 찾았다(De Soto, 1989). 그에 따르면, 페루를 비롯한 대다수의 제3세계 국가들은 특권 집단의 이익을 위해 각종 복잡한 법률과 까다로운 관료제적 절차를 제정함으로써 인민들이 자유롭게 경제활동에 참여할 수 있는 가능성과 그 범위를 제한해 왔다는 것이다. 이렇게 공식부문으로의 진입이 불가능하거나 또는 진입 비용이 감당할 수 없을 정도로 높은 상황에서 수많은 인민들은 법률의 테두리를 넘나드는 비공식적 경제활동을 통해 부를 축적하는 방식을 대안으로 선택하게 된다는 것이다. 데 소토는 이러한 점에서 비공식경제를 인민들의 "자발적이고 창조적인 기업가적 역동성"의 소산으로 간주해야 한다고 주장했다(De Soto, 1989: 5~9).

데 소토를 위시한 신자유주의자들에 의하면, 비공식경제의 이러한 창조성과 역동성에도 불구하고, 궁극적으로는 비공식부문 자체가 경제발전을 위한 효과적인 대안이 될 수는 없다. 왜냐하면 비공식성을 유지하는 데에도 공식부문으로 진입하는 것 못지않게 막대한 비용이 소요되기 때문이다. 따라서 제3세계 국가들이 시장경제를 발전시키기 위해서는 이러한 비공식부문에 축적되어 사장되어 있는 자본(dead capital)을 공식부문으로 전환함으로써 비공식부문을 공식화하는 것이 필요하다. 이를 위해서 국가는 무엇보다도 비공식부문에 적체된 각종 부의 형태에 재산권을 부여하는 것이 필수적이며 그 외의 경제활동 영역에 대해서는 각종 규제를 철폐하고 국가의 개입을 최소화하는 자유주의적 정책을 실시해야 한다고 주장했다(De Soto, 2001). 이러한 신자유주의적 관점은 세계은행(World Bank)과 국제통화기금(IMF)은 물론 여러 비정부기구에 의해 수용되어 지역 경제 개발에 관한 정책 구상에 활용되어 오고 있다.

3) (후기)구조주의적 관점과 경제비공식화론

1980년대 후반 신자유주의적 관점이 학계의 주목을 받기 시작할 무렵, 네오마르크스주의와 세계 체제론의 전통에 서 있는 일군의 학자들은 비공식경제를 공식경제와의 관계 속에서 이해하고 동시에 일국의 국민경제 또는 세계경제의 구성 부분으로 파악할 것을 제안했다. 이들에 의하면, 비공식경제는 구조주의적 원리에 따라 "(공식경제가) 아닌 것(what is not)"에 의해 더 효과적으로 개념화되며(Castells and Portes, 1989: 12), 일반적으로 "유사한 다른 경제활동들이 국가에 의해 규제되는 반면에, 국가의 규제가 미치지 않는 영역에서 일어나는 일체의 수입 창출 행위"로 정의된다(Castells and Portes, 1989: 8; Sassen, 1994: 2290). 이 정의에 따르면 공식경제와 비공식경제는 이들 경제활동에 대한 국가의 규제 여부 또는 개입 정도에 따라 구별되는 상대적인 개념이다. 또한 공간적인 경계 구분을 연상하게 하는 공식-비공식부문(sector)이라는 용어보다 경제활동의 특성을 지시하는 공식-비공식성(in/formality)이라는 용어에 의해 더 효과적으로 개념화된다.

이러한 구조주의적 시각은 국가의 규제를 경제 공식-비공식성을 구성하는 핵심적인 변수로 부각시켰다는 점에서, 분석 단위를 전 지구적 경제 체제로 확장했다는 점에서 비공식경제에 대한 논의의 수준을 한층 발전시킨 것이라 할 수 있다. 이들에 의하면, 1970년대 후반 이후 자본주의 국가의 다국적 기업들은 종종 국가의 묵인하에 생산 비용, 특히 임금과 사회복지 비용을 낮춤으로써 시장 경쟁력을 유지하고자 했는데, 본국 및 제3세계 사회에서 이러한 자본의 유연적 축적 체계가 확장됨에 따라 비공식경제의 영역과 규모도 함께 팽창되었다(Portes and Schauffler, 1993). 이는 비공식경제가 국가의 과도한 규제 때문에 확산되고 있다는 데 소토의 견해와는 근본적으로 관점을 달리하는 것으로, 이들은 비공식경제를 국가의 규제에도 불구하고 작동, 팽창하는 것으로 간주한다. 따라서 이들에게는 전 지구적인 경제 체제의 변화 과정에서 기업 활동에 대한 국가의 개입 양상과 성격이 비공식경제에 대한 논의에서 가장 중요한 요소로 여겨진다(Portes and Centeno, 2006; Fernández-Kelly and Shefner, 2006).

비공식경제가 국가의 규제에도 불구하고 존재하는 것이라면, 그것이 출현하고 성장하는 원인은 비정규직 고용이나 하청 계약 등과 같은 자본 측의 전략, 공식경제에 종사하는 정규직 노동자보다 더 높은 가처분 소득을 올릴 수 있는 개별 취업 시장, 그리고 글로벌 도시의 성장에 따라 생겨나는 새로운 재화와 서비스 시장 형태의 확산 등, 다양한 측면에서 파악될 수 있다. 아울러, 흔히 제3세계 사회 및 국제 이민 집단들과 결부되어 언급되던 비공식경제 현상은 이른바 주변부 국가에만 고유한 것이 아니라, 인력과 자본의 국제적 내왕이 빈번한 글로벌 도시에서 산업구조와 직종이 재편성되는 과정과 함께 꾸

준히 증가하고 있는 것으로 여겨진다(Sassen, 2001). 따라서 구조주의적 시각을 계승하는 논자들은 경제 비공식성의 증가 현상을 후기자본주의의 작동 방식이 전 지구적 차원에서 재편되는 양상의 하나로 파악한다. 이러한 양상은 그 과정을 중시하는 경제 비공식화(informalization)라는 개념으로 더 적절하게 설명된다(Quijano, 2000; Tabak and Crichlow, 2000). 이와 함께, 이들은 자본의 유연적 축적 체계를 도모하는 이러한 경제 비공식화 과정이 필연적으로 노동 착취를 구조화하기 때문에 노동조건을 개선하고 노동자들의 기본적인 권익을 보호하기 위한 국가의 개입은 필수적이라고 주장한다(Portes and Centeno, 2006).

4) '비공식부문의 딜레마'와 ILO의 '버젓한 일'

구조주의자들이 지적했던 바와 같이 1980년대 대부분의 개발도상국에서 비공식경제 부문이 급속하게 팽창함과 동시에 노동조건이 열악해지고 도시 빈곤 문제도 점점 더 심화되었다. 이러한 상황은 비공식부문이 일시적으로 빈곤 문제의 완충 역할을 담당할 수 있으며 경제발전과 함께 점진적으로 현대 산업 부문으로 편입되어 소멸할 것이라는 전제하에 비공식부문을 통해 여러 고용 창출 프로그램을 시행해 왔던 ILO의 기대와 상당히 어긋나는 것이었다. 이에 따라 ILO는 흔히 "비공식부문의 딜레마"라 불리는 모순적인 상황―즉, 고용과 수입 창출 기회를 제공하는 비공식부문을 계속해서 지원해야 할지, 아니면 노동력 고용과 관련된 규제를 확대해 비공식부문 종사자들의 노동조건 향상과 고용안정을 도모해야 할지를 결정해야 하는 상황―에 직면하게 되었다. 각국의 정부 대표들과 노동자 대표들이 참여한 ILO의 1991년 제78차 회의는, 비록 명확한 해결책을 제시하지는 못했지만, ILO가 비공식부문의 딜레마를 공식적으로 인정하고 비공식부문 정책에 관한 새로운 전환을 시도하는 계기가 되었다(ILO, 1991; Bangasser and ILO, 2000).

비공식부문의 발전을 통해 고용 창출을 우선시하고자 하는 ILO의 정책은 1999년까지 지속되었다. 비공식부문의 딜레마에 대한 수년간의 논의 끝에 ILO는 1999년 제87차 회의에서 기존의 입장으로부터 선회해 비공식부문에서의 노동권 보호와 작업 여건 개선을 일차적인 정책 목표로 설정했다. ILO는 "버젓한 일(decent work)"이라는 제명의 사무총장보고서를 통해 "자유롭고 안전하고 평등하며 인간 존엄성이 존중되는 환경하에서 남녀에게 생산적이고 버젓한 일을 제공하는 것이 최우선적인 목표"라고 천명했다(ILO, 1999). 이후 "버젓한 일"은 현재까지도 ILO 정책의 골간을 이루는 가장 중심적인 개념으로 활용되고 있다.

이와 함께 약 30년 동안 ILO 정책의 중심 개념이었던 비공식부문은 비공식경제 또는 비공식적 일(informal work) 등의 개념으로 대체되었다. ILO의 목표가 노동 권리 보호와 작업환경 개선, 그리고 사회적으로 괜찮다고 판단되는 일자리 창출로 변경됨에 따라 이른바 '공식'부문에서의 노동 역시 ILO의 주요 관심사로 편입되었다. 이에 따라, 경제행위의 공간적 분리와 구조적 분화를 전제하고 있는 부문(sector)이라는 용어가 더 이상 ILO의 정책 노선에 부합하지 않게 된 것이다.

5) 비공식경제 개념의 모호성과 유사 개념

현대화 이론에 대한 비판에서 시작된 비공식부문/경제에 대한 논의는 ILO의 다양한 고용 창출 프로그램을 계기로 세계의 주목을 받게 되었다. 현대화론자들이 예측하지 못했던 도시지역에서의 이 새로운 생계 및 수입 창출 방식은 ILO 이외에도 서로 다른 이념 및 지적 전통에 서 있는 학자들의 관심의 대상이 되었다. 이에 따라, 많은 학자들이 이러한 현상을 '비공식부문/경제'라는 같은 용어를 사용해 설명하면서도 그 개념을 정의함에 있어서는 서로 다른 이론적 시각과 기준을 동원해 오고 있다. 실제로, 어떤 경제 현상을 "비공식적인" 것으로 파악하는 데에는 다양한 기준이 적용될 수 있다. 예를 들어, 초기 ILO와 같이 경제활동 방식의 사회적 특성을 기준으로 구분할 수도 있고, 1993년 ILO의 정의와 같이 경제조직의 규모를 기준으로 적용할 수 있으며, 데 소토와 구조주의자들처럼 경제활동에 대한 국가의 규제 여부를 기준으로 구분할 수도 있다.

이렇게 다양한 관점을 지닌 논자들이 비공식경제 개념을 정교화하는 흐름에 참여함에 따라 경제 비공식성에 관한 논의가 한층 더 풍부해진 것은 부인할 수 없는 사실이다. 그러나 유사한 경제행위라 할지라도 적용 기준과 각 사회의 통제 규준에 따라 그 공식-비공식성이 다양하게 규정될 수 있기 때문에, 이는 개념 적용의 일관성과 비교문화적 적용 가능성에 대한 의문을 불러일으킬 수밖에 없다. 경제 체제는 물론 법률적 기준과 규제 방식이 서로 다른 국가들을 가로질러 비공식경제 개념을 일관적으로 적용하는 것이 거의 불가능하기 때문이다.

비공식경제의 합법성 문제까지 고려하면 상황은 더욱 복잡해진다. 하트 등은 비공식경제의 가장 큰 특징이 관료제적 관리와 통제에 있다고 파악하기 때문에, 합법성 여부는 공식-비공식경제 구분에 직접적인 관련이 없는 것으로 파악한다(Hart, 1973; 2006). 그런가 하면, 카스텔스(Castells)와 포르테스(Portes)는 경제 영역을 크게 공식, 비공식, 범죄(criminal) 경제로 구분하면서, 범죄 경제가 "사회적으로 불법적이라 규정되는 재화와 서비스를 전문적으로 생산"하는 것으로 특징짓는다. 아울러 "공식-비공식 구분은 최종 제품의 성격이 아니라 그것이 생산되고 교환되는 방식에 기반"하는 것이라고 주장한다(Castells and Portes, 1989: 15). 이들의 구분과 유사하게 상당수의 학자들은 다양한 형태의 비합법적 경제행위 중에서 형사 요건 충족 여부를 기준으로 해 불법 경제와 비공식경제로 구분하며, 비공식경제를 납세 및 노동 관련 법률과 같은 규제 규범을 위반할 개연성이 있는 경제행위로 간주한다(Stepick, 1989; De Soto, 1989). 또한 일부 학자들은 비합법성의 정도가 낮은 행위를 비공식경제로 포함하는 반면, "명백하게 범죄적인 행위"는 "지하경제(underground economy)"로 분류하기도 한다(Losby et al., 2002).

이러한 연역적 개념 정교화 노력에도 불구하고, 비공식경제 개념을 규제 방식과 법률적 기준이 서로 다른 국가들에 일관적으로 적용 가능한 것인지는 상당히 회의적이다. 공식-비공식의 구분은 물론이거니와, "사회적으로 불법이라 규정되는" (또는 "명백하게 범죄적인") 경제행위를 판단하는 기준이 개별 국가의 법률 체계와 사회적 인식에 따라 가변적이어서, 그 개념을 경험적인 사례연구에 적용하는 데는 상당한 어려움과 혼란이 수반될 수밖에 없기 때문이다. 이는 후기자본주의 사회처럼 생산과 교환 체계가 사람·자본·재화·서비스 등 국가 간 이동으로 지탱되는 경우에는 더욱 그러하다.

이러한 이유로 인해 많은 학자들이 서로 다른 정치적·경제적·사회적 맥락을 배경으로 경제 비공식성과 관련된 현상을 분석하기 위해 비공식경제와 유사한 개념들을 사용하기도 한다. 몇 가지 예를 들면, 러시아와 동유럽의 구사회주의 사회에 대해서는 "이차/평행(second/parallel) 경제"(Sampson, 1987; Stark, 1989), 선진국을 배경으로 해서는 "미보고(unreported) 경제"(Feige, 1990), 법률적인 중립성을 강조하기 위해 고안된 "비공식(unofficial) 경제"(Clark, 1988), 구조적 경향성을 포착하고자 하는 "비공식화(informalization)" (Portes, Castells and Benton, 1989, Sassen, 1998; Tabak and Crichlow, 2000), 통계 작업의 편의를 위해 고안된 "비관측(non-observed) 경제"(UN, 2003), 이외에도 "숨은(hidden) 경제"(Lacko, 2000), "지하(underground) 경제"(Feige, 1990; Feige and Ott, 1999), "그림자(shadow) 경제"(Schneider and Enste, 2000; Fleming et al., 2000) 등 유사한 개념을 동원해 서로 다른 배경의 사회를 대상으로 다양한 외연으로 사용하고 있다. 이렇게 많은 용어 목록은 경제 (비)공식성을 규정하는 데 따르는 어려움을 방증하는 것에 다름 아니다.

3. 중국 체제 이행 과정에서의 비공식경제(론)

1) 중국 비공식경제론의 전사(前史)

아프리카 사회를 대상으로 시작된 비공식경제에 관한 논의는 이후 중남미와 구소련 및 동구권 국가를 대상으로 그 지역적 범위가 확대되었다. 아프리카와 중남미를 대상으로 한 논의가 주로 근대화 이론에 대한 검토와 수정을 거치면서 진행되었다면, 동구권 사회를 대상으로 한 논의는 체제 이행 과정에서 발생하는 현상들에 관한 것이었다. 사회주의 체제의 중앙집권적 계획경제 하에서 비합법적으로 작동했던 상품교환 경제, 체제 전환 과정에서 법률 및 제도의 공백을 배경으로 형성된 기업과 관료의 유착 관계, 관료 출신 기업가들 간의 카르텔 등이 주된 논의 대상이었다. 주목할 만한 점은 상당수의 연구들은 기능주의적 관점에서 그러한 경제 현상이 정상적으로 작동하지 않는 공식경제 및 계획경제를 보완하거나 그와 경쟁적 관계를 형성하는 것으로 파악했다는 점이다. 구소련과 동구권 사회를 배경으로 한 비공식경제에 관한 연구들이 2차 경제, 평행 경제, 그림자 경제 등의 용어를 주로 채택하는 것도 그러한 이유에서이다.

　체제 이행 이전 중국에서의 비공식경제(非正規经济)의 발현 양상은 동구권 국가에서의 그것과 상당히 유사했다. 그러나 비공식경제의 개념화와 관련 담론의 전개 양상은 사뭇 달랐다. 아프리카, 중남미, 동구권을 대상으로 활발히 논의되던 비공식부문/경제론은 1990년대 중반까지 중국 내 학자와 관료들의 주의를 끌지 못했을 뿐만 아니라, 'informal sector/economy'에 해당하는 중국어 단어 또한 존재하지 않았다. 그러나 이러한 사실이 그 개념으로 지시될 수 있는 사회경제적 현상이 실재하지 않았음을 의미하는 것은 아니다. 중국에서 비공식부문/경제와 같은 용어가 사용되지 않았던 것은 경제 현실의 이유라기보다는 정치적인 이유에서 비롯된 것이다(李强·唐壮, 2002: 14~15; 彭希哲·姚宇, 2004: 64~65). 왜냐하면 절대적인 당-국가 기구가 전국적인 차원에서 대부분의 경제활동을 "공식적으로" 관리하는 계획경제 체제하에서는 비공식부문/경제와 같은 용어를 공개적으로 사용하는 것 자체만으로도 계획경제 체제의 불완전성과 부작용을 방증하는 것이며 당·국가 관료주의 체계가 제대로 작동하지 않는다는 것을 인정하는 것이기 때문이다.

　실제로, 비공식부문/경제와 같은 용어가 존재하지 않았을 뿐, 오늘날 그 개념이 외연하는 사회경제적 현상은 개혁개방 이전의 사회주의 중국에도 존재했다. 예를 들어, 농촌지역의 경우 자류지(自留地)에서 수확한 곡물을 행정구역 경계를 넘어 다른 지역 주민들과 은밀하게 거래하거나 생필품을 구입하는 데 유랑 행상에 의존하는 현상은 상당히 일반적이었다(Chan and Unger, 1982; Chan et al., 1992; Potter and Potter, 1990). 도시지역의 경우에도, 도시 인구의 완전 고용을 추구했던 당시 정책의 영향하에서, 기업들이 새로운 노동력이 필요할 경우 지방정부와 대행 기관들이 공공연하게 불법적 노동 수출에 관여하는 경우가 많았고, 기업들이 불법적으로 임시 계약직을 고용하는 관행이 보편적이었다. 뿐만 아니라, 국가가 정한 생필품 가격과 실제 유통 가격의 괴리로 인해 다양한 형태의 흑색 시장이 성행했다(Byrd, 1988; Zafanolli, 1985). 이러한 경제 관행들은 구소련 및 동구권 국가에서 생필품 부족과 관료제적 병목 현상을 야기한 계획경제 체제의 단점을 보완하는 것으로 평가되는 "2차 경제" 또는 "평행 경제"와 매우 유사한 기능을 담당했다. 이는 도시 편향적인 이중 경제 체제에 의해 불이익을 감수해야 했던 농촌 사회에는 특히 불가피했던 것으로 보인다.

2) 체제 전환기의 비공식경제 현상

한편 1976년 이후, 문화대혁명 기간 동안 정치의식 개조와 도시 인구 분산 목적으로 추진된 상산하향(上山下乡) 캠페인에 의해 농촌과 산간벽지로 보내졌던 약 1700만 명의 젊은이들이 도시지역으로 속속 복귀하게 되었다. 이에 따라 중국의 대부분의 도시지역은 심각한 불완전 고용 상황에 직면하게 되었는데, 공식적인 통계에 따르더라도 1980년 도시지역의 미취업 인구는 1300만 이상에 달했다. 지방정부의 하급 기관들은 미취업 상태에 처한 이들이 국가로부터의 직장 안배를 기다리는 동안 취업과 생계 문제를 일시적으로라도 해결할 수 있도록 노점상과 인력거 운송 등 다양한 형태의 미등록/비인가 영업 행위에 관대한 태도를 취했다. 이와 함께 1984년 국무원은 '개체호(个体户)'[2]라는 경제활동 주체 범주를 도입해 소규모 자영업체들의 지위를 공식적으로 승인하고 1987년에는 사영 기업이라는 경제주체 범주를 승인하는 등, 국유 및 집체소유 이외의 기업체들의 성장을 도모했다. 이에 따라 영업장소가 고정된

---

[2] 중국의 경제활동 주체의 하나로 고용 인원 7인 이하의 자영 업체를 말함.

형태의 자영업과 소규모 기업 활동은 물론 비고정 영업 방식의 무허가 경제행위 역시 대부분의 도시 전역에서 현저하게 증가하게 되었다.

영어권의 일부 중국 전문가들은 이러한 중국의 사회경제적 변화 과정을 당시 서구에서 유행하던 비공식부문/경제 개념으로 기술하고 설명하기 시작했다(Chan and Unger, 1982; Whyte and Parish, 1984). 후속 세대 중국 전문가들 역시 개혁개방 초기 단계에서 국가의 사회경제적 규제와 보호 기능이 약화되고 제3차 산업분야에서 새로운 형태의 경제활동이 증가하는 현상이나(Davin, 1999: 150~154; Qian, 1996) 관시(关系)와 같은 사회문화적 자원이 새로운 경제활동 기회를 창출하는 데 활용되는 양상을(Yang, 1994: Chapter 5) 비공식부문/경제라는 개념을 사용해 설명했다. 또한 일부 학자들은 1990년대 중반 호구제도의 완화와 사영 경제의 급속한 발전과 동시에 진행된 농민공들의 대도시 진입 현상을 비공식부문/경제의 가시적 팽창이라는 관점에서 기술하기도 했다(Solinger, 1999; Zhang, 2001). 영어권 중국 전문가들은 이렇게 이 용어들을, 명확하게 정의하지는 않지만 앞서 언급한 구조주의적 관점과 유사하게, 국가 규제 외부의 영역에서 또는 규제 범위의 가장자리에 걸쳐 있는 영역에서 일어나는 경제활동을 포괄적으로 기술하기 위한 느슨한 개념으로 사용해 왔다. 한편 2000년대 초반 이전에 중국 내 학자들이 개혁개방 이후의 사회경제적 변화를 설명하기 위해 이 개념을 사용한 경우는 전혀 찾아볼 수 없다.

3) 중국에서의 비공식경제 논의 구도

중국 내에서의 비공식경제에 관한 논의는 역설적이게도 정부에 의해 먼저 촉발되었다. 1996년 상하이시 정부가 ILO와 공동으로 개최한 실직 노동자 재취업 관련 연합 심포지엄을 계기로 실직한 노동자들의 비공식부문 취업 장려

정책을 실시하기로 결정하면서부터이다. 이 정책은 1990년대 전반 ILO가 비공식경제를 경제 조직과 규모의 측면에서 재정의하고 노동조건이나 권리보다 고용 창출을 최우선 목표로 설정했던 흐름의 연장선상에서 수립, 시행된 것이다.[3] 이렇게 상하이시 정부가 그동안 금기시되던 비공식부문/경제라는 용어를 적극적으로 채택하며 관련 정책을 시행했던 것은 당시 국유기업 개혁과 시장경제 확산 등 경제자유화(economic liberalization)를 거시경제 정책의 핵심 과제로 설정했던 중앙 지도부의 거시적인 정책 방향과 상충되지 않았기 때문이다.

2000년대에 들어 중국의 비공식경제에 관한 논의는 새로운 차원으로 접어들었다. 저명한 관변 학자들과 비판적 시각을 지닌 학자들이 참여하면서 논의 구도가 분화되기 시작한 것이다. 중국의 개별 학자들이 서구 학계의 선행 연구를 선택적으로 차용함에 따라 비공식경제에 관한 혼란스러운 논의 구도가 거의 그대로 중국에 수입되었고, 거기에 더해 중국 사회경제적 변화 과정의 특수성이 고려되면서 논의가 더욱 복잡해졌다. 이후 중국에서의 논의는 ① 1990년대 전반 이후의 ILO 정책 기조에 입각한 고용 중심적 접근, ② 1993년 ICLS의 규모 중심적 구분을 차용하는 규모 중심적 접근, ③ 구조주의적 시각(Castells and Portes)과 신자유주의적인 관점(de Soto)을 부분적으로 차용해 혼합한 규제 중심적 접근이라는 세 축을 중심으로 전개되었는데, 여기에서는 지면 관계상 이에 대한 설명을 생략한다.[4]

---

3) 1996년 9월부터 시작된 이 비공식 조직 설립 지원 사업은 상당히 성공적인 결과를 거둔 것으로 평가된다. 흔히 '상하이 모델(上海模式)'로 불리는 이 재취업 사업을 통해 2001년 9월까지 5년 동안 약 1만 1000개의 비공식 취업 노동 조직이 설립되어 약 15만 5000명이 재취업했으며(Howell, 2002: 10), 2005년 말까지는 약 36만 명의 인원이 약 3만 4000개의 조직에 재취업하게 되었다(任远, 2008: 120). 상하이 모델의 성공에 따라 다른 지방정부도 그와 유사한 형태의 실직노동자 재취업 사업을 기획해 시행해 오고 있다.

4) 이 세 가지 접근법에 관한 설명은 장호준(2011: 128~135)을 참고.

2000년대 이후 중국에서 비공식경제에 관한 논의가 활발하게 전개된 이유는, 무엇보다도 1990년대 중반 이후 사회경제적 실재가 급속하게 변화한 데서 기인한다. 1996~2000년의 제9차 경제사회개발 5개년 계획(이하, 9-5) 기간은 "창조적인 파괴(創造性的摧毁)"의 시대로 불릴 만큼(胡鞍鋼, 2002), 중국의 기업구조 개혁과 사회 구성 재편의 속도와 범위가 최고조에 달했던 시기이다. 9-5 기간 중국의 핵심 정책 목표였던 국유기업 개혁의 여파로 실업 상태에 이른 노동자들의 숫자는 공식 통계로도 1500만 명 이상에 달했다. 또한 수천만 명의 농촌 노동력이 호구제도의 제약에도 불구하고 도시로 진입해 자영업에 종사하거나 산업예비군 저수지의 주요 부분을 구성하게 되었다. 이와 동시에, 국가가 제공하던 고용 및 각종 사회복지 서비스가 시장의 영역으로 전이됨에 따라 개별 시민들이 국가의 관리 및 보호 영역 외부에서 해결해야 할 사안들이 확연히 증가했다. 이러한 흐름은 9-6 기간(2001~2005년)에도 지속되었다.

9-5 기간의 이러한 변화는 국가 정책의 자유주의적 전환에 의해 야기된 것으로, "(국가의) 명령에 의한 경제 비공식화(economic informalization by fiat)"라는 말로 더 잘 요약된다(Solinger, 2002). 서로 긴밀하게 얽혀진 두 가지 과제(즉 국유기업의 지속적인 개혁과 사회 안정을 위협할 수 있을 정도로 심각한 수준으로 증가한 도시 실업 문제 해소)를 동시에 다뤄야 했던 중국 정부로서는 사회보장 문제에 대해서 책임져야 할 필요가 없는 비공식부문/경제의 성장을 방임하거나 지원하는 것은 그저 생각해 봄 직한 정도를 넘어 상당히 효율적이고 매력적인 대안으로 여겨졌을 수 있다. 이러한 점을 고려할 때 9-5 기간 동안 급속하게 진행된 경제 비공식화 과정은 어떤 점에서는 국가에 의해 기획되고 추동된 것으로 해석할 수도 있다.

4) 비공식경제론의 정치적 전용

1990년대 중반 이후 중국의 경제 비공식화 과정이 순기능적으로 진행되었던 것은 아니다. 당시의 사회경제적 자유화 과정은 대량의 도시 실업 문제 이외에도 부패, 불균형한 지역 발전, 빈부 격차 등의 문제를 심화시켰으며, 다양한 형태의 불법적인 경제활동이 증가하는 부작용을 초래했다. 이러한 문제들은 사회 안정을 위협하고 이에 따라 통치 체제의 정당성을 뒤흔들 수도 있는 심각한 것으로 간주되었다. 중앙정부는 이러한 문제들의 심각성을 인정하고 그에 대한 대책의 일환으로 2001년부터 매년 '시장경제질서 정돈 및 규범화(整顿和规范市场经济秩序)' 캠페인을 전국적인 차원에서 실시했다.

많은 지식인들은 시장 질서 확립의 필요성에 대한 중앙정부의 제창에 곧바로 호응했다. 후안강(胡鞍钢), 왕샤오광(王绍光) 등을 위시한 저명한 관변 학자들은 이러한 사회경제적 문제들이 사회주의적 시장경제 질서의 약화에서 비롯되었으며 이로 인해 무질서하고 혼란한 불법적인 지하경제가 증식하고 있다고 주장했다(王绍光·胡鞍钢·丁元竹, 2002). 주목할 만한 점은 당시 중앙정부의 하달 문건이나 지식인들의 기고문이 이구동성으로 사회주의적 시장경제 질서의 확립을 강조했지만 정작 그것이 어떠한 내용인지에 대해서는 구체적인 언급이 없이 막연한 개념으로 남겨졌다는 점이다. 그런데도 이들의 주장은 상당한 사회적 공명(共鸣)을 불러일으켰는데, 이는 시장경제질서 확립의 정당성과 필요성이 무질서, 혼란, 부패 등 대립적인 현상을 기술하는 단어들과 수사(修辞)적으로 병치되어 강조되고 유포되었기 때문이다.

2000년대 초반의 이러한 사회 상황은 왜 이 시기에 비공식경제에 대한 학술적 관심이 급증했는지, 그리고 중국의 비공식경제론이 어떠한 정치적 함의를 지니고 있는지를 파악할 수 있는 단초를 제공한다. 1978년 이후 중국이 점진적으로 계획경제 체제에서 시장경제 체제로 전환함에 따라 구소련과 동구권 사회에서와 마찬가지로 기존의 사회주의적 계획경제이론의 틀로는 설명할 수 없는 다양한 경제 주체들과 국가의 통제가 쉽지 않은 경제 현상들이 생겨났다. 특히 1992년 덩샤오핑(鄧小平)의 남순강화(南巡講話) 이후 중국 경제에서 시장의 역할이 강조됨에 따라 그 경향은 보다 확연해졌다. 1980년대를 거치면서 급속하게 팽창한 개체호와 사영 기업은 이미 법률적 지위를 확보하고 중국 경제 성장 과정의 실질적인 견인차 역할을 담당해 오고 있었음에도 불구하고 그 사회정치적 위상은 여전히 모호한 채로 남겨져 있었다. 따라서 이와 관련된 경제 현상은 사회주의적 이념 체계와 정치적 여건이 허용하는 범위 안에서 어떤 방식으로든 학술적으로도 설명할 필요가 있었다.

비공식취업/부문/경제 등은 당시의 사회경제적 변화를 설명하는 데 학술적으로 그리고 정치적으로도 적합한 개념이었다. 학술적으로는 약 30년 동안 서구 학계에서 활발히 진행된 비공식경제에 대한 논의가 풍부한 이론적 전거를 제공해 주고 있기 때문이다. 이와 함께, 비공식경제라는 용어가 공식경제 또는 여전히 빈(empty) 개념으로 남아 있는 시장경제 질서와 그 대립적 현실인 불법 경제 또는 무질서 간의 임계(臨界)적 모순을 매개하는 기능을 지니고 있기 때문이다. 즉 그것을 어떻게 정의하든, 비공식부문/경제 등의 용어는 [사회주의적 계획경제의 틀 내에서 작동하는 것이 아니라는 점에서 공식적(正規)이지는 않지만 동시에 법률적 지위를 확보했기 때문에 더 이상 불법적(非法)인 것으로 규정할 수도 없]는 광범위한 영역에 걸쳐 작동하며 법률적으로는 그 경계가 모호한 다양한 경제 현상을 기술하는 데 효과적이었기 때문이다.

비공식경제 개념이 이렇게 "공식적으로" 인정됨에 따라 일군의 학자들은 중국 체제 이행의 성공적 경험을 그 틀에 따라 재해석하기도 한다. 예를 들어, 영향력 있는 관변 학자 후안강 등은 이미 법률적 지위를 인정받았으나 그 소규모성으로 인해 국가의 통제·관리로부터 비교적 자유로운 개체호(자영 업체) 등을 비공식경제의 범주에 포함해 그 개념을 폭넓게 사용한다. 이들은 2000년 대 중반 도시 비공식경제가 중국 GDP에서 차지하는 비중이 1/3 이상이며 중 국 경제 성장을 견인하는 실질적인 동력이라고 주장했다(胡鞍鋼·赵黎, 2006). 이러한 관점에서는 자발적이고 분산적인 소규모의 경제활동을 합리적으로 제도화한 국가의 긍정적 역할이 두드러지기 마련이다. 반면, 황종즈(黃宗智) 는 중국의 경제 체제 개혁을 신제도주의 경제학의 시각에서 설명하는 입장을 비판하면서 중국의 급속한 경제 성장과 그에 따른 사회적 부작용은 비공식경 제의 팽창과 지방정부의 비공식적 관행에서 비롯된 것이라고 주장했다(黃宗 智, 2010; Huang, 2009). 이러한 관점은 비공식경제를 제도권 경제 외부의 활동 으로 한정하는 것이며 이른바 공식부문과 비공식부문의 기능적 결합에 주목 하는 것이라 할 수 있다.

중국이 '사회주의적 시장경제'로의 체제 이행을 성공리에 마무리한 현재에 도 비공식경제 현상에 관한 논의는 고용 시장, 민간 금융, 도시 재개발, 도시 빈민 등의 주제 영역과 맞물려 여전히 활발히 진행 중이다. 개혁개방의 심화 에 따른 사회경제적 현실 변화를 반영하는 과정에서 비공식경제에 관한 논의 구도도 부분적으로 바뀌었다. 현실 영역의 공간적 구획을 전제하는 비공식부 문이라는 용어 대신에 비공식경제라는 용어가 자리를 잡았으며, 시장경제가 팽창하고 체계화함에 따라 비공식경제를 '2차 경제' 또는 '평행 경제'의 관점 에서 다루는 사례도 확연히 감소했다. 그러나 경제적 비공식성의 성격이나 계량화 가능성, 그리고 공식-비공식의 관계에 대해서는 여전히 다양한 시각 과 접근법이 혼재하고 있다. 또한, 여러 갈래의 선행 논의 중에서 어느 하나 를 전거로 삼고 그에 적합한 사례를 찾아 분석하는 관행 역시 크게 달라지지 않은 상태이다.

4. 결론

아프리카 사회의 혼합적 경제 체제를 대상으로 시작된 비공식경제에 관한 연구는 중남미 국가와 동구권의 구사회주주의 국가, 그리고 후기자본주의 시대의 글로벌 도시들을 대상으로 그 연구 외연이 확장되면서 그 논의가 한층 더 풍부해졌다. 가깝게는 중국의 체제 이행 시기에 관한 연구에도 적용되어 그 과정의 복합성과 중층성을 밝혀내는 데도 기여했다. 북한 연구의 분야에서도 최근에는 북한이탈주민과의 면담, 북중 접경지역의 사례 조사, 각종 외신과 국가 기관의 자료를 바탕으로 북한 경제의 혼종적 양상을 비공식경제의 틀로 분석하는 연구가 많아지고 있다. 그렇다면, 앞서 소개한 서구와 중국에서의 비공식경제 관련 논의는 북한의 사회경제적 변동에 관한 연구에 어떤 시사점을 제시할 수 있을까?

먼저, 비공식경제(론) 자체의 이론적 유용성에 관한 것이다. 비공식부문/경제 개념이 창안되어 사용된 지 거의 반세기가 지났지만, 이 개념의 유용성 또는 공식-비공식의 이분법적 틀의 적합성에 대해서는 여전히 의견이 분분하다. 각 논자마다 이 개념을 서로 다른 방식과 내용으로 정의하며 서로 다른 사회경제적 맥락에서 다양한 용법으로 적용하는 학계의 관행을 고려할 때 이 개념이 학술적 소통의 매개로서 가치가 있는지에 대해 회의적인 입장이 존재하는 것도 사실이다. 그러한 회의적인 시각에도 불구하고, 부정할 수 없는 명백한 사실 중 하나는 비공식경제 개념으로 지시될 수 있는 경제적 현상이나 과정이 실제적인 것처럼 이 개념이 여전히 널리 통용되고 있다는 점이다. 이는 무엇보다도 비공식경제라는 개념이 어떤 사회 경제 체제의 복합적이고 혼종적인 양상을 드러내는 데 용이하며, 이를 통해 다양한 경제 현상과 관행에 대한 국가의 규제 범위와 개입 양상을 진단해 볼 수 있는 징후 발견적인 분석

틀로서의 가치를 지니고 있기 때문일 것이다. 이 점에 주목한다면, 비공식경제로 칭할 수 있는 현상이나 사례에 대한 비판적 탐구를 통해 정치경제적 맥락의 거시적인 변화 방향을 가늠할 수도 있을 것이다.

다음으로, 중앙집권적 계획경제하에서의 국가 통제와 인민의 경제 관행의 관계에 관한 것이다. 개혁개방 이전, 구소련 및 동구권 국가들에 비해 훨씬 더 강력한 중앙집권적 체제를 유지했던 중국의 경우에도 국가의 통제 밖에서 또는 국가의 묵인 아래 이루어지는 경제활동이 광범위하게 존재했다. 이는 지역적 전통이 강하고 행정 관할 범위가 넓은 농촌지역은 물론이거니와 인구와 국가기관이 밀집해 있는 도시에서도 마찬가지였다.

당시의 이러한 상황은 중국 내 학자들이 아닌 서구의 학자들에 의해 학계에 보고되었는데, 이들은 개혁개방 이전 시기의 혼종적인 사회경제적 상황을 대륙을 이탈해 홍콩 등지로 이주한 이주민들과의 심층 면접 등을 통해 민족지적 사례로 재구성해 기술했다. 이 연구들에서 확인되는 점 하나는 강력한 중앙집권적 계획경제 체제하에서도 인민들의 실제 관행은 국가의 정책 방향을 그대로 따르지 않는다는 것이다. 뿐만 아니라, 대내외적 정치경제 상황의 변화에 따라 국가가 정책 노선을 수정해야 하는 경우, 인민들의 당시 관행을 정책 개정에 반영한다는 점도 주목할 만하다.

이와 함께, 비공식경제와 국가 통치성의 관계에 관한 시사점이다. 개혁개방 정책을 통해 체제 전환을 본격적으로 추진하는 상황에서는 국가의 관리와 통제를 벗어나거나 또는 법률의 테두리에 걸친 다양한 경제 현상이 발생할 수밖에 없다는 점이다. 국가 통제와 법률 규제의 밖에서 작동하는 경제행위는 모든 시대와 사회에 걸쳐 존재하는 보편적인 현상일 수 있으나 국가 통치의 구조적 체계가 변화하는 시기에는 관련 법률과 규정이 미비하거나 충돌해 그러한 비공식경제의 형성 여지가 넓어질 수밖에 없다.

중국의 경우, 개혁개방은 장기적이고 구체적인 청사진이 없이 방향만을 설정한 채 진행되었으며, 이로 인해 사후적으로 '비공식경제'로 통칭되는 다양한 경제활동들이 법률 및 제도의 공백을 배경으로 생겨났다. 국가의 통제·관리는 이러한 현상들에 대해 사후적으로 대처할 수밖에 없는데, 이는 비공식경제 현상을 체제 내의 공식 담론으로 흡수하는 한편, 비공식경제와 불법 경제를 구분해 국가의 개입 및 통제 관리 여지를 강화하는 방식으로 진행되었다. 비공식경제와 관련된 중국의 경험적 사례는 체제 이행에 따른 사회경제적 혼란이 반드시 국가의 통치성 약화로 이어지지 않는다는 점을 보여준다.

마지막으로, 사회경제적 상황에 대한 통계와 실제와의 관계에 관한 것이다. 중국 개혁개방의 성공이 국가의 통제 관리 범위 밖에서 확산한 비공식경제의 성장에서 비롯되었다는 많은 사후적 평가는 역설적이게도 사회경제적 상황에 관해 국가 및 공공기관이 제공해 온 공식 자료의 한계를 방증한다. 주로 통계수치로 제시되는 그러한 자료들은 거시적인 변화 방향이나 추세를 살펴보는 데는 유용하게 활용될 수 있으나, 사회경제적 현실의 혼종적인 양상과 역동적인 과정을 설명하거나 새로운 흐름을 포착하는 데는, 특히 체제 이행의 과정을 설명하는 데는 일정한 한계를 지니고 있다.

통계조사 방식 및 과정에 개입될 수 있는 정치적 가치편향 문제는 제쳐두더라도, 이는 통계자료가 기존 질서 체계에 따라 사회경제적 현실을 추상적으로 구획해 설정된 범주 및 항목에 관한 사항을 주로 반영해 생산된다는 점과 관련된다. 다양한 형태의 비공식경제나 경제비공식화 과정은 기존의 관리 체계의 밖이나 테두리에 걸쳐 새롭게 생겨나고 확산하기 때문이다. 통계자료의 장점과 한계는 국가 간 경계를 가로지르는 초국적 교류나 서로 다른 질서 체계가 교차하는 변경 지역의 사회경제적 현실에 관한 재현에서도 확연히 드러난다. 통계자료를 활용하되 통계의 물신성을 경계해야 하는 이유이다.

참고문헌

김석진·양문수. 2014. 「북한 비공식 경제 성장요인 연구」. ≪통일연구원 연구총서≫, 14(3).

이석기 외. 2010. 「2000년대 북한의 산업과 기업: 회복 실태와 작동 방식」. 산업연구원 연구보고서, 2010-581.

이승철 외. 2019. 「중국 대북 접경지역의 북한 노동력 진입 유형과 요인」. ≪한국경제지리학회지≫, 22(4).

이승훈·홍두승. 2007. 『북한의 사회경제적 변화: 비공식 부문의 대두와 계층구조의 변화』. 서울대학교 출판부.

임강택. 2013. 「북한경제의 비공식(시장)부문 실태 분석: 기업활동을 중심으로」. ≪통일연구원 연구총서≫, 13(11).

장호준. 2011. 「중국의 비공식경제론과 그 사회정치적 함의」. ≪국제·지역연구≫, 20(3).

최지영. 2020. 「대북제재 강화가 북한경제에 미치는 영향—북중무역 감소의 파급효과를 중심으로」. 통일연구원 연구보고서. KINU Insight, 20-04.

李强·唐壮. 2002. 「城市农民工与城市中的非正规就业」. ≪社会学研究≫, 6期.

王绍光·胡鞍钢·丁元竹. 2002. 「经济繁荣背后的社会不稳定」. ≪战略与管理≫, 3期.

任远. 2008. 「完善非正规就业"上海模式"的思考」. ≪社会科学≫, 1期.

彭希哲·姚宇. 2004. 「厘清非正规就业概念,推动非正规就业发展」. ≪社会科学≫, 7期.

胡鞍钢. 2002. 「"创造性的摧毁"引发中国下岗洪水」. ≪领导决策信息≫, 18期.

胡鞍钢, 赵黎. 2006. 「我国转型期城镇非正规就业与非正规经济(1990-2004)」. ≪清华大学学报≫, 21(3).

胡鞍钢·杨韵新. 2001. 「就业模式转变: 从正规化到非正规化」. ≪管理世界≫, 2期.

黄宗智. 2010. 「中国发展经验的理论与实用含义—非正规经济实践」. ≪开放时代≫, 10期.

Bangasser, Paul E and ILO. 2000. "The ILO and the Informal Sector: An Institutional History." A Report to ILO. ILO.

Byrd, William A. 1988. "The Impact of the Two-tier Plan/Market System in Chinese Industry." in *Chinese Economic Reforms: How Far, How Fast?* B.L. Reynolds(ed.). Academic Press.

Castells, M. and A. Portes. 1989. "World Underneath: The Origins, Dynamics, and Effects of the Informal Economy." in A. Portes, M. Castells and L. Benton(eds.). *The Informal Economy: Studies in Advanced and Less Developed Countries.* The Johns Hopkins University Press.

Chan, A. and J. Unger. 1982. "Grey and Black: The Hidden Economy of Rural China." *Pacific Affairs*, 55(3).

Chan, Anita, Richard Madsen, and Jonathan Unger. 1992. *Chen Village under Mao and Deng.* University of California Press.

Chang, H. 2009. "Markets Hidden on Thoroughfares: The Social Construction of Economic Informality/Illegality in Beijing's Zhongguancun." Ph.D. Dissertation in Anthropology, Columbia University.

Davin, Delia 1999. *Internal Migration in Contemporary China.* St. Martin's Press.

De Soto, H. 1989. *The Other Path: The Invisible Revolution in the Third World.* J. Abbott. translated by Harper and Row.

De Soto, H. 2001. "Dead Capital and the Poor." SAIS *Review*, 21(1).

Feige, Edgar and Katarina Ott. 1999. *Underground Economies in Transition: Unrecorded activity, tax evasion, corruption and organized crime.* Routledge.

Feige, Edgar L. 1990. "Defining and Estimating Underground and Informal Economies: The new institutional economics approach." *World Development*, 18(7).

Fernández-Kelly, P. and J. Shefner(eds.). 2006. *Out of the Shadows: Political Action and the Informal Economy in Latin America.* Pennsylvania State University Press.

Fleming, Matthew, John Roman, and Graham Farrell. 2000. "The Shadow Economy." *Journal of International Affairs*, 53(2 Spring).

Hart, K. 1973. "Informal Income Opportunities and Urban Employment in Ghana." *Journal of Modern African Studies*, 11(3).

_____. 2006. "Bureaucratic Form and the Informal Economy." in B. Guha-Khasnobis, R. Kanbur and E. Ostrom(eds.). *Linking the Formal and Informal Economy: Concepts and Policies.* Oxford University Press.

Hastings, J. and Y. Wang. 2018. "Informal Trade along the China-North Korea Border." *Journal of East Asian Studies*, 18(2).

Howell, J. 2002. "Good Practice Study in Shanghai on Employment Services for the Informal Economy." A Report to ILO. ILO.

Hu, A. 2001. "China's Employment Problems: Analysis and Solutions." *World Economy &*

China, No. 1.

Huang, P. 2009. "China's Neglected Informal Economy: Reality and Theory." *Modern China,* 35(4).

ICLS. 1993. "Resolution Concerning Statistics of Employment in the Informal Sector." The Fifteenth International Conference of Labour Statisticians. ILO.

ILO. 1972. "Employment, Incomes and Equality: A Strategy for Increasing Productive Employment in Kenya." ILO Report.

_____. 1991. "The Dilemma of the Informal Sector: Report of the Director-General." The 78th Session of the International Labour Conference.

_____. 1999. "Decent Work: Report of the Director-General." The 87th Session of the International Labour Conference.

Kim, B. and M. Kim. 2016. "The Evolution of the Informal Economy in North Korea." *Seoul Journal of Economics,* 29(4).

Lacko, Maria. 2000. "Do Power Consumption Data Tell the Story?—Electricity Intensity and Hidden Economy in Post-Socialist Countries." in E. Maskin and A. Simonovits(Eds.) *Planning, Shortage, and Transformation: Essays in Honor of János Kornai.* The MIT Press.

Losby, J.L. et al. 2002. Informal Economy Literature Review. The Aspen Institute, Microenterprise Fund for Innovation, Effectiveness, Learning and Dissemination, Washington D.C., and ISED Consulting and Research, Newark DE.

Portes, A. and M. Centeno. 2006. "The Informal Economy in the Shadow of the State." in P. Fernández-Kelly and J. Shefner(eds.). *Out of the Shadows.* Pennsylvania State University Press.

Portes, Alejandro, and Richard Schauffler. 1993. "Competing Perspectives on the Latin American Informal Sector." *Population and Development Review,* 19(1).

Portes, Alejandro, Manuel Castells, and Lauren A. Benton. 1989. *The Informal Economy: Studies in Advanced and Less Developed Countries.* The Johns Hopkins University Press.

Potter, Sulamith H. and Jack M. Potter. 1990. *China's Peasants: The Anthropology of a Revolution.* New York: Cambridge University Press.

Qian, Wenbao. 1996. Rural-Urban Migration and its Impact on Economic Development in China. Ashgate.

Quijano, A. 2000. "The Growing Significance of Reciprocity from Below: Marginality and Informality under Debate." in F. Tabak and M. Crichlow(eds.). *Informalization: Process and Structure.* The Johns Hopkins University Press.

Sampson, Steven L. 1987. "The Second Economy of the Soviet Union and Eastern Europe." *The ANNALS of the American Academy of Political and Social Science*, 493(1).

Sassen, S. 1994. "The Informal Economy: Between New Developments and Old Regulations." *The Yale Law Journal*, 103(8).

_____. 2001. *The Global City: New York, London, Tokyo.* Princeton University Press.

Schneider, Friedrich and Dominik Enste. 2000. "Shadow Economies Around the World: Size, Causes, and Consequences." IMF Working Paper.

Solinger, D. 1999. *Contesting Citizenship in Urban China: Peasant Migrants, the State, and the Logic of the Market.* University of California Press.

_____. 2002. "Economic Informalization by Fiat: China's New Growth Strategy as Solution or Crisis?" in L. Tomba(ed.). *On the Roots of Growth and Crisis: Capitalism, State and Society in East Asia.* Annali Della Fondazione Giangiacomo Feltrinelli.

Stark, David. 1989. "Bureaucratizaition and Informalization in Capitalism and Socialism." *Sociological Forum*, 4(4).

Stepick, A. 1989. "Miami's Two Informal Sectors." in A. Portes, M. Castells and L. Benton (eds.). *The Informal Economy: Studies in Advanced and Less Developed Countries.* The Johns Hopkins University Press.

Tabak, F. and M. Crichlow. 2000. *Informalization: Process and Structure.* The Johns Hopkins University Press.

UN(United Nations). 2003. "Non-Observed Economy in National Accounts: Survey of National Practices." UN.

Whyte, M. and W. Parish. 1984. *Urban Life in Contemporary China.* The University of Chicago Press.

Yang, M. 1994. *Gifts, Favors, and Banquets: The Art of Social Relationships in China.* Cornell University Press.

Zafanolli, Wojtek. 1985. "A Brief Outline of China's Second Economy." *Asian Survey*, 25(7).

Zhang, L. 2001. *Stranger in the City: Reconfigurations of Space, Power, and Social Networks Within China's Floating Population.* Stanford University Press.

제4장

포스트 사회주의 하이브리드

카타르지나 마르치냑_오하이오대학교 인문대학 영어학과 교수
번역_안호균(전문번역가)

1. 망령과 하이브리드

유령에 대해 이야기하는 것은 반드시 필요한 일이다. 사실 유령에게 말을 걸고 유령과 함께 이야기하는 것이 필요하다. 더 이상 존재하지 않는 타자들에 대한, 혹은 아직 존재하지 않고 현재 살고 있지 않은 타인들에 대한 존중에서 비롯되는 대화 말이다. 그들이 이미 사망했든 아직 태어나지 않았든 간에 말이다.

자끄 데리다(Derrida, 1994: xix)

데리다의 견해에 대해 숙고하면서 나는 카밀 트라우스키(Kamil Turowski)의 작품 '이스트 사이드(East Side)'에 관해 생각해 보게 된다. 〈그림 4-1〉 폴란드

---

* 이 장은 다음 논문을 번역한 것이다. K. Marciniak, "Post-Socialist Hybrids," *European Journal of Cultural Studies*, vol. 12, no. 2(May, 2009).

제2의 도시 우치(Lodz)에서 촬영된 이 사진은 내 책상 바로 위쪽에 걸려 있다 (Turowski, 2003). 나는 예전에 암실 조수로 일했던 적이 있는데, 사진 속 마네킹의 시선이 보여주는 으스스한 공허를 '정확히' 포착해 내기 위해 몇 번이나 이 사진을 현상했었는지 지금도 생생히 기억하고 있다. 그 시선은 맹목, 시각의 부재, 빛나는 정도를 넘어 거의 몽환적인 수준의 공허함을 동시에 전달해야만 했다. 그것은 재현해 내는 것이 거의 불가능할 정도로 어려운, 그런 사진들 가운데 하나였다. 마치 유령이 나올 것만 같은 특유의 분위기를 스스로 연출해야만 했다. 사진 속에 담긴 불안정한 앵글은 감상자에게서 몽환적인 감정을 불러일으키는 것을 목표로 한다. 이는 내가 가장 좋아하는 이미지들 가운데 하나이다. 이 사진은 내 마음을 강하게 끌어당겨 나를 거의 미치게 만들고, 내게 아직 남아 있는 사회주의 시대의 잔재를 끄집어내는 동시에 피부가 떨리는 듯한 전율을 선사한다. 작품이 지닌 으스스한 아름다움은 언제나 나의 시선을 사로잡는다. 사진을 보며 나는 고민하게 된다. 우리는 낭만적 향수 혹은 현실 부정의 망각 없이 어떻게 사회주의의 망령에 대처할 수 있을까? 사회주의의 실험이 끝나버린 것에 대한 좌파적 비통함, 또는 이전 시대 전체를 전체주의적 폭압으로 가득한 악마의 시절, 즉 마르크스주의의 뒤틀린 양상쯤으로 치부하려는 충동 없이 우리가 이러한 망령을 제대로 파악할 수 있는 방법은 무엇일까?[1] 어떻게 우리는 망각과 기억 사이의 섬세한 균형을 지켜낼 수 있을까?

이러한 질문들이 내포하는 윤리적 성격으로 인해 사람들은 동유럽에서 한때 공식적인 추앙을 받았지만, 지금은 공식적인 거부에 직면한 사회주의가 어

---

[1] 이스트 사이드에 대한 것과 비슷한 분석을 활용해, 나는 사회주의와 포스트 사회주의의 검열 전략과 관련해 망령에 대한 논의를 진척시킨 바 있다(Marciniak, 2008).

자료: 카밀 트라우스키, 2001.

떻게 아직도 한 나라를 망령에 사로잡히게 할 수 있는지, 어떻게 신유럽의 문
화적 상상력 위에 유령 같은 힘을 아로새길 수 있는지 궁금할 수밖에 없다.
이러한 생각은 이른바 제2세계의 시대가 완전히 종결되었다는 성급한 주장의
확산과는 배치되는 것이다. 이쯤에서 나는 제2세계는 "이제 비존재의 존재가
되었다"라는 엘라 쇼해트(Ella Shohat)와 로버트 스탬(Robert Stam)의 지적
(Shohat·Stam, 1994: 26), "이른바 '제2세계'는 더 이상 없다"라는 지그문트 바우
만(Zygmund Bauman)의 이야기(Bauman, 1997: 51), 그리고 "제2(세계)는 거의 어
디에도 없다"라는 마이클 하트(Michael Hardt)와 안토니오 네그리(Antonio
Negri)의 주장(Hardt·Negri, 2000: xiii)에 대해 생각해 보게 된다. 이 학자들이
먼발치에서 다소 재미있는 주장을 펼치고 있는 것이라면, 막상 폴란드 내의

지배적 여론 역시 이러한 태도와 상당 부분 일치하고 있으며, 사람들은 폴란드가 갖게 된 새로운 유럽의 정체성을 오롯이 만끽하고 있다. 사회주의 체제를 겪으며 살았고, 내가 그곳에서 잘 자랄 수 있도록 도와주었던 친척들과 함께 이야기를 나눌 때면, 나는 그 유령들을 강제로라도 땅속에 파묻어야 할 필요성을 절감하게 된다. '왜 다시 그때로 돌아가고 싶은가? 대체 이러한 집착은 어디에서 비롯된 것인가? 계엄령에 대해서는 이제 그만 이야기해! 이제 다 끝났다고! 우리는 이제 새로운 삶을 살아가고 있어!' 가족들이나 친구들 사이에서든, 문화 전반에 걸쳐서든, 나는 구동독 사람들이 오스탈기에(Ostalgie)라 부르는 바로 그것, 즉 동구권의 과거에 대한 향수를 보여주는 직접적인 증거들을 더러 발견하곤 한다. 불편한 과거를 접고 이를 통해 사회주의가 준 상처, 그리고 이에 뒤따르는 억울함의 기억을 정리하고자 하는 열망에도 불구하고, 자끄 데리다(Jacques Derrida)가 언급했던 것처럼, 이러한 과거의 망령들은 '그들이 전쟁의 피해자이든, 정치 혹은 여타의 폭력, 민족주의, 인종차별, 식민주의, 성차별, 또는 다른 형태의 살상의 피해자이든, 아니면 온갖 전체주의의 피해자이든'(Derrida, 1994: xix), 우리와 마주함에 있어서 도덕적 책임감을 요구하게 된다. 그럼에도 불구하고, 채러티 스크리브너(Charity Scribner)의 표현을 빌리자면, "공산주의를 위한 장송곡" 수준으로 축소하지 않으면서도 우리가 유령과의 이러한 대화를 진행할 수 있는 방법은 대체 무엇일까? 공식적인 에토스(ethos)로서 폴란드에 등장한 '업그레이드된' 새로운 유럽의 정체성과 대별되는 배회하는 유령들에 대한 이론적 틀을 우리는 어떻게 마련할 수 있을까?

'포스트 사회주의 하이브리드'라는 개념은 강력하지만 종잡을 수 없는 메타포라 할 수도 있는데, 이와 같은 심령 대화를 가능하게 해주는 한편, 베를린 장벽 붕괴 이후 등장한 모순, 모호함, 당황스러운 대조를 포착하는 데 도움을

〈그림 4-2〉 진정한 케냐를 발견하다(Discover the real Kenya)

자료: 카밀 트라우스키, 2008.

줄 수 있을 것이다. 이종교배의 성격에 대한 논의의 토대를 마련하기 위해 나
는 트라우스키의 이미지들, 즉 폴란드에서 두 번째로 큰 도시인 우치에서 지
난 10년 동안 일어난 시각적 변화를 기록한 일련의 사진들을 활용하고자 한
다. 예를 들어 사회주의의 폐허와 대조를 이루는 이동성에 대한 새로운 약속
을 보여주고 있는 '진정한 케냐를 발견하다(Discover the Real Kenya)'(〈그림
4-2〉)는 내가 이 글을 통해 드러내고자 하는 충돌을 보여주고 있는 강렬한 사
례라 할 수 있다. 이 이미지는 공산주의가 지배했던 과거와 지역적 '새로움'이
라는 특수성 사이에 나타나는 마찰을 있는 그대로, 한편으로는 비유적으로 그
려내고 있기 때문이다.

종종 불안정한 방식으로 진행되는, 모호한 중간 지대의 등장을 기록하고
있는 이들 사진들은 공식적으로 촉진되고 있는 세련되고 흥미진진한 포스트

사회주의의 도회적 정체성에 대한 순응을 거부하고 있는, 그 존재가 부정되고 있는 '낡은' 현실의 증거로서 사회주의의 혼란스러운 층위를 드러내고 있다.[2] 이러한 이미지들은 감정적인 논쟁을 불러일으킨다. 현존하고 있는 이종교배적 성질에 대해 깊이 생각해 본다는 것은 사회주의의 망령을 인정한다는 것을 의미하는데, 이는 '포스트 사회주의'에 있어서 '포스트'라는 말의 의미만을 비판 없이 추앙하는, 도취된 미사여구에 맞닥뜨린 사람들로 하여금 잠시 멈칫하도록 만드는 태도이다. 어떤 측면에서 보았을 때 이러한 논쟁은 폴란드의 저명 페미니스트 철학자인 마리아 야니온(Maria Janion)의 논문과 그 맥락이 같다 할 수 있는데, 폴란드가 유럽연합(EU)에 가입하기 수년 전 발표된 이 논문의 제목은 '유럽으로!—그렇다. 하지만 죽은 자들과 함께!'(Janion, 2000)이며, 과거를 급속히 지우려는 시도에 대한 경고를 담고 있다. 망령들과 관련된 이러한 논거를 직접적인 경험을 통해 기록하는 것은 분명 쉽지 않은 일이다. 대신 보이지 않는 것들에 대한 담론이 작동하기 시작하거나, 좀 더 나은 상황에 서라면 '보이지 않는 것의 가시성(the visibility of the invisible)'에 대한 담론이 시작될 수 있다(Derrida, 1994: 100). 사실 데리다는 유령과 망령들에 대한 비슷한 주장을 통해 나의 논거에 힘을 실어주고 있다.

그것은 단순히 '실증적 증거'를 축적하는 문제는 아닐 것이다. 부정할 수 없는 수많은 사실들을 제시하는 것만으로는 충분하지 않을 것이다. (문제는 결국) 이중적 해석, 즉 그러한 장면이 요구하고 있고 우리에게 찬동하도록 강제하는, 동일한 시점에 이루어지는 해석에 관한 것이다.

실제로 내가 이야기하고자 하는 망령들은 특정 세대에 국한되어 있으며,

---

2) 우치에 등장한 포스트 사회주의의 도회적 정체성에 대한 논의는 다음을 참고. Young·Kaczmarek(2008).

살아 있는 사람들의 기억 속에 자리 잡고 있다. 나의 분석 전반에 걸쳐 내가 언급하고 있는 사진들은 새로운 유럽의 한복판에 존재하는 이러한 지형이 지닌 유령 같은 힘을 구체화하는 데 도움을 준다. 동유럽에서 사회주의를 체험하고 현재 포스트 사회주의하에서 살고 있는 사람들은 '포스트'라는 말이 얼마 전까지만 하더라도 상상조차 할 수 없었던 방식으로 그들의 공동체, 라이프 스타일, 정치 지형, 그리고 미디어 환경 등을 변화시킬 심오하고 다층적인 전환의 시기를 지칭한다는 것을 잘 알고 있다.[3] 사회주의의 궁핍함, 다양한 형태의 억압과 폭력, 국민의 이동권 및 열망의 제한, 그리고 상품 및 정보의 통제 등은 공식적으로 종식되었다. '새로움'에 대한 구체적 증거는 도처에 존재한다. 휴대전화를 들고 걸어다니는 사람들, 값비싼 자동차를 운전하는 사람들, 수많은 TV 방송국, 다양한 서구산 제품이 진열된 쇼핑몰, 아이리시 펍, 프렌치 비스트로, 이탈리아 피자 가게, 그리고 베트남과 중국식 패스트푸드 음식점 등을 손쉽게 발견할 수 있다. 국제선 항공기를 타기 위해 바르샤바까지 가야만 했던 우치 주민들은 이제 자신들만의 지방 공항을 갖게 되었으며, 이 공항은 아일랜드, 이탈리아, 터키, 영국으로 연결되는 국제선 항공편을 보유하고 있다. 공항 웹사이트는 '우치에서 출발하세요!'라고 자랑스럽게 외치고 있다. "폴란드는 현재 중국의 뒤를 이어 전 세계에서 두 번째로 빠르게 성장하는 항공 서비스 시장이다".[4] 특히 노령층에게 있어서 이러한 변화가 보여주는 속도와 규모는 확실히 매우 충격적인 것이다. 하지만 여러 세대에 걸쳐 교육과 훈육을 담당했던 사회주의의 개념적·감성적 기제는 이미 사라져 버렸다는 공식적으로 투사된 인식을 수용하는 것이 다소 섣부른 태도일 수도

---

3) 다음의 내용을 참고. Buchowski(2002), Dingsdale(1999), Imre(2009).

4) www.airport.lodz.pl 참고.

〈그림 4-3〉 유대인 창녀에게 죽음을(Death to the Jewish Whore)

자료: 카밀 트라우스키, 2008.

있다. 편견, 감시, 의심, 무관용으로 점철된 문화가 아직도 그 힘을 발휘하고 있다. 반유대주의와 반이민의 정서가 맹위를 떨치고 있고, 어디를 가든 거리에서 인종주의적 그라피티(graffiti)를 발견할 수 있다(〈그림 4-3〉). 이는 동질적인 공동체로 인식되고 있는 폴란드 사회를 위협하는 다름에 대한 오래되었거나 새로운 공포심이 발흥하고 있음을 보여주는 징표라 할 수 있다.[5] 상스러운 성차별과 동성애 혐오에 기반한 추궁 등은 분명히 문화적 의식 속에 살아남아 있고, 사회주의적 건축과 생활 여건 또한 마찬가지인데, 도시 거주자의 대부분이 사회주의 시대의 유물인 '블로키(bloki)'에 살고 있기 때문이다. 블로키로 말할 것 같으면, 사회주의 시대에 건설되어 '현대적 생활'을 보여주는 흉

---

[5]　나는 2006년에 이 주제에 대해 살펴본 적이 있다. 1989년 이후의 폴란드 이주 정책 변화와 외국인에 대한 처우 등에 관해서는 키신저(Kicinger, 2009)를 참고.

미진진한 장소로 적극 홍보된 바 있는, 밀실 공포증을 불러일으킬 정도로 숨 막힐 듯한 공간이라 할 수 있다. 그들이 사회주의적 미장센((Mise-en-Scène)의 쇠락한 잔여물이든, 사회주의하에서 주로 고위 요직을 담당했으며 오늘날 폴 란드에서 권력을 쥔 정부 관료를 맡고 있는 놀라울 정도로 많은 숫자의 사람 들이든, 이들 유령들은 새로운 문화적 환경에서도 여전히 상당한 중요성을 차 지하고 있다.

이처럼 재임용된 관료들은 사람들의 대화 속에서 벽장 속의 해골들이라 지 칭되는데, 유령들이라기보다는 '죽은 몸뚱아리'에 보다 가까운 셈이다(Kublik· Olejnik, 2000).

이러한 상황을 살펴보기 위해 나는 먼저 이종교배라는 개념의 역사적 맥락 을 간략히 설명한 뒤, 포스트 사회주의 시대 폴란드의 정체성이 어떻게 달라 졌는지 살펴보고, 이러한 배경을 바탕으로 포스트 사회주의 이종교배의 대표 적인 사례를 두 개의 미디어를 통해 보여주고자 한다. 하나는 보수적이면서 민족주의적인 라디오 방송인 라디오 마리야(Radio Maryja), 즉 성모 마리아 라 디오이고, 다른 하나는 크레이지 가이드(www.crazyguides.com)가 펼치고 있는 재기발랄한 활동들인데, 크라쿠프(Krakow)를 근거지로 디지털 홍보에 몰두하 고 있는 이 그룹은 '공산주의' 모험 상품을 서구 관광객들에게 판매하는 사업 을 만들어냈다.

2. 동쪽의 웨스트 사이드

포스트 사회주의 시대의 급속한 변화들이 지속적으로 퍼져나감에 따라, 이 들은 이종교배의 문화를 창출하고 있는데, 잔존하고 있는 사회주의적 현실과

〈그림 4-4〉 웨스트 사이드(West side)

자료: 카밀 트라우스키, 2001.

열렬한 환영 속에 도래한 서구의 상품, 이미지, 바람직한 정체성에 관한 새로운 모델 등을 하나로 섞는 이상한 재료와 정서적 구조를 종종 보여주곤 한다. '웨스트 사이드(West Side)'(〈그림 4-4〉)는 내가 '이스트 사이드(East Side)'의 정서적 대척점에 있다고 간주하고 있는 이미지인데, 두 작품은 모두 우치라는 동일한 도시를 보여주고 있다. 하지만 불현듯 등장한 자유의 여신상의 모습이나 다양한 영어 문구 등을 통해 전혀 다른 역사적 시대의 도래를 나타내고 있다. 사회주의적 과거와 만개하는 자본주의가 세련된 도회적 감수성으로 뒤섞인 모습 말이다. 이 이미지는 의도적으로 삐딱한 구도를 취하고 있으며, 복잡하게 짜여진 의미를 전달하고 있다. 희망, 자유, 해방의 상징인 자유의 여신상은 이곳에서 옆으로 기울어진 채로 산업화된 도시의 전경 위로 불안한 듯

솟아올라, 말 그대로 서구를 동유럽에 가져와 이식하려는 열망을 웅변하듯 드러내고 있다. JVC와 맥도날드의 간판은 휘청거리며 건물 위에 자신의 모습을 남겨놓았고, 속도를 내며 감상자에게 비스듬히 달려드는 미국산 자동차는 변화의 속도와 서구적 심상의 '침입'을 나타낸다. 이미지는 전체적으로 어지러움과 혼미함이 어우러진 전반적인 정서를 전달하고 있는데, 이는 마치 황홀한 롤러코스터를 타는 듯한 경험이라 할 수 있다.

호미 바바(Homi Bhabha)가 탈식민주의 담론의 맥락 속에서 제시한 그 유명한 이론처럼, 이종교배는 '제3지대'를 드러내게 되는데, 이는 새로운 정체성에 스스로를 노출시키는 대면·혼합·회합 등을 의미한다(Bhabha, 1990). 이러한 정체성은 혼합주의적 성격을 갖고 있으며, 부분적으로 섞여 있거나, 비단일 혹은 비순수라는 특성을 갖고 있다고 여겨진다. 웨스트 사이드가 바로 이러한 대면의 순간을 나타내고 있지만, 동시에 불완전한 결합 상태를 보여주기도 하는데, 구상주의적 간극이 낯설음을 자아내는 이질성에 굴복하고 있는 것이다. 사실 바바가 이종교배를 이해하는 방식이 바로 이러한데, 이종교배는 "문화들 사이의 긴장 관계를 해소하는 제3의 용어" 혹은 차이를 부드럽게 정리하는 혼합물이 아니라, "자아와 그 복제본이 나란히 등장하는 분할 화면"이라는 것이다(Bhabha, 1994: 113~114). 국제 커뮤니케이션 학자인 마완 크레이디(Marwan Kraidy)는 "이종교배는 위험한 개념"(Kraidy, 2005: 1)이라는 이야기를 보태고 있다. 그것이 위험한 것은 이종교배가 지닌 모순적이고 파열된 불안정한 성질로 인해 손쉬운 안정화는 요원한 일이 될 것이며, 일시적이든 불확실하든 그러한 안정화가 선행되지 않는다면, 이종교배의 개념은 차이를 진정시키고, 완화하며, 동질화시키는 데 있어서 위험 요소로 작용하리라는 사실 때문이다. 또한 그것은 잔존하는 유령들을 제거하는 데에도 위협이 되며, 사람들로 하여금 그러한 유령들을 이미 '용해되어 있는 존재', 즉 '새로움'의 필수불가결한 요소로 바라보게 만든다. 반면 이종교배가 지닌 매혹적인 중간자적 성격과 표면적으로 드러나는 저항적 성향으로 인해 전복, 해방, 그리고 저항의 정서를 섣불리 읽어내는 경우가 빈번하고, 이로 인해 카타린 미첼(Katharyne Mitchell, 1997)이 명명한 것과 같은 '이종교배의 과대 포장' 현상이 발생해 상적 행위의 미묘한 뉘앙스를 간과하곤 한다.

옥스퍼드 영어 사전(Oxford English Dictionary)에 따르면 라틴어 히브리다(hibrida)에서 유래한 하이브리드(hybrid)라는 용어는 '길들여진 암퇘지와 야생 수퇘지의 새끼'를 지칭한다. 생물학적 개념으로서 이것은 혼혈, 잡종, 잡종견 등을 의미했으며 '불순함'과 열등함을 나타냈다. 이 말은 정치적 의미로 가득 찬 용어가 되어버렸는데, 19세기 과학적 인종주의의 수사학에서 열렬히 차용된 바 있는, 다인종 간 출산에 대한 두려움으로 가득 찬 담론 형성에 활용되었다. 이종교배는 백인우월주의 이데올로기를 뒷받침하는 개념이다. 아프리카인, 아시아인, 그 외의 인종 모두가 서유럽인보다 열등하다는 것을 입증하기 위해 우생학, 유전학, 두골 계측에 활용된 개념으로써 분명히 '어두운 과거'와 불쾌한 역사를 지니고 있다(Papastergiadis, 1997: 258). 이종교배라는 표현 자체가 지닌 문제적 기원과 해당 개념의 잘못된 사용에도 불구하고, 오늘날 학제 간 연구의 담론은 이 용어를 가지고 씨름해 왔는데, 그것은 정체성, 반인종주의 정치, 다문화주의, 글로벌 매체 등을 다루는 이론들에 있어서 이 용어가 갖고 있는 상당한 생산적 가치가 인정받고 있기 때문이다(Al-Sayyad, 2001; Brah and Coombes, 2000; Kuortii and Nyman, 2007; Werbner and Modood, 1997; Young, 1995). 따라서 이종교배의 개념을 차용하는 것은 그것이 지닌 모순적인 역사적 구조와 변증법적 가변성을 이해한다는 것을 의미한다(Werbner and Modood, 1997). 크레이디의 주장처럼 '이종교배와 관련된 모든 분석은 이종교배의 성격을 형성하는 조건들이 다루어지고 있는 특정한 맥락 속에서 이루어져야' 한다

〈그림 4-5〉 쿠바-그녀 최고의 시가로 그녀를 가장 잘 알 수 있을 거예요(Cuba - you will know her best by her best cigars

자료: 카밀 트라우스키, 2007.

(Kraidy, 2005: 1).

내가 〈그림 4-5〉 '쿠바-그녀 최고의 시가로 그녀를 가장 잘 알 수 있을 거 예요(Cuba-You Will Know Her Best by Her Best Cigars)'를 바라볼 때면, 흐릿한 기억 하나가 떠오르곤 한다. 나는 계엄령이 선포 중일 때 할머니와 함께 거의 꿈쩍도 하지 않는 길고 긴 줄에 서 있던 것을 기억한다. 당시의 정부 발표에 의하면 우리는 우리의 형제 공산주의 국가인 쿠바가 곤궁한 상황에 처한 또 다른 공산주의 국가에게 보내준 선물인 설탕을 기다리고 있었던 것이다. 사 실 일정 부분 서구의 제재에 의해 촉발된 이처럼 끔찍한 식량 부족 사태 속에 서 쿠바의 원조는 실제로 체감할 수 있는 도움이었다. 그것은 매우 흥미로운 기억인 셈인데, 이 야외 광고에서는 전략적으로 삭제된, 그러한 기억이라 할 수 있다. 한때 폴란드의 동맹국이자 공산주의 투쟁 정신에 투철했던 바로 그 쿠바는 여전히 최후의 사회주의 독재 국가의 위치를 지키고 있다. 하지만 얄궂게도 동유럽 포스트 사회주의의 상상력 속에서, 쿠바는 새롭게 이동성을 확보한 폴란드인들을 최고급 모험으로 초대하는 이국적인 오아시스가 되어버렸다. 열대기후를 배경으로 우아한 시가를 즐긴다는 생각은 그 감각적 쾌감을 통해 사람들을 매혹시킨다. '진짜'인 것 같아 보이는 서글서글한 쿠바 남성 이미지가 외국으로 떠나는 그러한 모험이 평온할 것이라 웅변하고 있다. 어쩌면 너무나도 적절하게도 이러한 역설적 매혹을 담은 이 광고판은 사회주의 시대의 허물어진 건물에, 구부러진 도로표지판 위에, 굴뚝의 한복판에 위치하고 있고, 우연찮게도 새로 만든 우치 공항과 매우 가까운 거리에 있다.

3. 정체성 전환

폴란드는 근본주의로 이동해 버렸다. 그러한 전통의 일부는 타자들에 대한 위협과 겁박에 대한 국가적 동참에서 기인한다(Kitliniski, Leszkowicz and Lockard, 2005).

매우 역설적이게도 폴란드 민주주의의 발흥은 사회 활동의 보수화가 증폭하기 시작하는 시점에 일치한다. 진보적 양상과 다양성을 위한 동력 등이 명시적으로 드러나는 몇몇 상황들이 벌어지는 와중에 이에 대한 반동적 역풍이 전면에 드러나게 되었다. 정부의 적극적인 반동성애 정책과 폴란드 내 최대 LGBT 조직의 행진에 대한 공격, 동성애 혐오증에 반대하는 캠페인(Campaign Against Homophobia), 초등학교 과정에서 가톨릭교회에 대한 헌법상의 강제의무교육, 그리고 1995년의 낙태금지법 도입 등의 형태를 통해 이러한 역풍의 세기를 짐작할 수 있다. 폴란드 가족연맹(League of Polish Families)과 폴란드 전국청년동맹(All-Polish Youth) 같은 초민족주의적 단체들의 의미심장한 등장과 이미 역사적으로 가톨릭 색체가 강했던 문화 전반이 가열차게 한층 더 가톨릭화되는 현상 등은 폴란드에서 일어난 가장 놀라운 포스트 사회주의 현상이라 할 수 있다.

폴란드 페미니즘에 대해 자주 의견을 개진한 바 있는 아그니스카 그라프(Agnieszka Graff)의 이야기를 들어보자.

(의회를 비롯한) 공공장소에 걸려 있는 십자가, 대부분의 공공 행사에 참석하는 사제들, 공립학교에서 이루어지는 종교교육, 그리고 헌법 및 미디어 관련 법률에 반영된 '기독교적 가치들'은 단지 교회가 미치고 있는 영향을 가늠할 수 있는 가장 명백한 외부적 징후라 할 수 있다(Graff, 2003: 112).

그라프가 언급하고 있는 변화와 더불어 교회의 사회적 존재감이 지닌 성격 역시 급격하게 달라졌다. 예를 들어 1980년대 초반 계엄령이 내려졌던 시기는 심각한 정치적 제약과 생필품 부족이 만연했던 때인데, 교회는 구호와 구제의 장소로서 기능하면서, 미국 자선단체들이 기증한 식량과 의약품 등을 나눠주었다. 또한 교회는 반정부 인사들과 저항적 예술도 흔쾌히 받아주었다. 베를린 장벽 붕괴 이전 교회에 대한 전반적 태도는 교황 요한 바오로 2세(Pope John Paul II)의 방문에 의해 한층 고양되어졌으며, 교회가 소비에트의 압박에 맞서 싸우는 데 도움을 주고 있다는 믿음이 그 근간을 이루고 있었다. 공동체의 결속에 근거한 이러한 정서는, 비록 그것이 낭만적으로 그려진 것일지라도, 교회의 공격적 행태에 의해 대체되었으며, '폴란드의 새로운 전체주의'(Hillar, 1995), '근본주의적-이성애적 사회구조'(Kitliniski, Leszkowicz and Lockard, 2005) 형성에 지대한 기여를 하게 된다. 오늘날 폴란드에서 가톨릭교회가 전례를 찾을 수 없는 강력한 권력을 가지고, 다원주의와 다양성에 입각한 민주주의적 과정을 실효적으로 억누르고 있다는 데는 의심의 여지가 없다.

공립학교에서의 가톨릭 교육을 강제하는 법률은 이례적일 만큼 서서히 그 효과를 나타내고 있고, 전통적인 시민 교육과 단일한 특정 종교를 하나로 결합하고 있다. 1990년에 도입된 종교 과목은 공식적으로는 윤리 수업과 함께 제공함으로써 학생들의 선택권을 증진하기 위해 기획되었다. 하지만 그러한 선택권은 철저한 외면을 받게 되었는데, 재정 부족 등의 사유로 인해 대부분의 학교들은 윤리 담당 교사를 채용할 수 없는 실정이기 때문이다. 사실상 초등학교 수준에서 이루어지는 교육 프로그램은 교회의 통제하에 놓여 있는데, 교회의 대표자들이 수업에 활용하기에 적절한 도서를 선정하는 특별 위원회의 구성원으로 참여하고 있기 때문이다. 역사와 생물학 교과를 포함한 많은 과목의 교과과정은 가톨릭 주교와의 협의를 통해 마련되었고, 가톨릭의 '가정생활 교육'이 성교육 과목을 대체해 버렸다(Bureau of Democracy, Human Rights and Labor, 2006; Szumlewicz, 2004).

공식적으로는 가톨릭 수녀나 교리 문답 교사 등에 의해 진행되는 수업이 강제적인 것은 아니다. 하지만 자녀가 종교교육을 받지 않도록 하기 위해서는 학부모가 학교 당국에 특별 요청서를 보내 그 이유를 설명해야 한다. 이로 인해 촉발되는 철저한 조사와는 별개로 종교교육에서 벗어나는 데 있어서 현실적으로 가장 큰 걸림돌은 대부분의 학생들이 그러한 수업에 참여하는 동안 이 학생에 대해 어떤 조치를 취할 것인가 하는 문제이다. 학교는 이러한 학생들을 위한 대안적인 선택권을 제공하지 않고 있는데, 종교교육에 참여할 의사가 없는 학생에게도 적절한 배려가 이루어져야 한다는 법률에도 불구하고, 상황은 변화하지 않고 있다. 따라서 이념적으로 이와 같은 수업에 반감을 가진 부모들일지라도 결국은 다수를 따를 수밖에 없게 된다. 물론 사회적인 문제와 감성적인 문제 역시 존재하고 있다. 종교교육에서 빠지는 어린이들은 배척받는 반대자, 도덕적으로 의심스러운 가족의 일원, 확실한 불신자로 여겨지게 된다. 아이들을 이러한 수업에 참여하게 만드는 압박이 대놓고 드러나지는 않아도 그 정도는 매우 심한 편이다.

의무적 종교교육이라는 주제는 새로운 가톨릭 민주주의가 새로운 세대의 의식을 형성하는 데 있어서 어떤 방식으로 열정적 노력을 기울이고 있는지 이해할 수 있는 좋은 사례라 할 수 있다. 사회주의 치하에서 가톨릭교회는 공식적으로 인정되는 그 어떤 공공의 장에도 등장할 수 없었지만, 이제 사제들이 참석하지 않고서는 그 어떤 국가 기능도 작동하지 않게 되었다. 학교 완공, 신규 도로 건설, 새로운 쇼핑몰 개업 등에 반드시 사제들의 축복이 필요하기 때문이다. 교회의 존재가 지닌 권력을 제대로 이해하기 위해서는 어쩌면 1991년 바르샤바에서 있었던 폴란드 의회의 새로운 원 구성을 기념하는 첫 축복 기도회를 떠올려야 할지도 모른다. 새로운 민주주의는 교회의 축복 없이는 제대로 시작할 수 없다고 이해해도 무방한 것이었다.

4. 라디오 마리야: 당신의 가정에 울려 퍼지는 가톨릭의 목소리

폴란드 정부는 세계에서 기술적으로 가장 발전되어 있다. 왜냐하면 라디오에 의해 좌지우지되기 때문이다(Economist, 2006: 54).[6]

---

6) 역주: 원문의 'radio-controlled'는 '라디오에 의해 좌지우지된다'는 뜻과 더불어 '무선 조종

〈그림 4-6〉 BP(주유소)와 JC(자동차 정비소)

자료: 카밀 트라우스키, 2007.

폴란드에서 등장하고 있는 온갖 보수주의적 현상들은 세계화와 가톨릭의 이종교배로 인해 나타나는 여러 양상을 통해 이해할 필요가 있는데, 'BP(주유소)와 JC(자동차 정비소)'가 보여주듯이(〈그림 4-6〉) 세계화와 가톨릭은 서로 나란히 그 힘을 투사하고 있다. 따라서 포스트 사회주의 시대의 미디어 지형에 대해 성찰할 때, 사람들은 서로 상반되는 흐름을 인정해야만 할 것이다. 다시 말해 즉각적인 서구화와 전반적인 문화 혁신에 대한 열망과 '진정한' 가톨릭 폴란드를 재천명해야 한다는 점증하는 요구가 동시에 존재한다는 사실을 받아들여야 하는 것이다. 초국가주의적 에토스(ethos)를 가장 강력하게 고취하

이 가능하다'는 의미를 담고 있는데, 원문의 표현은 말장난을 통해 극우 라디오 방송에 휘둘리는 폴란드의 정치 지형을 비꼬아 기술하고 있다.

고 있는 것은 라디오 마리야(Radio Maryja)와 그 자매 매체라 할 수 있는 TV Trwam('나는 굴복하지 않는다' 또는 '나는 버텨낸다'는 의미)이다. 인터넷 백과사전인 위키피디아(Wikipedia)는 라디오 마리야에 대해 다음과 같이 설명하고 있다.

> 폴란드의 종교적, 국가주의적, 보수적, 반탈공산주의적, 그리고 로마 가톨릭 성향의 라디오 방송국 겸 미디어 그룹으로서 스스로를 애국적이라 칭하고 있다. 1991년 12월 9일 폴란드의 토룬(Torun)에 설립되었으며, 출범 이래 지금까지 총괄책임자이자 가톨릭 사제인 타데우츠 리지키(Tadeusz Rydzky)에 의해 운영되고 있다(위키피디아).

라디오 및 TV 방송국과 더불어 리지키는 일간신문, 사립대학교, 라디오 마리야를 위한 기금 모금 단체 등을 운영하고 있다.

'사제 겸 디렉터'로서 그 스스로가 매우 인상적인 이종교배라 할 수 있는 리지키는 포스트 사회주의 폴란드에서 가장 강력하고 존경받는 호칭 두 개를 소유하고 있다. 가톨릭 사제와 미디어 거물이 바로 그것인데, 사회주의 폴란드에서는 존재조차 할 수 없었던, 그 전례조차 찾아볼 수 없는 조합이라 할 수 있다.

리지키의 라디오 방송은 종교적인 동시에 민족주의적인 매체의 이종교배가 거둔 성공 모델인 동시에 토착 자본에 의한 벤처 사업과 종교 단체가 결합된 형태라고 할 수 있다. '당신 가정에 울려 퍼지는 가톨릭의 음성'이라고 스스로를 홍보하고, 라디오 마리야 '가족'이라는 개념으로 청취자들을 포섭하면서, 이 방송국은 새로운 기술과 오픈 마켓의 도구들을 적절히 활용해 사회주의적 리더십에 대한 숭배를 되살리고 가부장적 이데올로기를 촉진시켜, 결과적으로 가족, 성역할, 공인된 이성애적 규범성, 결혼에 바탕을 둔 바람직한 임신 등이 갖는 의미에 대한 패권적 가르침을 전파하게 된다. 방송국의 합창단 및 출연자들에 의해 끊임없이 되뇌어지는 개념, 즉 '국가', '가족', '사랑', '순결', '고통' 등의 개념은 일종의 열쇠 말로서 청취자들로 이루어진 공동체를 하나로 연결하는 애정 가득한 주문, 혹은 끈질긴 친밀함을 자아내는 역할을 한다. 비기독교 매체들이 변화하는 사회적 여건에 조응해 '다른 방식으로 사랑하는 것' 등의 표현으로 비이성애적 결합을 미미하게나마 표현하고 있다. 이 와중에도, 라디오 마리야는 '가족'과 '사랑'이 유일하게 올바른 방법이라고 북돋우고 있다. 이에 따르면 '책임감 있고', '성숙한' 가정을 만들 수 있는 유일한 결합은 남성과 여성 사이의 결합뿐이다. 결국 하느님을 사랑하고 하느님을 두려워하는 이성애주의가 개인의 수준에서 실현된 이후, 국가 전체라는 보다 높은 차원에서 구현되어야 한다는 주장이 다시 한번 개진되고 있는 것이다.

인공위성뿐만 아니라 라디오 마리야를 통해 스트리밍(streaming) 방식으로도 송출되고 있는 이 라디오 방송은 폴란드 국내외적으로 열렬한 반향을 불러일으키고 있는데, 부분적으로는 리지키가 빈번하게 표출하고 있는 반유대, 반동성애, 반여성, 인종혐오 발언에 힘입은 바 크다. 그의 이러한 선동적인 행태들은 교황 베네딕토 16세(Pope Benedict XVI), 사이먼 위젠탈 센터(Simon Wiesenthal Center), 폴란드의 추기경 등으로부터 공개적인 힐난을 받았지만, 라디오 마리야는 예전과 다름없는 인기를 유지하고 있다. 특히 나이가 많고 종교적 충성심이 높은 여성들 사이에서 큰 인기를 구가하고 있다. 게다가 이들 가운데 다수는 변변치 않은 연금으로 생활하면서도 방송국에 대한 재정적 지원을 지속하고 있다. 사람들은 이 여성들을 '앙고라염소털 베레모들(Mohair Berets)'이라고 부르거나, '타데우츠 리지키의 충성스런 군대'라고 칭하면서 공개적으로 조롱하고 있다.[7]

앙고라염소털 베레모들은 너무나도 선명한 존재감을 획득했으며, 국제적

자료: 카밀 트라우스키, 2008.

인 조롱의 대상이 되어버렸다. 사람들이 유튜브(YouTube) 검색창에 'Radio Maryja'나 'Mohair Berets'를 입력하면, 수많은 작은 이미지들이 나타나면서 이 방송국과 앙고라 염소 털 베레모 모두가 많은 관심의 대상이라는 사실을 입증해 줄 것이다. 일반적으로 유튜브에 올라온 짤막한 동영상은 소박한 옷을 차려입은 나이 든 여성들이 도덕성, 결혼, 가톨릭교도와 폴란드인으로 살아가는 것이 무엇인지 등에 대한 리지키의 가르침에 대해 열정적으로 이야기하는 모습을 보여준다. 이들의 절절한 이야기를 통해 리지키가 갖고 있는 확실한 카리스마와 엄청난 영향력을 새삼 확인할 수 있다. 공공연하게(혹은 내밀하게) 광범위한 조롱의 대상이 되는 것은, 바로 이들 여성들의 헌신적 태도이다.

---

7) '앙고라염소털 베레모들'이라는 명칭은 실제로 앙고라염소털로 만들어진 베레모에서 기인한 것이다. 이 모자는 (싸고 따뜻하기 때문에) 인기가 많은 편인데, 혹독하기 이를 데 없는 겨울 날씨에 주로 나이 많은 여성들에게 애용되고 있다.

폭넓게 퍼져 있는 비판과 손쉬운 조소를 제외하면, 라디오 마리야가 자아내고 있는 엄청난 현상에 대해서는 그 강력한 매력과 관련된 진지한 비평적 분석이 아직까지는 이루어지지 않고 있다. 그 정치적 중요성에 비춰 볼 때 이 방송국이 극적인 변화를 겪고 있는 폴란드의 불안감과 불안정성을 효과적으로 건드리면서, 스스로를 믿을 수 있는 안내자, 지붕을 떠받치는 튼실한 기둥, 영적 지도자, 마음의 쉼터로 제공하는 한편, 변화 또는 분열하는 정체성의 위협을 떨쳐내는 데 도움을 줄 수 있는 존재로 자리매김하고 있다는 사실을 확인할 수 있다. 라디오 마리야가 갖고 있는 보다 독특한 특성들 가운데 하나는, 방송 진행자들이 폴란드어를 아끼고 사랑하는 방식이다. 영어와 뒤섞인 폴란드어의 이종교배 신조어로 포화 상태가 되어버린 수많은 상업 매체와는 확연한 차별성을 보여주면서, 라디오 마리야는 우아하고 '오염되지 않은' 폴란드어의 수호자가 되었다. 방송 진행자들은 느린 말투와 사색적 태도가 자아내는 분위기를 북돋우면서 오래된 폴란드어가 빈번하게 등장하는 풍부한 어휘를 활용해 정갈한 발음으로 내용을 전달한다. 미국화와 서유럽화가 노도처럼 진행되는 와중에, 특히 미국과 서유럽의 방송 양식을 일상적으로 따라 하는 미디어 환경 속에서, 라디오 마리야의 언어적 우아함이 가진 힘은 전통에 기반한 폴란드적 성격 형성에 기여하고 청취자들로 하여금 민족적 자긍심을 고취하는 데 동참할 수 있도록 해준다. 폴란드가 한 국가로서 수많은 변화와 격동의 시간을 겪는 동안, 심지어 외세에 의한 국권 침탈을 경험하는 동안에도 교회의 권위는 이러한 정서를 고취시켜 왔는데, 그것은 교회가 사라지지 않고 지속적으로 존재했다는 사실로 인해 교회가 국가 내에서 가장 영속적이고 안정적인 단체가 될 수 있었기 때문이다. 따라서 교회가 지닌 지속성이 폴란드적 성격이 지속되는 데 도움을 주고 있는 것이다.

5. 크레이지 가이드: 사회주의의 망령을 판매하다

회색과 우중충함으로 가득합니다 ― 이것이야말로 완벽합니다(www.crazyguides. com).

나는 폴란드와 같은 나라가 최근 새롭게 획득한 유럽적 정체성이 사회주의의 망령을 땅속에 파묻는 데 일조할 것이라 주장해 왔지만, 이러한 나의 견해에 대해 부차적으로 덧붙여야 할 이야기가 있다. 특히 새로운 시청각 미디어 분야의 경우 더욱 그러하다. 디지털 문화의 확산 덕분에 현재 이 망령들은 서로 다른 다양한 매체를 통해 새롭게 등장하고 있고, 이로 인해 한결 더 복잡한 등장 경로와 국제적인 규모를 갖게 되었다. 일단의 젊은 폴란드 남성들에 의해 만들어진 크레이지 가이드는 크라쿠프(Krakow)에서 펼쳐지는 '공산주의 투어'를 홍보하고 있는데(〈그림 4-8〉), 이들은 사회주의 망령의 마케팅에 매우 열정적으로 참여하고 있다.

크레이지 가이드는 영어로 서비스를 제공하고 있으며, 크리스 마커(Chris Marker)의 1962년 작 '부둣가(La Jetee)'와 소비에트 사회주의 리얼리즘을 연상시키는 미학적 혼합물 정도로 설명할 수 있는, 매력적인 시각적 레이아웃을 자랑한다. 더불어 사회주의 시대의 '블로키'와 중앙에 위치한 붉은 군대의 별은 화룡점정이라 할 수 있다. 이 사이트는 '크라쿠프 대안 여행의 선두주자'라는 이름으로 유쾌하게 자신을 홍보하고 있다.

"어쩌면 당신은 크라쿠프 여행이 뻔하디 뻔한 여행이 되리라 믿고 있을지 모릅니다. 하지만 걱정하지 마세요. 우리가 당신에게 도움이 되겠습니다. 크레이지 가이드를 통해 우리는 크라쿠프에서 공산주의 문화 중심의 맞춤식 투어를 제공

〈그림 4-8〉 크레이지 가이드(Crazy Guides) 공산주의 투어 포스터

합니다. 이 여행을 통해 당신은 남들이 경험하지 못한 새로움을 체험하는 동시에 이 놀라운 도시의 진면목을 이해할 수 있게 될 것입니다. 당신이 가지고 있는 것과 똑같은 서유럽 자동차로 돌아다니는 지루한 여행 가이드는 잊어주세요. 우리는 당신과 함께 진정한 공산주의 차량을 타고 공산주의의 흔적이 남아 있는 노바 후타(Nowa Huta) 지역을 둘러볼 것입니다. 젊고 활력 넘치는 우리의 크레이지 가이드, 그리고 진정으로 펑키한 자동차를 만나 보세요! 영어에 능통한 현지인이 운전하는 진짜 동구권 트레벤트(Trabant)나 폴란드 피아트(Fiat) 125를 타고 크라쿠프를 경험해 보세요."(www.crazyguides.com).

이처럼 활기차고 열정적인 초대의 말이 노리고 있는 주요 대상은 당연히 서유럽 사람들이다. 소비자들의 이목을 끌 만한 내용들이 상당히 매력적이고 매혹적인 방식으로 구축되어 있다. 우선 관광객들은 '진정한 동구권 트레벤트'를 타고 '진정한' 사회주의의 이국적인 흔적들을 경험하는 여행 프로그램을 통해 '진짜 사회주의'를 만날 수 있는데, 이러한 프로그램은 참가자들에게 낯선 동시에 기괴한 느낌을 선사하게 된다. 또한 이런 식으로 연출된 매력이 상당히 유혹적인 것은 사회주의 망령에 대한 간접 체험이 어떤 위험이나 해로움 없이, 단지 펑키(Funky)한 물건들과 지역민들의 노력 정도로 충분히 이루어질

수 있기 때문이다. '크라쿠프에서 "편안함과 스타일" 모두 결코 부족하지 않은 최고급 공산주의를 체험하세요!'

이 사이트는 또한 여행객들이 보내온 감사의 인사를 함께 전하고 있다. 미국 캘리포니아주 오렌지 카운티(Orange County)에서 온 한 여성은 "크레이지 가이드가 우리의 크라쿠프 여행을 지금껏 최고의 유럽 여행으로 만들어주었다. 덕분에 우리는 우리가 방문했던 다른 도시들에서 우리가 놓쳤던 것들에 대해 고민하며 생각해 보게 되었다"라고 말한다. 파이낸셜 타임즈(Financial Times)의 예술 분야 기고가인 피터 애스프덴(Peter Aspden)의 이야기를 들어보자.

서구 사회는 동유럽의 끔찍함에 대해 농담을 퍼부을 자격이 자신들에게 충분하다고 오랫동안 생각해 왔다. 하지만 이것은 사실과 전혀 달랐다. 대담한 태도를 가진 해당 지역 출신들로 구성된 여행 가이드들이 있었던 것이다. 이것은 우리 과거의 일부이기도 하다. 그들은 이렇게 말했다. "이리로 와서 우리와 함께 하면, 당신도 히죽거릴 수 있을 겁니다"('참고' 섹션, www.crazyguides.com).

따라서 사회주의 투어의 독창성과 이러한 여행이 제공하는 즐거움은 '진정성'을 약속하는 가이드들이 과거의 역사를 조롱하면서 관광객들로 하여금 이러한 '조소'를 공유하고 '건방진 자세'에 동참하게 만든다는 사실에서 기인한다고 볼 수 있다. 자기 어머니의 아파트를 투어 프로그램의 일부로 사용하고 싶다는 한 가이드의 포부를 들어보자.

나는 오래된 러시아제 TV와 80년대 가구를 구입해서 거기에 집어넣을 겁니다. 그러면 사람들이 돈을 내고 거기에 앉아 어머니와 함께 커피를 마시는 거예요. 사람들은 진짜를 좋아하거든요. 제대로 팔기만 한다면 말이지요('참고' 섹션,

www.crazyguides.com).

결국 이 가이드는 크레이지 가이드가 그리도 자랑스럽게 여기고 있는 사회주의의 진정성이라는 것이 사실상 그다지 진실하지 않다는 사실을 염치없게 고백하고 있는 셈이다. 다시 말해 이 여행 프로그램은 서유럽 국가에서는 결코 찾아볼 수 없는 것이며, 으스스한 여행에 이끌리고 안전한 스릴감에 굶주린 서유럽 사람들을 위한 재연에 불과한 것이다. 세대 간 격차로 인해, 막상 사회주의의 으스스함을 직접 경험한 적이 없는 이들 가이드들이 가식적으로 꾸며진 으스스함을 다른 사람들에게 열정적으로 팔아치울 수 있다는 사실을 결코 간과해서는 안 된다.

크레이지 가이드가 보여주는 유쾌한 이종교배와 서구 여행자들이 느끼는 상당한 매력이 모순적인 비판적 사유를 불러일으킨다는 데에는 의심의 여지가 없다. 크레이지 가이드가 제공하는 재밋거리는 새로운 생명을 얻게 된 과거의 유물이라 할 수 있는데, 미국 로스앤젤레스에 위치한 유니버설 스튜디오(Universal Studios)의 놀이 기구를 떠올리게 만든다. 이곳에서 사람들은 돈을 내고 어두컴컴한 터널 속에 숨어 있는 다양한 영화 속 괴물들의 '습격'을 즐기며 재미를 느낀다. 기꺼이 돈을 내고 찾아온 입장객들은 그것이 단지 게임이라는 것을, 일시적이며 잘 만들어진 무해한 볼거리라는 사실을 너무나 잘 알고 있다. 구석구석마다 선명한 '출구' 표시가 존재한다는 것 역시 충분히 인지하고 있다. 사회주의가 '편안함과 스타일'을 바탕으로 재현되는, 망령 같은 사회주의 이종교배가 가진 기괴함은 다름 아닌 그것의 본질적이고 해결 불가능한 모순에서 비롯된다. 이종교배가 이루어지지 않은 사회주의는 근본적으로 불편함과 스타일의 결여를 특징으로 한다. '출구' 표시 따위는 애초에 존재하지 않는다.

6. 홀림

『공산주의를 위한 장송곡(Requiem for Communism)』에서 스크리브너가 주장한 바에 따르면, 현시점에서 전 지구적 차원의 정치 문화적 여건을 생산적으로 이해하려면 동유럽에서 벌어진 최근의 변화에 대한 지속적인 관심이 반드시 필요하다. 그의 주장은 다음과 같다.

(사회주의 체제의 과거가) 남겨놓은 이러한 유산들은 망각의 대상이 될지도 모른다. 하지만 당분간 이들은 유럽 사람들의 집단적 기억 속에 중요한 구성 요소로 살아남아 있을 것이다. 우리가 앞으로 나아갈 수 있게 되기 전에 우리는 남아 있는 것에 대해 차근차근 살펴봐야 한다(Scribner, 2003: 6).

제2세계가 '사망했다'는 주장과 사뭇 반대되는 입장을 견지하고 있는 스크리브너는 제2세계가 종결되었다는 공공연한 이야기를 단호하게 반박하고 있다. 그의 논거는 데리다가 이야기한 바 있는 망령을 소환하는 한편, 과거에 대한 윤리에 입각한 책임을 상기시킨다.

나는 망령, 그리고 이들이 새로운 이종교배의 형태를 띠며 완고하게 고수하고 있는 존재감을 통해 불러일으키는 불편한 기억의 중요성에 대해 지속적으로 이야기해 왔다. 이제 나는 한 가지 질문을 던지고자 한다. 사람들은 하나의 단일한 '유럽의 집단적 기억' 속에 살아남은 사회주의-공산주의에 관한 광범위한 주장을 정녕 받아들일 수 있을까? 이 기억은 과연 얼마나 균질적인 형태로 '축적된' 것일까? 사회주의에 대한 동유럽의 기억이 서유럽과 정말 공유되고 있는 것일까? 우리는 사회주의와 공산주의에 대한 기억이 해당 지역에 아직도 강렬한 형태로 남아 있다는 사실을 어떻게 설명할 수 있을까? 심지어 동유럽 한복판에 결코 잊을 수 없는 상처, 즉 서유럽이 이 지역을 배신하고 나치 독일과 소비에트연방에 넘겨주었던 아픔이 상존하고 있는 이때에 말이다.[8] 서유럽 사람들의 집단적 태도 속에서 동유럽은 언제나 그저 이류의 불필요한 변방에 불과하다는 우리 스스로의 인식에 대해 우리는 어떤 태도를 취해야 할까? 적어도 폴란드에서는 이처럼 강렬한 기억이 유럽연합 가입에 대해 환영과 두려움이 동시에 나타나는, 상충하는 국민 정서를 설명하고 있다. 물론 폴란드는 유럽연합이라는 배타적인 '동아리'의 일원이 되기를 열망하지만, 동시에 서유럽의 의제와 정체성이 지배하는 정치 경제적 지형 속에서 자신들이 최근 쟁취한 독립성이 와해되는 것에 대해 두려워하고 있다(Buchowski, 2002; Dingsdale, 1999; Imre, 2009). 또한 동유럽으로의 확장 때문에 유럽연합이 약화되고 느슨해질 수 있다는, 공공연하게 표출되는 서유럽 사람들의 근심은 이미 불편한 기억 하나를 만들어냈으며, 결국 동유럽 사람들의 상처가 한 겹 더 늘어나게 되었다. 본질적 차이가 있는 역사를 가진 두 개의 유럽이 하나로

---

8) 1938년 9월 영국과 프랑스는 체코슬로바키아 당국과의 그 어떠한 협의도 없이 히틀러의 체코슬로바키아 주덴튼란트(Sudentenland) 지역 병합에 합의했으며, 결국 6개월 후 국토 전역에 대한 독일의 점령에 동의하게 된다. 독일의 침공 시 군사 원조를 명시적으로 약속한 1939년 8월의 폴란드-영국 상호 방위 조약(Polish-British Common Defense Pact)을 통한 폴란드 독립에 대한 영국과 프랑스의 서면 보장에도 불구하고, 영국과 프랑스는 자신들의 이익을 위해 폴란드를 포기해 버렸다. 1939년 9월 독일의 침공으로 제2차 세계대전이 발발했을 때, 폴란드군의 방위 전략은 반드시 원조를 제공하겠다는 서유럽의 약조에 입각한 것이었지만, 이들의 도움은 결코 당도하지 못했으며, 폴란드군은 수주 만에 독일군과 소련군에게 궤멸되고 말았다. 1943년의 테헤란 회담, 그리고 1945년의 얄타 회담에서 미국과 영국은 폴란드 당국과의 그 어떤 협의도 없이 스탈린에게 폴란드 동부 지역 전체를 양도하는데 합의했다. 이곳은 소련이 히틀러와의 협력을 통해 1939년 9월 병합한 지역으로서 세계대전이 일어나기 전 폴란드가 가지고 있던 영토의 거의 절반에 해당한다. 또한 동독에서 유고슬라비아에 이르는 동유럽 전역이 소련의 지배하에 놓이게 되었다. 히틀러의 첫 번째 동맹국이었던 이탈리아와 서유럽이 포함된 것이 다소 역설적이긴 하지만, 미국의 원조를 받은 서유럽은 사실상 자신들의 독립을 유지하면서 종전을 맞이하게 되었다. 반면 동유럽 국가들은 결국 소련의 침략 대상으로 전락하게 되었다.

결합되면서 긴장감이 형성되었고, 아직 해소되지 않은 이러한 긴장감이 유럽연합 내부에 맴돌고 있다. 이제 유럽연합은 그 자체로서 불안정한 이종교배, 즉 망령들에 의해 꿈틀거리는 유동적인 제3지대가 되어버린 것이다.

참고문헌

Al-Sayyad, N.(ed.). 2001. *Hybrid Urbanism: On the Identity Discourse and the Built Environment*. Praeger.

Bauman, Z. 1997. "The Making and Unmaking of Strangers", in P. Werbner and T. Modood (eds.). *Debating Cultural Hybridity: Multi-cultural Identities and the Politics of Anti-Racism*. Zed Books.

Bhabha, H. 1990. "The Third Space: Interview with Homi Bhabha", in T. Rutherford(ed.). *Identity, Community, Culture, Difference*. Lawrence & Wishart.

_____. 1994. *Location of Culture*. Routledge.

Brah, A. and A.E. Coombes(eds.). 2000. *Hybridity and its Discontents: Politics, Science, Culture*. Routledge.

Buchowski, M. 2002. "The Specter of Orientalism in Europe: From Exotic Other to Stigmatized Brother," *Anthropological Quarterly*, 79(3).

Bureau of Democracy, Human Rights and Labor. 2006. "International Religious Freedom Report." http://www.state.gov/g/drl/rls/irf/2006/71400.htm (검색일: 2008.12.17).

Crazy Guides, *Communism Tours*. http://www.crazyguides.com.

Derrida, J. 1994. *Specters of Marx: The State of the Debt, the Work of Mourning and the New International*, translated by P. Kamuf. Routledge.

Dingsdale, A. 1999. "New Geographies of Post-Socialist Europe." *Geographical Journal*, 165(2).

Economist. 2006. "Radio Nasty"(15, Apr.).

Galbraith, M.H. 2004. "Between East and West: Geographic Metaphors of Identity in Poland." *Ethos*, 32(1).

Graff, A. 2003. "Lost Between the Waves? The Paradoxes of Feminist Chronology and Activism in Contemporary Poland." *Journal of International Women's Studies*, 4(2).

Hall, S. 1996. *Race: The Floating Signifier*(video). Media Education Foundation.

Hardt, M. and A. Negri. 2000. *Empire*. Harvard University Press.

Hillar, M. 1995. "Poland's New Totalitarianism." *Free Inquiry*, 15(2).

Imre, A. 2009. *Identity Games: Globalization and the Transformation of Media Cultures in the*

New Europe. MIT Press.

Janion, M. 2000. *Do Europy-tak, ale razem z na szymi umarlymi [To Europe–Yes, but Together with Our Dead]* War szawa: Wydawnictwo Sic!

Kicinger, A. 2009. "Beyond the Focus on Europeanisation: Polish Migration Policy, 1989-2004." *Journal of Ethnic and Migration Studies*, 35(1).

Kitliniski, T., P. Leszkowicz and J. Lockard. 2005. "Poland's Transition: From Communism to Fundamentalist Hetero-Sex." *Bad Subjects*, 72. http://bad.eserver.org/issues/2005/72/kitlinskileszkowiczlockard.html (검색일: 2008.12.17).

Kraidy, M.M. 2005. *Hybridity, or the Cultural Logic of Globalization*. Temple University Press.

Kublik, A. and M. Olejnik. 2000. "Dojrzewalem wolniej[I Was Maturing Slower]." *Gazeta Wyborcza*. http://www.borowski.pl/wywiady/wywiad_18.phtml (검색일: 2008.12.17).

Kuortti, J. and J. Nyman(eds.). 2007. *Reconstructing Hybridity: Post-colonial Studies in Transition*. Rodopi.

Marciniak, K. 2006. "New Europe: Eyes Wide Shut." *Social Identities*, 12(5).

_____. 2008. "How Does Cinema Become Lost? The Spectral Power of Socialism." Via Transversa: Lost. Cinema of the Former Eastern Bloc. Special Issue of *Koht ja Paik, Place and Location: Studies in Environmental Aesthetics and Semiotics*, 7.

Mitchell, K. 1997. "Different Diasporas and the Hype of Hybridity." *Environment and Planning D*, 15(5).

Papastergiadis, N. 1997. "Tracing Hybridity in Theory." in P. Werbner and T. Modood(eds.). *Debating Cultural Hybridity: Multi-cultural Identities and the Politics of Anti-racism*. Zed Books.

Scribner, C. 2003. *Requiem for Communism*. MIT Press.

Shohat, E. and R. Stam. 1994. *Unthinking Eurocentrism, Multiculturalism and the Media*. Routledge.

Szumlewicz, K. 2004. "Poland: Transformation into a Patriarchal State." http://www.iheu.org/node/998 (검색일: 2008.12.17).

Turowski, K. 2003. "Streets of Crocodiles. Photographic Portfolio." *Hotel Amerika*, 1(2).

Werbner, P. and T. Modood(eds.). *Debating Cultural Hybridity: Multi-cultural Identities and the Politics of Anti-racism*. Zed Books.

Wikipedia. 2008. "Radio Maryja." http://en.wikipedia.org/wiki/Radio_Maryja (검색일: 2008.6.2).

Young, C. and S. Kaczmarek. 2008. "The Socialist Past and Post-socialist Urban Identity in Central and Eastern Europe: The Case of Lodz, Poland." *European Urban and Regional Studies*, 15(1).

Young, R.J.C. 1995. *Colonial Desire: Hybridity in Theory, Culture and Race*. Routledge.

제 **2** 부

혼종화하는 국가와 주체성

제5장

전체이기에 부서지는
주체사상, 그리고 북한의 주체성의 영역

김지형_하와이대학교 마노아캠퍼스 사학과 부교수
번역_박종현(서울대 인류학 석사)

1. 서론

북한 주체사상의 역사는 다음과 같이 서술될 수 있다.

국가에 의해 건설되는 대상으로서 규정(1960년대 초)

인간 중심성 개념의 포함과 이의 법적 표출(1970년대 초)

담론 체계로의 개념 확장, 현 북한 상황의 산물이자 원인으로서 이에 대한 비판

제기(1970년대~현재).

---

* 이 장은 필자의 다음 논문을 수정·보완해 번역한 것이다. C. Kim, "Total, Thus Broken: Chuch'e Sasang and North Korea's Terrain of Subjectivity," *The Journal of Korean Studies*, vol. 17, no. 1 (Spring 2012).

주체사상의 기본 아이디어는, 인민들이 세계를 질서 지을 의지를 지닌다는 것이다. 이러한 생각은 실제 경험에서 드러나며, 편재하는 지도자에 의해 구체화되고 유물론적 변화에 의해 목격되며, 또한 혁명의 산물이자 대상으로서 반복되어 드러나는 이념의 전체성(characteristic of totality)에 내포되어 있다. 이러한 대중 논리는 자주적 주체의 즉각적 전체 안에서 공고하다. 그러나 이 완전한 순간은 그것이 해체되는 순간이기도 하다. 주체사상의 전체성을 재현한 한 편의 영화 및 두 점의 회화 속에서, 주체는 모호하다. 이는 상이한 주체 간의 구분들이 국민국가의 추상적 경계 내부에서 즉시 사라지기 때문이다. 북한에서 이념적 장악이란 늘 불완전하다. 그러나 이 전체의 불가능성은 또한 헤게모니의 영역으로부터 떠오르는 진정한(genuine) 주체에 대한 확신의 기반이 된다.

비날론(비닐론)은 일반 화합물인 폴리비닐 알코올(PVA)로 만들어지는 섬유이다. 북한에서는 "주체솜"이라고도 불리는데, 이 섬유가 북한 역사 속 한국전쟁 후의 지독한 빈곤을 덜어준 자가 생산 제품이라는 점 때문이다. 독자적으로 개발된 이 섬유는, 1990년대 중반 사회주의 경제 붕괴와 더불어 16년간 가동을 중단했던 2.8 함흥 비날론 단지(1961년 비날론이 처음 생산된 공장)가 최근 가동을 재개함으로써 다시 "컴백"했다. 2010년 2월 공장 방문 현장 지도를 하던 김정일은, 이곳 노동자들이 "불굴의 의지로 죽어가는 공장을 되살렸다"(≪노동신문≫, 2010.2.8)라고 말하며 이곳을 주체공업의 모델이라 칭했다. 이로 인해, 며칠 동안 ≪노동신문≫의 앞면에는 주체라는 단어가 비날론, 공장, 노동자들과 관련해 여러 번 등장했다. 자생(self-reliance)적 직물이란 불굴의 의지를 지닌 노동자의 손으로부터 만들어질 수 있다는 점에서, 이 단어는 사물뿐만 아니라 사람에 관한 것이기도 하다.

북한에서 주체는 신성하지만 동시에 일상적인 단어이기도 하다. 이 단어는 무엇보다 인간과 세계의 관계에 대한 김일성의 사유를 공식적으로 가리킨다.[1] 이 개념은 보통 실체화된(reified) 이념으로서의 [실체를 가진 이데올로기(ideology-as-a-thing)로서] 주체사상을 통해 표현된다. 이는 (연원 및 메시지에 있어 이견이 있을 수 없는) 인간 존재와 사물에 관한 진실을 이야기한다. 동시에, 일종의 패러다임으로서, 이 단어는 경계를 넘나들며 적용된다. 경제 정책 및 법에서부터 예술 및 그리고 농업에 이르기까지, 주체는 항시 언어, 존재, 사물, 그리고 현상들 사이의 관계를 지속시키는 담론 플랫폼(discursive platform)으로서 사용된다. 주체숌의 사례는 김정일이 말했던, "우리 방식이 무엇이든, 그것은 주체의 방식이며, 우리에게 이보다 더 나은 방식은 없다(허명숙, 2010: 4)"라는 순환론적 정의를 드러낸다.

뉴스 독자이든 연구자이든, 외부자들은 북한에 대한 어떤 종류의 정보를 살필 때마다 즉시 '주체'를 마주한다. 전쟁과 빈곤을 버텨낸 자생적 존재들의 땅으로서 북한에 관한 내적 담론이라든가, 북한 인민들을 체제의 눈먼 추종자로 만들어내는 주체사상의 기능에 관한 외부자들의 담론 모두를 경험하게 된다. 이런 것들을 무시한다 하더라도, 북한은 단일 제왕적 체제에 지배되고 또한 획일적 주체사상에 의해 공고해지는 장소로서의 이미지를 지니게 된다. 이러한 이미지의 편재성 및 모순들에도 불구하고, 주체사상은 여전히 북한과 그 체제, 그리고 그곳의 살아 있는 현실이 가진 결정적 특징으로 여겨진다.

이 글은 실체화된 이념으로서 주체사상의 특수성과, 주체(subject)를 의미하는 단어로서의 편재성, 두 지점을 모두 다룬다. 이러한 주체의 특징들은 두 가지 방향으로 분석된다. 한 가지 방식은, 김일성에 그 연원을 둔 철학 이념

---

1) 이 글의 영어 원문에서는, 영문으로 출판된 텍스트의 직접 인용을 제외하고는, 주체를 chuch'e로 표기했다.

으로서의 주체사상을 역사적으로 되짚는 것이다. 1955년 한 연설 속에서 언급된 '주체'가, 1970년대 초반 법부터 일상생활까지 모든 영역에 영향을 끼치는 지배 담론으로 변형되는 것을 간략하게 살펴볼 것이다. 또 다른 방식은 주체의 논리, 즉 이 단어가 세계와 그 안에 사는 존재들 간의 관계에 대해 무엇을 말하고 있는지를 분석하는 것이다. 한편으로, 이 관계는 전체를 향한 일관성을 위해 분투한다. 이는 주체의 이상, 당의 지도력, 국가 정책, 그리고 인민의 일상들로 이루어지는 전체(성)를 향한다. 비날론 공장의 부활은 명시적으로 "당과 지도부와 한 몸이 된 [북한] 인민의 … 불굴의 힘"(≪노동신문≫, 2010. 2.8)으로서 기리어진다. 임지현이 지적하듯, 모든 권력의 꿈은 전체주의이며, 이것이 지닌 "대중 독재"의 개념은 주체성과 통치를 연결 짓는 전체로서의 한 몸(a total body)을 만들어내려는 국가적 노력을 수반한다(임지현, 2007: 555).

다른 한편으로, 이러한 논리로부터 최종적으로 인식하게 되는 것은 양가성(ambivalence)이다. 전체성의 순간은 또한 일관된 주체가 해체되는 순간이기도 하다. 1950~1970년대에 나온 인기 잡지 ≪천리마≫ 및 영화 〈우리 열차 판매원〉(1972년 작) 등을 통해, 우리는 주체사상이 어떻게 주체에 대한 유일한 이데올로기로 빚어졌는지, 동시에 이 사상이 (주체의 전체성이라는 순간이 곧 그것의 불확정성이라는 근본적인 조건을 드러내는 곳인) 일상 공간에 배치되는지를 살펴보고자 한다. 그러나 우리는 이러한 불확정성을 결론으로 내려버리려는 것이 아니다. 결론 부분에서 우리는, 사회주의적 전체성이라는 요구 내부에서 주체가 가능한 순간들이 있는지의 문제로 돌아가 볼 것이다. 따라서 이 글의 주장은 (북한 주체사상과 분리된 어떤 실체화된 이념들과 거리를 두면서) 자주적 주체는 양가적인 주체와 공존한다는 것, 또한 전체의 공간은 또한 가능성들의 공간이라는 것이다.

1) 개념의 추가적 고찰

기본적으로, '주체'라는 단어는 주체(subjectivity)성의 조건을 지칭하는 말이며, 북한에서만 쓰이는 것이 아니다. "주인/주됨 주"와 "몸 체"로 이루어진 이 단어는 한자 문화권에서 흔하게 쓰인다(중국어 주티(zhuti), 일본어 슈타이(shutai), 베트남어 추테(chủthể) 등). 따라서 북한에서 쓰이는 개념을 참조하지 않고도, "민중은 역사의 주체이다"와 같은 문장을 만들어낼 수 있다. 그렇다면 북한 버전의 '주체'란 무엇인가? 공식적 정의를 보기 위해서는, 김일성의 단어 용례를 살펴야 한다. 다음은 1972년, 일본 ≪마이니치신문≫의 기자와 진행한 인터뷰 일부이다.

주체사상은 한 마디로, 혁명과 건설의 주체가 대중이며, 혁명과 건설을 이끄는 힘 역시 대중 안에 거한다는 것이다. 달리 말하면, 자기가 자신의 운명의 주인이며, 그 운명을 만드는 힘 역시 스스로에게 있다는 이념이다. …… 주체사상은 정치적 독립, 경제적 자립, 그리고 자기 방어로서 표현된다(김일성, 1984b: 390~420).

이 인터뷰는 주체가 하나의 사상 이념으로서 정의된 첫 사례이다. 그러나 이 개념은 그 전에 이미 오랫동안 빚어져 온 것이다. 1997년 2월 귀순한, 이념 형성에 있어 중요한 역할을 맡았던 학자이자 정치가 황장엽(1923~2010)에 의하면, 이 기자회견은 주체에 대한 3년여의 이론적 연구 결과를 공표하기 위해 만들어졌다고 한다(황장엽, 1999: 146~147). 이 사상의 핵심 메시지는 꽤 단순하다. 삶은 스스로에 의해 결정되고, 나아가 민족과 국가의 행로도 민중에 의해 결정된다. 주체로부터 발생하는 세 가지 형태의 독립성(정치적 자주, 경제적 자립, 그리고 군사적 자위)은 따라서 당과 국가의 공통된 슬로건이 된다.

내용상으로, 주체사상은 인간 존재의 본질에 관한 형이상학적 진술이다. 주체는 자주적이며 자족적인 존재이고, 삶을 지배하는 심리적·물적 영향력과는 잠재적으로 무관하다. 이러한 자주적 주체는, 의식과 일관된 세상(a world coherent with consciousness)을 창조하기 위해 표출 가능한 의지를 지닌다. 이러한 주체는, 주체에 대한 친숙한 근대적 관념이나, 학교나 가족에서부터 시장과 국가에 이르기까지 근대 세계의 많은 기관·제도들이 다루는 관념과 다르지 않다. 역사적으로 보면, 예를 들어 우리는 이러한 자아의 개념을 계몽주의 전통(세계를 규율하는 합리성을 지닌, 지식과 경험의 기초로서의 자아) 속에서 (물론 비판적으로) 살펴볼 수 있다(Mansfield, 2000: 15).

주체사상 속의 자아와 일반적인 (계몽주의적 사고에서 나온) 자아를 비교해 볼 때, 주체사상의 핵심 아이디어는 자아의 근대적 의미에 입각해서 보아도 전혀 이상하거나 배치되지 않음을 알 수 있다. 그러나 자명하게도, 주체사상은 그 자체로서 완결된(inclusive) 아이디어가 아니라, 규범적 사회주의 혁명 및 지배 조건 재생산의 요구에 의해 성립된 체제의 일부이다. 비판적으로 주목해야 할 것은 따라서 주체사상의 교리가 아니라, 그것이 기능하고 있는 전체 체제가 된다. 달리 말하면 이념적 내용이 아니라 그것의 이데올로기적 형식이 비판적 주목의 대상이다. 하나의 형식으로서 주체사상은 (늘 불완전하게) 전제 권력의 구조를 지속시키는 데, 그리고 지배 조건이 자주 "자기 운명의 주인"으로서의 예속된 자아인 것으로 보이게 하는 데 기여한다.

여기서 제기되는 질문 하나는 유용성(utility)과 관련된다. 주체사상에서 나타나는 자주와 주체성의 관념이 북한의 물적 세계(material world)에 알맞았는가? 주체사상은 실제로, 의식에 따라 세계를 규율하는 자의적 주체를 창조해 내었는가? 이에 대한 답은 이견의 여지없이 부정적일 것이다. 주체사상의 담론적 세계는 북한의 정치경제적 현실과 지극히 모순된다. 황장엽의 주체사상에 대한 지속적 비판이 이러한 모순을 지적한다. 그는, 북한 지도자들이 이 사상을 이용해 "북한 인민을 노예화하는 반(反)인간 정신적 무기"로 만들며 수백만 명을 기아로 몰아갔으면서도, 외부 세계에는 그들이 주체적 존재의 사회주의적 낙원(a socialist paradise of chuch'e beings)을 건설했음을 주장한다고 말한다(황장엽, 1999:156).

마이어스(B.R. Myers)보다 더 강경한 주체사상의 비판자는 드물다. 그는 가짜 교의로서의 주체사상이 일본 파시즘의 인종주의적 이데올로기로부터 태어났다고 말한다. 마이어스는 모든 부분에서 경멸적 태도를 취한다. 북한 내부에서 주체사상은 "파시스트 일본의 신화에서 파생된, 외인 혐오적(xenophobic)이며 인종에 기반한(race-based) 세계관"이다(Myers, 2010 :47). 북한 밖에서 주체사상이 "외부인들을 유인할" 때, "세계는 제국주의 이후 한국인들이 휴머니즘 원칙에 뿌리를 둔 채 멍청한 국민주의(state-nationalism)를 안심하며 품게 되는 것을, 그러면서 자치와 자립에 관한 불행한 집착을 드러내는 것을 본다"(Myers, 2010: 47). 사상의 실용성에 대한 마이어의 비판은 특히나 강력하다. 그는 자생이라는 관념은 공허하며, 북한의 국가적 실천이라는 측면에서 어떤 기능도 하지 않는다고 본다. 그에 의하면, 외부 지원이 들어올 때 "북한은 무한정으로 그것을 받아들이며, 들어오지 않으면 않는 대로 버틴다. 자생에 대한 관심은 그 자체로는 실재화되지 않는다"(Myers, 2010: 50). 그는 주체사상에 실질적 혹은 인과적 성격을 부여하는 어떤 종류의 독해도 용납하지 않는다. 사상의 정치경제적 실용성이 없을 뿐 아니라, 그에게는 인간 정신의 지배 수단이라는 사상의 역할조차 의심스럽다. 북한에서 이데올로기란 어찌 되었든 중요한데, 이는 독립이나 자립과 관련된 것이 아니며 "편집증적인, 인종 기반의 국가주의"에 뿌리를 둔 것이라 그는 말한다(Myers, 2010: 17).

그의 강한 평가에서 알 수 있는 것은, 주체사상이 종종 (심지어 그 비판자들에

게조차) 실재보다 부풀려져 있다는 점, 그리고 이러한 실체화가 주체사상의 위상을 지탱하게 된다는 점이다. 이는 주체사상에 대한 우리의 역사적 분석에 부가적 과제(이데올로기로서 나타나지만 실제 물적 연관성을 지니지 않는 것들을 구분해내기)를 던져준다. 이러한 이데올로기는 설사 지배의 수단으로 사용된다 해도 허술하다. 사회적 실천이 빈 이념은 쉽게 부서진다. 이데올로기란 "사회의 물적 구조라는 전체"에서부터 생겨나는 "살아 있는 관계(lived relations)"에 뿌리내리고 있다는 테리 이글턴(Terry Eagleton)의 역설이 우리의 시작점이 된다 (Eagleton, 2007: 30). 결국 전체라는 관념에 의해 포획되는 아이디어, 사회 관계, 물적 현실 사이의 연결과 단절이 이 글의 한 주제가 된다. 동시에 북한만 고려해 봐도 알 수 있듯 국가가 건설한 실천의 영역은 거대했는데, 억압받고 가난했던 사람들에 대한 국가적 차별 철폐 조치는 역사적으로 중요했다. 사회적 실천과 국가적 실천의 차이는 이론적으로 구분하고 비판해야 하지만 현실적으로, 경험적으로, 사회와 국가의 경계는 희미하고 맞물려 있다.

2. 주체사상의 역사적 이해

20세기 사회주의 국가들(모두 전체주의 혹은 독재로 귀결된)에 대한 지속적 비판 중 하나는 국가가 집단주의를 위해 개인주의를 희생시켰다는 것, 즉 자아 (self)가 당 및 국가라는 초개인적(supra-individual) 기구들에 의해 통치되는 모종의 대중 질서(mass order)에 바쳐진다는 점이다. 이는 "완벽한 지배(total domination)는 인간의 무한한 다양성과 분화를 마치 온 인류가 하나의 개인인 것처럼 정리하고자" 한다는 한나 아렌트(Hannah Arendt)의 말과 다르지 않다 (Arendt, 1968: 438). 이러한 비판의 핵심에 주체(subject)가 있다. 계획된, 집단적이며, 억압적인 국가사회주의의 장치들 안에는 진정한 주체성을 위한 공간이 없어 보인다는 것이다. 주체성이 발견된다 해도 당-국가 영역의 바깥, 즉 지하 세계, 가내(家內), 암시장, 혹은 추방자들 사이에서일 뿐이라는 것이다.

동시에, 우리는 (비판적 연구뿐만 아니라 사회주의적 레토릭 자체에서도 볼 수 있듯) 20세기 사회주의 국가들이 주체성의 문제에 실제 많은 관심을 기울였음을 알 수 있다. 교육과 예술, 노동을 통한 바람직한 사회주의적 주체의 건설은 모든 사회주의 국가들의 주요 프로젝트였다. 개별 주체와 집단적 주체는 서로 적대적인 것이 아닌데, 이는 집단은 단일한 목적을 가진 자의적(self-willed) 주체들의 집합이어야 하기 때문이다. 한 예로, 소련에서의 영화는 "우연히 모인 군중[즉 대중 그 자체(mass-in-itself)]이 자의식을 지닌, 목적이 있는 군중[단독자로서의 대중(mass-for-itself)]으로 변형되면서 적어도 그 스스로의 운명을 연출할 가능성을 지니도록"(Buck-Morss, 2000: 140) 하는 데 기여했다. 이 안에서의 이상적인 종(species)이란 노력 영웅(labor hero), 즉 고난에 직면해 자신을 바꾸는 보편적이며 본이 되는 평범한 존재였다. 자기 변화, 즉 주체의 재발견은 따라서, 사회주의의 레토릭 속에서 늘 등장하는 주제였다. 헬베크(Jochen Hellbeck)는 소련 초기의 자기 기술 텍스트들에 대한 연구에서, 소련 인민들은 자기 기술과 같은 "주체화(subjectivizing) 실천"을 통해 "뚜렷한 정치적 카테고리로서의 …… 스스로에 관한 작업을 통해 주조되어 완벽해지는 존재로서 자기 자신을 인식"하게 되었다고 기술한다(Hellbeck, 2001: 358). 소비에트적 자아에 관한 여러 담론들을 살피면서, 채터지(Choi Chatterjee)와 페트로네(Karen Petrone)는 우리의 접근과 관련된 다음과 같은 관찰을 내놓았다. "소비에트 권력은 …… 평범한 사람들이 스스로를 돌아보고 그들의 정체성 그리고 주체의 감각을 구축할 수 있는 드문 기회를 제공했다"(Chatterjee and Petrone, 2008: 978). 자아란 사회주의 건설에 있어 대대적이고 중심적인 것이었다.

1) 건설의 대상

'주체'가 국가와의 관계 속에서 자립과 자주를 의미하는 단어로서 일찍이 근대 한반도에서 사용된 한 예가 (민족주의자였다가 아나키스트가 된) 역사학자 신채호의 저술에서 발견된다(Robinson, 1984: 121~142). 일제 시기 중국에서 망명 생활도 했던 급진적·전투적 학자이자 활동가로서, 신채호는 정치, 경제 및 안보에 있어서의 자주(independence)의 필요성을 주체의 측면에서 부분적으로 세련화했다. 김일성이 그의 저작을 읽었는지는 알 수 없으나, 신채호의 사유는 김일성이 일생 동안 내내 지향했던 한반도 민족주의의 발전에 영향을 주었다. 그렇지만 북한이 1972년 개정 헌법에 "주체의 사회주의 조국"으로 묘사될 수 있었던 것은 황장엽 등에 의해 1960년대 후반부터 발전한 학술, 프로파간다, 교육 시스템 등의 여러 담론 및 기관 체제들 덕분이었다.

1955년 12월 28일 김일성이 당 선전원들에게 한 (아마도 북한 사상사 안에서 제일 과대 포장이 된) 연설이 공식적인 주체사상사의 시작이라 할 수 있다. "사상사업에서 교조주의와 형식주의를 퇴치하고 주체를 확립할 데 대하여"라는 이 연설에서 김일성은 "당 사상사업에서의 주체가 무엇이냐"라고 질문한다.

우리는 어떤 다른 나라의 혁명도 아닌 바로 조선혁명을 하고있는 것입니다. 이 조선혁명이야말로 우리 당 사상사업의 주체입니다. 그러므로 모든 사상사업을 반드시 조선혁명의 리익에 복종시켜야 합니다. 우리가 쏘련공산당의 력사를 연구하는 것이나, 중국혁명의 력사를 연구하는 것이나, 맑스·레닌주의의 일반적원리를 연구하는 것이나 다 우리 혁명을 옳게 수행하기 위해서 하는 것입니다.

　　　1955년 12월 28일, 당선 전선동일군들앞에서 한 연설(김일성, 1980: 468)

정치적 그룹들 간의 공개 비판이 이루어지던 시대에 행해진 이 연설은, 김일성과 그의 세력이 당과 국가를 장악하기 시작함을 시사하고 있다. 그는 "어떤 사람들은 쏘련식이 좋으니, 중국식이 좋으니 하지만 이제는 우리 식을 만들 때가 되지 않았습니까"(김일성, 1980: 477)라고 했다. 여기서의 "우리 식"이란 물론 (전후 북한의 유일한 자주적 목소리로서 등장하고 또한 그렇게 만들어진) 김일성파의 방식이다.

이 연설 속에서 주체라는 단어는 사고의 한 체계로서 설명되기는커녕, 그 자체로 독립적인 개념으로서 설명되거나 사용되지도 않는다. 이 단어는 그 자체로서 힘이 없고, 아직까지는 다만 어떤 목적의 수행 방식을 가리키는 기술적인 단어이다. 마이어가 지적하듯, 1960년 이전에는 이 연설의 출판본도 없는 듯하며, 사전에 이 단어가 등장하는 것도 1962년이 되어서이다(Myers, 2006: 104~105). 1955년의 연설에서 알 수 있는 것은, '주체'는 쟁취해야 할 목적, 혹은 형성해야 하는 어떤 것임을 의미한다는 점이다. 1950~1960년대 내내 상황은 비슷했다. 1965년 4월 행해진 김일성의 인도네시아 강연에서 발췌된 다음의 인용으로부터 우리는 이러한 점을 보다 명료히 알 수 있다.

주체를 세운다는 것은 혁명과 건설의 모든 문제를 독자적으로, 자기 나라의 실정에 맞게 그리고 주로 자체의 힘으로 풀어나가는 원칙을 견지한다는 것을 의미한다. 사상정치분야에서 주체를 세우지 못하면 독자적인 사고력이 무디여져 어떠한 창발성도 낼 수 없게 되며 나중에는 옳고 그른 것도 가리지 못하고 남이 하는 것을 덮어놓고 따라가게 된다.

1965년 4월 14일,
인도네시아 '알리 아르함' 사회과학원에서 한 강의(김일성, 1982: 87, 89)

사상으로서의 '주체'가 등장한 초기 단계는, 곧 그것을 수립의 대상으로서 구체화해 이념과 정치 속에서 특정 형태로 벼려내는 단계였다. 황장엽에 의하면, 대상으로서 주체의 투영(projection)은 1961년 제4차 당대회 이후에 특히 두드러졌다(황장엽, 1999: 139). "승리자의 대회(Congress of Victors)"로 알려진 이 당대회는 하나의 분기점이 되는 행사였다. 이 대회에서 당은 모든 생산 형식의 국유화와 김일성 세력의 당내 정치적 독재를 선언했고, 모두 통과되었다. 북한이 국가주도 사회주의에 다다랐음을 선언했을 때, 주체는 이제 하나의 언설이 아니라 개인과 국가에 의해 함께 건립되는 대상으로 드러났다. 그것이 지어지고 나면, 주체는 모든 사회적·국가적 실천들의 구조적 기초로 기능하게 될 것이었다.

2) 복종으로서의 주체성

오늘날 우리가 아는 것처럼 주체사상이 실체화된 인간 중심적 이데올로기로서 발전하게 된 상황은, 적어도 네 개의 초국가적인 사건들에 의해 만들어지고 또 공고해졌다. 그중 첫째는 스탈린 독재 및 개인숭배에 대한 흐루쇼프의 비판과 함께 1956년 2월 시작되어 소련 지배하 사회주의 세계에 충격을 준 탈스탈린화(de-Stalinization)였다. 두 번째 사건은 1960년대 지속된 중소분쟁과 연관되어 있다. 이 시기 북한은 두 국가 모두에 비판적이었다. 소련에 대해서는, 특히 1962년 쿠바 미사일 위기 이후 (자본주의에 유화적이 되었다는 것에) 그러했고, 중국의 경우에는 1966년 문화대혁명이 시작되면서 (스스로의 상황에 대한 무지했다는 점에) 그러했다. 세 번째로는, 한국전쟁 당시부터 시작된 전 남로당파, 연안파, 1945년 소련 점령과 함께 들어온 소련계 한인들을 타깃으로 한 대규모의 정치적 숙청이 있었다(이러한 숙청은 소련 및 중국의 북한 내정

간섭을 야기했으며 결국 김일성의 사과를 낳았다). 넷째로는 1960년대 소련 및 동구권으로부터의 외부 지원이 급격히 감소했다. 1946년과 1961년 사이에, 이러한 지원은 50억 루블이나(개인당 연간 120달러씩) 감소했다(Kuark, 1963: 61). 1960년대 중반부터 글로벌 사회주의 경제가 전체적으로 둔화되면서 북한에 대한 외부 지원이 상대적으로 많이 감소된 것이다.

초국가적인 상황에 더해, 천리마작업반 운동은 북한 내에서 '주체'의 탈바꿈을 이끌어낸 현상이었다. 1959년 3월, 남포 강선제강소의 철강 노동자 진응원에 의해 공식적으로 시작된(비공식적으로는 당중앙위원회에서 5개년 계획을 완성하기 위해 이보다 먼저 조직했다) 이 운동은, 생산량·생산력 증대를 위한 경쟁이라는 국가 단위의 캠페인을 태동시켰다.[2] 1960년 말에, 2만 2083개의 작업반과 28만 7412명의 노동자들이 이 운동에 참여했다(조선 직업 총동맹, 1963: 26). 1963년에는 300만 명 이상의 노동자가 참여했고 1만 3626개의 작업반이 천리마작업반 칭호를 받았다(조선 직업 총동맹, 1963: 30)(진응원은 1960년 8월에 노력영웅이 되었다). 1960년은 해방 후 북한이 폭발적으로 성장한 마지막 시기였다. 1946년에서 1969년 사이에 총 산업 생산량은 20배로 증가했으며, 이는 연평균 42퍼센트 증가를 의미했다(Central Statistical Board, 1961: 36~37).

천리마작업반운동은 이러한 북한 경제성장의 핵심 요인으로 여겨졌다. 더하여, 이 운동은 인민들 사이의 유대감을 만들어냈다는 점에서 그 영향이 경제적 측면에 국한되지 않았다. 황장엽은 사상이 지배를 위한 장치로 발전해

---

2) 천리마는 하루에 천 리를 갈 수 있다는 신화 속의 말이다(실제 말이 갈 수 있는 거리는 160여 킬로미터에 불과하다고 한다). 다른 사회주의 국가와 마찬가지로, 북한의 역사 속에서도 생산 및 생산력을 증대시키기 위한 크고 작은 캠페인들이 많았다. 그러나 그중에서도 천리마작업반운동은 가장 널리 선전되고 또한 가장 성공적이었다. 이 운동의 정신과 실제 성취들은 북한에 오래 영향을 끼쳤으며, 2009년에 다시 한번 국가적 캠페인으로 등장하기도 했다. 북한의 대중 운동에 대한 부가적 정보를 알기 위해서는 Kim(2018) 참조.

나간 것에는 비판적이 되었지만, 이 운동의 윤리적·도덕적 효과는 인지하고 있었다. 그는 "운동의 참가자들은 영도하는 당과 대중들 사이의 정치적, 이념적 유대를 강화하면서 정신적, 윤리적 성격에 있어 큰 변화를 겪었다"(황장엽, 1999: 143)라고 서술한 바 있다.

전술한 초국가적 상황들 그리고 천리마 운동의 경험으로부터, 1970년대 초반 주체사상의 발전에 결정적인 단계가 펼쳐졌다. 북한에서 주체를 "인간중심적 철학"으로 변형시키며, 인간 존재의 중심성 개념을 포함시키게 된 것이다. 황장엽을 사상의 "건축가"로 불리게 만든 주체사상에의 주요 기여가 이 지점인 것으로 보인다.[3] 자아가 세계의 궁극적 행위자라는 점, 이 행위자로서의 주체가 정치적 자주와 경제적 자립의 근간이 되어야만 한다는 점이 핵심이었다. 1972년 9월 일본 ≪마이니치신문≫과의 인터뷰에서, 주체사상은 무엇보다 세계를 건설하는 선천적 능력을 지닌 자주적·합리적 존재에 관한 이데올로기로서 (외부에) 공표되었다.

1960년대는 북한의 황금기로, 당과 국가의 목표가 어느 정도 현실화된 시기로 알려진다. 이러한 변화를 설명하고 정당화하는 정치적 담론 안에서 자명해진 것은, 계급 투쟁이 아니라 오히려 변화의 기본 단위가 자아(self)가 되는 대중 투쟁이었다. 초국가적 상황에서 기인된 위기 속에서, 한편으로 천리마작업반운동 후 인민들의 역량에 대한 확신을 갖게 되면서, 세계 규율의 능력을 지닌 논리적 자아가 주체의 중심 교리에 들어오게 되었다.

주체사상이 점차 세련화·실체화되면서, 1972년 하반기 새로운 헌법에 이 사상이 법적으로 명문화되었다. 이는 사상에 대해 가장 오래 지속되고 있는

---

3) 황장엽은 1960년대 말 스스로가 "계급 지향적 시각으로부터 멀어졌으며 존재에 중심을 둔 철학적 원리를 개척하기 시작하였다"라고 말하고 있다(황장엽, 1999: 146).

표현이다. 이는 "조선민주주의인민공화국 사회주의헌법"이라 이름 붙여진 뒤, 1972년 12월 27일 입법기관인 최고인민회의에 의해 채택되었고, 다음 날 ≪노동신문≫에 전재되었다. '주체'는 제1조 4항에 나타난다. "조선민주주의인민공화국은 맑스-레닌주의를 우리 나라의 현실에 창조적으로 적용한 조선로동당의 주체사상을 자기 활동의 지점으로 삼는다"(≪노동신문≫, 1972). 사설에 의하면, 헌법에 주체가 포함된 것은 "사회주의 혁명 건설의 승리를 영속시키려는 요구을 표현"한 것이었다(≪노동신문≫, 1972).

사회주의 헌법은 그 이래 네 번에 걸쳐(1992, 1998, 2009, 2010년) 수정되었다. 1992년의 개정 헌법부터 마르크스-레닌주의의 적용에 대한 부분이 삭제되었다. 이는 모스크바에 의해 묶여 있던 동유럽 전역의 공산주의, 사회주의, 노동당들이 와해되어, 독자 생존 가능 체제로서의 국가사회주의가 위협당하게 된 점과 관련된다. 최소한 수사상으로는, 1991년 당이 "우리식 사회주의"의 시작을 선언한 때 이미 국가사회주의의의 해체로 인한 격변에 대응하고 있었다. 여기서 중요한 것은, 다른 사회주의적 사유들을 압도하는 김일성의 존재이다. 1970년대 초반부터 '주체'와 '김일성'은 동의어가 되었으며, 그중 하나의 수용은 곧 다른 하나의 수용이 되었다. 1992년 헌법의 수정은, 주체사상이 20년 넘게 김일성의 권력을 재생산하는 이념으로서, 그의 엄청난 권위를 지탱하기 위해 존재했다는 북한의 현실을 반영한 것이었다.

1970년대에는 1973년 나온 김일성의 "철학 강좌"를 비롯해 "인간중심적 철학"에 관한 논문들이 수없이 등장했다. 이 논저는 김일성과 주체 사이의 연관성이 드러난다는 점, 그리고 주체사상이 마르크스-레닌주의를 뛰어넘는 새로운 철학으로서 (북한 고유의 공산주의적 교리로서) 나타난다는 점에서 전형적이다 (신일철, 1993: 304). 1970년대 김일성의 저작들은 결국 자가복제된 정전(canon)들을 낳았으며 전 세계를 향해 다양한 주체 담론들을 형성했다. 주체사상의 가장 열정적인 옹호자는 김정일이었으며, 그는 1985년 중요한 저술인 "위대한 주체사상 총서"를 출판했다. 1970년대 중반 이후 시작된, 김정일의 이 사상적 프로젝트에 대한 몰두는 한편으로 주체와 복종의 관계에 대한 담론의 세련화를, 다른 한편으로는 그 자신의 이념적 권위 증대를 보여주었다. 1980년대 김정일 시대로 들어서면서, 주체는 북한 경험의 산물이자 동시에 그 변화의 원인으로서 여겨지게 되었다.

3) 영광의 산물, 도탄의 근원

주체사상에 대해 다양한 북한 외부의 해석과 인식이 있다. 1970년대 사상에 대한 연설 및 저작이 출판되기 시작할 때, 북한은 작지만 여러 모로 성공적인 (전제적·군사주의적이기는 하지만) 산업화 국가로 비추어졌다. 이러한 성공은 경제적 개념뿐만 아니라 형이상학적인 개념으로도 [어떠한 의식(consciousness)의 결과물로서] 설명되었다. 이러한 논리 속에서, 주체는 북한이 전쟁으로부터 회복하고 국가사회주의적 경제를 건설하게끔 촉진한 이념적 태도로 여겨졌다. 여기서 핵심은, 누구나 쉽게 접근할 수 있는 김일성의 사상을 배우고 실현시키는 것으로부터 이러한 태도가 드러난다는 점이다(호치민의 사상 역시 베트남에 유사한 효과를 낳았다). 주체사상은 특별한 매력을 지녔으며, 그 메시지를 발견하고 싶어 하는 대중들이 세계 여기저기에 존재했다. 1970년대 후반 이래 조선노동당은 학당을 건립해 김일성의 사상을 전파하고 학생들이 주체사상 공부를 계속할 수 있도록 금전적 지원도 하는 등, 이러한 세계의 대중들을 직접적으로 조직하기 시작했다.

이 대중들은 우간다나 에티오피아처럼 새로이 등장한 탈식민 국가들에만 국한되지 않았고, 스페인이나 미국 등 발전한 자본주의 국가들에도 있었다.

북한을 공부하고 그와 연계 맺기 위한 다양한 규모와 길이의 조직 시도가 존재했다. 한 예로, 북한과 특히 1970년대 후반~1980년대 초반에 경제 군사적 동맹으로 있던 멩기스투(Mengistu Haile Mariam) 체제의 에티오피아에서는, 주체사상을 학습하고 이를 에티오피아의 맥락에 적용시키려는 시도가 있었으나 실패했다.[4] 미국에서는 흑표범단(Black Panther Party)의 수장이자 미 공보장관을 지낸 바 있던 엘드리지 클리버(Eldridge Cleaver)가 주체사상을 지지했고, 뉴욕에서 출판된 주체에 관한 책들 및 영문판으로 된 김일성 저작의 서문을 쓰기도 했다.[5]

북한 밖에서 가장 큰 규모로 또한 헌신적으로 주체사상을 지지한 이들이 재일 한인들이었다. 1980년대 초반 20만 명이 넘는 회원 수를 지녔던 재일본 조선인 총연합회는, 주체의 원리를 수용하며 북한을 지지했다. 이 조직은 남한 친화적이며 북한 체제에 비판적이었던 재일 한인들(재일본 대한민국 민단)과 대립했다.[6]

북한이 세상에 좀 더 알려지면서, 천리마 운동 시기의 성공을 재생산하는 데 실패하는 북한의 모습이 세계에 드러나기 시작했다. 북한의 민간(nonmilitary) 경제는 1970~1980년대 내내 내려앉았고 1990년대 초에는 붕괴되어 버렸다. 자연 재해, 무역 마비, 물자 부족, 노동력 감소, 국제적 통상 금지 등 여러 요인들 때문에 농업 및 산업 생산이 멈췄다. 필수 식량들을 전국에 공급하던 공

---

4) 주체의 국제적 전파에 대해서는 암스트롱(Armstrong, 2009)를 참고.

5) Kim Il Sung, Li Yuk-Sa and Eldridge Cleaver, *Juche! The Speeches and Writings of Kim Il Sung*(Grossman, 1972).

6) 북한 친화적 재일한인의 이야기는 단순하지 않다. 현재 조총련 회원의 수는(60만 재일 한인 중) 15만 정도로 줄어들었고, 북한과의 관계 역시 변화했다. 그들은 주체사상을 더 이상 공식적으로 옹호하지 않으며, 북한 정부에 대해 전보다 비판적이 되었다. 그럼에도 불구하고, 북한에 의해 형성되고 고취된 민족주의는 그들에게 여전히 중요하게 유지된다. 이 주제에 관해서는 량(Ryang, 1997)을 참고.

적 분배 체계가 구실을 못했고, 공식적인 상점들은 상품이 없어 텅텅 비었다. 노동자들은 기계들을 부수어서 고철로 팔았고, 아이들은 거리에서 구걸을 했으며, 수백만이 굶어 죽었다.[7] 끔찍한 상황 속에서, 자주와 충성심에 대한 두 겹의 (상충하는) 요구를 하는 주체사상은 이제 완전히 잘못된 어떤 것의 원인이 되었다. 주체사상 연구의 영어권 권위자인 박한식은 이러한 시각을 잘 보여준다. 그는 주체사상을 실제적 경험에 의해 건설된 이념으로 인식하기는 하지만, 무기 생산을 최우선으로 하며 경쟁, 질, 다양성, 무역이 억압된 고립 경제를 만들어낸 주요 요인으로서 주체사상을 본다(Park, 2002). 스테판 하가드(Stephan Haggard)와 마커스 놀런드(Marcus Noland), 앤드루 내치어스(Andrew Natsios) 등의 연구들에서도, 주체의 원리는 1990년대 후반 최소 수백만을 죽게 한 기근의 결정적인 원인으로서 여겨진다(Haggard and Noland, 2007; Natsios, 2001).

주체에 대한 가장 강한 비판은, 그러나 이 사상이 인간 존재를 이념 아래에 두며, 성숙을 요구하는 주체의 진정한 가능성을 지워버린다는 (이른바 세뇌적인 주장이라는) 것이다. 박한식에 따르면, 대중에 대한 지나친 이념적 통제가 있었기에, 즉 절대 복종이 삶의 양식이 되었기에 "식량 부족을 포함한 극심한 경제적 고난이 주목할 만한 정도의 대중적 불안이나 체제 위기를 야기하지 않았다"(Park, 2002: 87). 이 주장에 의하면 주체사상은 국가에 저항적인 주장을 만들어낼 인민의 능력을 없애버리기만 해온 것이 아니라, 국가 통제 바깥에 있는 어떤 삶의 범주(category of life)에 대한 표출까지도 막아버렸다. 북한대학원대학교에서 나온 한 연구는 이러한 논리를 따르고 있다. 시장을 통한 북한

---

7) 1990년대 기아와 질병으로 사망한 사람의 수는 20만 명에서 200만 명 사이로 추산된다. 1990년대는 한국전쟁 이후 북한 민중들에게 가장 힘든 시기였다. 1990년대의 삶에 대한 문헌으로 좋은 벗들(2000)을 참조.

사적 영역의 형성에 대해 연구한 대학의 연구진 함택영과 구갑우는, 주체가 "집단 심성을 지배하는 이데올로기로 기능했고 현재도 기능하고 있기 [때문에], 사적 영역의 확산에 장애물이 될 수밖에 없을 것"(함택영·구갑우, 2008: 31)이라고 서술했다. 삶의 핵심적 범주인 사적 영역은, 이것의 표출을 막는 이데올로기에 의해 불허된(deprived) 것으로 여겨진다.

요약해 보면, 북한 주체사상의 역사적 이해는 적어도 다음의 세 단계로 이야기될 수 있다. 첫째는 단어가 처음 등장한 시점으로 국가에 의해 구성되는 대상으로서 주체가 규정된 때(1950년대 중반~1960년대 중반), 둘째는 인간 중심성 개념이 포함되고 사상이 법을 통해 드러난 때(196년대 중반~1970년대 중반), 셋째는 하나의 체계로서 주체가 확장되어 북한 현 상황의 결과이자 원인으로서 선전되고 비판된 때(1972년대~현재)이다.

실체화된 이념으로서, 즉 주체가 체화(embody)시킨 물화된 사상으로서의 주체는 전후 북한이 겪은 복잡한 상황의 결과이면서, 부분적으로는 그것을 만든 원인이기도 했다. 탈스탈린화에서 기인한 내부적 위기, 그리고 천리마 운동에서 얻은 확신이 여기서의 두 중요한 구성 요소가 된다.

주체의 해석과 인식 역시도 마찬가지로 단순하지 않았다. 한편으로, 주체사상은 시민을 당·국가 목적의 수행자로 바꿔내는, 완벽히 통제적인 이념으로 보이기 쉽다. 다른 한편으로, 이 사상은 물적 재앙을 초래해 실패한 사상으로서 보이기도 쉽다. 두 시각 모두 배울 점이 있다. 이데올로기란 "내적 요구의 결과가 외화된 데 거한다"(Žižek, 1994: 4)라는, 패러독스적 모드(paradox mode)에 관한 사유의 대가인 슬라보예 지젝(Slavoj Žižek)의 말은 적절하다. 이데올로기란 언제나 어떤 진실에 대해 말하지만, 이데올로기적 형식 속에서 그 진실은 지배의 수단으로 사용된다. 이러한 지배는 행동, 살아 있는 현실, 물적인 생활 속에서 일어난다. 지배의 수단으로서의 이데올로기적 진실 가공

(rendering)이란 보편적 현상이다. 이데올로기로서의 주체 비판은 따라서 권력, 물적 구조, 인간 이성들이 교차하는 지점을 짚는 도전적 질문이 된다.

3. 전체이기에 부서지는

북한 대중에게 그려진 주체사상의 논리란 어떠한 것이었으며, 어떻게 재현되었는가? 이 절에서는 이러한 질문들을 전체[성(totality)]라는 개념과 함께 다루고자 한다. 전체란 여러 방식으로 이해되는데, 그중 하나는 대중 억압(mass suppression)이라는 개념을 함축한다. 그러나 여기서 다룰 개념보다 포괄적인 것으로, 다수의 행위자에 의해 이루어지는, 주체와 세계의 일관성(coherence)을 향한 의지로 이루어지거나 우연하게 이루어진 시도들을 의미한다. 이러한 시각에서는, 전체라는 것이 20세기 사회주의 혁명의 한 부분으로 그려졌던, 공산주의 단계에 다다른 사회에서 만들어지는 대중 유토피아(mass utopia)가 아니다. 공산주의적 대중 유토피아로서 전체의 개념은 이 글에서 되도록 다루지 않고자 한다. 이는 엄밀히 말해 북한이 공산주의적 유토피아를 향해 움직이는 사회주의 국가가 아니었으며 지금도 아니기 때문이다. 1950년대 후반까지 모든 생산 형태가 국유화되며 모든 잉여가 국가에 의해 효율적으로 점유되도록 하고자 했지만, 심각한 폭정과 민족주의, 산업화 등은 진정한 인간 해방적 실천들도 불가능하게끔 막아버렸다. 하지만 전체(성)에 대한 이해에 있어, 북한이 사회주의 국가인지 아닌지의 여부는 (물론 그 자체로 중요한 질문이기는 하지만) 크게 중요하지 않다.

포괄적 의미의 전체(성)는 이론적·실천적 개념을 둘 다 함의하고 있다. 지식은 구조와 그에 기반한 보편성을 탐구하고, 특정한 집단이 이에 참여함으로써 확신을 갖게 된다(Lefebvre, 2008: 180~181). 헨리 르페브르(Henri Lefebvre)가 말한 것처럼 인간 행위는 보편성을 갈망하며 "이는 실질적으로 전체를 지향하기 쉽다"(Lefebvre, 2008: 182). 게다가, 이러한 지향성은 다른 행위들과 함께하거나 그에 저항하며 발전한다. 투쟁이란 전체 안에 거하면서 전체를 완성되지 못하도록 한다. 이것이 르페브르의 핵심 포인트이다. "그것이 전체화된 순간은 그에 내재한 실패가 드러나는 순간이기도 하다. 구조는 그 내부에 부정의 씨앗(즉 해체의 시작)을 포함한다"(Lefebvre, 2008: 182). 임지현 역시, 전체성(이성과 감성, 의지 나아가 욕망까지 지배하려는 기획)은 유토피아적 불가능성이라 말함으로써 같은 지점을 지적한다(임지현, 2007: 556). 전체란 본질적으로 불완전하며 불가능한 실천이다. 우리는 이러한 이해 속에서 주체 논리에 접근해 볼 것이다.

1) 주체의 대중 논리

1973년 인기 월간지 ≪천리마≫(1959년부터 발간)를 통해 일 년 내내 대중에 주체사상이 소개되었다. 1972년 사회주의 헌법 속에서 주체사상이 유일한 위치를 획득하고 나서, 북한 정부가 새 이데올로기를 교양하기 위해 마련한 주요 노력 중에 하나였다. 이 외에도 엄청난 노력이 수반되었다. 철학서에서부터 아동용 도서, 영화에서 회화에 이르기까지, 1970년대 주체사상을 테마로 해 나온 출판물 및 예술 작품들의 양이 어마어마했다. 그중에서도 ≪천리마≫에 실린 글들은 특히, 어떻게 국가가 이 사상을 평범한 대중들에게 명료하고 적용 가능한 방식으로 재현했는지를 잘 보여주는 예이다. 각 호마다, 주체에 관련된 여러 개념들을 설명하고, 왜 주체가 북한에서 중요한지를 이야기하는 기사가 들어 있다. 최호진이 집필한 열 두 편의 글은 다음과 같이 여섯 개 타이틀과 테마로 나뉘어 있다.

"우리는 왜 주체사상으로 무장해야 하는가"(제1호)

"주체사상의 기본에 대하여"(제2-5호)

"주체사상은 혁명과 건설의 승리를 확고히 담보하는 우리시대의 위대한 맑스-레
닌주의적지도사상"(제6-8호)

"우리 나라는 위대한 주체사상의 조국이다"(제9-10호)

"주체사상을 구현하기 위한 당면 중심과업은 무엇인가"(제11호)

"주체의 기치를 높이 들고 주체사상을 더욱 빛내이자"(제12호)

잡지는 "그것이 아무리 가치 있는 것이라 하여도 기계적으로 옮겨놓을 수
없[기 때문에]"(최호진, 1973a: 39) 주체를 체현할 필요성이 있다고 주장하면서
연재를 시작한다. 잡지는 "자연과 사회의 사물현상을 … 어떻게 보는가 하는
데서 나타나는 … 관점과 견해"(최호진, 1973a: 39)라는 이념 자체를 포함, 함께
이해될 수 있는 기본 개념들에 대한 소개로 넘어간다(최호진, 1973b: 57). 또한
보통 사람들이 주체의 인민(nation)이 되기 위해 할 수 있는 ("인민의 기획"을 강
화할 수 있는) 특정한 행위들을 언급하면서 연재를 마친다(최호진, 1973c: 14).

주체의 기본적 아이디어는 네 가지의 원리로 요약된다.

(1) 대중이 모든 것의 주인이며 모든 것을 결정한다.

(2) 독립적·창조적 태도가 혁명에 필수적이다.

(3) 주체는 대중을 자연과 사회의 주인으로 만든다.

(4) 주체는 모든 반동적·기회주의적 사고에 반대한다.

(최호진, 1973d: 43, 45; 최호진, 1973e: 30; 최호진, 1973f: 25))

독자들의 즉각적 인상은, 글이 쉬우며 메시지 역시 단순하다는 것이다. 절

대적 지도자로 여겨지는 김일성의 철학엔 어려운 것이 전혀 없다. 그의 사고는 누구에게도 (자아와 세계의 연결을 만드는 일관적 주체인 그 어떤 이에게도) 완전히 이해된다. 여기에 형식적인 포인트가 있다면 주체사상은 실제 경험에서 드러나고, 편재하는 지도자에 의해 구체화되며, 실제 물적 변화 속에서 목격되고, 혁명의 산물이자 원인으로서 목적론적으로 재생산된다는 것이다. 이러한 점들이 이해되기 쉬운 이유는 전체적 성격 때문이다. 주체의 대중 논리는 자주적 주체의 전체성 안에 자리 잡았다.

주체의 대중 논리는 그것의 과잉 규정된 (그러므로 전체적인) 실용성을 사회적 실천 속에서 찾아냈다. 이는 사람이 타인과 관련된 이데올로기적 존재로서 어찌 행동해야 하는지에 대한 가르침을 수반했다. 김일성은 주체사상 건립의 가장 중요한 요소가 인민을 다시 만드는(remaking) 것임을, "사람과의 사업"이라 칭하며 역설했다(최호진, 1973c: 14). 이 사업은 두 부분으로 이루어진다. 첫째, "대중의 이데올로기적 의식을 리모델링하는 사업", 둘째, "당 정책을 지지하게 되는 대중들의 힘과 지혜를 집결시키는 사업"이다(최호진, 1973c: 14). 이데올로기와 의식, 행위의 관계는 지극히 과잉 규정되기에 (즉 지나치게 상징적으로 연결되기에) 이 관계에 있어서의 어떤 일탈도 외부 간섭(자본주의적 제국주의이든 잔존하는 부르주아적 사고방식이든)의 결과라고 설명된다. 주체의 전체성은 이념과 실천 간의 인과적 관계에 의존한다. 이러한 확신은 결국, 인간은 재창조가 가능하다는, 즉 누구라도 바람직한 사회주의적 존재로 바뀔 수 있다는 믿음의 기반이 된다.[8] 인간의 개조는 주체사상의 자명한 권위에 의해 인정받은, 모든 북한 인민의 의무였다.

---

8) 인간 성격의 조물성은 20세기 사회주의의 중요한 전제였다. 실라 피츠파트릭(Sheila Fitz-patrick)의 언급처럼, "인간 개조는 소비에트 기획의 중심에 있었던 변화라는 관념의 한 부분이었다"(Fitzpatrick, 1999: 75).

주체 전체의 전체적 논리는 이론적인 차원과 실천적 차원들을 모두 그 구성 요소로 했다. 이론적인 기획으로서, 인간 존재라는 개념은 기본적으로 자주적이며 일관된 주체를 바탕으로 한다. (주체성이 모종의 헤게모니 속 객관적 조건이 되는) 양가적인 존재로서의 자아는, 세계와 그 구성원을 변형시키는 사회주의적 기획 속에서 발붙일 곳이 없다. 이러한 형태화에서 의식과 행위의 관계는 인과적인 것으로서, 이데올로기에 의해 행동으로 표현되는 것이다. 실천적인 기획으로서, 주체의 대중 논리는 바람직한 사회주의적 존재로의 탈바꿈을 요구하는 "인민의 기획"이었다. 평범한 인민들의 일상 속에서 인간 개조의 요구가 행해졌다. 개별 인민은 다른 이들의 잠재성 실현을 도우며 또한 뒤쳐진 이들을 거대한 사회주의 기획 속으로 이끌어주는 의무를 지녔다. 다른한편으로, 인간 개조는 이념적 지배의 일상으로의 확장이었다. 삶과 그 행위들은 당·국가에 의해 조직되고 과잉 규정된 코드들의 조합이었으나, 일상 공간을 통해 주체적인 실천으로서 드러나야 했다.

그러나 전체성의 이중 개념은 불완전한 기획이었다(즉 불가능한 유토피아적 꿈이었다). 전체의 순간은 곧 그것의 해체 순간이기도 했다. 이러한 해체는 단순히 이론과 실천 간 불일치가 아니라, 그 둘 각자에 내재하는 불가능성이었으며, 또한 서로 함께하는 데 있어서의 불가능성이었다. 다시 말하면, 주체에 의해 계획된 전체는, 그것이 애초에 불가능한 일관적 주체에서 시작되므로 파멸하게 되었다. 그러므로 전체의 실패란, 지배에 저항하는 일상의 성질에만 관계되는 것이 아니다. 지배에 항거하는 일상이란 중요한 차원이지만, 이러한 현상은 어디까지나 부수적이다. 세계 질서와의 관계 속에서 일관된 존재라는 불가능한 예견과 함께 실패가 시작된다. 다음 섹션에서는 이데올로기와 주체, 세계 질서 간 관계의 위태로움을 논할 것이다. 제시될 자료들은 주체의 공식 담론 중 일부로서, 그것의 대중 논리를 재현하고자 한다. 허나 전체의 해체 순간을 잘 드러내는 것이야말로 이 논리의 내적인 붕괴이다.

2) 허술한 분리: 전체를 재현한다는 것

북한의 1972년 작 영화 〈우리 열차 판매원〉에서, 여성들로만 구성된 지방 기차역 판매반은 이익 증대를 고민하느라 괴롭다. 영화 초반의 회의에서 반 원들은 판매량으로 팀의 퍼포먼스를 평가하는 철도 정책에 대해 논한다. 팀 장은 특별하고 비싼 제품을 팔아 더 많은 이익을 내자고 제안하지만, 판매원 들은 더운 여름에 싸고 시원한 음료를 팔지 않으면 승객의 불평을 많이 듣는 다고 반발한다. 그러나 팀장은 본부에서 내려오는 지시이기 때문에 개인의 사정보다 판매의 수익이 더 중요하다고 결정한다.[9]

이와 같이, 이윤 내기의 중요성이 대화를 지배하는 기차나 가정을 배경으로 한 장면들이 여러 번 나온다. 예상과는 달리, 김일성, 국가, 혁명에 대한 참 고는 놀라울 정도로 적다. 그리고 그것들은 개인적인 층위에서 나타난다. 예로, 승객에게 다가가기를 수줍어하는 신참 선희는, '열차 판매원은 지역 특산 물을 판매함으로서 좋은 여행 환경을 조성하라'는 김일성의 메시지에서 동기 부여를 받는다. 그리하여 그녀는 기차에서 판매할 포도를 확보한다. 또한 이 와 관련된 절차적 장애물들을 극복하기 위해, 판매반에 아무 이야기도 하지 않고 한 지역 포도농장을 방문한다. 철도 업무, 팀의 퍼포먼스, 판매 등에 대 한 대화들은 구체적인 상황, 예컨대 냉장고 수리, 포도 공급 획득 등에 관한 것이다.

결과적으로 판매팀은 성공을 거둔다. 끈질기면서 정직한 이들의 판촉에 감

---

9) 조선 예술 영화 촬영소, 〈우리 열차 판매원〉.

명 받은 탑승객들은, 유명한 지역 과일과 용천수 병을 구입한다. 등록부에 현금이 쌓이고, 판매 정책과 관련해 의견이 분분하던 판매팀은 하나가 되어 그들의 성취를 자랑스러워한다. 마지막 장면에서 그들은 움직이는 기차의 뒤에 선 채, 그들 앞을 지나는 풍경을 바라본다. 이 마지막 장면은, 북한의 사회주의 혁명은 소규모의 누적들로 일어나며, 이는 (이 시기에 선호되던) 큰 산업을 통해서만이 아니라 한 번에 한두 푼씩의 누적을 통해서도 일어난다는 것을 말해주는 듯하다.

고학림 연출로 조선예술영화촬영소에서 촬영된, 당시의 프로파간다와 미검열 기준에 합치했던 이 작품은, 삶의 장애물을 극복하는 인민들에 초점을 두었다는 점에서 전형적인 북한 영화이다. 이 영화는 주체사상의 시대가 도래함을 국가에서 선언한 시점인 1972년도 작품이지만, 이 글에서는 주체의 메시지를 집어내는 데에 지나치도록 집중하지는 않을 것이다. 전후 북한에서 만들어진 모든 영화는 당의 지배적 담론에 의거한다. 또한 주체사상은 하나의 특유한 요소로서가 아니라 이미지 및 담론의 상징적 연속에 의해 계속해서 부각되는 역사적 과정으로 여겨져야 한다.

그러나 이 영화는 논리적으로 기묘하다. 공적 영역처럼 보이는 데 등장인물이 들어가는 순간, 그들은 동시에 그 바깥에 있다. 판매 정책에 대한 공적 토론은 사적 고려를 수반한다. 판매 정책과 관련한 의견 다툼은 공동의 혁명적 목표가 아니라 개인의 감정에 의거한다. 작품은 국가나 사회주의적 원리의 역할을 명료히 보여주지 않는다. 포도 농장 일꾼이 선희에게 포도를 공급키로 한 것은, 이것이 국가의 어떤 계획에 부합하기 때문이 아니며 선희의 개인적 노력 때문이다. 어떤 것도 형태가 그 내용에 합치되는 공적 영역을 드러내지 않는다. 형식상이든 내용상이든, 하나의 공간에 공과 사가 공존한다. 하지만 당연히도, 이 작품의 논리적 기묘함은 등장인물들에게 어떤 진짜 문제도

일으키지 않는다. 삶에서와 마찬가지로, 작품에서도 논리적 모순은 문제가 되지 않는다. 공, 사, 국가 사이의 구분은 사회적 지형도 위에서 모두 붕괴된다. 작품에서 잘 보여주듯이, 사회적인 것(The social)은 범주화되거나 (보다 명확히 말하면) 전체화되기를 거부한다.

어떤 확실한 사회적 요소들도 분류의 순간(moment of bracketing)에서 모호해진다. 사회의 공적·사적 측면은 그것들의 전체화 순간에 논리적 기반을 잃는다. 공적 영역에 의해 만들어진 실제 구분이 있다면, 이는 긍정적 존재인 국가와, 부정적이며 근원적으로 열린 비객관적 존재로서의 사회 사이의 구분이다. 작품을 보면 국가 정책을 따르려는 판매반의 노력은, 국가의 객관적 권력에서 떨어져 존재하는 사적 영역을 보여준다. 왜냐하면 사적 영역이 실재하거나 실재하는 듯한 국가로부터의 보호를 보장받기 때문이 아니라, 사적 영역이 (공과 사, 국가 사이의 논리적 충돌로 나타나는) 사회의 비객관적인 속성을 드러내기 때문이다.

작품 속에서 공적 영역에는 두 차원이 있다. 첫째, 공적 영역이란 국가에 의해 조물된 북한의 전체성에 관한 담론적 범주이다. 둘째, 공적 영역은 사회와 주체를 이해하기 위한 분석의 범주이다. 전자의 측면에서, 공적 영역은 국가에 의해 상상되는 전체의 부분이 되는 담론 구조이다. 즉 사회에 대한 긍정적·자율적 인식을 요구하는 국가(조직화와 동기부여의 비강제적 수단들)의 객관적인 힘이다. 후자의 차원에서, 분석 범주로서의 공적 영역은 사회와 주체의 불안정하고 불확정적인 성격을 지시한다. 어떻게 범주화하려 하든 필연적으로, 논리적 모순의 문제에 빠지게 된다.

이데올로기와 국가, 주체 행위자를 관통하는 가닥은 북한 국가라는 전체로 이어진다. 주체사상은 주체와 국가의 존재론적 지향이며 전체 안에서 주체는 행위자가 된다. 그렇다면 국가는 특정한 종류의 전체로서 추상적이고, 사회 및 주체의 긍정적 특질들에 의존한다. 사회적 전체란 재현될 수만 있는 것이며, 따라서 애초부터 배타적이다. 다시 말해, 어떠한 전체의 재현도, 재현 불가능한 반목이나 불확실성을 배제시킨다. 우리가 알 수 있는 혹은 우리에게 재현되는 것은 구조에 있어 담론적인 긍정적이며 또한 닫혀 있는 사회이다.

이일복의 판화 '달밤(1975)'은 여가를 즐기는 평화로운 밤에 관한 것이다. 모던한 차림을 한 사람들이 〈피바다〉(일본에 대항해 국가를 위한 혁명적 싸움을 이끈 여성에 대한 가극이자 영화)가 공연된 극장에서 나오고 있다. 사람들은 절대로 혼자가 아니다. 혼자 서 있지만, 누군가를 기다리는 것이다. 마을은 눈에 덮여 있다. 산촌임에도 모든 집과 건물들은 불이 환하다. 마을 전체에 전기를 공급해 온기가 가득하다. 강둑엔 돌벽이 쌓여 있고, 다리는 튼튼해 보인다. 자연(강과 겨울)은 잘 길들여졌고, 사회적 삶은 그것의 조화로운 상대역이 된다(〈그림 5-1〉; 이구열, 2001).

본고의 분석 속에서, 이 판화로부터 인지할 수 있는 것은 사회의 동시적인 나타남과 사라짐이다. 한편으로 사회적으로 통합된 산촌의 주민들은 어떤 종류의 사회 속에서 집, 극장, 학교로 보이는 것, 강에 연한 의자 등을 향유하며 살아간다. 다른 한편으로 이 객관적(objective) 사회에는 국가와 당이 스며들어가 있다. 국가가 건설한 전선은 언덕을 타오르고, 극장은 당의 메시지를 전달하는 연극 〈피바다〉를 올린다. 모든 건물에 공급되는 전기부터(모든 창이 밝다!) 돌벽으로 정비된 강둑까지, 국가의 거대함(간섭)은 사회를 국가로부터 구분 불가능한 것으로 그려낸다. 국가가 없다면, 이러한 사회는 없을 것이다. 달리 말하면, 사회적 전체는 국가와의 관계 속에서만 가능하다.

주체, 국가, 이데올로기 간의 일치라는 개념은 사회의 투명성과 모호성을 지시한다. 그것이 사회의 객관적이며 변별적 그림을 그려내기에 투명하며, 이질적인 사회 속 어떤 구분도 국가라는 경계 안에서 즉각 사라지기에 모호하

〈그림 5-1〉이일복의 '달밤'(1975)

자료: 대한민국 서울의 남북경제문화협력재단을 통해 조선
민주주의인민공화국 저작권사무국(평양)의 허가를 받아 수
록함.

다. 그럼에도 불구하고, 사회는 국가로부터 자율적인 실재로서 드러난다. (논
리 정연성에 반하는) 전체의 담론은 객관성이라는 효과를 낳으며, 적어도 담론의
층위에서는 애초부터 열려 있는 것들을 닫아버린다. 이러한 오인(misrecognition)
은 객관화 과정을 이루는 근간부이다. 사회의 전체성이란 그러므로 사회적인
것의 근본적 모호성을 오인하는 것, 혹은 부분적으로 인식하는 것이다. 그것
은 어떤 종류의 전체성이든 벗어나 버리는 사회적 실재로부터 거리를 둔 채,
언어 속에서, 경험을 통해, 담론 안에서 포착되는 사회의 긍정적 (재현 가능한)
차원만을 인식한다.

〈그림 5-2〉강만수의 '학교가 그립건만'(1975)

자료: 대한민국 서울의 남북경제문화협력재단을 통해 조선
민주주의인민공화국 저작권사무국 (평양)의 허가를 받아 수
록함.

북한의 회화 작품 '학교가 그립건만'(강만수, 1975년 작)을 살펴보자(〈그림
5-2〉 참조. 이구열, 2001). 이 작품은 북한이 성립되기 전, 즉 혁명 전의 시기를
그린다. 교실 밖에 서 있는 두 아이는 빈농 계층이고, 교실의 학생들은 학습
의 사치를 누릴 수 있는 특권 계층이다. 벽은 두 사회 계급을 가르고, 주체의
위치를 차별화한다. 창문은 두 계급이 서로를 관찰하고, 차이가 단순한 차이
이상의 것임을 이해하도록 한다. 둘의 차이란 결국, 한쪽의 다른 한쪽에 대한
종속에 기반한 것이다. 동시에, 창문은 어린이 농민이 가지고 있지 못한 것을,
즉 언젠가 교실에 앉아 있는 것을 꿈꾸고 갈망하게 한다. 벽은 아마도, 소년

의 등에 맨 도끼에 의해 부서질 것임에 틀림없다. 벽이 파괴되면 두 진영은 하나의 새로운 전체에 참여하게 될 것이며, 추상적이며 전체화된 국민국가의 헤게모니가 주체의 위치에 있어서의 기존 차이를 대체할 것이다. 그러나 도끼, 즉 혁명이 일어나더라도 농민의 주체 위치는 부재에서 실재로, 결여에서 충족으로 변하지 않을 것이다. 새로운 주체의 위치도 마찬가지로, 부재 혹은 결여에 기반한다. 새로운 주체의 위치가 국민국가라는 전체 안에 놓여지기에, 그것은 하나의 부정적인 정체성(다른 이에 소유되는 주체의 결여)이 다른 부정적 정체성(국가의 전체성에 기반한 연대감)으로 대체되는 추상적 과정을 겪는다. 혁명은 필연적으로, 다양한 주체의 입장들을 국민국가의 단일한 틀 아래 두기 위해 여러 이해관계와 요구들을 은폐하는 행위를 수반한다.

4. 결론

이것이 끝이 되는가? 주체에 관한 질문의 끝은 다양성인가? 복수의 주체성 혹은 다양성에 대한 인식이, 주체의 모호성이나 추상화된 전체의 권력이라는 문제를 해결해 주는가? 정체성의 다양성을 가지고 이해되기를 늘 거부하는 사회를 어찌해야 할 것인가? 다양한 공·사 영역의 등장이 국가의 헤게모니나 그것의 전횡을 막지 못한다는 사실을 어찌해야 할까? 주체사상과 관련해, 우리는 주체 만들기라는 것이 국가 만들기, 즉 지배(domination)의 정반대라는 지식 정도에 만족해야 하는가? 우리는 북한에서 진정한 주체성에 대해 말할 수 있는가? 주체의 모호한 위치에 대해, 에르네스토 라클라우(Ernesto Laclau)는 질문한다.

그러한 위치가 전체 속의 특별한 위치 외에 달리 무엇이겠으며, 이 전체가 절대적 주체의 경험의 대상 외에 달리 무엇이겠는가? 절대적 주체성의 영역이 붕괴되는 그 순간, 절대적 대상의 가능성도 붕괴된다 …… 주체/대상의 구분 가능성은 두 개념 확립의 불가능성에서 나오는 결과에 불과하다(Laclau, 1996: 21).

제시된 주체의 위치가 얼마나 다양하든 간에, 해결책은 "올바른" 주체의 위치를 형성하는 것에 관한 것이 아니다. 행위자로서든 변화의 대상으로서든, 주체가 전체의 추상적·부정적 담론에 뿌리를 두면서도 국가에 의해 특정되고 지워진 한, 전체의 헤게모니는 변화하지 않은 채 그대로가 될 것이다. 요약하면, 헤게모니 체계에 대항하는 주체의 어떤 저항도 늘 그 체계의 영향력에 기대고, 이는 필연적으로 그 체계에 포섭되는 결과를 야기한다. 하지만 절대적 주체의 불가능성은 우리로 하여금, 헤게모니적 전체 역시 불가능하다는 작은 진실을 알게 해준다. 불가능성은 한계라기보다, 파멸의 순간이다. 중요한 것은, 주체의 불확정성이란 새로운 담론적·실천적 구조의 기반이기도 하다는 점이다. 이러한 기반은 주체의 무한한 가능성에 바탕을 둔 주체성의 순간을 상상할 수 있게 해준다.

재니스 김(Janice C.H. Kim)의 저서 『일하기 위해 살기(To Live to Work)』는 이러한 하나의 시도라 할 수 있다. 제국주의 시대 가장 억압받던 이미지로 떠올릴 수 있는 여성 공장 노동자들에 대한 연구에서, 저자는 그들의 이야기를 지배와 저항, 협력과 태업, 혹은 예속과 에이전시의 문제로 틀 짓지 않으려 한다. 이러한 이분법적 구조는 개념적으로는 확실해 보이기는 하지만, "제국과 일본 자본이 여성 노동자들의 경험에 영향을 주었지만, 그들의 공동체와 가족 역시도 마찬가지였다"(Kim, 2009: 76)는 저자의 말에서 보듯, 역사적 실재 속 많은 권력과 행위자들은 서로 섞이면서 드러난다. 저자의 주장에 의하면, 에 이전시에 관한 복잡한 질문은 충돌에만 국한될 것이 아니며, 개인과 가족의 장·단기 목적을 산업화의 힘과 통합시키는 "정치적, 사적, 개인적인 것들 간의 상호 역동"을 고려해야 한다. 주체이자 행위자들은 헤게모니 내부에 존재했다. 즉 저자의 결론에 의하면, "저항은 견딤 속에서 비로소 가능해졌다"(Kim, 2009: 100).

이러한 작업에서 보여주듯, 전체 속의 주체란 단순히 분석적 틀이 아니다. 이는, 실재 속에서 전체성의 해체를 예견하는 실천으로서 인식되어야 한다. 르페브르와 라클라우에 더해, 자본주의 체제하 노동자들은 (개인으로서가 아니라) 전체 속에서 그들이 생산한 것을 되살 때 소비자로서(laborers qua consumers) 그 주체를 변형시킨다는 가라타니 고진의 『트랜스크리틱(Transcritique)』 속 주장을 끌어와 본다(Karatani, 2003: 6~7장 참고). 여기서 전체란 "자본이 살아 있는 노동자들로부터 노동력을 사고, 결국엔 노동자들이 자본으로부터 생산하는 것을 되사는" 순환이 된다(Karatani, 2003: 235). 저자의 분석에서 전체 속 주체란, 소비자가 구매를 욕망하는 순간(이는 또한 잉여 가치가 자본에 의해 인지되는 순간이기도 하다)에 대한 자본의 어쩔 수 없는 의존성에 전적으로 기반해 있다. 이는 "노동력이라는 상품으로부터 상품을 사는 집단, 즉 …… 자본이 절대 포섭할 수 없는 타자로"(Karatani, 2003: 293~294) 노동자의 위상이 범주적으로 변화하는 것이다. 저자의 분석은 잉여가치의 형성을 막는 방법을 살피고 생산과 소비의 대안적 형태를 제안하기 위함이지만, 여기서 우리는 지배의 순간과 역능의 순간이 하나의 전체적 과정 속에서 찾아진다는 것을 알 수 있다. 그러므로 불가능한 전체란 헤게모니의 영역 안에서 형성되는 진정한 주체에 대해 확신하게 되는 기반이 된다.

불가능한 전체 속에서 태어난 북한의 주체에 대한 분석은 두 가지 지점을 이야기해 준다. 첫째, 사상적 통제란 늘 불완전하며, 주체사상이 북한 인민들

삶의 특정 능력이나 범주(예를 들면 저항이라는 능력 혹은 사적 영역이라는 범주 등)를 막고 있다는 관념은 착각일 수 있다는 것이다. 주체란 저항이나 사적 영역에서만 나타나는 것이 아니라 미묘하기에 포착되기 힘든 일상 행동들 속에서도 등장한다. 둘째, 가라타니의 소비(자본주의 체제를 영속시키는 행위로 여겨지는)에 대한 고찰과 유사하게, 북한 사회주의 시스템 속 진정한 주체의 발견은 (주로 계획 사회주의 체제의 특징으로 여겨져 온) 생산이라는 과정 속에 잠복해 있을 수 있다는 것이다. 북한 인민이 엄청난 통제하에 있다고 여겨지는 순간들이, 실제로는 행위자(성)의 순간일 수도 있다. 기계를 분해해 암시장에 판매한 행위(1990년대 말)나, 보다 공식적으로는 노동자들의 혁신 혹은 북한 정부에 의해 지속적으로 고취된 노력영웅(주의) 등이 이러한 행위들에 포함될 수 있다. 사회주의 경제는 노동자들의 자발적 혁신과 노력영웅(주의)에 의존하며 돌아갔음을 결미 부분에서 언급하고자 한다. 이러한 생산의 두 유형은 중앙집권적 계획의 일부분이 아니었다. 자발적 행위라든가 영웅적 생산성은 (물론 국가가 요구할 수는 있어도) 계획될 수 없는 것이다. 다시 말하면, 자발성과 영웅주의란 헤게모니와 의지가 만나는 노동(자)의 과정 속에서 만들어지는, 주체적 행위이다.

참고문헌

김일성. 1980. "사상사업에서 교조주의와 형식주의를 퇴치하고 주체를 확립할 데 대하여". 『김일성 저작집 9』. 조선로동당출판사.

_____. 1982. "조선민주주의인민공화국에서의 사회주의건설과 남조선혁명에 대하여". 『김일성 저작집 19』. 조선로동당출판사.

_____. 1984a. 『김일성전집 27』.

_____. 1984b. 「우리 당의 주체사상과 공화국 정부의 대내외 정책의 몇 가지 문제에 대하여」.

신일철. 1993. 「북한 이데올로기의 본질」.

이구열. 2001. 『북한 미술 오십년』.

임지현. 2007. 「일상의 미로에 갇힌 권력의 꿈」. 책세상.

조선 예술 영화 촬영소. 1972. 〈우리 열차 판매원〉.

조선 직업 총동맹. 1963. 『천리마 기수 독본』.

좋은 벗들. 2000. 『북한 사람들이 말하는 북한 이야기』. 정토출판

최호진. 1973a. 「우리는 왜 주체사상으로 무장해야 하는가」. ≪천리마≫ 1호.

_____. 1973b. 「주체사상의 기본에 대하여(제-삼회)」. ≪천리마≫ 4호.

_____. 1973c. 「주체사상을 구현하기 위한 당면 중심 과업은 무엇인가」. ≪천리마≫, 11호.

_____. 1973d. 「주체사상의 기본에 대하여 (제-일회)」. ≪천리마≫ 2호, 43.

_____. 1973e. 「주체사상의 기본에 대하여(제-이회)」. ≪천리마≫ 3호.

_____. 1973f. 「주체사상의 기본에 대하여(제-사회)」. ≪천리마≫.

함택영·구갑우. 2008. 「북한의 공과 사: 이론화를 위한 비교」. 이우영 엮음. 『북한 도시주민의 사적영역 연구』. 한울엠플러스.

허명숙. 2010. 「온나라가 홍성인다」.

황장엽. 1999. 『북한의 진실과 허위』. 시대정신.

≪노동신문≫. 1972.12.27. "위대한 주체 사상의 빗발로 사회주의, 공산주의의 승리의 길을 밝혀준 탁월한 마르크스-레닌주의 문헌".

_____. 1972.12.28. "조선 민주주의 인민 공화국 사회주의 헌법".

_____. 2010.2.8. "위대한 영도자 김정일 동지께서 현대적으로 꾸려진 비날론 연합기업소를 현지지도하셨다".

Arendt, Hannah. 1968. *The Origins of Totalitarianism*. Harcourt, Brace & World.

Armstrong, Charles K. 2009. "Juche and North Korea's Global Aspirations". *North Korea International Documentation Project, Working Paper #1*. Woodrow Wilson International Center for Scholars.

Buck-Morss, Susan. 2000. *Dreamworld and Catastrophe: The Passing of Mass Utopia in East and West*. MIT Press.

Central Statistical Board. 1961. *Statistical Returns of National Economy of the Democratic People's Republic of Korea(1946~1960)*. Foreign Languages Publishing House.

Chatterjee, Choi and Karen Petrone. 2008. "Models of Selfhood and Subjectivity: The Soviet Case in Historical Perspective." *Slavic Review*, 67(4).

Eagleton, Terry. 2007. *Ideology: An Introduction*. Verso.

Fitzpatrick, Sheila. 1999. *Everyday Stalinism: Ordinary Life in Extraordinary Times: Soviet Russia in the 1930s*. Oxford University Press.

Haggard, Stephan and Marcus Noland. 2007. *Famine in North Korea: Markets, Aid, and Reform*. Columbia University Press.

Hellbeck, Jochen. 2001. "Working, Struggling, Becoming: Stalin-Era Autobiographical Texts." *Russian Review: An American Quarterly Devoted to Russia Past and Present*, 60(3).

Kim Janice C.H. 2009. *To Live to Work*. Stanford University Press.

Karatani Kojin. 2003 *Transcritique*. MIT Press.

Kim Il Sung. 1971. *Revolution and Socialist Construction in Korea: Selected Writings of Kim Il Sung*. International Publishers.

Kim Il Sung, Li Yuk-Sa and Eldridge Cleaver. 1972. *Juche! The Speeches and Writings of Kim Il Sung*. Grossman.

Kim, Cheehyung. 2018. *Heroes and Toilers: Work as Life in Postwar North Korea, 1953-1961*, Columbia University Press.

Kuark, Yoon T. 1963. "North Korea's Industrial Development during the Post-War Period." *China Quarterly*, 14.

Laclau, Ernesto. 1996. *Emancipation(s)*. Verso.

Lefebvre, Henri. 2008. *Critique of Everyday Life*, 2.Verso.

Mansfield, Nick. 2000. *Subjectivity: Theories of the Self from Freud to Haraway*.

Myers, B.R. 2006. "The Watershed That Wasn't." *Acta Koreana* , 9(1).

_____. 2010. *The Cleanest Race*.

Natsios, Andrew S. 2001. *The Great North Korean Famine: Famine, Politics, and Foreign*

Policy. United States Institute of Peace Press.

Park, Han S. 2002. *North Korea: The Politics of Unconventional Wisdom.* Lynne Rienner Publishers.

Ryang, Sonia. 1997. *North Koreans in Japan.* Routledge.

Robinson, Michael. 1984. "National Identity and the Thought of Sin Ch'aeho: *Sadaejuǔi* and *Chuch'e." The Journal of Korean Studies,* 5(1).

Žižek, Slavoj. 1994. "Introduction: The Spectre of Ideology." Verso.

제6장

혼종화와 북한의 특구
행위자-연결망 국가와 '아직 성공하지 못한' 발전모델

이경묵_신한대학교 리나시타교양대학 조교수

1. 서론

　"북한이 많이 변화했다"라는 말로 표현되듯 북한 사회가 혼종적이라는 사실에 반론을 제기하는 이는 많지 않을 것이다. 그런데 '북한은 혼종사회'라는 선언에서 출발해 북한 사회를 연구하고자 했을 때 두 개의 난제를 만난다. 첫째, 혼종성과 혼종화를 최종적인 결론으로 받아들이는 경우 무엇을 어떻게 분석해야할 것인지에 대한 것이다. 현재 바깥으로부터 완전히 단절된 소규모 고립 사회는 거의 존재하지 않는다. 국민국가 단위로 범위를 확장한다면 현재 존재하는 모든 국민국가는 (그 정도와 양상의 차이가 있을지언정) 모두 혼종적이다. 모든 국가와 사회가 혼종적이라면 북한 사회가 혼종적이라고 선언하는 것은 어떤 의미를 지니는가? 둘째, 북한이 여타의 국가들과 마찬가지로 혼종적이라고 말하는 순간 북한 사회의 독특한 특징을 설명할 수 없게 된다. '그 정도와 양상의 차이가 있을지언정'이라는 조건절로 다시 돌아오면 적어도 두 가지의 혼종성을 구분해야 할 필요성이 제기된다고 할 수 있다.

혼종성 (1): 하나의 원리에 의해 동질적으로 구성된 사회란 존재하지 않는다는 이론적 수준.
혼종성 (2): 북한 사회의 혼종성이 어떻게 등장하고 작동하는지를 분석하는 방법론적 수준.

그런데 연구 대상을 북한으로 정할 경우, 위의 수준 (1)과 (2)는 깨끗이 갈라지지 않는다는 문제가 남아 있다. 북한사회변동과 혼종성이라는 단어를 연결하면 북한 체제의 안정성이라는 영역에 대한 또 다른 질문과 쟁점이 등장하기 때문이다.[1]

이제 북한 사회는 동질적이지 않다. 오랫동안 존재했던 요소가 아닌 이질적인 것들이 늘어나 사회의 주요 기능을 수행하고 있다.

그렇기 때문에

① 조만간 근본적인 사회변혁이 일어나고, 자본주의가 도래할 것이다.

② 체계의 위기는 이미 통제할 수 있는 수준으로 관리되고 있으며 현 체제가 당분간 유지될 것이다.

---

1) 인문사회과학적 분석에서 관습적으로 사용되는 많은 단어들에 '북한의'라는 구절을 결합하는 순간 그 개념어의 역사, 정의 그리고 관용화된 의미 자체가 불투명해지며 질문거리가 되는 경우가 많다. 북한의 사회, 북한의 하위문화, 북한의 시민 등은 북한에 '사회'가 있는가? 북한에서 하위문화가 만들어질 수 있는가? 북한에서 시민은 주체(subject)인가? 아니면 피통치자인가? 등이 그것이다. 사회과학의 분석의 출발점이 되는 '인식론적 범주'들을 '있느냐 없느냐'를 둘러싼 '존재론적' 질문으로 바꾸는, '북한의'의 의미에 대한 탐구가 '방법으로서의 북한'이라는 논제의 중요한 출발점이라 할 수 있다.

북한 사회에서 이질적인 요소들이 증가하고 있다는 전제에서 '그렇기 때문에'를 거쳐 ①과 ②로 이어지는 경로 어느 쪽이 정확하고 과학적인 판단인지에 대해 '학술적으로' 답하기는 불가능하다. 그리고 이 난관은 '북한'으로부터 '직접적' 정보를 얻기 힘들다는 제약 조건에서 기인한다기보다는, 누구도 (관찰자나 학자) 미래를 예측할 수 없다는 제약에서 기인한다. 이 지점에서 질문해야 할 점은 왜 북한 사회와 혼종성이라는 표제어에서, 혼종성의 증가가 체제의 근본적 변화를 뜻하는지, 아니면 체제의 안정성 확보라는 갈림길이 등장하는지 자체가 논구되어야 할 지점일 것이다. 왜 북한 사회의 '혼종성의 증가'라는 비교적 자명한 사실이 체제 변혁의 징후인가?, 아니면 체제 안정화나 강화의 증거인지를 묻는 갈림길이 되는가? 신분, 계급, 계층, 젠더, 지역 간의 차이가 존재하지 않는 사회란 없다는 자명한 사실에도 불구하고 북한의 사회(문화)는 (최종 심급에서는) 동질적이라는 가정을 하지 않는 한 위의 질문 자체가 출현하지 않을 것이다. 사회가 지니는 여러 기능 중, 특히 북한 '사회'는 다른 것들을 같은 것처럼 바꾸는 공정이라는 점이 강조된다.

특정한 사회의 혼종성 혹은 혼종화에 대한 연구는 해당 사회 전체에 대한 기술(description)일 수 없다. 이 때문에 북한사회변동과 혼종성이라는 논제는 '이미 항상' 북한이 하나의 동질적인 공간이나 하나의 체계가 아니라는 점을 전제로 삼아야만 하며, 그 사실에서 출발해 분석의 단위를 북한의 특정한 '부분'으로 한정해야만 한다. 만일 혼종성(混種性)을 여러 가지 속성을 지닌 것들이 뒤섞여 있다는 통상적 의미로 사용한다면 이질성이나 다양성과 무엇이 다른지를 설명할 수 없다. 속성의 뒤섞임이란 인문사회과학적 분석을 위한 개념적 도구라기보다는 거의 모든 사회·문화의 일반적 속성일 따름이다. '혼종적'이라는 문구를 소극적인 형용사가 아니라 북한 사회에서 진행되는 '변화'와 '변용'을 분석하기 위한 출발점으로 놓고자 한다면, 분석의 대상으로서의 혼종성은 이미 일어났고 앞으로 일어날 혼종화의 효과라는 점을 받아들여야만 한다.

① 혼종성이라는 개념은 인문사회과학 분야 연구사에서의 각종 이론적 접근 사이의 혼종화의 결과이며 ② 문화접변, 식민주의, (탈)근대화, (탈)사회주의, (재)시장화 등의 개념들이 혼종화의 과정을 예측하고, 예기치 못한 결과를 분석하며 다시 설명하는 데 사용되어 왔다. 혼종성은 그 기원과 작동에서 분리되었던 체계들이 결합하고 접합하는 과정에서 등장하는 예상 밖의 속성이다. 여기서 '예상 밖'이란 전혀 예측하지 못한 것이라는 의미와 '예상한 강도와 효과의 범위를 넘어섰다는 두 가지 의미를 지닐 것이다. 북한의 혼종성에 대한 연구의 예는 모든 사회는 혼종적이라는 식의 일반론에 머물지 않도록 특수하고, 그 연구의 결론이 구체적이어야 한다. 또한 실재하지 않는 무정부 상태나 완벽한 통제 상태가 상상되지 않아야 한다. 혼종성을 주제어로 채택해 연구를 진행하고자 할 때 최소한의 조건은 아래와 같다.

-기원과 작동상으로 분리된 체계들을 식별하기
-서로 다른 체계들이 접합하고 결합되는 방식과 지점을 찾기
-결합 방식과 접합 지점에서 체계 사이의 관계가 어떻게 다르게 정의되는지를 찾아내기
-관계성이 현실화되는 과정을 기술하고 분석하기

이하에서는 앞에서 제시한 조건을 충족하는 연구 주제로 북한의 특구와 국가 발전모델을 설정했다. 첫째, 특구는 북한 내·외부 혹은 사회주의·자본주의 경제 체제라는 서로 구별되는 체계를 식별하고 있다. 둘째, 특구의 지정과 이어지는 실행 규칙들은 '두' 체제가 접합하고 결합되는 방식과 지점을 정한

다. 셋째, 이미 구축된 특구는 체제들 사이의 관계를 특구와 특구 바깥이라는 새로운 경계선 사이에 다시 긋는다. 넷째, 북한의 특구 역사에서는 그 구체적인 예를 아직 찾아보기 힘들지만, 그 밖의 여러 지역 경제 특구 역사에서의 여러 예들을 참조할 수 있다. 특히 특구와 국가 발전모델 사이의 관계를 (다시금) 규정하기 위한 이론적 근거로 '행위자-연결망 국가'와 '예외로서의 특구' 논의를 정리한 후, 혼종화의 사례로 북한의 특구를 조명할 것이다.

2. 이론적 검토: 행위자-연결망 국가와 '예외적' 통치 수단인 특구

경제특구(special Economic Zone)라는 단어는 1979년 중국의 대외 개방 정책의 일부로, 중국 동남부 연해 지역에 한해 시장경제 체제를 용인하고 대외 개방을 추진하면서 등장했다. 그 이후 세계 각국으로 퍼져 나가 "국내의 다른 지역과 구분하여 생산, 무력, 조세상의 특별한 대우가 주어지는 자유무역지대, 자유공업지역, 수출자유지역, 수출가공구 등과 같은 지역을 총칭"(장소영, 2017: 155~156)하게 되었다. 즉 좁은 의미의 경제특구란 사회주의 체제인 중국에서 시장경제를 한정적으로 용인한 지역을 가리키는 반면, 넓은 의미의 경제특구란 "일반적인 지역과 차별되는 특별한 성격을 갖는 지역으로 국내의 여타 지역에서 일반적으로 적용되지 않는 일단의 정책 수단을 통하여 규제를 완화하는 한편, 각종 혜택을 부여함으로써 수출입 및 투자 등 특정한 경제행위를 장려하는 제한된 범위의 지리적 공간"(장소영, 2017: 156)을 칭한다. 이러한 맥락에서 북한의 특구에 대한 많은 연구들은 북한의 해외투자 유치가 기대했던 수준보다 현저히 낮고 지지부진하다는 점을 지적한다. 뒤이어 특구가 성공적으로 작동하지 못한 이유로 법적 절차의 부족, 하위 규범의 미비, 내용의 불명확성 등이 거론된다(송진행, 2015; 이용희, 2013; 장소영, 2017; 최영진, 2018). 반면 이 글에서는 해외 자본 유치라는 목적이나 일군의 정책 수단 및 혜택의 묶음이라기 내용보다 북한 정권 스스로가 만들어내고 선언한 예외적 공간이라는 측면에 초점을 맞추고자 한다. 북한의 특구를 고찰하는 데 있어 특구의 목적이나 내용의 정교함이라는 잣대를 사용할 경우 그것이 '실패'했다는 최종적 평가에만 머물게 될 것이기 때문이다.

1) 행위자-연결망 국가

파쏘와 로우랜드(Passoth and Rowland, 2010)는 기존의 국가모델을 '행위자 모델'과 '연결망 모델'로 나눈 후 두 모델을 분절하는 행위자-연결망 국가 개념을 제시한다. 행위자-연결망 국가[actor-network state(이하, ANS)]는 행위자-연결망 이론과 크게 두 가지 면에서 다르다. 행위자-연결망 국가란 행위자-연결망 이론을 국가 영역에 도입하자는 제안 이상이다. ANS는 특정한 국가를 연구할 때 번역, 매개, 불확실성 등의 행위자-연결망 이론[actor-network theory(이하, ANT)]의 주요한 개념적 도구들을 활용하고 인간뿐 아니라 비인간 역시 행위자로 취급하자는 제안을 그 내부에 포함한다. 그러나 ANS는 무엇보다 국가의 정의를 바꾸려는 기획이라고 볼 수 있다. ANS는 ANT를 국가의 통치성 연구에 소극적으로 '적용'하자는 제안을 넘어 ANT를 국가 연구에 도입할 때 필연적으로 등장하는 또 하나의 '번역'과 '매개'에 주목한다.

ANS는 행위자로서 (국가 모델과 네트워크로서) 국가 모델을 종합하려 시도한다. 국가를 하나의 행위자로 취급하는 가장 대표적인 예는 국가의 지도자(혹은 정치적 정당, 권력을 지닌 엘리트)와 국가를 겹쳐 놓는 것이다. '행위자로서-국가' 모델에서 국가란 일관성을 지닌 하나의 행위자인 양 간주된다. 국가(를 대표하는 지도자)는 특정한 목적을 위해 자신의 수단을 동원한다. 반면 국가를 연결망(network)으로 간주하는 (후기 구조주의) 모델은 국가의 목적과 수단을 여러 차원에 걸친 비일관적인 통치 행위의 '효과'로 취급한다. '권력론에서 왕의 머리를 자르기'라는 문구로 요약되듯, 연결망으로서의 국가론에서 국가란 권력을 소유한 이들의 수단이 아니라 도처에 펼쳐진 영향력이 서로 겹쳐진 결과에 불과하다.

파쏘와 로우랜드는 행위자 모델이 한 국가 내의 지배자(지배층)의 행위나 특히 국제관계의 구성원인 국가의 목적과 수단에 대한 명료한 분석을 가능하게 해준다는 이점을 지니지만 국가 내부의 부조화나 비일관성을 보지 못하게 한다는 약점을 지닌다고 요약한다. 또한 국가를 하나의 '효과'로 분석하는 연결망 모델은 국가 내의 다양하고 다층적인 행위자들을 포착하는 데는 유용성을 지니지만 특정한 맥락하에서 국가가 정말 하나의 행위자인 것처럼 작동하기도 한다는 점을 설명하지 못하게 된다.[2] 국가에 대한 두 모델의 초점, 혹은 장점과 단점은 서두에서 제시했던, 사회 현상의 측면에서 관찰되는 혼종성의 증가가 체제의 근본적 변화를 뜻하는지 아니면 체제의 안정성 확보라는 갈림길을 만나는 상황과 닮았다. 혼종화가 진행되는 국민국가에서 서로 이질적인

---

2) 북한 연구에 입문한 지 얼마 되지 않았던 필자가 북한을 연구하는 학자들이 모인 국제 학술 대회에서 느꼈던 가장 큰 이질감은, 학술 대회의 많은 발표에서의 '주어'가 북한·한국·중국·일본·미국·러시아 등의 국가들이었다는 점이었다. '북한과 미국 사이를 남한이 성공적으로 중재할 경우 일본은 동북아 정치 체제하에서 고립되어 더욱 더 보수화될 가능성이 있다', '북한의 비핵화 선언의 진정성을 미국이 받아들이기 어렵다'는 문장들이 그 예가 되겠다. 그 당혹감은 필자가 장기간의 현지 조사를 가장 중요한 방법론으로 삼는 인류학 전공자이고, 국가기관과 부처들 사이의 의견 충돌이나 국가의 공식적인 입장과 보통 사람들의 비공식적·일상적 입장 사이의 간극을 당연히 고려해야만 한다는 훈련을 받아왔기 때문일 것이다. 파쏘와 로우랜드의 행위자-연결망 국가의 틀은, '국가'들이 하나씩의 행위자로 취급되는 국제정치라는 현지(field)가 공존하는 상황에 "대한" 논의가 뒷받침될 경우 국가를 하나의 행위자로 간주함에는 아무 문제도 없다는 점을 알려준다.

〈행위자-연결망 국가(ANS)의 다이어그램〉

행위자-연결망 1		행위자-연결망 4-2		행위자-연결망 5-2
행위자-연결망 2		행위자-연결망 5		**행위자-연결망 2-3 → …**
(행위자 국가)	＼	행위자-연결망 1-2	／	행위자-연결망 2-3
행위자-연결망 3		**행위자-연결망 2-2**		행위자-연결망 6
행위자-연결망 4		행위자-연결망 3-2		

네트워크가 존재하고 작동한다 할지라도, 때때로 그 하위 체계들은 그 체계들의 차이를 관통하는 통제력이나 일관성의 영향을 받는 것처럼 보이기도 한다. ANS는 특정한 행위자-연결망(들) 사이의 위계와 뒤섞임 그리고 또 다른 행위자-연결망의 출현에 주목한다. 즉 1) 여럿의 행위자 연결망들 중 하나에 '국가'라는 이름이 부여되고, 2) 국가의 이름을 얻은 행위자-연결망이 다른 행위자-연결망과 만나고 헤어짐이 이어지면서 3) '국가'라는 이름이 전혀 다른 행위자-연결망과 결합하는 것이다.

위의 요약에서 네트워크로서의 국가의 구성요소는 동일하지 않은 연결망 모두이지만 각 상황마다 특정한 행위자-연결망이 여타의 체계들을 조절하고 영향을 끼치는 행위자이자 국가로서 작동할 것이다. 여기서 유의해야 할 점이 있다. 행위자로서의 국가 모델과 연결망으로서의 국가 모델은 근대화를 이미 거친 사회와 아직 근대화를 이루지 못한 사회에 상응하는 양식(modality)으로 정리할 수 있기 때문이다. 즉 분석의 대상이 되는 국가가 어느 정도 동질적·다원적인지를 판별함으로써 해당 사회에 더 적합한 모델을 선택할 수 있다. 즉 '사회 전체에 대한 통제력과 분화 정도를 고려했을 때, 행위자-모델이 연결망-모델보다 더 적합하다'라는 식이다. 그러나 위와 같이 정리하기 위해서는 '사회의 동질성과 다원성을 객관적으로 측정할 수 있는 척도란 무엇인가'라는 질문에 대한 답이 이미 있어야만 하는데, 한정된 목적을 위해 사용될 수 있다고 할지라도 엄밀하게 검토했을 때 서로 다른 사회문화를 가로질러 사회의 다원화 정도를 측정할 수 있는 기준은 존재할 수 없다(멀러, 2020). 파쏘와 로우랜드의 제안은 '국가가 행위자인가, 연결망(효과)인가를 선택해야 한다'는 주장이 아니다. 국가가 언제 어디에서 행위자나 연결망으로 작동하는지, 그리고 그 다음 단계에서 '어떤' 행위자-연결망을 만들고, '또 다른' 행위자-연결망을 해체하며 '행위자'가 되는지를 추적해야 한다. 행위자-연결망 국가란 국가가 언제 어떤 상황에서 일관성을 지닌 행위자인 것처럼 목적을 설정하고 동원 가능한 수단을 사용해 분석한다. 그리고 그와 다른 층위나 또 다른 국면에서는 일관성을 획득하는 데 실패하고 불확실성과 조우하며, 그 스스로의 규칙을 변경하고 예외를 '보지 않거나', 인정하게 되는지를 분석할 수 있도록 한다. 행위자-연결망 이론에서 특정한 행위자가 다른 행위자에 의해 매개되고 연결됨으로써 그 자신의 행위자성을 획득하듯, 그 내부에 다수의 행위자-연결망으로 구성된 국가는 그 자신의 특정한 행위자-연결망을 통해 재현되거나 대표되기도 하고, 그 스스로 통제 불가능한 영역을 의도치 않게 만들어내기도 한다. 행위자-연결망 국가는 규칙이나 법칙을 만들고 그것을 관철시키는 전지전능한 행위자가 아니다. 규칙의 적용 범위를 매번 새롭게 정하고, 그 '규칙을 수정하는 과제' 수행을 분석의 대상으로 삼고 있다.

2) 국가 발전모델의 수행성

파쏘와 로우랜드의 '행위자-연결망 국가'를 받아들임으로써 국가(와 통치성) 연구와 혼종성 연구 사이에 다리를 놓을 수 있을 것이다. 행위자-연결망 국가 모델을 받아들인다면, '혼종성의 국가모델'이란 (경제적·사회적·문화적) 발전을 도모할 때의 의도와 지향점의 집합(+ 수단)만으로는 충분히 해명될 수 없는 구조를 지닌다.

혼종성의 국가 모델이 아닌 지향점의 집합으로 모델을 설명하는 전형적인 예는 다음과 같을 것이다.[3] "중국 모델이란 수출 위주의 정책을 장려하고 시장 중심의 경제개혁을 지속하되 사회주의를 유지하고자 하는 독재적인 중앙정부에 의해 유지되는 모델"(이동욱, 2006: 24)이다.[4]

위 요약은 계획경제 모델에서 시장경제 모델로의 이행이라는 전제를 깔고 있을 뿐만 아니라[5], '모델' 자체를 국가의 의도나 지향점과 그대로 등치시킨다. 같은 맥락에서 중국의 경제특구에 대한 설명은 다음과 같을 것이다.

1978년 개혁·개방 정책 이후 1980년 선전, 주하이, 산터우, 샤먼 경제특구를 설치한 이후 여러 지역으로 확산되었다. 이는 "특구에 시장 조절 기능을 인정하며 화교 자본과 외자 유치를 목적"(최영진, 2018: 280)으로 했다. 그런데 저자인 이동욱 역시 중국 모델의 구체적 작동을 설명하고 분석하기 시작하는 순간 목적-수단의 구분에서 수단을 목적에 종속시키는 것에서 벗어나 수단 내부에 내재한 효과에 초점을 맞춘다.[6] "중국의 중앙은행은 1994년 처음으

---

3) 물론 중국 모델을 정의하는 방법은 연구자와 연구 분야와 관점에 따라 여럿이 있다. 나는 이동욱의 중국 모델 정의가 '정확한가/정확하지 않은가'라는 (의심할 나위 없이 중차대한) 질문을 유보했다.

4) 중국의 경제계획과 북한의 경제개혁을 비교함으로써 북한 경제개혁의 성격과 특성을 추론했던 박희진(2007)은 중국의 초기 경제개혁의 특징을 산업 간의 불균형 문제를 해결하기 위해 농업 우선 발전 정책을 택했고 그 과정에서 중앙집권적 계획체계가 해체되기 시작했다고 정리한다. 그에 따르면 이는 계획체계를 해체한 것이 아니라 유지 고수하는 방향으로 전개되었던 북한의 개혁 전략과는 차이를 보인다. 이동욱이 "경제개혁을 지속하되 사회주의를 유지하려 하였다"라고 느슨히 정리한 것과 달리 박희진은 개혁 과정에서 계획과 시장 사이의 관계가 어떻게 설정되었는가에 주목한 것이라 볼 수 있다.

5) 중국이나 북한의 사회변동을 '시장 자본주의화'로 요약하고자 한다면 굳이 혼종화라는 개념어를 새롭게 고안해야 할 필요는 없을 것이다. 혼종화는 시장 자본주의화라는 일방향의 화살표가 북한 사회에서 벌어지는 변화 양상을 충분히 설명할 수 없기에 도입되었다.

6) 만일 모델을 "의도, 수단과 목표, 이유과 만족"(베이트슨, 2006: 276), 그리고 평가로 패턴화

로 재정부의 요구를 거절할 수 있게 되었다. 인민은행 법규상 중앙은행의 독립이라는 문구가 없었음에도 불구하고 재정부로부터 독립성을 유지하는 전통이 수립되었고 재정부로부터 독립성을 유지하는 전통이 수립되었고, 마침내 1995년에 중국인민은행법을 발표하게 된다"(이동욱, 2006: 91). 중앙은행의 기능이 명확히 분리되고 정리되어, 그 이후 법의 이름으로 그 독립성이 확정되는 추이는 간략히 요약된 중국 모델에서는 드러나지 않는 매우 중요한 지점이다. ANS의 제안을 받아들여 위의 서술을 다시 정리한다면 중국 모델을 실행했던 중국이 '중앙은행'의 공식적 도입을 명시하지 않았으며, 중앙은행의 기능을 하되 중앙은행이라 불릴 수 없었던 중앙은행이 이후 중요한 국가기구인 중앙인민은행이 '되었다'는 점이다.

〈행위자인 중국 1〉

시장중심의 경제개혁+사회주의 유지라는 목적을 달성하기 위해 법규에서 규정하지 않은 중앙은행의 기능을 수단으로 사용.

↓

〈연결망인 중국〉

중앙은행의 기능을 보장하기 위해 재정부로부터의 독립이 요구됨

↓

〈행위자인 중국′〉

중국인민은행법에 의해 지위가 공식화된 (시장경제적 주체인) 중앙은행

↓

......

된다고 받아들인다면 위의 '전형적인 예'에서 문제점은 없다. 덧붙여 의도나 목표가 아니라 그것이 구체적으로 실행되는 수단들에도 주목해야 한다.

혼종화의 모델로 국가 발전모델을 분석하는 작업은 행위자로서의 국가의 목적+수단이 아니라 그 실행 과정 속에서 솟아나는 예측 불가능했던 사건을 분석의 대상으로 놓는다. 그 사건은 다음 단계에서 행위자-국가의 목적+수단' 내용과 의미를 바꾸어 놓을 것이다.

3) 발전모델의 유효 기간

국가의 발전모델이 목적+수단이라는 도식에서 벗어나는 실행 과정에서의 사건을 포함한다는 점에 덧붙여 주목할 수 있는 점은 한 시기의 발전모델이 유효 기간을 지니며 그 유효 기간이 지난 후의 모델의 이름이 새로운 의미를 얻게 된다는 점이다. 정종호(2013)는 중국의 지역 발전모델을 소개하고 정리하면서 1978년 12월에 개최된 중국공산당 제11기 중앙위원회 3차 전체 회의 (3중전회)에서 개혁·개방을 통한 경제발전으로의 단계적이고 순차적인 전략을 내걸고 도시 개혁에 우선해 농촌 농업 개혁을 유도함에 따라 다양한 지역 발전모델이 등장했으며 그중에서도 소남 모델, 온주 모델, 주강 모델이 주목을 받았으며 세 모델의 한계점과 문제점들이 대두됨에 따라 신소남 모델, 신온주 모델, 신주강 모델로 재조정되었다고 요약했다.

소남 모델: 강소성 남부 지역(소주, 무석, 상주 등)

삼위주(집체 소유제, 향진기업, 기층 정부 위주의 행정 부분 및 시장 주도 위주의 경제 운영), 양협조(도시와 농촌 간의 조화 및 경제와 사회 간의 조화), 일공동(부의 공동화 실현)

온주 모델: 절강성 온주 지역

가내수공업 및 가정·가족 경영 위주로 전국적 네트워크를 형성, 각지에 온주 출신 이농민들의 공간인 온주성, 온주촌, 온주가, 온주 무역센터, 온주 빌딩, 온주점 등을 형성함

주강 모델: 주강 삼각주 지역
동관, 순덕, 남해, 중산이라는 네 가지 하위 모델로 나눠지며 홍콩과 인접한 동관 모델이 가장 대표적.
삼래일보(위탁 원료 가공, 위탁 설비, 견본 가공, 보상 무역), 전점후창(홍콩은 판매, 중국은 제조), 양두재외(생산품의 해외 판매 및 자본과 원자재의 해외 조달)

그런데 위의 세 모델이 가정하는 원칙과 실제 운용은 서로 충돌한다. 그리고 모델 자체가 '유효 조건과 유효 기간'을 지닌다. 예를 들어 신온주 모델은 그 내용면에서 온주 모델을 '이어가고' 있다고 해석할 수 있지만 온주 모델의 중요한 가정을 '부정하고' 있다고 볼 수도 있다. 온주 출신의 이주민들이 북경에 건설한 절강촌의 역사를 보면, 북경시가 대도시의 비공식 영역 부문을 '한시적으로' 인정하고, 온주성이 그들을 뒤에서 지원함으로써 대도시 내에서의 자본 형성이 가능했으나 이후 절강촌의 강제 철거가 이어졌다. 한시적으로 허용되었던 비공식 영역이 다시 불법적인 것으로 되돌아간 것이다.

4) 혼종화의 모델과 특구

통상 경제특구(special economic zone)로 이해되는 특구란 해외의 직접적인 투자를 유치해 사회 전반에 걸친 일자리 부족 문제를 해결하기 위한 압력조절 밸브(pressure valves)의 역할을 하는 비교적 장기간 지속되는 경제개혁 전략의

수단이다. 즉 경제특구는 새로운 정책과 관점을 시험해 보기 위한 실험실(Farole and Akinci, 2011)이라 할 수 있다. 그런데 북한의 특구를 긴 '개혁개방'의 역사를 지나온 중국이나 베트남 등 포스트 사회주의권 국가들과 비교하는 작업은 당장 어려움과 만난다. 당장 북한의 특구를 장기간에 걸쳐 관찰할 수 없었으며 이 때문에 특구를 통해 북한의 국가 발전모델의 실제 사례로 분석할 수 있는 자료는 한정되어 있다. 북한의 특구가 '실험실'로 제안되었다 할지라도 그 실험실은 다른 사례와 같이 충분히 오랜 시간 동안 작동하지 않았다. 그러나 특구의 디자인과 위상 자체를 고찰함으로써 행위자-연결망으로서의 국가 그 내부의 '행위자-연결망들'(actor-networks)을 만들어내고 그것을 관리하는 양상을 '혼종화의 국가 모델'로 다시 쓰는 작업은 가능할 것이다.

박배균은 2000년 전후 한국에서 특구가 외국 자본을 유치하고 기업을 끌어들여 국가와 지역의 경제를 활성화하기 위한 정책적 수단으로 이해되어 왔다는 전제를 재고한다(박배균, 2017: 288). 그는 특구를 보다 넓은 정치-경제-사회-문화적 과정이란 맥락하에서 공간의 생산으로 재조명해야 함을 제안하는데, 그에 따르면, "특구는 국가가 특정의 목적을 위하여 국토 공간의 일정 부분에 한해 국토 공간의 다른 곳에서 적용되는 규칙이나 제도와는 차별적인 법과 제도를 예외적으로 허용하는 곳"(박배균, 2017: 289)이다. 위 정의에서 핵심은 '예외적(exceptional) 공간'이라는 규정이다. 국가는 그 자신의 일반적 제도와 규칙이 적용되지 않는 공간을 합법적으로 만들어냄으로써 그 자신의 주권과 영향력을 유지하고 강화하려고 시도한다.[7]

---

7) 예외(例外)를 만들어냄으로써 작동하는 권력을 신자유주의 이후 통치성의 특수한 형태로 볼 것인지 아니면 근대 민족국가의 형성 이래 계속 지속되어 온 형태로 볼 것인지의 논쟁이 있다. 일반적으로 볼 때 필자는 후자의 입장을 지지하지만 이 장에서는 본격적인 논의를 진행하지 않았다. 또한 개방 개발, 도농 종합 개혁, 자연 절약형, 환경 우호형 사회 건설, 신형 공업화 경로 탐색, 농업 현대화, 자원형 경제 전환이라는 초점이나 특구 운영 주체의 역량

3. 예외의 생산: 북한의 특구

특구를 예외적 공간의 생산으로, 즉 패러다임의 정상성을 재정립하려는 수단이라고 볼 경우, 그것이 성공으로 귀결되지 못했다는 측면 외에 다른 측면에 대해 질문할 수 있다. 즉 많은 해외투자를 유치하는 데 실패했다 할지라도, 그리고 현재 활발하게 작동하고 있지 않더라도 북한이 '제안하고 상상한' 특구를 통해 북한 사회의 혼종화 특성을 엿볼 수 있을 것이다. 특구의 지정을 통해 생산되는 통치 스타일은 하나의 통치 스타일을 만들고 관철하려는 시도임과 동시에 현재 진행되고 있는 혼종화를 예증한다. 예를 들어 2002년 9월 김정일은 신의주 특별행정구를 지정하고 그 운영을 외국 기업인에게 맡겨 자본주의적 방식으로 운영하려 했다. 9월 23일 조선대외경제협력추진위와 네덜란드 유럽·아시아 국제 무역회사 간 신의주 특별행정구 개발과 관리 운영을 위한 기본 합의서가 조인되었고, 네덜란드 국적의 화교 기업인 '양빈'을 임명해 외부 자본 유치를 꾀하기도 했다. 비록 양빈 회장이 중국 공안국에 경제 범죄 활동으로 체포되면서 좌절되기는 했으나 그 예는 '국가 속의 국가'를 만들어냈다는 평가를 받을 정도로 파격적이었다(송진행, 2015: 73~76).

(특구의 실제 작동과 구분되는) 특구를 정의하고, 상상하며, 제안하는 과정은 혼종화와 두 가지 수준에서 연결된다. 첫째, 만일 여럿의 서로 다른 특구가

배분, 그리고 특구 크기 등의 범주와 중국(그리고 북한)의 특구가 과연 탈사회주의를 시도하는 체제 전환의 수단인지 혹은 신자유주의적 통치 방식을 관철하려는 수단인지를 판정하려는 논쟁은 역시 현재진행 중이다.

박배균은 동아시아 특구를 발전주의적 특구, 신자유주의적 특구, 체제 전환적 특구로 유형화하는데, 특히 중국의 경우 특구의 예외성의 초점과 스케일이 지속적으로 변화했다는 분석에 주목할 필요가 있다. 초점과 스케일의 변화란 앞서 간략히 언급한 국가 발전모델의 '유효 기간'이라는 아이디어와 연결될 것이다.

지정된다면 특구는 말 그대로 한 영토 내의 서로 다른 규칙에 의해 운영되는 모델이 병존함을 보여주는 예이다. 국민국가의 영토 내에 같은 규칙이 아닌 명확히 다른 규칙이 적용되는 공간이 만들어진 것이다. A라는 특구 안에서 허용된 것이 A 바깥에서는 허용되지 않는다는 점에 주목한다면 특구의 존재는 합법적으로 만들어진 불법적 공간이 된다. 이는 서로 다른 시공간을 승인하는 혼종화의 예이다. 둘째, 하나의 특구로 분석을 한정한다면 특구 바깥에 놓인 일반적 공간과 구분되는 특수한 규정과 조건들의 집합체인 특구는, 국가가 현 상황으로부터 벗어나기 위해 동원하고 감수해야만 하는 이질적인 것들을 내부에 끌어들였음을 뜻한다. 이에 특구는 그 바깥에서는 승인되지 않았거나 비가시적인 이질성을 (재)생산한다. 만일 서로 다른 특구들을 함께 고려한다면, 다른 특구 모델들 '사이에서' 그리고 하나의 특구 내부에 소환된 이질성에서 혼종화가 진행될 것이다.

특구를 혼종화 모델로 간주하는 작업은 특구를 국가 발전을 위한 수단으로 해석하는 수준을 넘어 국가의 수행성 연구(국가의 내부와 외부 그리고 국가 내부의 이질적인 것들과 동질적인 것들을 연결하는 방식)의 한 영역이다.

1) 발전모델로서의 특구

북한 역시 특별 구역을 자신이 제시하는 발전모델에서 주요한 수단으로 사용해 왔다. 국가는 특구를 지정해 개발함으로써 현재의 상태보다 더 나은 단계로 나아가고자 한다. 특구 정책은 '행위자로서 국가'를 보여주는 강력한 예이다.

'행위자인 국가'는 '특구를 지정함으로써' '국가의 발전을 도모'한다.

                    수단   목적

반면 특구는 그 자체로 네트워크로서의 국가의 예이기도 하다. 행위자의 의도만으로 특구의 작동과 효과를 충분히 설명할 수 없기 때문이다. 예외 공간의 예외적 성격을 일반적으로 규정하는 상위 규칙은 있을 수 없으며 예외 공간을 일반적인 목적을 위한 일반적인 수단으로만 이해할 수 없다. 이 때문에 국가의 통치 행위의 한 예인 특구는 그 존재 자체가 혼종적이며 혼종화의 예이다. 북한에서 각각의 시기에 만들어진 특구는 각각 다른 맥락에서 다른 이유로 제기되고 추진된다. 특히 북한이 계획하고 제안하는 특구 정책은 전면적인 경제 체제의 전환이 아니라 점진적인 개방의 수단으로 경제특구를 활용했던 중국과 베트남의 전례를 이미 알고 있는 상황에서 제시되는 것임을 염두에 두어야만 한다. 많은 연구자들이 이미 지적하듯 경제특구 정책이 지속될 경우 북한 정권의 의도와는 무관하게 개혁과 개방의 속도가 통제할 수 없는 수준으로 빨라지고 체제 전환을 가속화시킬 수 있다는 점은 자본주의 체제에 속한 관찰자에게는 희망적인 관측이겠으나 특구를 제안하는 북한의 경우엔 피해야만 하는 귀결이다. 실제 북한의 경제특구 정책은 '모기장식 개방' 정책이라고 불리기도 했다. 자유주의 시장경제 체제의 필요한 부분 이외의 위험 요소는 모기장처럼 걸러내겠다는 표현이다.[8]

만일 김정은이 집권 이후 2013년 1월 중앙과 지방 24곳에 경제개발구를 신설하는 등 특구의 수를 계속 확장했으나 투자 유치에는 실패하고 있다고 요약한다면, 이는 북한의 '특구'에 대해서는 거의 아무 것도 말해주는 바가 없을 것이다. 특구의 지정을 경제개발과 투자 유치를 위한 '수단'으로 한정할 경우, 특구의 증가란 항상 유사한 의미와 분석을 반복하게 되는 것이다. 특구는 현

---

[8] "미국 등 제국주의자들의 부르조아사상·문화 유포책동에 대비해 그 어느 때보다도 모기장을 든든히 쳐야 한다"(청년전위, 2001; 이용희, 2013: 271에서 재인용).

상태에 개입해 그것을 바꾸고자 하는 청사진이자 예외적 공간의 제한적 조건화이다. 즉 사회주의 체제의 중앙집권적 국가 스스로가 승인하고 마련한 비(非)사회주의적 공간은 그 구체적인 실현 여부와 별도의 의미를 지닌다.[9] 전지명(2011)은 이전 시기 북한의 경제특구들이 경제특구 4곳 모두가 지리적으로 북한 영토의 동·서·남·북 끝자락인 최북단 동서 국경 끝자락의 라진 선봉과 신의주, 최남단 동서 휴전선 끝자락인 금강산, 개성 지역이었으며 이것이 북한 주민이 자본주의 사상에 노출되는 것을 최대한 막기 위한 것이었다는 해석을 덧붙인다. 저자는 그 해석의 방향을 살짝 바꾸기를 제안한다. 첫째, 변방이라는 위치는 경제적·지정학적으로 실질적인 이점을 지닌다. 둘째, 자본주의로의 노출과 악영향을 피하기 위해(원인) 특구가 변방으로 밀려나 있다(결과)는 설명은 아직 명시적으로 공포되거나 확인되지 않은 원인을 전제하고 그에 대한 결과로 특구의 위치를 설명했다면, 자본주의적 특구가 주변에 있다는 사실 자체가 사회주의 체제의 주도성을 보여주는 상징적 의미를 지닌다고 해석할 수 있다.

2013년 5월 제정된 북한의 경제개발구법은 특수경제지대인 경제개발구의 일반법이다. 북한은 경제특구를 '특수경제지대'로 명명했는데 이는 "국가가 특별히 정한 법규에 따라 투자, 생산, 무역, 봉사와 같은 경제활동에 특혜가 보장되는 지역"[외국인투자법 제2조(용어의 정의) 제10회]이다. 경제특구에 대한

---

9) 통일부(2018)는 북한의 경제특구에 대해 요약하면서 "김정은 정권의 경제개발구 정책은 선포된 이후 어느 한 곳도 추진되지 못하고" 있으며, 그 원인이 "2013년 이후 4차례에 걸친 핵실험과 수십 발의 미사일 발사 시험을 하고 있기 때문"이라 분석했다. 그러나 "핵 개발 포기 의지를 적극 표명하지 않는 한, 김정은 정권의 경제개발구 정책은 한계를 보일 수밖에 없을 것"이라는 설명은 '계속되는 핵실험과 미사일 발사 실험'이라는 지속되는 조건 위에 '경제특구의 확대'라는 또 다른 결의 정책을 종속시킬 경우, 왜 이전과는 다른 방식의 청사진이 제시되었는지를 추적해야 하는 과제를 미루게 할 것이다.

일반적인 정의와 비교했을 때 위의 정의에서 주목할 수 있는 바는 예외적 지역을 정의하는 데 '특혜'를 준다는 점을 강조했다는 점일 것이다. 그 외에 일반적 차원에서 볼 때 김정은 시대의 특구 정책은 몇 가지 특징을 보인다. 그 첫 번째 특징은 우선 예외 공간의 물리적·상징적 확대이다. 김정은 정권은 나선, 황금평·위화도, 금강산, 개성공업지구 등 4대 중앙 특구 외에 지방에도 경제개발구를 개발하고자 했다. 북한의 특구는 2013년 5월 29일 '경제개발구법' 제정 이후 늘어나 2016년 12월 현재 중앙급 경제특구 5개, 중앙급 경제개발구 4개, 지방급 경제개발구 17개 등 총 26개에 이른다. 기존의 5개의 경제특구(나선경제특구, 황금평·위화도경제특구, 개성공업지구, 원산·금강산관광지구, 신의주국제무역지대)를 제외하면, 김정은 정권이 지정한 경제특구·경제개발구는 21개이다. 또한 김정은 정권의 경제개발구 지정은, 중국식 경제특구 정책을 모방해 경제특구·개발구를 중앙급·지방급으로 이원화했으며, 기존의 종합 경제특구가 아닌 각 지방정부들이 보유한 비교 우위 요소를 기초로 특화된 경제개발구들(2015년 12월 현재 경제개발구 5개, 공업개발구 4개, 농업개발구 3개, 관광개발구·특구 4개, 수출가공구 3개, 첨단기술개발구 1개, 국제녹색시범구 1개 등)을 설정했으며, 경제개발구 지대 밖의 북한 기업의 새로운 경제특구·경제개발구에 진출(경제개발구법 제20조)과 지대 내의 외국 자본과 지대 밖의 북한 기업들과 연계(경제개발구 기업 창설 규정 제21조)가 가능하도록 했다. 이는 나진 및 개성공단에 진출한 기업들은 지대 밖 북한의 기업들과 위탁가공 내지는 생산 공정의 분업 관계를 맺기 어려웠다는 점과 구분된다(통일부, 2018: 141~143).

이유진(2016)은 김정은 정권 이후의 경제특구가 이전 시기의 특구와 구분되는 특징을 다음과 같이 요약한다. 1991년 설치된 북한형 경제특구가 "사회주의 계획경제라는 기본 틀을 유지하면서 부분적으로 실시하는 수출가공구적 성격"(211)을 지니고 있었다면, 최근의 변화는 지방정부 차원에서 경제개

〈그림 6-1〉북한의 경제특구 경제개발구

자료: 통일부(2018: 142).

발구를 설치할 수 있는 법적 근거가 마련되는 등 개발구를 통해 지방경제를
발전시키려는 방향이 제시되었다. 이에 따라 개발구 내 제한 없는 외화 송금
의 허용, 외화 송금 시 세금을 면제, 공식 환율과 시장 환율 사이의 괴리 등이
쟁점이자 해결해야만 하는 문제로 부각되었다.

2) '목적과 수단'의 바깥 그리고 복수의 층위

'행위자인 국가는 특구를 지정함으로써 국가의 발전을 도모한다'는 가정하에 행위자-수단-목적을 단순히 이어붙일 경우 수단인 특구의 규정과 내용에 따라 행위자와 목적 자체가 변모한다는 점을 보지 못하게 된다. 통치 행위에서 목적-수단의 연결은 여러 층위를 지니며 특구의 경우 서로 다른 층위와 규정을 내리는 것 자체가 중요한 의미를 지닌다.

이어지는 세 문장은 국가의 통치 행위의 중요한 예인 특구 개발의 목적과 수단을 간명하게 제시한다. 첫 번째가 특구 개발을 수단으로 두고 경제발전과 인민 생활수준향상을 목적으로 설정했다면, 두 번째는 토지이용 질서 확립을 수단으로 삼고, 토지의 보호 관리와 이용을 목적으로 삼았으며 마지막 세 번째는 유리한 투자 환경과 조건 마련을 수단으로, 관광개발을 목적으로 놓는다. 이상의 선언에서 특구는 국가(권력의) '목적과 수단'의 결합으로 환원된다.

라진-선봉자유경제무역지대를 개발하는것은 나라의 경제를 발전시키며, 인민생활을 높이는데서 중요한 의의를 가집니다.　　　　　『김일성전집』, 제94권, 386쪽

토지리용질서를 철저히 세우는것은 토지를 잘 보호관리하고 효과적으로 리용하기 위한 중요한 요구입니다.　　　　　『김정일선집』 증보판, 제11권, 3쪽

경제개발구들에 유리한 투자환경과 조건을 보장하여 그 운영을 활성화하며 관광을 활발히 조직하여야 합니다.　　　　　김정은(전은주, 2019: 60 재인용).

반면, 2019년에 특구에 대해 언급하는 세 개의 글에서 '특구' 의 규정과 원

칙들은 서로 충돌한다. 배순별이 『김일성 선집』을 인용하면서 특구로서 라선 경제무역지대를 설명하는 데 있어 "류통상 가장 유리한 지리적위치"(배순별, 2019: 57)에 놓여 있다는 점을 반복해 강조한다. 여기서 지리적 위치에 대한 강조는 일반적인 특구 분석과는 다른 위상을 지닌다는 점에 주목할 필요가 있 다. 라선경제무역지구가 중요한 이유는 "값눅은 로동력을 리용하여 상품을 생산, 수출하는 다른 나라의 특수경제지대"와는 다른 규정이라는 점이다. 이 는 중계무역지로서의 특징이 전 지구적 경제구조하에서의 국제 노동력 착취 라는 문제점을 품고 있지 않음을 강조한다. 반면, 김란(2019)의 글에서 『김정 일 선집』의 인용은 토지리용질서의 철저한 확립이 '경제개발구'라는 특구가 품고 있는 위험성을 피하고자 하는 목적을 제시함과 함께 특구를 설정하는 순 간 등장하는 딜레마를 명시한다. '투기 행위는 막아야만 하지만 그 시도가 투 자 유치와 개발을 가로막을 수도 있다'.

> "토지임대란 국가가 토지리용권을 일정한 기간(최고 50년) 침차자(주로 개발기
> 업)에게 넘겨주는 행위"인바, …… "토지리용권의 양도를 허락한다고 하여 개발
> 기업이 마음대로 제 3자에게 양도하게 하면 토지를 수단으로 장사를 하면서 투
> 기행위를 하는 현상이 나타날 수 있는것이며 다른 하나는 기업의 토지리용양도
> 에 대하여 지나치게 제한한다든가 혹은 통제한다면 투자유치와 부동산 개발에
> 부정적영향을 줄 수 있는 것"(김란, 2019:59).

마지막으로 전은주는 "지난 시기에는 경제개발구의 개발을 위한 필수 조건 들 가운데서 그 중요성의 순서가 대체로 유리한 지리적 위치, 특혜제도, 현대 적인 하부구조 외부 지원 환경 등으로 되어 있었지만 오늘에 와서는 그 중요 성의 순서가 변화되어 현대적인 하부구조 시설 보장이 가장 중요한 조건으로

되고 있다"(전은주, 2019: 60)며 경제개발구의 하부구조 시설 보장을 위해 "국가적으로 따로 정해진 법과 규정에 따라 진행"(전은주, 2019: 61) 되어야 한다고 주장한다. 논의의 초점이 개발 기업의 개발 사업권 법적 보호 쪽으로 넘어간 것이다.

같은 시기(2019)에 같은 북한의 잡지에 실린 특구에 대한 논의에서 크게 두 가지 점을 확인할 수 있을 것이다. 우선 특구를 특구로 규정하는 원인에 대해 서로 부딪히는 원칙들이 제시된다. 이는 특구 규정에서의 국가가 2개의 층위에 걸쳐 있다는 점을 재확인해 준다. 행위자로서의 국가와 연결망으로서의 국가이다. 첫 번째는 연결망으로서의 국가, 즉 특구를 '물질적으로' 규정하는 예외의 조건들이다. 특구는 예외가 규칙으로 작동하는 공간이기에 특구A의 규칙이 특구B에서 부정된다는 사실은 큰 문제가 되지 않는다. 이질적인 특구들의 병립에서 문제가 되는 것은 두 번째 층위인 '모든 것을 총괄하고 관리하는 국가'이다. 즉 행위자로서의 국가이다. 행위자-연결망 국가는 자국의 영토 내의 모든 공간에서의 규칙을 변경하고자 하지 않았기에 특구를 만들지만 그 결과 특구A에서, 특구B와 C와 D에서 국가의 역할과 한계는 달라진다. 이에 특구를 규정하는 국가 스스로 만든, 서로 다른 영역에서의 서로 다른 역할을 '조정'해야 하는 이전보다 훨씬 더 복잡한 역할을 떠맡게 될 것임을 예측할 수 있다. 두 층위는 서로 맞물려 있으며 다른 층위에서의 문제를 제거하지 못하고 강화시킬 것이다. 예외 공간을 만들어낸 국가는 그 자신의 영토 내에서 동질적인 규칙을 제시하고 그 수행을 강조하는 관리자로서의 속성을 유보했다. 그러나 그것을 유예한 만큼 각기 다른 공간 내에서는 합법적이지만 그 공간 밖이나 그 사이에서는 불법적인 것들이 되는 요인들을 관리하는 능력이 필요하다. 북한은 어떻게 그 스스로가 만들어낸 제한 조건을 견딜 만한 것으로 바꿔 놓을 것인가?

4. 결론: 혼종화의 예로서의 특구 정책

이 글은 의도적으로 왜 북한의 특구가 성공을 거두지 못했는지에 대한 문제를 다루지 않았다. 비교정책학의 측면에서 볼 때 북한 내부의 정치적·경제적 환경, 특히 큰 불확실성으로 인해 해외 자본을 끌어들이는 데 실패했다는 설명은 설득력을 지닐 것이다. 그러나 그 질문은 왜 북한이 계속 특구를 제안하는지, 또 왜 기존의 실패 요인을 제거하지 못하는지에 대해서는 답하기 어렵다.

혼종성은 시간에 따라서 변모하는 이질성의 양식의 결과이다. 북한사회변동과 혼종성이라는 화두는 북한 사회 내의 동질성과 이질성의 위치, 관계 그리고 그것에 대한 관계 설정 방식을 탐구해야 함을 칭한다. 연구자는 '특구'를 디자인하고 구체화하는 방식[10]이 이질적인 것의 변화 방향과 문제를 확인할수 있는 장소로 간주했다. '특구는 국가가 무엇으로부터 무엇에 대항해 무엇과 상관없이, 그리고 무엇과 관계 맺음으로써 스스로를 만들어내는지를 보여준다. 그 구체적 양태를 분석하는 데 행위자-연결망 국가의 제안, 즉 '행위자 모델에서 국가의 역할'과 '연결망 모델에서 국가가 온전히 통제할 수 없는 조건들의 효과'가 상호 교차할 것이다.

특구는 무엇인가를 위한 '수단'일 뿐 아니라 그 수단들의 앙상블 자체가 국가가 '예외로서 승인한' 혼종화를 표현한다. 아르준 아파두라이(Arjun Appadurai)의 표현을 빌려온다면 특구는 "그 자체로 문맥①인 동시에 문맥②를 필요로 하며 또 문맥③을 생산"(아파두라이, 2004; 번호는 필자가 붙임)한다. 즉 특구는

---

10) 북한에서 특구가 실제 운영되면서 발생하는 문제를 추적할 자료는 아직 존재하지 않지만, 특구의 특성에 주목함으로써 대체적인 얼개를 상상해 볼 수는 있을 것이다.

'또 다른 공간'을 생산한다. (문맥①) 특구의 탄생은 행위자로서의 국가의 역능, 즉 예외 공간을 선포해 그 바깥에서는 용인되지 않는 일들을 가능하도록 해주는 사건이며(문맥②), 항상 문젯거리를 그 내부에 품고 있는 예외들의 작동은 이전 단계에서 국가가 예상했던 범위와 방향을 벗어날 것이며(문맥③), 국가는 예기치 못했던 일들을 지나쳐 가거나 적극적으로 대응할 것이다(문맥Ⓝ……). 그 양상에 대한 기술이 북한의 혼종화에 대한 분석이 된다.

참고문헌

김란. 2019. 「경제개발구의 토지임대 및 양도제도 실시에서 나서는 몇 가지 문제」. ≪경제연구≫, 1. 과학백과사전출판사.

김일성. 2012. 『김일성전집』. 평양: 조선로동당출판사.

멀러, 제리(Jerry Muller). 2020. 『성과지표의 배신』. 김윤경 옮김. 궁리.

박배균. 2017. 「동아시아에서 국가의 영토성과 예외적 공간: 동아시아 특구의 보편성과 특수성」. ≪한국지역지리학회지≫, 23(2).

박희진. 2007. 「계획과 시장의 관계로 본 북한 경제개혁: 중국과의 비교를 중심으로」. ≪북한연구학회보≫, 11(3).

배순별. 2019. 「국제적인 중계기지로서의 라선경제무역지대의 유리성」. ≪경제연구≫, 1. 과학백과사전출판사.

베이트슨, 그레고리(Gregory Bateson). 2006. 『마음의 생태학』. 박대식 옮김. 책세상.

송진행. 2015. 「북한 경제특구의 자율적 위상에 관한 연구」. 서울대학교 행정대학원 석사학위논문.

아파두라이, 아르준(Arjun Appadurai). 2004. 『고삐 풀린 현대성』. 차원현 외 옮김. 현실문화연구.

이동욱. 2006. 『북한의 시장경제 모델 찾기- 중국과 북한의 금융개혁』. 삼성경제연구소.

이용희. 2013. 「북한의 경제특구정책과 실패요인」. ≪동북아경제연구≫, 25(3).

이유진. 2016. 「북한의 경제특구 및 경제개발구 개발현황과 전망」. 북한연구학회 창립20주년 기념 학술 대회. 『김정은 시대의 북한연구 쟁점과 과제』.

장소영. 2017. 「북한의 경제개발구법에 관한 연구: 체제전환 국가의 법제전환과의 비교를 중심으로」. 서울대학교 법학전문대학원 박사학위논문.

전은주. 2019. 「경제개발구의 하부구조건설에서 나서는 몇가지 문제」. ≪경제연구≫, 1. 과학백과사전출판사.

전지명. 2011. 「북한의 대외개방화 장애요인과 특구정책에 관한 연구」. ≪북한학보≫, 36(1).

정종호. 2013. 「중국 지역발전모델의 회고와 전망: 삼대모델(三大模式)을 중심으로」. ≪중국학연구≫, 63.

최영진. 2018. 「중국 선전과 북한 나선 경제특구의 비교연구: 제도구축과 확장성을 중심으로」. ≪평화학연구≫, 19(1).

통일부. 2018. 『북한 이해』. 통일교육원.

Farole, Thomas and Gokhan Akinci(eds.). 2011. *Special Economic Zones: Progress, Emerging Challanges and Future Direction.* World Bank.

Passoth, Jan-Hendrik and Nicholas Rowland. 2010. "Actor-Network State: Integrating Actor-Network Theory and State Theory." International Sociology, 25(6).

제7장

스펙터클 공간과 국가주의 퍼포먼스

이지순_통일연구원 부연구위원

1. 서론: 국기가 연출한 드라마

2018년 대집단체조와 예술 공연 〈빛나는 조국〉 개막식에 게양된 초대형 국기는 국가 기표를 극적으로 전시했다. 연극적으로 게양된 국기는 공연을 엄숙한 제의의 무대로 만들면서 북한의 지배 이데올로기를 드러냈다. 이 공연을 시작으로 각종 국가 기념 의례나 공연, 문학예술 분야의 서정과 서사의 핵심에 국기를 놓는 비중이 점점 커졌다. 집중적으로 재현된 국기는 국가 담론과 국가 운영 전략, 통치 방법과 연계해 북한의 변화를 맥락화했다. 이 같은 현상은 2017년 신형 ICBM '화성-15'형의 발사 성공 이후 전략적 지위 상승을 주장하면서 처음 등장한 '우리 국가제일주의'에서 단초를 보였다. '우리 국

---

* 이 장은 필자가 2020년 ≪동아시아문화연구≫, 제81집에 게재한 「김정은 시대 국가주의와 문화적 퍼포먼스」를 수정·보완한 것이다.

가제일주의'는 '우리 민족제일주의'와 개념적으로 구분되지 않는 선언적 구호로 등장했다(이지순, 2019a: 2). 2019년 신년사에서 '우리 국가제일주의'가 공식화되었지만, 문화적으로는 이전부터 재현되기 시작했다. 이를 응축해 보여준 것이 대집단체조와 예술 공연 〈빛나는 조국〉의 각종 표상과 퍼포먼스였다.

2018년 건국 70주년을 기념해 5년 만에 대집단체조와 예술 공연 〈빛나는 조국〉이 재개된다는 소식이 알려지자 일찍부터 기대를 모았다. 〈아리랑〉과 같은 규모이지만, 새로운 내용과 형식에 현대 과학기술이 도입될 것으로 예고되었다(리신향, 2018.8.15). 대내외적인 관심과 기대 속에 막을 연 〈빛나는 조국〉은 〈아리랑〉과 다른 결을 지니고 있었다. 〈아리랑〉이 민족사의 수난 극복을 주제로 민족주의를 형상화했다면, 〈빛나는 조국〉은 상징적 이미지들을 바탕으로 국가주의를 내포했다.

북한은 대내외적 효용에 따라 민족주의와 국가주의를 운용해 왔다. 김정은은 권력 승계 직후 '김일성-김정일주의'를 정식화했지만 북한을 운영하는 포괄적인 사상 체계이자 통치 이념인 주체사상의 테두리를 벗어나지는 않았다. 김정일이 주체사상을 '김일성주의'로 명명한 것처럼, 김정은은 '김일성-김정일주의'로 주체사상을 재명명해 자신의 후계 정통성을 구축하고자 했다. 이어 김정은은 '김정일애국주의'를 체계적으로 다듬고 공식화해 자신의 통치 이념으로 삼았다(김정은, 2012.8.3). 김정일애국주의는 백두 혈통의 정당성과 부국강병의 미래를 결합하는 시도였다(강혜석, 2019: 324). 이 과정에서 김정은은 '김정일애국주의의 최고체현자'로 호명되었으며, '김일성민족'과 '김정일조선'을 김정은의 애국에 섞어 넣어 김정은의 권력 승계를 정당화했다. 또한 김정은이 집권 초기에 통치 이데올로기로 국가주의를 선택한 것으로 보이지만(전미영, 2018: 235), 민족 유산을 강조하는 문화 정책은 민족주의에 근간해 있었다.[1] 모란봉악단처럼 김정은 시대의 파격과 혁신의 아이콘들은 사회주의 민족 문화의 건설 원칙에 현대화와 세계화를 결합한 모습이었다(정영철, 2017: 302). 김정은에게 민족주의가 민족 지상의 규범론이 아니라 국익에 근거한 실용주의 측면이 있듯(전미영, 2018: 245), 국가주의 담론은 북한이 처한 현실 문제와 밀접한 관계를 맺고 있다.

김정일의 '우리 민족제일주의'는 사회주의 붕괴에 대응하는 체제 통합의 이념이자 위기 상황에서 집단을 단결하는 강력한 키워드였다. 즉 밖의 위험을 물리치기 위해 문을 걸어 잠그는 이념이 '우리 민족제일주의'라면, 밖에서 가해지는 압력에 대응하기 위해 안의 힘을 키우는 것이 '우리 국가제일주의'인 것이다. 국제사회에서 핵보유 국가 북한의 위상을 높이고, 더불어 이전과 구별되는 국격을 드러냄으로써 김정일 시대와 구별하고자 하는 김정은 시대의 독자성과 관련되어 있다(이지순, 2019a: 1).

한편 김정은의 국가주의 선택은 시장화 경험과 외래문화 접촉이 증가함에 따라 이전 시대처럼 민족주의 이념으로 주민들을 통합하기 어려운 상황과 결부되어 있다. 오랫동안 지속된 대북 제재와 자력갱생은 북한 주민들의 피로감을 높여왔다. 고난의 행군을 거치며 소속감이 약해짐에 따라 북한은 이전처럼 민족의 운명이 개인의 운명이라는 민족주의로 집단을 결속하고 쇄신하기 어려웠다. 이와 더불어 2017년 핵 무력 완성 선언 이후 높아진 자신감은 구성원을 통합할 기제로 국가주의를 전면화하도록 했다. 이때 제출된 '우리 국가제일주의'는 정상 국가의 이미지를 창출해 국가에 대한 결속력과 유대감, 자긍심을 갖도록 견인하는 이념으로 부상했다(이지순, 2019a: 23~24).

---

1) 김정은의 민족문화 정책은 2012년 문화유산보호법 제정에서 특징적으로 드러난다. 문화유산을 물질 문화유산과 비물질 문화유산으로 나누어 법제화함으로써 김정일의 민족문화 정책을 계승하고, 무형문화재라 할 수 있는 비물질 문화유산을 보호 영역으로 설정해 민족문화유산의 영역을 확대했다(전미영, 2018: 237~238).

'김정일애국주의'가 '김일성민족'과 '김정일조선'의 두 축을 중심으로 김정은의 국가 발전 전략을 함의하듯, 민족과 국가 기표는 미묘하게 섞여 있다. 이 같은 혼재는 두 기표를 전략적으로 사용한다는 점에서 김정은 시대의 특징이라 할 수 있다. 이전부터 사회주의적 애국주의가 민족주의를 표현해 왔듯, 강성 국가 건설을 목표로 사회 전체의 운동으로 확산된 '김정일애국주의'는 민족주의에 애국주의를 결합시켰던 지난 경향에서 크게 벗어나지 않는다. 그러나 애국의 기표와 결합된 국가상징들은 집단 구성원을 '민족'이 아니라 '국가'의 성원으로 불러 모은다. 이때의 가장 압축적인 기표는 국기이다.

국기는 이데올로기적 국가 장치로서 언제 어디서나 편재한다. 〈빛나는 조국〉에서 문화적 퍼포먼스로 재현된 국기는 드라마틱하게 북한이라는 국체(國體)를 전시했다. 예술 공연에서 펄럭이며 등장한 국기는 국민을 호명하며 부드러운 방식으로 복종을 재생산한다. 이는 정상 국가를 지향하는 과정에서 '김일성민족'의 기표를 잠시 내려놓고 '국가주의'를 전면화하는 맥락으로 읽을 수 있다. 그동안 김일성민족으로 상상되고 호명되던 인민대중은 사회주의 대가정 안에서 어버이 수령과 어머니 당, 자녀라는 삼각 구도 속에 위치해 있었다. 그러나 〈빛나는 조국〉에서 인민대중은 기존의 구도와 달리 거대하게 펄럭이던 국기와 연결되는 순간을 맞이했다. 이때 국기를 통해 현현한 국가는 북한에게 어떤 의미를 가지고 있는지 다시 생각해 볼 필요가 있다. 2017년 11월 핵 무력 완성 선언 이후, 2018년 남북·북미 정상회담으로 국제사회 교류와 협력의 가능성이 증대된 상황에서 호명된 국가의 이미지는 이 공연에서 국가상징에 집약되어 있기 때문이다.

2. 민족과 국가 경계의 크레올

대집단체조와 예술 공연 〈빛나는 조국〉에서 게양된 대형 국기는 북한이라는 국가를 현현하도록 했다. 기억 이미지는 지각을 확인하고 해석하고 보완하는 기능을 한다. 어떤 상(像)이 완전히 충족되지 않는 불완전한 자극으로 제공된다 할지라도, 그것이 무엇인지 지각하는 것은 어렵지 않다. 반쯤 가려진 원(圓)을 보고 완전한 원을 알아채는 것과 같은 이치이다. 부분을 통해 전체를 인식하도록 하는 '양상적 보충(modal complements)'은 실제의 지각 표상에 있는 틈들을 채우게 돕는다(아른하임, 2004: 131~132).

2018년 북한은 남북 정상회담이나 북미 정상회담의 도정에서 정상 국가의 이미지를 만들기 위해 노력했다. 국가성 제고는 제재와 봉쇄로 생존을 위협받던 그런 동아시아 변방이 아니라, 서로 동등하게 어깨를 나란히 하고 경쟁할 수 있는 위상에 대한 욕구를 내포하고 있다. 2016년 제7차 당대회에서 '전략적 지위'를 강조한 이래, 핵보유국 위상과 지위를 비롯해 새로운 국가 발전의 비전을 담을 새로운 용어가 필요함에 따라 등장한 것이 '우리 국가제일주의'였다(이지순, 2019a: 2). 그렇다고 북한의 '우리 국가제일주의'가 배타적이고 국수적인 형태라고 보기는 어렵다. 비핵화를 선언하면서 인류 평화와 안전, 세계 질서의 수호자로 자처한 북한은 자신들의 자주적 존엄과 이익이 중요하듯 다른 나라들의 그것도 중요함을 분명히 알고 있다고 정론이나 사설에서 밝히고 있다. 또한 국가주의를 개념화하는 과정에서 자신의 이익을 위해 다른 민족의 이익을 침해하거나, 반목하고 증오하지 않겠다고 명시적으로 선언했다. 이는 북한이 향후 대외 관계를 구축할 때 어떤 원칙에 의거할 것인지 시사한다(≪로동신문≫, 2019.1.8; 2019.1.20). 그런데 이때의 논리는 제국주의 국가의 부르주아 민족주의를 민족배타주의로 규정하고, 북한의 민족주의가 애국주의와 동일하며 진정한 민족주의라고 구분하던 1980년대 말과 겹쳐 보인다. 앞뒤 모습은 다르지만 가치가 동일한 동전처럼, 국가주의와 민족주의는 북한이라는 몸체를 이루는 앞뒷면 같다. 또한 "우리 국가제일주의는 우리 민족제일주의정신으로 우리 식 사회주의를 고수하고 빛내이기 위한 줄기찬 투쟁속에서 승화발전된 것"(≪로동신문≫, 2019.2.20)으로 발전된 논리는 국가주의가 민족주의로 언제든 재귀할 여지를 둠으로써 국가와 민족의 개념 차이를 불분명하게 한다. 국가주의가 분명한 표징을 지닐수록 민족주의는 흐릿해 보이지만, 이는 어쩌면 착시 효과에 불과할 수 있다. 둘 중 하나는 필요에 따라 언제든 전면에 나설 수 있고 개념적으로 구분되지 않을 정도로 착종된 상태였다.

핵무력 완성, 비핵화 선언, 2018년의 남북 정상회담과 북미 정상회담을 거치면서 북한은 국력 신장과 경제발전이라는 국가 목표를 분명히 했다. 이 과정에서 2018년 9월 9일, 국경절에 공연된 〈빛나는 조국〉은 국가상징들을 시각적으로 외현하며 관람객의 시선을 붙들었다. 상징들이 가리키는 지점은 내부자에게는 '조국'이고, 외부자에게는 '국가'였다.

대집단체조와 예술 공연 〈빛나는 조국〉은 어떤 식으로든 변화의 징후를 담고 있었다. 북한 사전에서 '조국'의 첫 번째 의미는 사회주의 대가정의 구도처럼 조국과 인민의 관계를 부모 자식의 미분리 관계로 설정하고 있다.[2] 두 번째 의미는 '국적이 속해 있는 나라'이다. '국적'은 한 국가의 구성원 자격과 타국과의 관계에서 차지하는 법적 지위를 뜻한다.[3] "피줄, 언어, 문화, 지역

---

[2] 북한 사전에서 '조국'의 첫 번째 의미는 "진정한 조국은 단순히 나서 자란 나라나 고향일뿐 아니라 인민들의 참된 삶이 있고 후손만대의 행복이 영원히 담보되는 곳"이다. 여기에 덧붙여 "참된 삶과 행복을 안겨주며 보다 휘황한 미래를 마련해주는 진정한 어머니이며 은혜로운 품"인 "조국을 떠나서 진정한 삶을 꽃피울수 없으며 행복할수 없"고, 또한 "우리 조국의 륭성과 번영을 통해서만 자신과 후대들의 행복한 앞길을 개척할수 있다"는 부연을 상세히 덧붙이고 있다(사회과학출판사, 1992: 224).

의 공통성에 기초하여 력사적으로 형성된 사회생활단위이며 사람들의 공고한 운명 공동체"(사회과학출판사, 1992: 1229)인 '민족'이 국가 또는 집단의 내부 통합을 위해 호명되는 개념에 가깝다면, '조국'은 영토와 구성원의 자격을 중첩하고 있다. 다른 측면에서 보자면, '조국'은 동일 집단 안에서는 의미로 떠오르지 않는다. 영토 밖에서 상상되거나 구별되는 것이 '조국'의 용례라 할 수 있다. 그렇기에 '조국'의 호명은 주체와 타자의 명시적 구분에서 출발한다.

대집단체조와 예술 공연 〈빛나는 조국〉의 국가 기표는 그 자체가 국가상징이면서 민족의 기의를 입고 있다. 국가주의와 민족주의가 '전략적'으로 뒤섞인 〈빛나는 조국〉의 문화적 퍼포먼스는 크레올(creole)[4]의 혼종성에 가깝다. 언어학이 아니라 문화연구 측면에서 볼 때 크레올화(creolization)[5]는 과거로부터 물려받은 형태와 의미를 재해석하고, 두 개 이상의 문화들을 결합해 새로운 형태를 창조하는 의미를 지니고 있다(설병수, 2010: 87).

크레올화는 새로운 상황 속에서 이전엔 별개이던 것들이 이질적인 스타일 구조를 형성한다. 김정은이 민족유산보호사업을 애국의 실천으로 규정한 것처럼(김정은, 2015), 김정은 시대의 민족주의와 국가주의는 언제든 자리바꿈과 대신 쓰기가 가능해 보인다. 민족문화 보존은 전통의 계승과 보존이라는 대의적 차원 외에도 외래의 자본주의 문화가 내부를 잠식하지 않도록 단속하는

---

3) 북한 사전에서 '국적'은 "사람이 어떤 국가에 소속되여있는가를 밝혀주는 법적인 관계"로서 "자기 나라 공민과 외국인을 구별하는 징표로 되며 주민들이 거주하고 있는 나라와의 관계에서 차지하는 법적 지위를 규정하는 기준"이다(사회과학출판사, 1992: 330).

4) "크레올(creole)"은 16~18세기에 부모가 스페인인이고 스페인령 아메리카에서 태어난 백인을 지칭하는 용어에 기원한다(김승민·이복남·한양환, 2003: 309).

5) 언어의 혼용 양상인 크레올화(creolization)는 문화이론에서 혼종화라는 의미로 자주 사용하는 용어이다. 언어학적 관점에서 크레올화는 유럽어와 아프리카어의 혼합어로 정의되지만, 문화적으로는 이주와 지배의 과정에서 완전히 새로운 사회구조를 형성하는 것과 관련되어 있다(칼베, 2004).

반발력과 관련되어 있다. 동시에 민족문화는 국민 통합의 원리이자 국제적 위상을 제고하는 국가주의 맥락에도 용해되어 있다.

〈빛나는 조국〉에서 각종 국가상징들이 전면에 드러나는 양상은 국가주의를 담론으로 형성하던 북한의 사회정치적 상황, 국제관계의 역학 변화, 내부적 요인 등이 복합되어 있다. 국가주의를 표면에 내세운다 할지라도 이면에는 민족주의 이념이 뒤섞여 있고, 민족의 표지가 전면에 나온다 할지라도 국가주의 문법을 보이기 때문이다. 국가주의와 민족주의의 문화적 실천은 명확히 구분되지 않는다. 전략적으로 국가주의를 선택하고 표현하는 것이 탈민족주의 징후가 아니듯이, 민족주의 정책이 국가주의의 약화는 아닌 것이다. 즉 국가주의와 민족주의 기표의 혼재가 작금의 상황인 것이다.

사회적 문맥에서 기존의 이념적 언어들이 공식 언어라면, 국가주의는 현재의 소통에 끼어든 양상이다. 바로 크레올의 문맥인 셈이다. 국가주의가 민족주의 기표에 동화되는 정도나, 또는 민족주의가 국가주의에 용해되는 것도 고려해 볼 수 있다. 이 둘은 동전의 양면이거나, 혹은 후발로 참여한 국가주의의 영향으로 새로운 국면에 접어들 가능성도 있다. 이 같은 혼종적 양상은 〈빛나는 조국〉에서 스펙터클한 공간으로 생성되었다.

3. 스펙터클 공간의 '조국' 이미지

언어는 개인의 주관을 초월해 존재하는 사회적 사실로서, 개인의 사고와 행동을 구속한다. 시각은 언어에 앞서 직관적으로 사고를 사로잡는다. 대집단체조와 예술 공연 〈빛나는 조국〉의 스펙터클은 드론, 레이저, 미디어 아트 등 최신 기술을 동원한 새로운 형식의 시각화와 관련되어 있다.

〈그림 7-1〉 대집단체조와 예술 공연 〈빛나는 조국〉의 국기게양과 배경의 〈애국가〉 가사

자료: https://youtu.be/sBDNUgAEYys (검색일: 2019.8.7).

각종 국가 기표들을 시각적으로 재현한 심상은 추상적인 것을 구체화하는 힘이 있다. 공연의 제명인 〈빛나는 조국〉은 제2의 애국가이자 국가 자체이며, 테크놀로지를 감각하도록 안내하는 거대한 전광판이자 추상적 국가주의의 지각 이미지였다.

〈빛나는 조국〉의 각 장들은 북한의 지난 70년에 대한 역사 쓰기와 김정은 체제가 지향하는 가치, 통치를 위한 국가 전략을 압축적으로 전시했다. 최신 기술을 동원한 표현 양상들은 구성의 측면에서 매개의 형식(form of mediacy)을 고려할 수 있다(이진혁, 2013: 24). 매개된 기술들은 〈빛나는 조국〉의 내용을 결정하는 도구이다. 즉 최첨단 과학기술의 통속적 테크놀로지이자 스펙터클의 현전이 되는 것이다. 주목할 수 있는 부분은 의례 절차, 기술적 연출과 같은 형식의 새로움이다. 먼저 개막에 사용된 국기게양과 애국가 연주 부분

을 보자.

기존의 대형 공연물이었던 〈아리랑〉이 '아리랑' 노래로 개막했다면, 〈빛나는 조국〉은 애국가 연주와 국기게양으로 시작했다. 거대한 국기가 함께하는 개막은 관객의 시선을 사로잡는 효과가 있었다. 이 공연의 제목인 〈빛나는 조국〉은 1947년에 박세영이 작사하고 리면상이 작곡한 "조국에 대한 송가의 하나"(사회과학원 주체문학연구소 1991: 140)로 평가받아 온 가요 「빛나는 조국」과 제명이 같다. 가요 「빛나는 조국」은 「애국가」와 마찬가지로 김일성의 지도를 받고 창작되었다는 일화가 함께 전해진다. 오랜 전통을 가진 이 노래는 노래집 제명으로 사용되거나 애국주의 기표로 자주 활용되어 왔다. 익숙한 표제를 사용한 상호텍스트성은 메시지의 전달력을 높이고, 집단적 감정을 고양하는 역할을 한다.

애국가는 국가를 상징하는 의식 음악으로서, 국가 기념 의례나 국제 스포츠 경기에서 우승자의 국기가 게양될 때 울리곤 한다. 김일성 사망 후에는 애국가 대신 김일성·김정일 송가를 연주하는 경우가 있었다. 송가가 애국가를 대체한 것은 김일성과 김정일이 국가의 상징기호로 작동했다는 것을 의미한다(이지순, 2018: 255). 반면에 김정은은 애국가를 전면 귀환하도록 했다. 비록 예변법(豫辨法, prolepses)에 가깝지만, 애국가의 예식 귀환에는 김정은의 지시가 있었다는 것이 북한의 설명이다. 2012년 가을 어느 날 김정은이 인민군 지휘성원들과 함께 한 자리에서 "새 세기의 요구에 맞게 우리 식의 례식규정"을 만들 것을 지시했다고 한다. 특히 국기를 게양할 때는 「애국가」 아니면 「빛나는 조국」을 주악하라고 강조했다는 것이다(김영훈, 2018: 54).

김정은이 「애국가」와 「빛나는 조국」을 북한을 상징하는 노래로 동일하게 평가한 이유는 다음 두 가지 측면에서 생각해 볼 수 있다. 첫째, 국가 건립 초기에 창작되어 국가상징의 기틀을 잡았다는 전통 계승의 의미가 있다. 둘째,

〈그림 7-2〉 '빛나는 조국'과 '조선아 만만세' 드론 연출

자료: https://youtu.be/sBDNUgAEYys (검색일: 2019.8.7).

그동안 국가 기념 의례에 사용되었던 김일성·김정일 송가 대신 애국가를 부르도록 하여 공식성을 높이려는 의도가 있다(이지순, 2019a: 15). 기념 의례의 형식 변화는 전통 계승과 국가성 복원, 이 두 가지 이유가 상호 복합적으로 작용한 결과라 볼 수 있다.

다음으로 주목할 수 있는 것은 개막과 폐막에서 드론이 펼친 레터링 쇼이다. 최첨단 기술의 향연이 어떻게 펼쳐지는지 보자.

국기게양식, 드론의 레터링은 북한의 70년사를 감각적으로 압축하고 있다. 이 공연에서 게양된 대형 국기는 스펙터클한 강조점을 보여준다. 영화에서 파생한 스펙터클은 '현란한 장관 혹은 볼거리'의 의미를 가지고 있다. 드론의 레터링 쇼는 단순한 볼거리를 넘어 첨단 과학기술의 발전 면모를 시각적으로 표지한다. 밤하늘에 떠오른 '빛나는 조국' 글자는 관객의 시선을 놀라움으로 몰입시키고, 스펙터클의 효과로 문명 강국을 재현하며, 공연 현장에 있는 사람들의 경험을 하나로 묶는 공신력 있는 재현물이 되었다.

관객들은 게양되는 국기와 드론이 쓰는 '빛나는 조국'을 따라 아래에서 위로 시선을 이동한다. 대형 국기와 하늘을 수놓은 글자들은 일상에서 체험하

기 어려운 압도적인 감각을 선사한다. 이때 관객들은 숭고를 체험하게 된다. 기 드보르(Guy Debord)는 "스펙터클은 이미지들의 집합이 아니라, 이미지들에 의해 매개된 사람들 간의 사회적 관계"이며, "물질적으로 표현된 하나의 실질적인 세계관"으로 보았다(드보르, 2014: 15~16). 즉 국기게양과 드론이 표상한 글자는 김정은 체제하의 북한이라는 국가 자체를 시각화한 것이다. '조국'을 중심으로 현재의 이데올로기와 가치 체계가 투사된 것으로 파악할 수 있다. 또한 매개 형식이 '드론'이라는 점에서 최첨단 과학기술을 지향하는 북한의 전망을 압축한다. 관객들은 애국가, 국기의 감각 속에서 드론 기술로 시각화된 '빛나는 조국'을 보게 되는 것이다. 생생하고 감각적인 경험이 된 '빛나는 조국'은 국가 창건 70주년을 외화하는 문화적 기호로서 재조직되었다. 종장에 이르러 드론이 재차 등장해 쓴 '조선아 만만세'는 기술력을 다시 과시하며 스펙터클의 감각으로 '조국'을 반복 형상화했다.

4. 문화 프로젝트 기획과 메시지

〈빛나는 조국〉은 문화적 기획물이자 국가 정체성을 재구성하는 프로젝트 성격이 있다. 일차적으로는 내부 구성원들을 향한 집단기억의 축적물이 되고, 다음으로는 대외 이미지 구축과 관련되어 있다. 제1장 "사회주의 우리 집"과 제2장 "승리의 길"은 조선노동당의 노선과 정책, 사회주의 체제의 정당성을 시각화하는 장이다. 김정은 체제의 방향성과 관련되는 것은 제3장 "태동하는 시대"이다. 제3장은 '과학의 나래펴고', '대진군 앞으로', '건설의 대번영기', '황금산, 황금벌, 황금해', '우리 장단 멋이로세', '민족의 기상' 등 모두 6경으로 구성되어 있다. 이 중에서 제3경 '건설의 대번영기'는 "제재압살"이라는 글

〈그림 7-3〉 붉은색으로 강조된 지구본의 한반도와 푸른 한반도 퍼포먼스

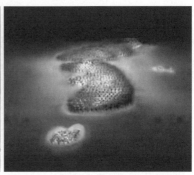

자료: https://youtu.be/sBDNUgAEYys (검색일: 2019.8.7).

자, 쇠사슬을 부수는 배경대 그림, '자력갱생'의 문자 카드섹션을 포함하고 있다. 북한을 압박해 온 제재 조치들이 적의 모습으로 그려져 있으나 이전처럼 반미 반제의 강력함은 보이지 않는다. 오히려 외부의 압박에도 건설과 번영을 이룩한 승리의 기치에 강조점이 찍혀 있다.

대외적인 메시지는 지구와 한반도 표상에서 드러난다. "작품전체가 당정책 교과서라고 불리울만큼 우리 당의 혁명사상과 혁명정신으로 일관"(《로동신문》, 2018.11.2)된 이 공연에서 제4장 '통일삼천리'와 제5장 '국제친선장'은 북한의 통일 정책과 대외 정책의 장으로 남한과 세계에 보내는 메시지라고 보아도 될 것이다.

제4장 '통일삼천리'에서는 4·27 남북 정상회담 영상이 등장한다. 한반도를 붉게 칠해 통일된 국토를 보여주는 지구본과 푸른색으로 덮인 한반도 모양의 퍼포먼스는 2018년 신년사에서 김정은이 촉구한 민족의 화해 협력을 표상하고 있다. 그런데 여기서 주목되는 형상은 '지구본'이다. 핵을 보유하고 과시하는 과정에서 북한의 문학은 우주를 상상하곤 했다. 특히 인공위성 발사에 성공하고, 핵을 통해 자주권을 사수하겠다는 노선을 분명히 하던 때에 북한의 문

학은 우주에 날아올라 지구를 보는 전환의 시대를 노래했다(이지순, 2019b: 68).
〈빛나는 조국〉의 지구본은 만리마의 속도로 성취한 인공위성 기술로 내려다
본 문학적 감각과 유사하다. 이때 운동장에 나타난 거대한 지구본을 바라보
는 관객의 시선은 '광명성-4호'에서 지구를 바라보는 시선을 내포한다. 우주
에서 바라보는 북한은 제재와 봉쇄로 고립된 좁은 지역이 아니라 지구라는 행
성의 거주자 중 하나이다. 우주적 시선은 북한과 강대국들의 관계를 힘의 우열
이 아니라 지구의 거주자라는 점에서 동등한 관계를 표상한다(이지순, 2018: 56).

세계의 국가들은 국경 없는 육지로 단순히 표현되었지만 한반도는 붉은 색
으로 두드러져 있다. 푸른 바다와 녹색 육지는 세계 평화와 인류 안전의 환유
이다. 게다가 지구본의 붉은색 한반도는 분단된 형태가 아닌 온전한 모양이
다. 푸른색과 보색으로 대비되어 더욱 두드러진 한반도의 모습은 사회주의의
강조점이기도 하다. '온 사회의 김일성주의화', '사회주의는 지키면 승리', '풍
요한 가을 사회주의 모습'과 같은 카드섹션이 보여주듯 이 공연은 "사회주의
내 조국의 강대함"을 관객에게 심어주는 것이 목표이다(《로동신문》, 2018.10.4).
지구본의 붉은 한반도 모양은 혁명과 열정의 색, 사회주의 미래를 표현한 레
토릭 차원에서 이해된다. 이는 〈빛나는 조국〉이 "우리 식 사회주의는 력사의
정의이고 과학이라는 철리"를 밝힌 "예술적 선언"으로 평가된 부분을 참조해
볼 수 있다(《로동신문》, 2018.11.2). 이와 반대로 푸른 한반도 모양의 무용 퍼
포먼스는 붉은 바닥 조명과 어울린 보색 표현이다. 푸른 한반도는 평화의 색
채를 통해 민족 화해와 공조를 표시하지만, 붉은 한반도는 사회주의를 강력하
게 상징한다는 점에서 문제적이다. '붉은색' 사회주의 제도를 강고하게 천명
하며 미래의 통일과 민족의 평화를 이야기하기 때문에 오히려 통합과 화해를
밀어내는 모순이 발생한다.

이 공연의 또 다른 스펙터클(spectacle)은 전광게시판에 참여자의 이름과 소

속을 표시한 점에 있다. 엔딩 크레디트(ending credit)에 올라온 참여자 이름은 인민대중을 수동적인 '구경꾼'이 아니라, 구경거리를 생산하는 '주체'로 호명한다. 이름은 공연에 참여한 사람들이 집단의 한 덩어리로 보일지라도, 익명에 용해되지 않은 개별자임을 명시한다. 인민이 시대와 역사의 주역이라는 김정은 체제의 강조점은 개인의 역할과 기여를 인정한다는 점에서 주목되는 요소이다.

기술적 새로움을 추가한 테크놀로지 또한 시각적 스펙터클을 매개한다. 흰색 경기장 바닥을 영사막으로 사용해 화면을 투사하고, 승마장·스키장·수영장에서 레저를 즐기는 모습은 3차원 영상 효과로 구현되어 있다. 예술성과 과학기술을 융합해 보여준 새로움은 〈아리랑〉의 전통을 계승하되 새로운 시대의 혁신성에 초점을 맞춘 것이다. 또한 "백수십대의 무인기들의 비행조종 프로그람을 보란듯이 우리 식으로 완성하여 세인을 놀래우며"(≪로동신문≫, 2018.11.10) 형상된 국조(國鳥) '참매'는 김정은 체제가 주력하는 과학기술의 구현으로 구가되었다. 이 공연은 당초 9월 9일 초연된 이후 10월 10일 당 창건 기념일까지 진행될 예정이었으나 두 차례 더 연장해 11월 4일에 막을 내렸다. 그만큼 많은 대중이 이 공연을 관람했고, 관람객의 수가 증가할수록 이 공연의 함의 또한 넓게 퍼지게 되었다.

〈빛나는 조국〉은 막을 내린 후 최종적으로 "공화국의 국력과 정치사상적 위력을 만방에 과시"하려는 김정은의 의지의 발현으로 규정되었다. 국가 기념일을 예술 행사로 경축하는 것은 "그것이 곧 나라의 얼굴이며 존엄과 국력의 과시"가 되기 때문이다. 올림픽과 같은 세계적인 체육 축전이나 국경절 기념 행사에서 자기 국가와 민족의 역사·문화를 세계 앞에 보여주기 위해 인적·물적 자원을 아낌없이 쏟아 붓고 명성 높은 해외 연출가를 초빙하는 나라도 있다고 지적되었다(≪로동신문≫, 2018.10.31). 대집단체조와 예술 공연 〈빛나는 조국〉

을 통해 북한이 주장하고자 한 것은 짧은 시간에 이 공연을 창조 완성한 시대의 인재들, 최첨단 기술력을 바탕으로 한 국력, 민족과 역사의 전통으로 계승 발전된 문화와 예술의 과시인 것이다. 또한 "력사에 류례없는 가혹한 제재봉쇄속에서도 기적적으로 일떠서 번영의 새시대를 열어나가는 주체조선의 무진막강한 국력과 발전잠재력"(≪로동신문≫, 2018.11.9)을 대외적으로 천명하는 기회였다.

5. 민족과 연대하는 국가상징의 재문맥

공연 참여자들이 스탠드에서 국기를 넘기는 절도 있고 일사불란한 움직임이나 관람객들이 일제히 기립해 국기를 우러르는 행위는 국가상징이 육체를 제어하고 윤리적으로 통제하는 의례의 일종이다. 대형 국기의 게양식은 수행자나 관람자 모두를 압도하는 장관을 연출하고, 국가의 권위를 시각적으로 재현하며 국가 구성원을 윤리적으로 통제한다(이지순, 2019a: 16).

주지하다시피 〈빛나는 조국〉은 북한의 역사를 '조국'의 역사, 그것도 '빛나는' 역사로서 재현하고 있다. 덧붙여 국가상징들의 소환과 호명, 재귀를 통해 국가의 공식성을 집합적 기억으로 구성하는 과정과 맞물려 있다. 건국 70년이 된 시점에 발명 내지 호명되는 국가상징들은 근대 국민국가가 출현했을 때 공식 문화를 만들던 현상과 닮아 있다.

〈아리랑〉이 민족의 징표를 강조했다면, 〈빛나는 조국〉은 국가상징이 어떻게 표상될지 보여준 신호탄이었다. 〈빛나는 조국〉 공연이 완전히 막을 내린 다음 ≪로동신문≫에는 국수(國樹) 소나무에 대한 기사가 두 차례에 걸쳐 실렸다. "사시장철 푸름을 잃지 않고 그 어떤 풍파에도 끄떡없이 억세게 자라는

<그림 7-4> '조국통일장' 배경대의 소나무

자료: https://youtu.be/XXl1_ILMQdI (검색일: 2019.11.10).

소나무에는 우리 민족의 기상, 우리 국가의 강인성이 그대로 비껴있습니다."
라는 김정은의 '말'이 국수의 소환을 도왔다. 기사는 '대동강문화'의 발생 초기
부터 소나무가 민족과 함께 했다는 소나무의 역사적 유래, 유명 산지, 문화적
생산물을 비롯해 민족적 성격과 국가의 상징성, 창창한 미래가 소나무에 어떻
게 표상되는지 설명하고 있다. 대집단체조와 예술 공연 〈빛나는 조국〉에서,
"4.27선언 새로운 력사는 이제부터" 문자 카드섹션으로 시작한 '조국통일장'
배경대에 "통일의 거목으로 푸르싱싱하라"는 글과 소나무가 등장한다. 이때
소나무는 "민족의 억센 기상과 우리 국가의 강인성의 상징"이라고 풀이되었
다. 소나무는 북한의 '국수'이지만, 남북의 '새로운 역사'이자 미래의 "민족번영
의 새로운 넌대기들"을 새겨나가는 '기상'의 의미로 표현되었다(≪로동신문≫,
2018.11.11).

　일반적으로 북한에서 '푸른 소나무'는 김일성의 아버지 김형직의 알레고리
로 작동해 왔다. 김형직이 광복을 위해 고향을 떠날 때 지었다는 혁명가요
「남산의 푸른 소나무」를 비롯해, 혁명연극 〈푸른 소나무〉(1968)와 조선작가

동맹 시문학분과위원회 집체작인 서사시 「푸른 소나무 영원히 솟아있으리」 (1969)는 모두 김형직을 '푸른 소나무'로 표상하고 있다. '푸른 소나무'는 북한의 문화적 관습에서 오랫동안 김형직의 혁명 정신과 불굴의 기상을 상징해 왔다. 그런데 국수로서 재매개된 소나무는 김형직의 스토리를 전면에 내세우지 않는다. 소나무 자체가 전통적으로 가지고 있는 문화적 의미에 민족의 기개와 억센 의지, 백절불굴, 절대 불변성, 영웅적 정신력을 덧붙여 국가상징으로 만들었다. 주체시대에 들어와 소나무는 김일성의 혁명 가계와 연결됨으로써 의미적 변형이 일어난 바 있었다. 그리고 현재에 와서는 전통적인 문화상징과 역사적 의의를 덧붙여 국가상징으로 융합했다. 김형직의 상징성은 표면적으로는 탈각되어 있지만 인식적 차원에서는 기저에서 작동 중이다. 김일성의 가계와 혁명 역사는 민족과 국가상징의 의미 구조에 여전히 영향력을 행사하기 때문이다.

2018년 말, ≪로동신문≫은 "사람들에게 슬기롭고 아름다우며 강의한 조선민족의 긍지와 자부심, 애국심을 심어주는데서 국수, 국견과 같은 국가상징에 대한 상식을 넓혀주고 그것을 소중히 여기도록 하기 위한 사업을 잘하는 것이 중요"하다는 김정은의 지시를 근거로 국가상징 교양의 중요성을 역설했다. 주지하다시피, 국가상징이란 다른 나라와 구별하기 위한 공식적 표징이다. 국가상징을 통해 "자기 나라에 대해 더 잘 알게 되며 자기 조국을 귀중히 여기고 빛내여가려는 마음"을 키울 수 있다. 국가상징에 대한 교양 강화는 "우리 국가제일주의, 우리 민족제일주의정신"을 함양하기 위한 목적을 지니고 있다. 국가상징은 국가의 형태, 정치적인 의지, 역사적 전통과 민족적 특성, 자연지리적 특징이 반영되어 있기 때문이다. 국호·국장·국기·국가(國歌)에는 "공화국의 성격과 사명, 발전전망과 위력"등이 집대성되어 있으며, 국어·국화·국수·국견에는 "민족의 우수하고 아름다운 민족적전통"이 담겨 있다는 것이다. 이와 함께 "애국심은 그 어떤 추상적인 개념이 아니며 자기 조국을 끝없이 사랑하는 감정은 국가상징을 대하는 립장과 태도에서 구체적으로 표현된다"고 강조되었다(≪로동신문≫, 2018.11.18). 그리고 이어서 국견(國犬) 풍산개, 국조(國鳥) 참매, 국화(國花) 목란꽃 등이 역사적 유래, 주요 산지, 문화 생산물, 민족적 성격 등을 설명하는 구조로 연재되었다(≪로동신문≫, 2018.11.25; 2018.12.2; 2018.12.9; 2018.12.23).

북한의 사회주의 헌법 제7장은 공식적인 국가상징으로 국장·국기·국가(國歌)·수도를 규정하고 있다. 세부 법령으로 국장법과 국기법이 있다. 국장법은 1993년 10월 20일 최고인민회의 상설회의 결정 제39호로 채택되어 2013년까지 4차례 수정·보충되었다. 국기법은 1992년 10월 22일 최고인민회의 상설회의 결정 제20호로 채택되었으며 2012년까지 10차례 수정·보충되었다. 헌법이 규정한 공식 국가상징 가운데 두 가지가 법령으로 존재하며, 이 법령은 김정은 시대에 모두 수정·보충되었다. 헌법이 규정한 국가상징은 국가의 존엄, 조국에 대한 사랑을 '엄숙하게' 제도화한 것으로 법적·도덕적 규범으로 작동한다. 반면에 국견·국수·국화·국주와 같이 문화상징을 누빈 국가상징은 일상과 유기적으로 결합되어 있어 심리적으로 친밀하고 의미를 새기기도 쉽다.

≪로동신문≫에 실린 일련의 기사는 국가상징들이 민족의 기상, 민족의 자랑, 민족의 슬기, 민족의 긍지와 연동하고 있음을 설명하는 데 주력했다. 국가상징의 공통점은 역사적 고난과 시련을 이겨내는 과정, 현재 자부심의 징표가 되는 근거에 있다. 고대부터의 역사, 문화 생산물들, 현대사의 주인공인 수령들과 관련된 사연들이 얽혀서 마치 '탄생-고난-시련극복-영웅적 승리'와 같은 영웅담의 구조를 전유한다. 시련을 이겨내는 것은, 곧 지금까지 북한이 겪어온 제재와 봉쇄 조치 아래에서 겪은 역경의 극복과 같고, 영웅적 승리는 그럼

에도 불구하고 북한이 이룩한 성취들인 동시에 미래에 대한 비전이라고 할 수 있다. 이는 민족이 겪었던 수난의 기억과 국가주의를 혼합해 상징으로 재문 맥화한 스타일이라고 할 수 있다.

국가상징은 국가를 브랜드화하고, 타국과 구별하는 체계이다. 2019년 들어 와 ≪로동신문≫에는 '조선의 국가상징'이라는 박스 기사가 고정 연재되었다. 국호·국장·애국가·국어 등(≪로동신문≫, 2019.1.23; 2019.1.26; 2019.2.2; 2019. 2.4; 2019.2.7)의 연재는 국가상징에 대한 대중적 선전과 계몽이 현재 진행형임 을 보여준다. 국가상징이 표적으로 삼는 수용자는 집단 내부의 구성원과 외 부 모두가 해당된다. 국가상징 각각에 들어 있는 고유의 의미는 문화적으로 공유되는 기억들과 관습적 맥락들이 통합되어 있다. 국가상징은 민족문화의 유산과 전통을 계승한다는 의미를 담고 국가제일주의의 스타일로 재탄생했 다. 그렇기에 구성원에게는 친숙성을 바탕으로 민족적 자긍심을 높이고, 브 랜드에 대한 충성도, 즉 애국심을 발양하는 매개가 된다. 이는 또한 국제적 차원에서 북한의 공식성을 구가하는 전략이라고 볼 수 있다. 외교 의례에서 사용되는 국가상징은 그동안 쌓은 부정적 의미를 제거하고, 온건하고 긍정적 이며 동시에 정상적인 브랜드 이미지를 형성할 시작점이다. 이 같은 국가상 징의 재문맥화는 민족의 이미지를 강화하고 결속과 소속감을 다지는 전략이 면서, 북한이 '조선민주주의인민공화국'으로서 세계와 연합하고 국제적 관계 를 형성하는 기획의 하나로 보아야 한다. 이미 현전하는 국가이지만, 비핵화 이후 다른 위상을 갖고자 하는 북한의 프로젝트인 것이다.

6. 결론: 바구니 안의 코드 스위칭

2019년 개정 헌법 서문 첫 문장은 북한의 국가 정체성과 헌법의 성격을 규정한다는 점에서 주목해 볼 수 있다. "조선민주주의인민공화국은 위대한 김일성동지와 김정일동지의 사상과 령도를 구현한 주체의 사회주의조국이다"라는 2017년 개정헌법 서문의 첫 문장은 2019년 개정헌법에서 "조선민주주의인민공화국은 위대한 수령 김일성동지와 위대한 령도자 김정일동지의 국가건설사상과 업적이 구현된 주체의 사회주의국가이다"로 바뀌었다(통일법제데이터베이스, 2019). 김일성·김정일의 '사상과 영도를 구현한' '사회주의조국'에서 '사상과 업적이 구현된' '사회주의국가'가 되었다. 기존 헌법의 능동형 수식어 '구현한'은 김일성·김정일이 북한이라는 국가의 정체성을 규정하고 당위화하고 있다. 반면에 2019년 개정 헌법의 수동형 수식어 '구현된'은 김일성·김정일보다 수식받는 '국가'를 의지적으로 강조하는 차이가 있다.

북한은 불량국가(rogue nation)의 오명을 벗고 국위를 선양해 세계로 진출하려는 욕망을 가지고 있다. 사회주의 정상 국가로서의 위상을 정립하고, 경제발전을 이루어 부강해지고자 한다. 대집단체조와 예술 공연 〈빛나는 조국〉 종장에서 드론의 레터링 쇼 '조선아 만만세'는 '조국'을 첨단기술로 재매개(remediation)한다. 재매개는 한 미디어를 다른 미디어에서 재차 표상하는 것을 일컫는다. 미디어를 융합하고 결합해 새로운 이해를 시도하는 것이 재매개인 것이다. 「애국가」와 동일한 위상을 지녔던 가요 「빛나는 조국」은 대집단체조와 예술 공연이라는 미디어로 재매개된 후, 드론의 레터링으로 다시 재매개되는 과정을 거친다. 공연은 관객들이 미디어 대상과 직접적인 상호작용을 하며 애국주의적 고양감을 느끼도록 구성되었다. '조국'을 매개했던 가요, 공연예술, 드론 레터링은 표상 대상인 '조국'과 관객이 직접 상호작용하도록 이끌었다. 한편 〈빛나는 조국〉의 성공 이후 또 다른 대집단체조와 예술 공연이 예고된 바 있었다. 2019년 6월에 〈인민의 나라〉가 "사회주의조국의 참모습"을 "대서사시적 화폭"으로 공연될 것으로 알려졌지만(≪로동신문≫, 2019.5.26) 외부에 공개된 내용은 거의 없다.[6] 다만 〈인민의 나라〉도 〈빛나는 조국〉처럼 국가상징이나 국가제일주의 기표를 내포했을 가능성이 있다. 이는 공연 장면이 입수된 이후에 면밀한 분석이 가능할 것이다.

국가상징의 표상 변화를 보여준 시작점은 애국가와 국기게양이었다. 국기를 시각의 전면에 배치하기 시작하면서, 국기는 사회주의 대가정의 인민이 아니라 국민을 소환하는 장치가 되었다. 즉 9·9절 국가 의례에서 공연된 〈빛나는 조국〉은 국가상징들을 과시적으로 재현하면서 구성원들이 '국력'을 갖춘 국가의 '국민되기'와 같은 새로운 정체성을 함양하도록 하고, 외부적으로는 북한이라는 국가의 건재를 과시해 보편적 국가성을 수용하도록 견인했다(이지순, 2019a: 17~18).

국가상징은 한 국가의 공식적 표징이다. 국가상징은 다른 나라와 구별되는 표시이지만, 국민에게는 정체성과 관련되어 있다. 특히 문화상징을 이용한 국가상징은 정치적 무의식과 역사적 무의식으로 작동한다. 한 국가나 민족의 신화는 타민족이나 타국의 사람들에게 단지 재미있는 이야기로 소비되지만, 해당 국가 또는 민족의 성원들은 자신들의 기원과 유래로 신뢰하며 정체성을 구성한다. 신화가 집단의 유대와 연대를 강화하듯 국가상징도 동일한 기능을 한다.

---

6) 〈빛나는 조국〉과 달리 〈인민의 나라〉에 대한 기사는 얼마 없다. 개막 직후 나온 소식에 의하면, 이 공연을 본 김정은이 참여자들을 불러 내용과 형식을 지적하고, "그릇된 창작창조 기풍, 무책임한 일본새에 대하여 심각히 비판"했다고 한다. 10월에 이 공연을 내용으로 하는 우표 발행 소식이 들려온 정도에 그쳤다(조선중앙통신, 2019.6.4; 2019.10.14).

김일성민족으로 상상하던 공동체가 국민으로 발견되는 지점은 잘 혼합되어 있어 우세를 가늠하기 어렵다. 예컨대 〈빛나는 조국〉의 국기게양식에서 인민대중은 암묵적으로 '국민'으로 호명되는 순간을 맞이했다. 수령을 기쁘게 했던 충효의 노력들은 이때 국기 뒤로 물러나는 것처럼 보인다. 그러나 김일성민족의 성원으로서 또는 사회주의 대가정의 자녀로서 수령에게 (충)효를 다하던 인민의 마음가짐이나 국기 앞에서 다지는 국가에 대한 맹세는 모두 '애국'으로 수렴된다는 공통점이 있다. 결은 다르지만 애국은 오랫동안 북한의 인민대중이 지녀야 했던 덕목 중 하나였다. 애국은 민족과 국가 모두에게 중요한 기표이다. 애국은 민족과 국가 어느 기표가 되더라도, 동음이의어처럼 때에 따라 수령에 대한 충성, 민족의 우월성, 국위선양 등등의 의미로 갈아입을 수 있는 만능 키인 것이다. 그렇기에 애국주의는 민족·국가·수령·당 모든 것이 들어가 섞여 있는 거대한 바구니 같다. 바구니를 흔들어 맨 위에 놓인 것이 현재는 '국가'이지만, 언제든 다시 바구니를 흔들면 다른 키워드가 올라올 가능성은 얼마든지 있다. 마치 원활한 소통을 위해 언어적 능력을 교체해 사용하는 코드 스위칭(code-switching)처럼, 북한은 자국의 이익과 발전을 모색하는 과정에서 필요하다면 무엇이든 뽑아 쓸 가능성이 커 보인다.

여러 경로를 거쳐 다시 처음으로 돌아와 보니, 〈빛나는 조국〉의 국기게양이 얼마나 '잘' 연출된 풍경이었는지 알 수 있다. 그야말로 웅장한 연극적 제의였다. 애국가가 불러일으키는 동조(unisonance), 국기를 우러르는 고양된 감정은 공동체로 하여금 국가가 육체에 실현되도록 한다. 최첨단 기술의 향연으로 구성된 장면들은 국력과 지배력의 과시였다. 제재와 봉쇄라는 위기를 타파하기 위해 지배권이 선택한 것은 우리민족제일주의가 발명되던 때처럼 내핍을 견디는 민족주의가 아니었다. 자력갱생으로 이룩한 국가의 저력을 과시하는 방식이었다. 그리고 이어 등장한 각종 국가상징들은 민족의 역사와 집단기억을 내화했다. 국가주의의 기표 안에 민족은 언제든 떠오를 수 있는 의미였다. 이는 2019년 하노이 북미 회담이 결렬된 이후 국가주의 담론이 약화된 양상에서 읽을 수 있다. 점진적으로 보자면 국가주의의 기표들은 민족주의와 혼종된 스타일이었다. 그렇기에 국기를 비롯해 국가상징들이 재현한 국가주의는 민족주의와 언제든 자리바꿈이 가능한 이중 언어인 것이다.

참고문헌

강혜석. 2019. 「김정은 시대 통치담론 변화와 '국가'의 부상: 〈김정일애국주의〉와 〈우리 국가제
　　일주의〉를 중심으로」. ≪국제정치논총≫, 59(3).

김승민·이복남·한양환. 2003. 『세계 프랑스어권 지역연구』. 푸른길.

김영훈. 2018. 「몸소 제정해주신 행사때의 례식곡」. ≪조선예술≫, 2018(12).

김정은. 2012.8.3. "김정일애국주의를 구현하여 부강조국건설을 다그치자(2012.7.26)". 조선중
　　앙통신.

_____. 2015. 『민족유산보호사업은 우리 민족의 력사와 전통을 빛내이는 애국사업이다: 조선로
　　동당 중앙위원회 책임일군들과 한 담화. 주체103(2014)년 10월 24일』. 평양: 조선로동당출
　　판사.

드보르, 기(Guy Debord). 2014. 『스펙타클의 사회』. 유재홍 옮김. 울력.

리신향. 2018.8.15. "9월의 명절을 장식하게 될 신비로운 황홀경." ≪로동신문≫, http://www.
　　rodong.rep.kp/ko/index.php?strPageID=SF01_02_01&newsID=2018-08-15-4001 (검색
　　일: 2019.2.5).

사회과학원 주체문학연구소 엮음. 1991. 『문학예술사전 (중)』. 평양: 과학백과사전종합출판사.

사회과학출판사 엮음. 1992. 『조선말대사전 1, 2』. 평양: 사회과학출판사.

_____. 1992. 『조선말대사전 2』. 평양: 사회과학출판사.

설병수. 2010. 「크레올화(Creolization), 그 다층적 맥락 읽기」. ≪Asian Journal of African
　　Studies≫, 27.

아른하임, 루돌프(Rudolf Arnheim). 2004. 『시각적 사고』. 김정오 옮김. 이화여자대학교출판부.

이지순. 2018. 「7차 당 대회 이후 '만리마'의 표상 체계: ≪조선문학≫(2016.1~2018.8) 시를 중심
　　으로」. ≪한국언어문화≫, 67.

_____. 2018. 「기념일의 경험과 문학적 표상: 북한의 국제부녀절 기념의례를 중심으로」. ≪아
　　시아문화연구≫, 47.

_____. 2019a. 『'우리 국가제일주의'의 문화예술적 표상과 시사점』. KINU Insight 19-05.

_____. 2019b. 「북한 시의 핵에 대한 사유와 형상화」. ≪현대북한연구≫, 22(1),

이진혁. 2013. 『시각화의 권력관계』. 커뮤니케이션북스.

전미영. 2018. 「김정은시대 북한 민족주의: 담론·문화·정책」. ≪북한학보≫, 43(1).

정영철. 2017. 「북한의 민족주의와 문화변용: 김정은 시대 북한 문화의 변화」. ≪문화정책논총≫,
　　31(2).

조선중앙통신. 2019.6.4. "대집단체조와 예술공연 ≪인민의 나라≫ 개막".

_____. 2019.10.14. "대집단체조와 예술공연 ≪인민의 나라≫를 반영한 우표 발행".

칼베, 루이-쟝(Louis-Jean Calvet). 2004. 『언어와 식민주의: 언어포식 이야기』. 김병욱 옮김. 유로서적.

통일법제데이터베이스. 2019. "사회주의헌법". https://www.unilaw.go.kr/bbs/selectBoardArticle.do (검색일: 2020.3.20).

≪로동신문≫. 2018.10.4. "5월1일경기장은 환희와 격정으로 끓는다", 5면.

_____. 2018.10.31. "시대의 기념비적대걸작과 더불어 불멸할 이야기", 2면.

_____. 2018.11.2. "수령이 위대하여 인민이 위대하고 조국도 빛난다", 2면.

_____. 2018.11.9. "≪우리 식대로 살아나가자!≫, 이 구호를 더 높이 추켜들고 사회주의강국건설을 힘있게 다그치자", 1면.

_____. 2018.11.10. "일심단결의 위대한 힘이 빛나는 조국을 받들어올렸다", 2면.

_____. 2018.11.11. "민족의 억센 기상이 비낀 조선의 국수 소나무(1)", 5면.

_____. 2018.11.18. "국가상징을 통한 교양사업의 중요성", 2면.

_____. 2018.11.25. "민족의 자랑 조선의 국견-풍산개(1)", 5면.

_____. 2018.12.2. "민족의 자랑 조선의 국견-풍산개(2)", 5면.

_____. 2018.12.9. "민족의 슬기와 용맹한 기상이 어린 조선의 국조-참매", 5면.

_____. 2018.12.23. "민족적긍지와 자부심을 더해주는 조선의 국화-목란꽃", 5면.

_____. 2019.1.8. "우리 국가제일주의의 본질", 2면.

_____. 2019.1.20. "우리 국가제일주의의 사상정신적기초", 2면.

_____. 2019.1.23. "우리의 국호-조선민주주의인민공화국", 2면.

_____. 2019.1.26. "밝고 아름다우면서도 뜻이 깊은 국장", 2면.

_____. 2019.2.2. "숭고한 조국애를 깊이 심어주는 ≪애국가≫", 2면.

_____. 2019.2.4. "세상에 자랑높은 우리의 국어", 2면.

_____. 2019.2.7. "우리 민족의 슬기로운 기상을 담은 국화-목란꽃", 2면.

_____. 2019.2.20. "우리 국가제일주의를 높이 들고나가기 위한 방도", 2면.

_____. 2019.5.26. "대집단체조와 예술공연 ≪인민의 나라≫가 진행된다", 1면.

https://youtu.be/sBDNUgAEYys (검색일: 2019.8.7).

https://youtu.be/XXl1_lLMQdI (검색일: 2019.11.10).

제8장

개별화-전체화의 조절양식으로서 북한의 '집단주의'
'북한 사회의 개인화' 연구를 위한 서설

한재헌_동국대학교 북한학연구소 연구교수

1. 서론: 북한 사회가 개인주의화되고 있다?

북한 사회가 급속히 개인주의화되고 있다는 언술들이 곳곳에서 출현하고 있다. 북한 주민의 일상이 적어도 공식적으로는 빼곡한 집단주의적 조직 생활의 시간표로 구성되어 있다는 것은 상식의 영역이다. 북한 체제가 '유례없는' 집단주의 사회였다는 인식의 강도만큼이나, 집단주의의 해체에 대한 논의들이 놀라움과 호기심의 시선을 매개로 확대, 재생산되고 있다. 이는 하나의 징후이다. 이 장에서 필자는 북한의 집단주의와 개인주의라는 문제를 추상적인 이념과 원리, 가치관과 같은 차원에서 접근하는 기성의 방식에 내재된 한

---

* 이 장은 필자가 2020년 ≪개념과 소통≫ 제25호에 게재한 「개별화-전체화의 혼종양식으로서 북한의 '집단주의': '북한 사회의 개인화' 연구를 위한 서설」을 수정·보완한 것이다.

계와 오류에 대해 비판적으로 인식할 필요가 있음을 제기한다.

북한 연구에서 북한의 개인주의화라는 담론을 둘러싼 담론 구성체의 주류적 문법은 하나의 대립쌍과 하나의 연결쌍이 논리적으로 결합하는 형식을 띤다. 전자가 '개인주의-집단주의'의 대립을 지시한다면, 후자는 '개인주의-물질주의'의 연결을 의미한다. 이러한 논의들은 개인주의를 둘러싼 사회과학에서의 복잡한 개념의 분화와 이를 통한 복잡한 내적 층위들을 드러내는 데 실패하게 된다. 이 글에서 필자는 '북한 사회의 개인주의화'라는 현상을 연구하는 데 있어 우선 집단주의에 대한 이해 방식의 재검토가 있어야 한다는 입장에 선다. 이를 통해 북한의 집단주의를 기존의 추상적인 이념이 아닌 주체성을 생산하는 구체적인 실행 프로그램이라는 차원에서 접근한다.

이러한 접근법을 제기하는 것은, 이념으로서의 집단주의가 개인주의라는 가치관으로 이행하는 것이 아닌 전체화-개별화라는 주체성의 양식에서 '개인화'라는 새로운 주체성의 조건으로 변화하고 있는 것으로 사태를 바라볼 필요성이 있음을 제기하기 위함이다. 즉 이는 기성의 지배적인 이념이 붕괴하고 이와 전적으로 단절하는 주민들의 가치관이 돌출한다는 이분법적 설명틀이 아닌, 권력·주체·담론이 서로 교차되어 구성되는 주체성의 양식이 새로운 형태로 변화한다는 점을 강조하는 것이다.

이러한 점에서 북한의 헌법에 명시된 "하나는 전체를 위하여, 전체는 하나를 위하여"라는 명제로 표현되는 전체화와 개별화의 관계는 그 허구성을 폭로하고 비난하는 차원을 넘어 '개별적인 것과 집단적인 것의 관계'라고 하는 근대적 통치 이성의 차원, 혹은 그 난관이라는 점에서 차분한 분석이 필요하다고 본다. 그리하여 저 명제가 펼쳐내고자 하는 세계의 비밀은 단어도 문장도 아닌 구두점, 즉 쉼표(,)라는 형식에 놓여 있다. "하나는 전체를 위하여"(공민의 의무)와 "전체는 하나를 위하여"(공민의 권리)를 연결하는 쉼표라는 형식이 담고 있는 비밀을 두고 혹자는 양립 불가능한 모순을 말하고, 또 혹자는 '사실은' 전자만이 관철되는 것일 뿐, 후자는 그저 전자에 대한 알리바이로서 존재할 뿐이라고 말한다. 필자는 저 쉼표를 통해 연결 혹은 분리되어 있는 두 언표 사이의 관계는 북한 체제를 조직하는 특유의 방식을 논구함에 있어 매우 상징적인 문제를 표현해 주고 있다고 본다.

이러한 문제의식에 따라 필자는 북한의 집단주의를 이념과 원리의 차원에서 구체적인 통치 실천이자 프로그램이라는 차원으로 접근한다. 이를 위해 푸코의 "근대 권력은 주체를 전체화하면서 동시에 개별화(omnes et singulatim)한다"라는 저 유명한 '사목 권력(pastoral power)'의 장치와 실천들을 염두에 두면서 논의를 펼쳐가고자 한다. 근대 권력이 정치 이성과 통치 합리성을 구성하기 위해 고안해 낸 이 "전체화하면서 동시에 개별화한다"라는 명제는 저 쉼표라는 형식이 지닌 근대성의 난관과 북한의 집단주의가 지닌 근대성의 지반을 해석할 실마리를 제공해 주고 있다고 필자는 인식한다. 즉 북한의 집단주의 통치를 전체주의 이념에 대한 정당화의 허구적 알리바이로 단순하게 처리될 수 없는 보다 보편적인 근대 권력과 통치 합리성의 맥락 속에서 논구되어야 할 문제라고 보는 것이다. 이는 또한 '집단주의'를 추상적인 이데올로기가 아닌, 전체화-개별화의 관계라는 구체적인 주체 구성의 형식과 장치라는 차원을 통해 이해함으로써 집단주의를 '해체'나 '단절'이 아닌 '변형'의 맥락에서 새롭게 포착, 해석할 수 있는 장점 또한 갖고 있기 때문이다. 북한 연구의 이러한 문제점에 대한 비판적 의식을 전제로 다양한 이론과 개념적 자원들을 동원해 북한의 집단주의와 개인주의에 관한 새로운 연구 가능성을 엿보도록 하겠다. 이 장은 필자가 수행하고자 하는 '북한 사회의 개인화' 연구의 서론에 해당하는 것으로 향후 본격적인 논의를 진행하기 위한 사전 이론적 작업에 한정되며, 최근 북한의 이른바 '개인주의화 현상'에 대한 직접적인 경험연구는 추후의 논문에서 별도로 다루고자 한다. 우선 '북한 사회가 개인주의화되고 있다'는 학술적 논의 혹은 세간의 담론들이 지닌 특유의 구조와 문법을 비판적으로 분석하고, 다음으로 개별화-전체화의 통치 실천의 양식이라는 측면에서 북한의 집단주의 프로그램을 고찰하고자 한다.

2. 북한 주민 의식변화론과 집단주의

1) 집단주의(개인주의)에 관한 전통적 설명틀

북한 연구에서 '북한의 개인주의화'에 관한 연구는 '시장화 이후 북한'의 '사회적 사실'을 '실증'해 내는 실태 규명의 영역인 것처럼 스스로를 드러내지만, 실상 그것은 북한 사회를 바라보는 특정한 사고방식이 작동하는 담론 구성체를 구성한다. 또한 '북한 사회가 개인주의화되고 있다'는 논의들은 그와 대조적 쌍을 이루는 집단주의에 관한 특유의 관점과 직접적으로 연관되어 있기 때문에, 집단주의를 다루는 기존의 설명 방식에 대한 비평적 작업을 우선 필요로 한다. 즉 북한의 집단주의에 대한 이해 방식과 최근 북한 사회의 변화에 대한 개인주의화 테제는 서로가 서로를 전제하는 동전의 양면과도 같은 관계를 갖는다. 따라서 먼저 북한 연구에서 펼쳐지는 집단주의에 관한 담론의 요소들을 살펴봄으로써 '북한 사회 개인주의화' 테제에 대한 비판적 인식으로 나아가고자 한다.

북한의 시장화와 이에 동반된 북한 주민의 변화를 다룬 논의의 주류적 경향은 이른바 "정치사상을 우선으로 하는 집단주의의 사회 지향적인 것으로부터 물질을 우선으로 하는 자아중심의 개인 지향적인 것으로의 변화", 즉 "기존의 집단주의보다는 개인주의를, 사상적 가치보다는 물질적 가치를 더 선호하는 물질적 실용주의의 의식 체계"로 이동하고 있으며 이러한 변화된 주민의 가치관과 의식구조는 북한 체제의 불안정성을 높이는 잠재적인 정치적 동력과 함의를 지닌 것으로 평가하곤 한다(임순희·이교덕, 2011: 9; 이무철, 2006: 197~203). 여기서 집단주의는 사회의 '구조'와 주민의 '의식' 양자 모두에 "뿌리박혀" 강력하게 작동하고 있었다. 그러나 경제난으로 인한 "사적 경제활동"의 증가와 외부 정보의 유입이라는 변수로 인해 개인주의 "의식"이 확산됨에 따라 "사상중심주의"와 집단주의 "의식"이 약화되고 있다는 일련의 인과적 설명의 연쇄로 설명되곤 한다.[1] 이러한 구도에서 북한의 집단주의에 관한 주류적 논의들은 집단주의를 정의하고 설명함에 있어서 체제에 대한 총체적인 이데올로기적 위력을 강조하는 듯 보이면서도, 동시에 집단주의는 경제적인 것과의 기능 연관 속에서 작동하는 것으로 설명하는 모호성을 보인다.[2] 그러다 보니 집단

---

[1] 북한의 집단주의는 이렇듯 사회구조와 주민의식 속에 뿌리박혀 체제 유지의 기제로 작동되어 왔다. 그러나 북한 사회도 북한 스스로 말한 바와 같은 하나의 생명체이듯이 세월이 흐르면서 변하고 있고 그에 따라 집단주의 원리도 침식되어 가고 있다. 지속적인 경제난으로 국가 배급 체계가 사라지고 주민 개개인이 장마당 경제를 통해 의식주를 스스로 해결해야 하는 사적 경제활동이 더 증가하고 있다. 여기에 외부 정보의 유입 등으로 북한 주민의 개인주의 의식은 더 확산되고 있어 기존의 사상중심주의와 집단주의 의식이 약화되는 경향을 보이고 있다(통일부 북한정보포털, 2020). 밑줄은 인용자, 이하 동일.

[2] 이러한 설명의 구도는 언급한 학술적 논의에서뿐만 아니라 다양한 준학술적 서술들과 저널리즘의 담론들을 가리지 않고 뚜렷한 질적 차이 10여 년을 이어오면서 반복 재생산되고 있음을 쉽게 확인할 수 있다. 북한 사회에 대한 담론들에서 흔히 나타나는 이러한 '비슷한 논의의 반복 재생산'의 현상은 그 자체로 메타분석을 요구하는 것으로 이른바, '징후독해'의 필요성이 또한 제기되는 문제라고 할 수 있다. 이들이 부지불식간에 "보았으나 본 것을 제대로 이해하지 못했다"라는 점에서 이는 루이 알튀세르(Louis Althusser)가 말한 '징후독해'의 대상이기도 하다(페레터, 2014: 108). 그러나 이는 이 글의 범위를 초과하는 것이며 추후 별도의 연구로 다뤄보고자 한다. 아무튼 이 장에서는 이러한 연유로 북한의 집단주의와 개인주의에 관한 기성 논의의 범위를 학술저널의 논문이나 학술서 등으로 제한하지 않는다는 점만 언급해 두고자 한다.

주의의 작동을 설명할 때는 집단주의 자체의 내재적 힘으로 설명하다가 집단주의의 해체를 설명할 때는 경제난과 외부 정보 유입이라는 외재적 힘을 통해 설명되기도 한다.3) 이처럼 기성의 논의들에서 집단주의에 대한 정의와 그것의 작동·해체 메커니즘에 대한 설명 방식에는 보다 정치하게 규명되어야 할 모호성의 공간이 존재한다. 즉 북한의 집단주의는 그것의 '실제'보다는 이념적으로 '규정'된 세계를 통해 설명하거나 추상적인 '원리'로서, 즉 강력한 통제 기제로서의 이데올로기라는 차원(사상중심주의)에서 접근되기 때문이다(김승철, 2004).4) 요컨대 합리적인 설명의 구도라면, 공식적 이념으로서의 집단주의가 또 다른 이념으로서 개인주의(개인주의가 '이념'의 형태를 취할 수 있는 것인지는 의문이지만)로 변화하고 있다거나, 기존에 주민의 내면과 실천 수준에 존재하던 집단주의가 개인주의의 내면과 실천들로 변화하고 있다는 형태로 설명 구도가 짜여져야 한다. 그러나 전통적인 설명 구도는 해체되는 것의 자리에는 이념으로서의 집단주의를, 출현하는 것의 자리에는 개인주의의 내면세계를 가져다 놓고 있는 것이다. 이와 같은 혼란은 북한 사회를 공식적 이념이 주민의 내면과 실천 속으로 온전히 실현되는 것으로 보기 때문에 발생하는 것이라고도 볼 수 있다.

---

3) 김병로(2016)도 비슷한 논지를 펼친 바 있다. 그는 "다른 개발도상국에서 비슷한 상황이 발생했다면 정권 붕괴나 체제 붕괴와 같은 심각한 사회 혼란으로 이어졌을" '고난의 행군'이라는 "극심한 식량난과 대규모 기아 사태에도 불구하고 북한이 붕괴로 치닫지 않았던 이유는 바로 이러한 집단주의 응집력의 효과가 북한 체제를 지탱하는 힘으로 작용했기 때문으로 보인다"라고 주장한다. 그러나 뒤이어 "극심한 식량난과 대규모 기아 사태에도 불구하고 …… 북한 체제를 지탱하는 힘으로 작용했기 때문"이라는 문장에 바로 이어 "이렇듯 단결력을 과시하던 집단주의 위력도 극심한 식량난과 7.1경제조치, 화폐개혁을 거치면서 …… 크게 약화됐다"라는 서술이 등장한다.

4) 필자는 '사상중심주의'를 일원적 원리로서보다는 효과라는 측면으로 인식한다.

〈그림 8-1〉 전통적 설명틀

정신주의
집단주의

→

물질주의
개인주의

2) 연역적 원리로서의 집단주의

집단주의에 관한 기존의 논의, 특히 그 논의들에 내재한 특유의 문법을 새롭게 문제화하는 이유는 그것이 이른바 '북한의 개인주의화' 현상에 관한 독해에 있어 관건적인 연관을 갖는 문제이기 때문이다. 앞에서 예시한 혼란상은 집단주의(개인주의)에 관한 설명틀 속에 내재된 문제였다고 할 수 있다. 즉 '북한 사회가 집단주의에서 개인주의로 이행하고 있다'라는 진술이 집단주의를 정의하는 특유의 설명 방식에 기인[5]하며, 이러한 설명 방식은 일정한 구조와 공통의 문법을 지니고 있다.

가장 먼저 지적되어야 할 점은 북한의 집단주의에 관한 '내재적 접근법'식의 설명 방식이다.[6] 북한의 집단주의 연구에 짙게 드리워져 있는 과거 '내재적 접근법' 식의 흔적은 집단주의와 개인주의에 관한 연역적이고 문헌 요약적인 설명 방식이다. 『북한 지식사전』(통일부 북한정보포털, 2020)에서 '집단주의' 항목은 다음과 같이 설명되고 있다.

---

5) 즉 북한의 집단주의를 정의하는 방식이 개인주의를 정의하는 방식에 직접적으로 영향을 미치며, 또한 그렇게 정의된 개인주의에 따라 집단주의가 개인주의로 대체되고 있다는 일련의 순환 논증이 발생하고 있다고 보는 것이다.

6) 여기서 말하는 내재적 접근법이란 서독의 동독 연구에서 수행한 접근법과는 사뭇 달랐던, 한국의 북한 연구에서 수행한 독특하고 왜곡된 방식의 내재적 접근법을 지칭한다.

모든 주민들이 조직과 집단을 위해 자신을 희생하고 복종해야 하며 개개인보다 사회와 집단이 더 중요하고 우선해야 한다는 생활 이념을 강조함으로써 체제 결속의 수단으로 매우 애용하고 있는 이념이다.

- 사람은 개인으로서가 아니라 사회와 집단의 한 성원으로서 살아간다고 보고 사회와 집단을 위해 얼마나 헌신하는가 하는 것이 가치 척도이자 활동 원칙
- 북한의 모든 정치·사회 제도는 집단주의에 기초하고 있으며 개인 및 사회생활의 구석구석에 집단 방식이 적용
- 생활총화, 농업의 집단화, 노력경쟁운동, 군중집회 등도 집단주의에 의한 대표적인 현상들

이러한 설명 방식은 생활총화, 농업의 집단화, 노력경쟁운동, 군중집회와 같은 다양한 층위의 장치들을 집단주의라는 하나의 이념으로부터 일원적으로 '연역'해 내는 형태를 취한다. 필자가 강조하는 바는 북한의 집단주의에 관한 이러한 '규정'이 그르다거나 틀렸다는 데에 있는 것이 아니라, 그러한 '규정'으로 '분석과 설명'을 대체·완료하고 있다는 점에 있다.[7] 이러한 설명들 속에서 '집단주의에 대한 사회과학적 규정을 통한 개념적 비교', '북한에서 나타나는 집단주의의 차이와 근대성의 공통 지반 등에 대한 면밀한 분석'은 소거되고, 다만 북한의 공식적 언설에서 규정한 바를 단순 요약·재서술하는 수준에서 멈춘다는 점이다. 그러다 보니 "일반적으로 자본주의 체제의 지배집단은 개인주의라는 지배 이데올로기를 토대로 개인주의적 생활문화를 피지배집단에 침투시키기 위해 노력해 왔고, 국가사회주의 체제의 지배집단은 집단

---

7) 앞서도 설명했듯이 이는 단지 대중의 교양을 위한 지식 사전이라는 형태와 한정된 지면의 문제로 환원할 수 없는 것이다. '집단주의'에 대한 정의는 '집단주의의 원리'를 나열하는 것으로 대체된다. '설명되어야 할' 집단주의는 동어 반복 속에서 괄호가 쳐진다.

주의라는 지배 이데올로기를 토대로 집단주의적 생활문화를 피지배집단에 침투시키기 위해 노력해 왔다고 평가할 수 있다"(김진환, 2010: 27~28)[8]라는 다소 비학술적이고 무리한 이분법의 서술이 등장하게 되는 것이다.[9] 북한의 집단주의를 설명하기 위한 전제로서, '자본주의-개인주의'로 접근하는 지배적 통념과 달리 (후술하겠지만) 자본주의에서 개인주의는 집단주의와 대립하면서 그것을 대체하는 것이라기보다는 개인주의와 집단주의의 특유의 연계와 조합의 양식으로 나타난다. 그리고 자본주의에서 국가라는 형식의 집단주의는 개인주의를 가능하게 하는 조건으로 작동하기도 한다.[10]

---

8) 김진환(2010)은 집단주의를 "사회의 공통 이해가 존재한다는 것을 전제로 개인의 개별이해 보다 사회의 공통 이해를 더 소중히 여기는 사상"이라고 정의한다.

9) 게르트 호프스테드(Geert Hofstede) 등의 국제 비교에 따르면 한국은 줄곧 대표적인 '집단 주의'가 지배적인 사회로 나타나고 있다. 또한 그의 비교에 따르면 같은 자본주의 국가들 사이에서도 미국과 유럽의 개인주의-집단주의의 양상은 양적으로나 질적으로 상이하게 나타나며, 한국과 일본 사이에서도 유력한 차이가 나타난다.

10) 그러한 조합의 양상을 가장 극명하게 보여주는 것이 스웨덴의 사례이다. 베르그렌 (Berggren)과 트래고드(Tragardh)가 '국가주의적 개인주의'(statist individualism)로 명명된 국가-개인 간 동맹을 통해 스웨덴의 근대성의 형식을 설명한 바에 따르면, "한편으론 극도로 순응적(인) …… 동시에 전통적 권위에 대한 존중은 낮으면서 개인적 자율성을 극도로 강조하고 또한 매우 높은 사회적 이동성 …… 공적 집단주의와 사적 개인주의 사이, 집단사고(groupthink)와 개인영역에 대한 공격적 사수 사이의 균형"을 보여준다. 자유를 위협하는 존재로서 국가에 대한 의심의 눈초리를 보여주며 '가족-개인의 축'을 선호하는 미국, 자율적 개인의 역할을 축소하며 '가족-국가의 축'을 강조하는 독일과 달리, 스웨덴과 같은 북유럽 국가들은 '국가-개인의 축'이 지배적인 동맹을 형성한다는 것이다. 개인주의를 가능케 하는 조건으로서 국가의 역할을 강조하는 이와 같은 설명은 강력한 복지국가를 통한 '강하고 선한 국가와 자율적인 개인의 상호보완적 관계'라는 테제로 요약될 수 있다. 흔히 사회주의적 존재로 이해되는 스웨덴 사람들이 실상 가장 개인주의적으로 알려져 있는 미국인들조차 상상할 수 없을 정도로 더 개인적 자율성을 추구하는 급진적 개인주의자들이며, 그것을 가능케 하는 것이 역설적으로 국가라는 것이며, 구체적으로는 국가의 강력한 복지제도라는 것이다. 트래고드의 이와 같은 입장은 영미권의 시민사회론에서 가정하는 바처럼 국가로부터 개인이 분리된다는 것이 곧바로 개인주의를 보장하지 않으며, 시민사회의 영역(예컨대 가족, 교회, 지역 커뮤니티, 자선단체 그리고 다른 개인들)은 개인의 자율성을 침해하는 또 다른 권력-의존의 공간일 따름이라는 점을 강조한다. 결국 국가의 강력한 복지 프

3) 반(反)물질주의로서의 집단주의

북한의 공식적 언설에서 개인주의는 "자유주의, 자본주의, 이기주의와 등가적인 것으로 정의되면서 공산주의적 삶-양식의 최대의 적"(Jiyoung, 2014: 105)으로 규정된다. 문제는 이 글에서 비판적 대상으로 삼고 있는 일군의 입장들이, '북한 사회가 개인주의로 전환되고 있다'라는 설명의 토대를 '북한이 규정한 개인주의 개념'에 두고 있다는 것이다. 이는 심각한 문제가 아닐 수 없으며 북한 연구가 도달한 질적 수준을 고려해 볼 때 이해 불가한 문제이기도 하다.[11] 어쨌든 바로 이러한 이유로 북한의 개인주의화에 대한 연구들은 항상 물질주의라는 언표를 동반하거나 시장화와의 연관 속에서 다뤄진다.[12] 그리고 이것은 집단주의를 사상 우선(정신주의)과 연계하는 인식의 자동 반사적 결과이기도 하다. 필자가 여기서 물질주의를 '언표'라고 표현한 것은 이들 논의에서 '물질주의(materialism)'에 대한 엄밀한 규정을 제시하지 않기 때문이다.[13]

로젝트는 이러한 사적 의존관계로부터 개인을 해방시켜 그들의 진정한 자율성을 보장한다는 것이다(Tragardh, 2007; Berggren·Tragardh, 2010: 16).

11) 필자는 그 하나의 이유가 바로 아직도 남아 있는 낡은 내재적 접근법의 습속에 따른 것이라고 보고 있다.

12) 몇 가지 사례를 들면, 양문수, 「북한주민의 마음에 대한 정량적 연구: 물질주의와 개인주의를 중심으로」, ≪통일문제연구≫, 27권 2호(2015); 이순형·진미정, 「새터민의 가치관 변화: 물질주의, 집합주의, 개인주의, 가족주의와 성역할태도를 중심으로」, ≪인간발달연구≫, 13권 3호(2006); 양문수·이우영, 「남북한주민 마음의 비교: 물질주의와 개인주의에 대한 정량적 분석」, ≪북한연구학회보≫, 20권 1호(2016); 김창희, 「북한사회의 시장화와 주민의 가치관 변화」, ≪한국동북아논총≫, 제52집(2008) 등, 이외에도 개인주의와 물질주의를 연관시키는 무수히 많은 유사 제목의 연구들이 존재한다.

13) '물질주의'의 사회과학적 정의와 다양한 용법 및 입장들에 대해서는 슈럼(Shrum, et al., 2014: 17~18, 1858~1881) 참조.

사실상 이러한 논의들에서 표현되는 '물질주의'는 '매머니즘(mammonism)'에 가깝다고 할 수 있다.[14] 다음과 같은 서술은 이와 같은 인식을 단적으로 보여 주고 있다.

물신숭배를 토대로 하는 개인주의는 공동체를 집어삼킨다. 북한에서 만연한 물신에 대한 숭배는 질식하고 있는 사회주의 도덕 담론을 대체하고 있다. …… 현재는 돈 있는 사람이 애국자로 인정받는다. 돈을 버는 방식은 중요하지 않다. …… 수단과 방법을 가리지 않고 살아남는 것이 애국이고, 잘사는 것이 애국자로 대접받는 세상이 물신숭배가 만연한 세상이다. 이것은 전통적 가치관에 대한 일대 전환이다. …… 집단주의 원칙보다 개인주의적 인식이 확산되었다. …… 기존 질서는 동요하고 화폐 물신주의가 팽배했다. 신념 체계의 대혼란이 주민들의 일상을 흔들고 있다(민영기, 2019.12.19).

북한에서 개인주의를 이기주의로 번역하듯 물질주의 또한 황금만능주의, 배금주 등으로 번역하고 비판한다. 이러한 번역 속에서 '물질주의'는 사회주의-집단주의-사상 우선-정신주의의 의미 계열과 대비되는 자본주의-자유주의-개인주의의 필연적 의미 계열 속에 위치한다. 바로 이 정신주의와 물질주의라는 것이 사회주의 북한과 자본주의를 나누는 본질적 차이로 규정된다.

---

14) 이러한 입장에서 물질주의의 확산은 집단주의 해체의 가장 본질적인 지표로 인식된다. 흥미로운 점은 북한의 개인주의를 매머니즘 확산과의 연관 속에서 설명하면서, 동시에 그러한 매머니즘의 확산이 북한의 변화를 추동해 낼 것이라는 '기대'를 표명하는 근거로 활용한다는 점이다. "내 것에 대한 관심이 북한사회를 변화시킨다", 귀순자 쟁점대담, 『통일한국』; 안찬일, 「배금주의 확산, 사회집단력의 분화와 폭발 가능성 내재」, 『北韓』, 2월호(2007); 우정, 「계층적 생활수준 격차 심화와 개인주의적 시장인간으로 변화」, 『北韓』, 3월호(2010); 이호령, 「북한에 확산되는 개인주의와 선군정치의 강조로 기강이 해이해지는 북한군」, 『北韓』, 4월호(2006).

그러나 박정희 시대 한국의 개발주의 체제처럼 물질주의를 집단주의적으로 추구하는 자본주의 체제의 역사적 경험들이 무수히 많이 펼쳐져 왔으며 현대 사회의 개인주의는 다양한 탈-물질주의적 경향을 나타내고 있기도 하다. 또한 물질주의가 개인의 개성과 자율성의 확장보다는 획일화된 삶으로 나타나는 경우도 있다. 그러나 기존 북한 연구의 이원론적 틀 속에서 이러한 복잡하고 교차하는 세계에 대한 논의들과 인식 지평들은 너무나 쉽게 간과된다.

3. 대안적 문제 설정: 대립·단절의 추상과 연속·구성의 실제

1) 개인주의와 집단주의 그리고 사회주의 통치성의 문제

(1) 개인주의-집단주의 연속체(continuum)

중국의 집단주의 문화에 관한 학제적 연구의 결론, "개인주의와 집단주의는 더 이상 하나의 차원 속에 놓여 있는 양극단이 아니"(Carsten, 2016: 35)라는 언명, 그리고 애나 이트먼(Anna Yeatman)의 "개인주의는 집단적 삶을 사고하고 실천하는 방식"(Yeatman, 2007: 51)이라는 요약 등을 받아들이면서 필자는 개인주의는 집단주의와 존재론적으로 대립하지 않는다는 점을 강조하고자 한다. 즉 개인주의는 집단주의에 대한 배타적 '대체물'이 아니며 '집단적인 것'과 맺는 관계 양식의 한 형태이자 동시에 그것을 뒷받침하는 사고방식이라는 것이다. 개인주의와 집단주의는 어느 하나가 사회에서 지배적인 지위를 점할 수 있을지언정 어느 하나가 다른 것들을 배타적으로 말끔히 대체할 수 있는 성질의 것이 아니라는 것은 역사 속에서, 그리고 이를 면밀히 다뤄온 수많은 경험적 연구들이 밝히고 있다. 그중 대표적인 것으로 제임스 드바인(James

Devine)은 집단주의-개인주의가 맺는 관계의 양식들을 구분하고 나아가 그 관계성의 정도를 실증적으로 측정함으로써 해당 정치경제 체제를 유형화한 바 있다(Devine, 2000: 265~304). 따라서 "중요한 것은 집단주의와 개인주의는 유일한 두 가지 가능성보다는 일련의 가능성들의 연속체(continuum of possibilities)라는 점이다. 실제로 대부분의 사람들은 그들의 태도와 행동에서 개인주의와 집단주의의 어떤 조합을 보여준다"(Peetz, 2010). 이처럼 집단주의와 개인주의의 대립과 이분법, 이에 기초한 [개인주의↔집단주의]의 이념형적 대립은 그 자체로 하나의 신화인 것이다(Voronov·singer, 2002; Houtman·de Koster, 2011; Cortois, 2017).

즉 개인적인 것과 집단적인 것은 상호 간에 맺는 '관계 맺음의 양식'이 문제가 되는 것이지 그 어떤 제로섬의 대립물이 아니라는 것이다. 따라서 개인적인 것과 집단적인 것의 '관계'를 둘러싸고 사회적 규범과 도덕적 담론들, 개별 주체들을 규율하는 실천들이 구성된다. 즉 개인적인 것과 집단적인 것 사이의 '올바른', 혹은 '적절한' 연관의 방식은 무엇인지를 둘러싸고 말이다. 이른바 '적합한 품행'이라는 통치성의 문제는 바로 이 개인적인 것과 집단적인 것의 '적절한' 관계에 대한 문제인 것이다.[15]

(2) 사회주의 통치성의 부재와 개별화-전체화

근대의 정치적 합리성이란 이처럼 개인적인 것과 집단적인 것의 '올바른' 관계에 관한 문제로서, 한편으로는 개인들을 전체성 안으로 통합하고, 동시에 개인의 품행(conduct)을 규제하기 위해 전체성을 통치하는 방식이다. 다시 말

---

15) 이러한 연관의 문제는 푸코의 '사목 권력(pastoral power)'에 대한 분석 속에서 심도 있게 논의된 바 있다(푸코, 2010: 184~189; Dean, 2014: 89~116).

해, 증대하는 개별화와 전체성의 강화 사이의 지속적인 상호 관계에 관한 것으로 요약해 볼 수 있다(Savoia, 2012: 20). 즉 개별화의 '증대'16)와 전체성의 '강화'는 제로섬의 대립적 관계라기보다는 양자 사이의 부단한(constant) 상호 관계에 관한 문제라고 할 수 있다(Foucault, 2000: 298~325, 403~417). 이러한 상호 관계는 개인 혹은 개별적 신체에 대한 일련의 정상화·규범화 (전체성과의 올바른 연관)의 테크놀로지를 작동시키는 근대적 통치 합리성의 메커니즘이었다. 이와 관련해서 이 글의 입장은 서두에 발문의 형태로 인용한 바, 사회주의에 고유한 통치성은 존재하지 않았으며17) 그것은 "발명되어야 하는 것"(푸코, 2012: 146)이라고 주장한 푸코의 언명을 중요하게 인식한다. 즉 사회주의는 사회주의 이념 혹은 원리로부터 연역되는 통일적이고 완결된 형태의 통치성을 고안해 내지 못했으며, 오히려 다른 통치성들과의 접속을 통해 끊임없이 "내적 위험에 대해서 견제, 교정, 완화"(푸코, 2012: 144)를 시도했다는 것이다. 공적인 것과 사적인 것, 가능한 것과 불가능한 것, 옳은 품행과 옳지 못한 품행 등에 관한 재구성의 실천이라는 통치의 전술들이 사회주의에서 모두 끊임없이 제출되었다는 점은 이를 방증한다.

북한 체제의 집단주의는 사회주의에 태생적으로 내포된 이러한 사정들, 혹은 난관들과 관계되는 통치의 문제계 속에 놓여 있는 연구 테마라고 할 수 있

---

16) 후술하겠지만 필자는 북한 사회에서 최근 나타나고 있는 현상들은 서구의 자유주의적 '개인주의'의 증대라기보다는 불확실성에 놓인 주체들의 '개별화'의 증대라고 이해한다. 우리가 통상 이해하는 바로서의, 그리고 북한 사회의 개인주의화라는 테제에서 암묵적으로 상정하는 것으로서의 '개인주의'는 자율성·책임성·고유성이라는 요소들을 체화한 개인의 출현을 통해 드러난다(Realo et al., 2002: 167). 최근 북한 사회에서 이러한 개인이 지배적으로 출현하고 있다고는 보기 힘들며, 또한 기존의 지배적 논의들에서도 이러한 개인을 암묵적으로 전제만 하고 있을 뿐 그것의 실제적 출현을 학술적으로 엄밀하게 증명한 경우는 없다고 할 수 있다.
17) 푸코는 '사회주의 정치'를 고민하면서 국가라는 틀과 통치라는 문제계를 구별한다.

<그림 8-2> 대안적 설명틀

산업주의		시장화
전체화-개별화의 양식들	→	전체화-개별화의 양식들

다. 이러한 점에 비춰볼 때 북한 연구에서 국가 혹은 통치 이념에 대한 논의는 수없이 제출됨에 비해, 사회를 조직하는 특유의 논리로서 집단주의의 이념과 원리는 현실에서 어떻게 '작동'할 수 있는가에 대한 문제, 즉 '통치성'의 문제계는 심도 있게 다루어지지 못하고 있는 형편이라고 할 수 있다. 이러한 문제의식에 따라 필자는 '북한 사회의 개인주의화'라는 현상을 연구하기에 앞서 정의 내려야 할 집단주의에 대해, 그것을 추상적인 이념이 아닌 주체성을 생산하는 구체적인 역사적 프로그램이라는 차원에서 접근한다. 왜냐하면 권력 작동의 한 '형식(form)'인 북한 체제의 '집단주의'는 이념 그 자체로 인민들에게 직접 실현될 수 없기 때문이다. 이념 혹은 원리로서의 '집단주의'는 '예외'에 대한 규정을 통해 자신을 구성하고 그러한 참조와 구성의 과정은 일상적(mundane) 실천 과정 속에서 쉼 없이 재확인, 재구성되어야 한다. 집단주의는 일상의 모든 행위들을 실정적(實定的, positive)으로 규정할 수 없기 때문이다. 즉 집단주의를 추상적인 이념이 아닌 구체적인 통치 실천(governmental practice)의 형태라는 차원에서 살펴보고자 한다.

이러한 대안적 문제 설정은 사회주의를 정신 우선의 집단주의로 놓고 자본주의를 물질 우선의 개인주의로 이원화하는 사고 정향을 문제화[18]한다. 즉

---

18) 북한 사회의 가치관이 '집단주의라는 정신주의에서 개인주의라는 물질주의로'(정신주의 → 물질주의) 변화하고 있다는 설명의 구도는 게오르그 짐멜(Georg Simmel)과 막스 베버(Max Weber), 베르너 좀바르트(Werner Sombart) 등의 문화과학적·문화철학적 작업이 정신문화와 물질문화 사이의 '관계'를 중심으로 구명되고 있다는 점(정신문화 ⇄ 물질문화)에서 대조를 이룬다. 대표적으로 짐멜의 『돈의 철학』은 "돈이라는 물질문화와 인간의 영혼이라는

산업주의라는 형태의 물질적·사회경제적 조건 속에서 형성되는 개별화·전체화의 양식들이 존재하며, 시장화라는 형태의 변화된 물질적·사회경제적 조건 속에서 형성되는 전체화·개별화의 양식이 있다는 점에 초점을 맞춘다.[19) 이 글은 북한의 주체들이 처한 사회경제적 조건의 변화 속에서 어떤 주체성의 양식들이 형성되는지를 보기 위해 북한의 집단주의적 통치 실천에 대해 우선 고찰해 보는 시론적인 논의라고 할 수 있다.

2) 북한의 집단주의 통치 프로그램의 사례들

북한 체제의 '집단주의'라는 추상적 이념은 스스로의 힘으로 자신을 온전히 실현시키지 못한다. 이념과 원리는 발화되어야 하고 수행되어야 한다. 따라

정신문화 사이의 관계를 문화철학적으로 구명한 책"이며 좀바르트의 『근대 자본주의』는 "체계, 형태 또는 제도로서의 자본주의와 정신, 신념 또는 윤리로서의 자본주의를 구분하고 두 차원의 관계를 논구"한 책이다. 물질문화와 정신문화는 서로에게 영향을 미치면서 구성적인 관계를 맺는 것이기에 정신주의가 물질주의로 대체하면서 이행하는 차원의 문제가 아니라는 점이다. 물질적인 것과 정신적인 것이 맺는 '관계'의 측면에서 볼 때, 북한의 변화에서 우리가 주목해야 할 지점은 '정신주의에서 물질주의로' 이행하고 있다는 비(非)학술적, 유사(pseud)과학적 도식이 아니라, 시장과 거래, 교환과 사적 경제활동이라는 물질적인 것의 세계가 어떤 형태의 새로운 정신적인 것의 형성을 이뤄내고 있는가의 문제이다(정신문화 → 정신문화'). 푸코 식으로 말하면, 시장화라는 전환적 현상이 어떤 새로운 주체의 '윤리', 혹은 통치성을 구성해 내고 있는가의 문제인 것이다. 즉 물질적인 것과 정신적인 것의 '관계'는 주체화(subjectivation)라는 문제와 밀접한 관련을 맺고 있다는 것이다. 이러한 주체화의 관점(perspective)에서 본다면 개인주의와 집단주의는 서로를 배척하면서 어느 하나가 다른 것으로 '대체'되는 것이 아니라, 주체 형성의 기술 차원에서 양자의 관계 형태가 조정되고 변형되는 것으로 이해할 수 있다(물질-정신 → 물질-정신').

19) 여기서 '물질적'이라는 표현을 쓰는 이유는 시장화 이후의 상황만이 물질적인 것과의 연관을 지닌 것으로 인식하는 기존의 설명틀과의 대비를 강조하기 위함이다. 지면의 제약상 그 변형의 구체적 양상과 특질들은 별도의 논문(개인주의가 아닌 '개인화'라는 문제틀 속에서 논의될 예정이다)에서 다루고자 하며 여기에서는 새로운 문제틀의 필요성과 의의를 제기하는 것에서 그치고자 한다.

서 집단주의라는 추상적 이념은 구체적인 실행 프로그램과 장치들을 통해 작동될 수밖에 없으며 분석은 그것을 향해야 한다. 이러한 점에 유념하면서 북한의 집단주의를 개별화와 전체화 특유의 기능 연관, 혹은 결합의 양식으로 이해할 때 이는 다양한 통치 실천의 층위들이 교차하는 것이었다. 이번 절에서는 그러한 개별화하면서 전체화하는 통치 실천의 다층적 양식들을 경제·물질적 열망의 교환(산업주의), 공동체의 안전과 규율(성분 정책), 자아의 테크놀로지(생활총화)라는 세 차원에서 검토하고자 한다.

(1) 사회주의 근대화 프로젝트: 개별·전체의 이해관계 교환과 동원의 열망

북한에서 개인들은 "정치적인 것을 통해 경제적인 것을 해결하려는 태도"를 보였다. 군인 출신이었던 한 탈북 응답자(남, 56세)는 당시의 사회는 "정말로 열정적인 분위기"였다고 주장했다. "모든 주민들이 모두 다 같이 잘 살자는 자세에서 수령님을 중심으로 똘똘 뭉쳐 우리도 한번 해보자 하는 강한 희망을 가졌던 시기"였다는 것이다(강진웅, 2010: 139~175). 북한에서 개인주의를 이기주의로 번역해 도덕적으로 비난하는 것은 이러한 '사회주의 근대화'가 갖는 집단적인 생산성 프로젝트와 연관된다. 북한 체제 특유의 도덕적 레토릭(rhetoric)에만 시선을 고정시키게 되면 북한 체제가 갖는 전체주의적 특수성만이 감지되지만 국민경제 전체를 고려해 넣어 개인의 품행을 규율하고 그것을 뒷받침하는 도덕적 담론을 구성하는 것은 자본주의 발전 체제에서도 모두 발견되는 현상이다. 그렇기 때문에 북한은 자신들의 집단주의를 "개인의 이익보다 사회와 집단의 이익을 더 중시"하는 사회주의·공산주의적 가치이자 도덕으로 규정해 왔던 것이다. 즉 여기 인용에서 강조했듯이 집단주의는 '이익(interest)'의 차원과 연결되고 있다. 집단의 이익을 우선할 때 비로소 개인의 이익도 담보될 수 있다는 사회주의적 집산 체제의 원리가 도덕과 가치의 구성으로 반영된 것이라 할 수 있다. 즉 북한의 집단주의적 가치는 겉으로는 주체사상과 같은 체제의 절대적 이념으로부터 연역되는 무조건적인 도덕적 의무로서 제기되는 것처럼 보이지만[20] 발생론적으로 볼 때 그것은 개별 인민의 이익과 사회 전체의 이익의 일치라는 일련의 국가·사회 간 이해관계의 정치·경제 교환을 근거로 생산되고 또 정당화되었다. 그 후로부터 그것은 인민의 노동과 수령의 선물(베풂)이라는 도덕적 교환의 규범화된 담론의 무한한 증식으로 나타났던 것이다.[21] 따라서 집단주의의 가치는 사회주의 근대화라는 거대한 발전주의 프로젝트를 가능케 하는 뚜렷한 '목적의식성'을 지닌 인민들의 '질서'를 구축하는 것에 모아졌다. 그리하여 집단주의의 대립쌍으로 놓이는 것은 '자유' 일반이 아닌 '방종'으로서의 자유와 무질서, 근대적 산업주의의 노동 규율을 터득하지 못한 '봉건적 잔재'로서의 개인주의, 민족적 단결 투쟁을 저해하는 낡은 민족적 습속 등으로 표현되었다(김재웅, 2018: 503~515).[22] 사회주의적 산업주의 프로젝트를 완수하기 위해 뚜렷한 목적의식성(전체화)을 지닌 규율화된 '인민'을 생산한다는 것(개별화)은 북한의 가장 원형적인 통치 실천의 원리였으며 집단주의는 이를 작동시키기 위한 도덕화된 규범이자 의례의 이데올로기적 장치였다.

사회주의는 사상 우선의 집단주의였던 것이 아니라 산업주의라는 형태의 물질주의를 집단적으로 추구했던 체제(북한판 "잘 살아보세")였을 따름이다. 거

---

20) 이러한 설명 방식은 북한의 집단주의를 근대성으로부터 이탈한 '매우 특수한 어떤 것'으로 이해하는 것으로 귀결된다는 점에서도 문제적이다.

21) 이에 대한 탁월한 분석은 홍민(2006) 참조.

22) 북한은 자신들이 반대하는 개인주의가 개인의 완전한 소거를 의미하지 않는다고 규정한다. "집단주의가 반대하는 것은 개인의 리익 자체가 아니라 집단의 리익보다 개인의 리익을 더 기본으로 내세우는 것 …… 자기보다 남을 먼저 생각하고 남을 위해 자기를 바치는 미덕이 꽃피는 사회가 바로 우리 공화국 …… ", "집단주의와 전체주의는 어떻게 구별되는가"(우리 민족끼리, 2005.6.27).

듭 강조하지만 사상 우선의 집단주의라는 것은 산업주의라는 물질주의의 집단적 추구를 가능케 하기 위해 개별화하면서 전체화하는 동원 양식의 도덕화된 표현에 불과한 것이다. 피츠패트릭(Fitzpatrick)과 뤼트케(Ludtke)가 지적하듯이, 전체주의 체제에서 "모든 부문과 집단의 사람들이 크든 작든 상황의 거대한 변혁 과정에 적극적으로 참여한다는 흥분감에 사로잡혀 (있으면서) 농촌과 공장에서 생산을 증대하고 신장시키려는 노력들"을 벌였던 것은 "사회적 여건을 더 낫게 한다거나 경제적 보너스를 향한 개인과 집단의 욕망으로부터 분리될 수 없는 것이었다."[23] 집단주의는 순수하게 정신적인 어떤 과정이 작동하는 것도 아니거니와 일방적 동원과 전체주의적 통제라는 차원으로만 접근될 수도 없으며 인민들이 처한 삶의 조건과 이데올로기적 장치들, 그리고 대중의 욕망 등이 교차하면서 만들어진 주체화의 양식이자 통치 실천의 한 형태였다. 전체주의는 전체주의 이념 그 자체로 작동하는 것이 아니다.

따라서 북한의 집단주의는 물질주의와 대척점에 놓여 있는 것이 아니라 도리어 그것과 떼려야 뗄 수 없는 문제였을 따름이다. 그러하기에 북한에서 집단주의의 쇠퇴라는 것은 기존의 사상중심주의에서 물질주의로 전환되는 문제가 아니라 "개인들이 느끼는 필요(needs) …… 를 집단적 차원으로 해결하는데 얼마나 열려 있는가"라는, 집단주의의 "귀속적 차원(attributional dimension)"의 현실과 연관되는 것이다. 이와 구분되는 집단주의의 "태도의 차원(attitudinal dimension)"은 "정체성, 가치관, 신념이 집단적 지향성을 강화하거나 약화시키는 정도"를 의미하며, 이는 "다시 개인주의적 가치나 협동적 가치가 존재하거나 생성 또는 강화되는 정도, 사회적 정체성이 파편화되거나 공유되는 정도,

---

23) 이러한 맥락에서 동시대인들에게 있어서, 사회를 위한 "새로운 시작"을 알리는 이상주의적 열망, 그리고 개별 시민이 "새로운 인간형"으로 변신하는 것은 동일한 의미로 깊은 영감을 주는 것이었다(Fitzpatrick·Ludtke, 2008: 300).

집단행동에 필요한 가치와 일치하거나 일치하지 않는 정도, 집단적 효과에 대한 믿음을 그룹 구성원이 가지는 정도"로 평가해 볼 수 있는 문제이다(Peetz, 2010: 385).[24] 이러한 구분이 현재의 논의에서 유의미한 것은 첫째, 집단주의를 개인적인 것과의 연관 속에서 고민할 수 있고 또 그래야 한다는 것, 둘째, 집단주의를 물질적 "필요"와의 연관이라는 차원과 "정체성, 가치관, 신념"의 차원으로 구분해야 한다는 것, 그리고 집단주의는 '정도(degree)'의 문제라는 것이 마지막 이유이다. 집단주의는 사회주의 체제에서건 시장화된 최근의 조건에서건, 그저 '어느 지점'에 '어느 정도'로 존재하고 있을 따름이다.

(2) '페스트적 상황'의 은유: 전체 인구의 보존을 위한 분할과 세분화

20세기 사회주의에서 집단주의는 이처럼 일체의 무질서를 제거하고 뚜렷한 목적의식성의 세계로 나아가는 새로운 사회주의적 인간형의 창출을 통해 사회주의 건설의 국가 프로젝트와 결합하도록 하는 포함(inclusion)의 양식을, 다른 한편으로는 기존의 전통적 유대 양식을 해체하고 재구성하는 배제(exclusion)의 양식을 만들어내는 것이었다(Fitzpatrick·Ludtke, 2008: 273~274). 20세기 국가사회주의의 산업화 과정은 "계급의식, 집단 정체감, 계급 연대의 붕괴"라

---

24) 우리는 북한 사회의 집단주의의 '작동과 쇠퇴'에 관해 이러한 해부학적 분석을 실행함으로써 그것이 어떤 내용과 수준을 갖고 있는 것인지를 비교 검토하거나 유형화를 정밀하게 시도해본 바 없다. 현장 조사의 불가능성과 데이터의 부재, 방법론적 취약성이 결합해, 제도와 공식 담론 분석을 통한 '강력한 집단주의 체제'라는 언명 이상의 질적 도약을 이루는 데는 다가가지 못한 것으로 보인다. 더욱이 이념으로서의 집단주의가 현실에서 '발화'되는 수행성의 차원들은 더더욱 확인 불가능의 영역으로 남아 있다. 집단주의에 관한 연구가 이러한 수준에 머물러 있기 때문에 자연히 집단주의의 쇠퇴·해체가 말하는 바가 무엇인지를 명확히 개념화하기도, 어떤 지표들을 중심으로 변화의 정도와 질적 수준을 판별해야 하는 것인지도 불분명한 상황이다. 물론 그러한 시도가 전혀 없었던 것은 아니다. 대표적 성과로는 〈북한대학원대학교 SSK마음연구단〉에서 제출한, 대량의 탈북자 서베이 데이터를 토대로 한 일련의 양적 방법에 의한 논문들이 그것이다.

는 조건 속에 놓인 "원자화"된 형태의 노동자 계급을 창출했다(차문석, 2001: 136). 북한에서 집단주의적 계급의 창출과 구성은 경제적 심급의 차원으로 모색된 것이라기보다는 문화적 인종주의의 내부화라는 성격을 강하게 띠고 있다. 인종주의적 발상이 계급화된 언어로서 나타나는 것이지 그 반대가 아니라는 것이다(홍태영, 2011).[25] 이러한 인종주의적 통치는 사회의 건강을 위태롭게 하는 리스크를 끊임없이 생산해 내며 "우연적인 것을 완전히 통제하려는", "거대한 위생학적 유토피아"를 목표로 한 감시와 규율의 장치들을 작동시킨다(카스텔, 2014; 1991). 앞서 언급했듯이, 푸코는 '사회주의에 고유한 통치성이 있는가?'라는 물음을 던진 뒤 "사회주의는 자유주의 통치성 내에서, 자유주의 통치성과 접속되어서 존재했고, 또 실제적으로 작동"했다고 비판한다(푸코, 2012: 144). 즉 사회주의의 통치성은 "사회주의의 여러 텍스트 내부에 숨어 있"지도 "사회주의[이념]로부터 연역"될 수도 없는, "발명되어야 하는" 것이었다는 것이다(푸코, 2012: 144). 요컨대 역사적으로 존재했던 20세기 국가 사회주의의 통치는 그 자체의 고유한 통치성을 발전시키지 못했으며 자유주의적 통치성의 문제계를 벗어나지 못했다고 푸코는 비판적으로 평가하는 것이다.

북한의 집단주의는 전체 인구의 보존과 안전을 목적으로 한 분할과 구획이라는 포함·배제적 통치 실천의 극도로 세분화된 양식을 조건으로 구성되고 작동되는 것이었다. '성분 정책'은 그것의 대표적 표현이었다. 북한의 집단주의를 지배 이데올로기라는 내적 논리 속에서 파악하게 되면 북한의 성분 정책 속에서 근대적 통치술에 내재한 '안전과 리스크'라는 보편적 문제계와의 연관

---

25) 김정은 시대에 들어와 제창된 '사회주의-문명국'이라는 발상과 그 내적 표현들 또한 '썩어빠진 서구 문명'이라는 언술에서처럼, 이러한 문화적 인종주의의 요소들을 여실히 드러내고 있다.

을 파악할 수 없고, 그저 극도로 특수한 북한 고유의 전체주의적 사회 통제 장치라는 동어 반복적 해석에서 벗어날 수 없다. 북한의 성분 정책은 전체 인구의 안전과 개별 신체의 규율이라는 구획과 배제의 근대 자유주의적 안전메커니즘의 극단화된 (편집증적) 형태였다. 즉 그것은 그 '정도'에 있어서 근대 자유주의적 안전메커니즘의 '예외'로 인식될 수는 있을지언정 성분 정책의 존재 자체가 근대성으로부터 이탈한 예외적 통치 장치로 이해될 수는 없다.

성분 정책은 체제와 사회를 위태롭게 하는 자들을 가시화하고 관리하기 위해, 개별 신체들의 위험도를 그들의 생애 환경, 기질, 성향, 품행 등을 낱낱이 조사하고 분류하고 해석함으로써 사회적 범주화를 시도하는, 근대 통치 이성의 한 변형태로서의 일련의 제도이자 실천들을 의미한다고 할 수 있다. 즉 북한의 성분 정책은 "계급의 적이 될 가능성이 높은 이들을 사전에 배제할 수 있는 방법"(김재웅, 2018: 323)들을 고안하는 것으로 개인과 집단의 특성(성격, 욕망, 행동 등) 출신 계급과 가족 환경, 성장 과정에 따라 형성된다는 '인종주의적' 발상의 계급화된 장치로서 3계층 51부류라는 전대미문의 편집증적 분류 체계를 탄생시켰다. 이러한 성분 정책은 전체 인구의 보호를 위해 한편으로는 개별적·집단적 신체들을 구획·분리하고 동시에 위험에 처할 가능성이 높은 개인·집단들에 대한 특별한 관심과 지도를 수반한다. 이러한 과정은 종종 "오염", "침습"과 같은 방역 혹은 면역학의 은유들[26]을 동원하면서 그리고 이를 예방하고 관리하기 위해 엄격한 "규범들을 참조하면서 일어난 행위들을 구별하고 통제하는"(강미라, 2013: 47~48; 한재헌, 2013: 258) '균질화(homogenization)',

---

26) 예컨대 "건강한 사람의 몸에 병균이 스며들지 못하는 것처럼 위대한 장군님의 혁명사상으로 무장한 사람한테는 부르죠아 사상문화가 감히 범접할 수 없고 맥을 추지 못하게 된다." "부르죠아 사상문화는 독성이 셀 뿐 아니라 그 전염력도 강하(며) 매우 끈질기다. …… 게다가 제국주의자들과 반동들은 부르죠아 사상문화를 침투시키는 데서 장기전을 펴고 있다"(한재헌, 2013: 265~266).

'표준화'(standardization)', '정상화(normalization)'의 분류, 측정, 제도, 담론, 실천들을 발전시켰다.[27]

(3) 생활총화[28]: 자기 배양의 장치

이러한 규율의 필요성에 따라 개별 주체에 대한 품행의 지도("conduct of conduct")는 사활적인 것으로 나타나며 그로 인해 생활총화와 같은 평정 장치의 필요성이 나온다. 즉 북한에게도 사회주의 근대성 프로젝트에서 개인이 갖는 중요성은 모두 부각된다. 강진웅(2013)이 적절히 지적했듯이, 사회주의 근대화 프로젝트에 따른 특유의 주체형성 메커니즘과 통치 테크놀로지 작동 사이의 연관 속에서 북한의 권력을 이해할 때, 근대 권력의 보편적 양상으로서 나타나는 "과학적인 생명정치와 규율권력으로 발전되는 측면과 전체주의적 폭압의 기제로 변화되는 측면"(강진웅, 2013: 158)이 동시에 시야로 들어올 필요가 있다. 근대적 권력으로서 북한의 통치 메커니즘이 지니는 이러한 특질은 이 글이 다루고 있는 개별화·전체화의 문제와 밀접한 논리적·기능적 연관을 갖는다. 전체주의적인 폭압적 권력이라 할지라도 권력의 행사는 언제나 개별적인 주체들을 '경유'할 수밖에 없다. 권력의 관건은 권력의 '소재'가 아닌 '행사'에 있으며 그 행사 방식에 있어서 일방적 '부과'가 아닌 권력의 의지를

---

27) 푸코는 일련의 의학적 담론과 통치모델과 연관되는 권력·지식의 형태를 검토하면서 이를 '나병의 주권모델', '페스트의 규율모델', '천연두의 안전모델'로 분류한다. 나병은 추방을, 페스트는 검역과 규율을, 천연두는 예방과 통계를 발전시켰는데 북한의 전체화·개별화의 통치모델은 페스트의 규율모델에 상응하는 것으로 볼 수 있다. 물론 여기서 유념해야 할 것은 세 가지의 통치모델은 역사적 국면에 따라 어느 하나의 모델이 지배적 위치를 점하는 것이지 다른 것들을 배제하거나 대체하는 관계가 아니라는 점이다. 북한에서도 추방, 규율, 안전의 메커니즘은 항상 동시에 작동한다. 이와 관련해서는 한재헌(2013: 249~254) 참조.

28) '생활총화'란 북한 주민들이 당이나 근로 단체와 같은 각각의 조직에서 각자의 업무와 생활을 반성하고 상호 비판하는 모임을 일컫는다.

'내면화'하는 주체들의 '생산적' 실천에 달려 있다. 따라서 주체의 자율성이 완전히 제거되어 주체가 스스로 자신의 주체성을 '생산'하지 않는다면 통치는 작동을 멈추게 되며 그 순간 통치는 통치로서의 의미를 상실하게 된다.[29] 그래서 북한에 '자동인형과 같은 세뇌된 인민들'만이 존재한다면 그것은 통치의 성공이 아니라 통치가 실패하고 있음을 의미한다. 바로 이런 이유로, 저 폭압적인 북한의 권력 또한 끊임없이 인민 개개인을 향해 주체의 내면에 대한 '발화'와 '실천', '수행'을, 그리고 올바른 사상을 '품행'으로 표현할 것을, 그리고 그러한 발화와 표현은 언제나 '만연한 형식주의'가 아닌 능동적인, 즉 '주체적인' 방식으로 늘 '새롭게', '높은 정치적 수준'에서 수행할 것을 종용하는 이유이다.[30]

생활총화는 북한 주민 각자의 생활과 내면을 관리, 검열하고 지도하는 "인간개조"의 통치 기술이다. 이러한 통치의 최고 기능은 삶에 철두철미하게 스며드는 것이며, 이러한 권력의 일차적인 과제는 삶을 관리하는 것이다. 이 같은 '생활개조·인간개조 운동'은 국가 규율이 모든 생활 공간에 침투하도록 노골화된 도덕규범의 표현이었다. 북한에서 이 통치의 기술은 주로 수령의 언술로 대표되는 참조의 기준과 주위 동료의 모습과 시선에 자신을 비추어 반성하라는 형태로 전개되었다(한재헌, 2013). 생활총화에서 가장 강조되는 바는, 가급적 개별 주체들이 스스로에 대해 진지하고 진실하게, 자신의 생활상의 '과오'를 '고백'하고, '해석'하고, '평가'하는 일련의 절차를 거쳐 궁극에는 사회주의의 영예로운 인민으로 구원받으라는 것이다.

---

29) 이는 아주 순수한 의미의 '헤게모니 없는 지배'라고도 할 수 있을 것이다.
30) "북 생활총화 수첩 내용 들여다보니"(자유아시아방송, 2015.4.13).

"⋯⋯ 항일유격대원들은 언제나 자기비판을 <u>진심으로</u> 했으며 그 <u>진심</u>을 실천 활동을 통하여 자신이 검열하고 또 대중들로부터 검열 받았다"(≪로동신문≫, 1968.6.11).

"생활총화는 북한에서 '사상단련의 용광로'라 불린다. 왜냐하면 불순물 투성이 의 철광석이 용광로의 불길 속에서 순수한 쇳물만 뽑혀 나오듯이 사람도 생활총 화의 화끈한 비판을 통해 수령님에 대한 충성심이 가득한 <u>새사람</u>으로 변화된다 고 믿는다"(김현식, 2007: 112).

생활총화는 장치를 분석하는 것은 왜, 이런 방식의 '통제' 장치가 활용되는 지를 그것의 역사적 기원(유격대 경험)이나 사상적 기원(유일사상 10대 원칙 등)이 아닌, 개별 주체의 자기 인식을 통한 권력(수령)으로의 예속을 작동시키는 방 식, 그것의 통치 효과를 인식하는 것에 모아진다. '사목 권력'의 고백 기술이 그러하듯이(≪로동신문≫, 1968.6.11), 자기비판을 통해 개별 인민들이 '자신에 대한 진실'을 생산해 내는 과정은 비판을 행하는 인민 스스로부터 산출되는 것이 아니라 수령의 '교시'라는 절대적 참조의 기준을 통해 '자기'를 '해석'하고 '평가'하고 또 더 나은 '혁명적 인민'으로 '구원'받는 과정이다. 전체주의적 지 배 양식은 새로운 관계를 형성하고 동시에 기성의 관계들을 변형하는 과정을 수반했다. 즉 대중의 동원은 기존 유대 관계의 "개조(remodeling)"를 요청했다 (Fitzpatrick·Ludtke, 2008: 289~301). 즉 이러한 자기 인식과 상호 비판의 장치는 인민들 간의 유대와 상호 관계를 부정하지 않는다. 다만 개별 인민들 상호간 의 관계(동료, 가족, 친구, 연인 등)는 우선적으로 "순수하고", "겸손하며", "신실 하고", "꾸밈없이" 수령과 마주함으로써 자기를 인식하고 구성하고, 또 규율 하는 개별자로서의 '고립된 공간'을 전제로 한다. 이는 단순한 억압도, 법적

강제도, 노예화도, 물리적 착취도 아닌 북한 주민의 자아가 존재하는 방식으로서의 수령과의 연관을 통한 자기반성(self-examination)의 항구적 순환 속으로 고정시키는 과정이다(Ryang, 2012: 181~189).

4. 결론

'북한 사회가 개인주의화되고 있다'는 기존의 주류적 테제가 갖고 있는 한계는 우선 집단주의와 개인주의에 대한 면밀한 이론적 개념화를 수반하지 않는다는 데 있다. 북한의 집단주의는 너무나 자명한(for granted) 것이어서 다만 북한에서 공식적으로 규정하는 바를 요약 재서술하는 것에 그치는 경우가 허다하다. 집단주의에 대한 면밀한 개념적 검토를 생략한 채, 다만 집단주의가 얼마나 강력하게 북한 사회를 제도적으로, 규범적으로 통제해 왔는가에만 초점을 맞춘다는 점이다. 집단주의에 대한 이러한 방식의 이해에 따라 개인주의에 대한 면밀한 개념적 검토 또한 생략되기 일쑤였다. 집단주의와 개인주의는 하나가 아니다. 그러나 이 당연한 전제가 북한 연구에서는 너무나 쉽게 무시되곤 한다. 기존의 문법에서 집단주의는 하나이기 때문에 '집단주의가 퇴락하면 개인주의가 도래'한다. 개인주의도 하나이기 때문에 도래하는 그 개인주의 또한 한 가지 모습으로만 다뤄진다. 그러나 집단주의는 하나가 아니기 때문에 북한에서 나타났던 특정한 방식의 집단주의가 퇴락하면 다른 방식의 집단주의 형식이 나타날 수도 있다. 사회과학의 다양한 이론과 개념을 경유하지 않으면 북한의 집단주의를 상대화할 수 없으며, 결국 포스트 집단주의 사회현상이 또 다른 형태의 집단주의인지, 정말 개인주의인지, 개인주의라면 어떤 개인주의인지(아니면 개별화·개인화인지[31])를 온전히 과학적으로 포착할 수 없으며 나아가 그것을 해석할 가능성은 더더욱 요원해진다.

개인주의 혹은 개인화는 매우 경합적이고 논쟁적인 개념이면서, 그만큼 또 역설적이고 복잡한 맥락의 중첩이 발생하는 개념이다.[32] 따라서 북한 사회가 개인주의화되고 있다는 설명을 위해서는, 우선 그러한 논의들에서 표명되는 '개인주의'라는 것이 어떤 내용과 개념적 경계를 지닌 것인지를 명확히 할 필요가 있다. 그러나 기존의 연구들에서는 '개인주의'에 대해 개별 연구자가 사용하는 의미에 대해 별다른 개념적 한정을 짓지 않고 다만 집단주의를 대체하는 대척점에 있는 자명한 어떤 가치나 태도로 전제하면서 논의를 전개해 가는 경향이 지배적이다. 북한의 주체가 처한 삶의 조건들, 그들이 내던져진 불확실성의 상황들, 그리고 통치 실천의 다층적 논리들의 전반적 변화들을 고루 시야에 넣어 분석해야 한다고 본다. 그러할 때 과연 북한 사회의 최근 면모라는 것이 집단주의의 소멸과 개인주의의 출현이라고 매끄럽게 정리할 수 있는 것인가 하는 문제를 지적하는 것이다. 집단주의는 변형된 형태로 작동하고 있으며 개인주의는 불분명하고 모호하다. 그러나 그것이 집단주의가 통제와 억압의 도구로서 여전히 작동하고 있다는 것을 의미하지도 않는다. 또한 집단주의에 대한 이러한 이해 방식에 따른 북한 연구의 개인주의에 관한 연구가 갖는 논의 구도상의 문제점은, 북한 사회가 개인주의화되고 있다는 점에 주목하게 된 역사적 계기를 '시장화'라는 매우 구체적인 사회경제적 변화(특수한 물

---

31) 자유주의적 개인주의가 의미하는 자율성과 해방의 의미보다는 "구조적으로 부과되는 조건"을 의미하며 "사회경제적, 환경적 위험을 개인 스스로 짊어져야 하는 상황"의 측면과 관계한다(신경아, 2013).

32) 울리히 벡(Ulrich Beck)은 자신의 저서에 실린 인터뷰를 통해 개인화라는 개념에 대한 오해가 만연해 있음을 지적한다. 그는 자신의 개인화 개념이 "개인주의를 의미하지도, 심리학에서 자율적 개인화의 과정을 설명하기 위해 사용하는 개성화(individuation)와도 다르며, 대처리즘에서 말하는 시장이기주의와도 아무런 관계가 없다"라고 주장한다. 또한 "하버마스가 묘사한 해방과도 다른 의미를 지닌다"라고 말한다(Beck and Beck-Gernsheim, 2002: 202).

질적 조건)에서 구하면서 본격적인 연구를 위해 개인주의에 관한 관점을 도입할 때는 매우 추상적인 자유주의적 개인33)에 대한 입장을 전제로 하고 있다는 점이다. 집단주의에 대한 이러한 이해 방식은 또한 강력한 통제장치로서의 집단주의가 '해체'되어 개인주의로 '대체'되고 있다는 단선적이고 이분법적인 이해 경향을 수반하고 있다. 그러나 근대적 통치는 어떤 일원적 원리의 투명한 관철로서 작동하지 않는다. 통치는 다층적인 장치와 메커니즘의 복합적인 통치 실천을 통해 작동한다. 이러한 복합적인 통치 실천의 차원에서 보았을 때 북한의 집단주의는 '해체·대체'되고 있는 것인지 재고해 볼 필요가 있다. 필자는 앞으로 자유주의적 의미의 개인주의가 아닌 불확실성과 경쟁이라는 세계에 내던져진 주체들의 '개인화'라는 관점에서 북한의 개인적인 것과 집단적인 것의 관계 양식의 연속과 변화에 대한 분석을 수행하고자 한다.

---

33) 칼 마르크스(Karl Marx)와 미셸 푸코(Michel Foucault)는 모두, 그러나 다른 측면에 집중함으로써, '추상적 개인'이라는 자유주의적 견해들에 매우 비판적인 주장을 펼친다. 마르크스는 '추상적 개인'은 현실에 존재하지 않는 허울뿐인 전제로서 개인은 삶에 막대한 영향을 미치는 역사적·사회적으로 특수한(즉 구체적인) 물질적인 조건 속에 놓인다는 점을 강조한다. 반면, 푸코는 개인을 권력의 역사 속에서 생산되는 상이한 주체들의 역사라는 관점, 즉 개인을 주체로 만드는 권력이라는 문제틀 속에서 사유하고 있다. 이에 대해서는 맥매너스 (McManus, 2019) 참조.

참고문헌

강미라. 2013. 『푸코의 『안전, 영토, 인구』 읽기』. 세창미디어.

강진웅. 2010. 「남북한의 국가와 가족: 체제 변화와 가족주의의 변형」. ≪한국사회학≫, 44(5).

_____. 2013. 「1950-1960년대 국가형성기 북한의 생명정치와 사회주의 주체 형성」. ≪사회와 역사≫, 98.

김병로. 2016. 『북한, 조선으로 다시 읽다: 북녘에 실재하는 감춰진 사회의 심층분석』. 서울대학교출판문화원.

김승철. 2004. 「개인주의와 집단주의」. ≪北韓≫, 1월 호.

김재웅. 2018. 『북한체제의 기원: 인민 위의 계급, 계급 위의 국가』. 역사비평사.

김진환. 2010. 「조선노동당의 집단주의 생활문화 정착 시도」. ≪북한연구학회보≫, 14(2).

김현식. 2007. 『나는 21세기 이념의 유목민(예일대학교에서 보내온 평양 교수의 편지). 김영사.

남근우. 2008. 「북한의 복종과 저항의 정치」. 한양대 박사학위논문.

_____. 2012. 『생명관리정치의 탄생: 콜레주드프랑스 강의 1978-79』. 오트르망 옮김. 난장.

민영기. 2019.12.19. "만연하는 물신숭배". 민영기의 돈주의 비밀 시리즈(e-COMMONS).

배영애. 2018. 「북한의 체제유지를 위한 '인민반'의 역할과 변화」. ≪통일과 평화≫, 10(2).

신경아. 2013. 「'시장화된 개인화'와 복지 욕구(welfare needs)」. ≪경제와 사회≫, 98.

신동훈. 2019. 「김정은 시대 북한의 사회통제 연구」. 고려대 박사학위논문.

우리민족끼리. 2005.6.27. "집단주의와 전체주의는 어떻게 구별되는가".

이무철. 2006. 「북한 주민들의 경제관과 개혁개방 의식: 북한이탈주민 면접 조사를 통한 추론」. ≪북한연구학회보≫, 10(2).

이승목. 2006. 「북한 집단주의의 형성 및 변천에 관한 연구」. 동국대 박사학위논문.

이태섭. 2001. 「북한의 집단주의적 발전 전략과 수령체계의 확립」. 서울대 박사학위논문.

이현주. 2011. 「북한의 집단주의 특성요인과 심리적 분석에 관한 연구」. 고려대 박사학위논문.

임순희·이교덕. 2011. 「최근 북한주민의 의식변화와 북한체제의 불안정성― 화폐개혁이후를 중심으로」. ≪통일정세분석 2011-05≫.

자유아시아방송. 2015.4.13. "북 생활총화 수첩 내용 들여다보니". 자유아시아방송.

차문석. 2001. 『반노동의 유토피아: 산업주의에 굴복한 20세기 사회주의』. 박종철출판사.

카스텔, 로베르(Robert Castel). 2014[1991]. 「위험함에서 리스크로」. 콜린 고든 외 엮음. 『푸코 효과: 통치성에 관한 연구』. 난장.

통일부 북한정보포털. 2020. "집단주의". 북한지식사전. https://nkinfo.unikorea.go.kr/nkp/te

rm/nkKnwldgDicary.do(검색일: 2020.3.15).

페레터, 루크(Luke Ferretter). 2014. 『루이 알튀세르의 이데올로기』. 심세광 옮김. 앨피.

푸코, 미셸(Michel Foucault). 2011. 『안전, 영토, 인구: 콜레주드프랑스 강의 1977-78』. 오트르망 옮김. 난장.

_____. 2012. 『생명관리정치의 탄생: 콜레주드프랑스 강의 1978-79』. 오트르망 옮김. 난장.

한재헌. 2013. 「일상의 사회통제체제와 권태로운 인민: 생활총화를 중심으로」. 『북한의 권력과 일상생활: 지배와 저항 사이에서』. 한울엠플러스.

홍민. 2006. 「북한의 사회주의 도덕경제와 마을체제」. 동국대 박사학위논문.

홍태영. 2011. 「유럽의 시민권, 정체성 그리고 문화적 인종주의: 국민국가의 전환과 극우민족주의」. ≪한국정치연구≫, 20(2).

≪로동신문≫. 1968.6.11. "항일유격대 내에서의 비판과 자기비판(하)".

Beck, Ulrich and Elisabeth Beck-Gernsheim. 2002. *Individualization: Institutionalized Individualism and its Social and Political Consequences.* Sage Publications.

Berggren, H and L. Tragardh. 2010. "Pippi Longstocking: The autonomous child and the moral logic of the Swedish welfare state." in Mattsson, H and S-O, Wallenstein(eds.). *Swedish Modernism: Architecture, Consumption and the Welfare State.* Black Dog Publishing.

Carsten, Herrmann-Pillath. 2016. "Fei Xiaotong's Comparative Theory of Chinese Culture: Its Relevance for Contemporary Cross-disciplinary Research on Chinese 'Collectivism'." *The Copenhagen Journal of Asian Studies,* 34(1).

Cortois, 2017. "The Myth of Individualism: From Individualisation to a Cultural Sociology of Individualism." *European Journal of Cultural and Political Sociology,* 4(4).

Dean, Mitchell M. 2014. *Governmentality: Power and Rule in Modern Society.* SAGE Publications.

Devine, J. 2000. "The Positive Political Economy of Individualism and Collectivism: Hobbes, Locke, and Rousseau." *Politics and Society,* 28(2).

Fitzpatrick, S. and A. Ludtke. 2008. "Energizing the Everyday: On the Breaking and Making of Social Bonds in Nazism and Stalinism." in M. Geyer and S. Fitzpatrick(eds.). *Beyond Totalitarianism: Stalinism and Nazism Compared.* Cambridge University Press.

Foucault, Michel. 1982. "The Subject and Power." in Hubert Dreyfus and Paul Rabinow. *Michel Foucault: Beyond Structuralism and Hermeneutics.* University of Chicago Press.

_____. 2000. "The political technology of individuals." in James D. Faubion(ed.). *Power: Essential Works of Foucault, 1954-1984*. New Press.

Houtman, D., S. Aupers and Willem de Koster. 2011. "Introduction: The Myth of Individualization and the Dream of Individualism." *Paradoxes of Individualization: Social Control and Social Conflict in Contemporary Modernity*. Routledge.

Jiyoung, S. 2014. *Human Rights Discourse in North Korea*. Routledge.

McManus, Matt. 2019.8.29. "Marx vs Foucault: Reflections on History and Power." *Areo*.

Peetz, D. 2010. "Are individualistic attitudes killing collectivism?" *Transfer*, 16(3).

Realo, Anu. et al. 2002. "Three Components of Individualism." *European Journal of Personality*, 16(3).

Ryang, S. 2012. *Reading North Korea: An Ethnological Inquiry*. Harvard University Press.

Savoia, Paolo. 2012. "Foucault's Critique of Political Reason: Individualization and Totalization." *Revista de Estudios Sociales*, 43.

Shrum, L.J. et al. 2014. "Materialism: the Good, the Bad, and the Ugly." *Journal of Marketing Management*, 30(17~18).

Tragardh, Lars. 2007. "The 'Civil Society' Debate in Sweden: The Welfare State Challenged." in Lars Tragardh(ed.). *State and Civil Society in Northern Europe: The Swedish Model Reconsidered*. Berghahn Books.

Voronov, M. and J.A. Singer. 2002. "The Myth of Individualism-Collectivism: A Critical Review." *The Journal of Social Psychology*, 142(4).

Yeatman, Anna. 2007. "Varieties of Individualism." in Cosmo Howard(ed.). *Contested Individualization: Debates about Contemporary Personhood*, Palgrave Macmillan.

제9장

북한 주민의 놀이에 담겨 있는 이념과 실재

윤보영_동국대학교 북한학연구소 객원연구원 겸 강사

1. 서론

북한 주민은 무엇을 하며 놀까?[1] 이 글은 북한 정부가 놀이에 담고자 하는 의미와 북한 주민이 놀이에서 분출하는 "노는 자유"를 분석하는 문화기술지적 연구이다.

북한의 정부·정치·외교·군사 등은 활발하게 연구되고 있지만 북한에 살고 있는 사람에 대해서는 그들의 인권에 대한 논의가 핵심 주제이다. 국제사회

---

* 이 장은 필자가 2020년 ≪통일인문학≫ 제82집에 게재한 「북한주민의 놀이에 담겨 있는 이념과 실재」를 수정·보완한 것이다.

1) 놀이는 수없이 다양하다. 이 글에서는 북한 주민의 놀이를 명확한 범주로 나누고 분류하는 것이 아니라, 북한 주민이 공식·비공식적으로 행하는 춤과 노래에서 나타내는 기분전환, 소란, 자유로운 즉흥, 대범한 발산 등, "통제되지 않는 어떤 일시적인 기분이 표출"되는 순간에 주목하고자 한다. 놀이는 자유로움, 위험, 능란함, 휴식, 즐거운 분위기, 쉽게 하고 즐겁게 해주는 것, 구속받지 않는 것 등 많은 의미를 담고 있는 우리에게 익숙한 그것이다. 놀이에 대한 설명 참조(카이와, 2018: 9~38).

는 북한 주민이 처해 있는 억압적 상황에 관심을 가져왔다. 특히 90년대 고난의 행군을 거치며 극심한 기아에 신음하는 북한 주민이 우리 시야에 사진과 영상으로 등장했기 때문에 그들을 가혹하게 통제하는 정부에 반발하는 것이다. 북한의 사람은 단순히 주소를 가진 존재 '주민'으로 표기되며 인권을 박탈당한 존재로 취급된다. 김일성과 그의 아들, 손자를 북한의 유일한 영도자로 생각하고 그들이 한 일이면 무엇이든 훌륭하다고 말해야 하기 때문에 북한 주민은 국가의 주인으로서 당연한 권리를 행사하는 인민·국민의 자리에 위치하지 않는다. 체제 변혁에 참여할 수 있는 시민으로도 존중받지 못하며 불행하게 억압받고 있다. 자유가 없이 통제와 억압만을 받는 북한 주민에 대한 풍경은 우리의 사고 안에 박제되어 있고[2] 북한 주민은 목소리가 없는 존재로 여겨진다.

유엔 인권이사회는 북한을 "전체주의 국가의 특성을 많이 보이는 국가"로 규정한다. 현대 사회 어떤 국가에서도 찾아볼 수 없을 정도로 심각한 인권 침해가 북한 정부에 의해 조직적이고 광범위하게 이뤄지고 있으며, 주민 생활 모든 부분을 장악해 공포심을 조장하고 있기 때문이다(유엔북한인권조사위원회, 2014: 616). 전체주의 국가에 대한 아렌트의 긴 논의에서 제일 강렬한 수사를 인용하면 다음과 같다.

전체주의 국가의 모범적인 시민은 배가 고플 때가 아니라 벨이 울릴 때 먹이를 먹도록 훈련받음으로써, 자발성이 제거된 파블로프의 개와 같은 존재가 되어버린다. 가장 기초적인 반작용만 하도록 축소된 인간 표본으로써 언제든

---

2) 북한 주민은 국가에서 정해준 직장에서 일을 해야 하고 그 외 조직 활동에도 참여해야 하며 직장 생활에서 충당하지 못한 생활비를 벌기 위해 개인 장사와 같은 부업 활동을 하기 때문에 "여가를 즐길 수 있는 공간도 개개인이 자신의 취향에 맞추어 마음대로 즐길 수 있는 여건이 허용되지 않는다"라는 북한 주민에 대한 표기에서 알 수 있다(통일부, 2017: 150).

지 폐기되어 다른 것으로 대체할 수 있으며 모두가 똑같은 방식으로 행동하는 유기체의 묶음이다. 아렌트는 전체주의 정권이 유지되고 있다면 구성원 모두는 단 한 사람의 예외도 없이 삶의 모든 측면에서 확실하게 지배당한다고 설명한다. 개성이 존재할 때 나타나는 자발성을 지닌 개인이 있다면 찾아내어 제거하기 때문에 인간의 얼굴을 가진 꼭두각시 인형일 뿐이라는 것이다(아렌트, 2017: 218~247).

그렇다면 북한 주민은 생각할 자유를 빼앗긴 채 벨이 울리면 자동적으로 침이나 흘리는 꼭두각시인가? 북한 정부는 북한 주민이 참다운 인권을 누리며 행복하게 지낸다고 강조하며, 북한의 행복지수는 세계 2위라는 조사를 발표하기도 한다.3) 어떤 지표에 근거한 것인지 설명이 없기 때문에 발표를 통해 알 수 있는 것은 북한 정부가 북한 주민의 행복함을 강조하고 싶어 한다는 것 정도이다. 북한 주민이 정말로 얼마나 행복한지 우리는 알 수 없으며 다만 관찰할 뿐이다. 그리고 북한 주민에 대한 각자의 관찰은 북한에 다녀온 사람, 북한을 연구하는 사람, 북한에 관심을 가지는 사람의 발화된 언어를 통해서 다시 관찰할 수 있다.

외부에서 바라보면, 북한은 전체주의 나라, 동결된 사회, 유일무이한 나라, 모두가 비슷하게 생각하고 모두가 똑같은 선전을 지껄이도록 엄격하게 통제당하는 자동인형의 세계로 비춰질 수 있다. 폐쇄되고 고립되어 알려지지 않은 일종의 인간 동물원에서 괴짜 쇼를 보겠다는 마음으로 북한을 방문할 수도 있다.4) 방문객은 공연에 등장하는 어린이가 이상하게 보일 만큼의 기쁜 표정

---

3) 2011년 5월 조선중앙TV에서 발표한 바에 따르면 북한의 행복지수는 세계 2위이다. 1위는 중국이며, 한국은 152위, 미국은 203등으로 꼴찌이다(김성모, 2011.5.27). 북한 주민이 참다운 인권을 누리고 있다는 내용은 김혜련·김성호(2017) 참조.
4) 2006년 2월부터 2008년 7월까지 평양 주재 영국대사로 근무한 존 에버라드(John Everad)

과 웃음으로 춤추고 노래하기 때문에 기괴하게 느껴진다고 이야기하기도 한다.[5] 예상치 못한 경험을 하는 방문객도 있다. 전체주의 국가임을 확인하려는 의도가 담긴 노골적인 질문에도, 북한은 노동자의 천국이라고 인내심과 자부심을 가지고 설명해 주는 북한 주민을 만나기도 하고, 공원에서 자유롭게 춤을 추는 북한 주민을 관찰하기도 한다. 북한 주민은 함께 추자고 권유하기도 하는데, 낯선 사람이 춤판에 참여해도 이들은 특별히 방문객을 의식하지도 않으며 수줍음 없이 함께 춤을 춘다.[6] 때문에 춤추고 노래하고 놀이하는 북한 주민은 방문객의 SNS에서 쉽게 찾아볼 수 있다.[7]

북한 주민을 전체주의 사회에서 사유를 삭제당한 채 철저하게 지배받고 있는 꼭두각시 인형으로 가정하는 것은 그 주체들의 일상이 어떠한지, 무슨 생각을 하는지, 어떤 미래를 꿈꾸는지 가늠하는 데 한계를 짓는다.[8] 북한 정부는

는 평양으로 가기 전 읽은 수많은 글에서 받은 인상을 위와 같이 설명한다(에버라드, 2003: 2~4).

5) 북한을 철저히 통제되고 획일화된 전체주의 사회로 생각한 프랑스 만화가 기 들릴(Guy Delisle)은 두 달 동안 평양에서 애니메이션 작업을 하고 돌아온 후 여행기를 발표했다. 기 들릴은 평양학생소년궁전에 방문했을 때, 안타까울 정도로 미소를 지으며 지나치게 연습한 것이 분명한 공연을 보여주는 아이들을 보노라면, 너무 비인간적이어서 슬픔을 느꼈다고 토로한다. 어린 아이들이 로봇처럼 통일된 억지웃음을 짓고 있고 있기 때문에 더욱 기괴하게 느껴진 것이다(들릴, 2004).

6) 1991년 김일성종합대학 유학 후 매년 북한을 방문하며 연구하는 뤼디거 프랑크(Rüdiger Frank)는 북한을 방문하는 서구관광객의 여행 목적이 위와 같을 수 있다는 점을 설명하며, 막상 만난 북한 주민이 북한에 자부심을 가지고 좋은 면만 보여주려고 애쓰는 맥락과 공원에서 흥겹게 노는 주민의 유희를 설명한다(프랑크, 2019: 27~31, 250~252).

7) 1993년부터 운영되는 북한 전문 여행사 고려투어의 운영진 사이먼 코커렐(Simon Cockerell)은 연간 5000명의 서양 방문객이 북한을 방문한다고 인터뷰했다(Cha, 2013.5.21). 뤼디거 프랑크는 2017년 미국 정부가 여행금지를 선포하기 전까지 연간 6000명 정도의 서양 방문객이 북한을 관광했으며, 중국인은 연간 13만 명이라고 설명한다(프랑크, 2019: 29).

8) 슬라보에 지젝은 전체주의라는 관념은 일종의 구멍마개(stopgap)와도 같아서 우리에게 사유할 수 있는 힘을 북돋워 주거나 역사적 사실을 새롭게 서술할 수 있는 통찰을 열어주는 개념이기는커녕 우리를 사유의 의무에서 면제시키거나 혹은 아예 생각이란 것을 하지 못하

북한 주민을 압제하기만 하는 것이 아니라 설득한다. 국가건설기 공산주의 혁명이 무엇인지 알지 못하는 주민에게 그것이 무엇인지, 왜 해야 하는 것인지 설득해 지지를 구했다. 소비에트연방이 해체되고 동유럽 공산국가들이 몰락했을 때나 심각한 경제난으로 기아에 허덕일 때도, 경제제재로 여전히 어려움에 처해 있는 현재도, 북한 정부는 굳건하게 계속 혁명을 수행해 나가자고 북한 주민을 설득한다. 비록 지금은 힘들지만 수령을 중심으로 당의 영도 밑에 인민대중이 협력한다면 난관을 이겨나갈 수 있다. 공동체를 위해 헌신하는 개인은 생물학적 육체가 생명을 다하더라도 그의 헌신을 지켜 본 공동체의 기억 속에서 영원히 살아 있다. 힘들지만 언젠가는 혁명이 완수될 것이라는 신념을 잃지 말고 노력하자며 설득하는 것이다.9)

정부의 설득은 전달에 그치지 않는다. 그곳이 어디이든 북한 주민이 있는 공간으로 찾아가 노래와 춤과 같은 즐거운 놀이의 방법으로 북한 정부가 요구하는 북한 주민의 노력이 구체적으로 무엇인지 전달한다. 그리고 요구를 담은 노래와 춤을 주민이 직접 부르고 추게 함으로써 체화의 지점으로 이어질 수 있도록 한다(윤보영, 2005).

북한 정부는 고난이 커졌을 때 좌절하지 말고 더욱 더 노래도 부르고 춤도 추면서 난관을 극복해야 한다고 설득한다.10) 그리고 북한이탈주민은 북한 주

도록 막을 수 있다고 설명한다(지젝, 2008: 14~15).

9) "인민대중은 당의 영도 밑에 수령을 중심으로 하여 조직사상적으로 결속됨으로써 영생하는 자주적인 생명력을 지닌 하나의 사회정치적 생명체를 이루게 된다"(김정일, 1987: 29). "사회정치적생명체, 집단의 이익과 생명을 위하여 개인의 이익과 생명을 서슴없이 바치며 집단의 이익 속에 개인의 이익이 있고 개인의 이익이 집단의 이익에 전적으로 의존하고 있다는 것을 혁명적 신념과 의리로 간직한 사람들만이 발휘할 수 있는 의리이며 동지애"(백과사전출판사, 2009: 232~233). 집단이 개인의 헌신을 기억할 것이며, 개인은 집단의 기억 속에서 영생한다는 메시지는 북한 주민에게 수령의 언어와 포스터, 영화, 소설, 음악에 담겨 주민에게 전달된다(김일성, 1992: 292~343).

민에게 "노는 자유"가 있고 가족, 친구, 동료와 음식을 나누어 먹으며 춤추고 노래 부르는 놀이는 무척 신이 났었다고 설명한다. 단, 사회주의 정신에 맞지 않는 퇴폐적인 노래와 춤은 부르거나 추어선 안 되는 것으로 엄격하게 규제받는다. 모범적으로 놀이하며 고난을 이겨야 하는 것이다. 그러나 정부가 장려하는 놀이와 비사회주의적 놀이는 놀이하는 개인의 몸과 마음 안에서 엄격하고 정교하게 구분되는 것이 아니다. 북한 주민은 공식과 비공식적인 통로를 통해 북한 사회에 인입된 비사회주의적인 노래와 춤을 알게 된다. 북한 정부가 제작한 노래와 춤은 교훈적인 내용을 담고 있는데 반해, 비사회주의 국가에서 제작된 노래와 춤은 교훈적이진 않지만 재밌다. 북한이탈주민은 북한 정부가 허락하지 않고 엄격하게 규제하고 있는 비사회주의적인 노래와 춤이 사회주의 노래와 춤에 섞여서 북한 주민의 몸에 실려 분출되고, 그들의 작은 공동체 안에서 공유되고 향유되며 북한 사회로 흘러들고 있음을 설명한다. 북한 주민이 북한 정부가 제공하는 공식 문화 안에서 교육받은 대로 규격화된 문화만 향유하고 있는 것이 아니라 공식과 비공식의 틈새를 비집으며 유희하고 있고 그 문화 안에 엄연한 자율이 담겨 북한 사회 안에서 통용되고 있음을 이야기하는 것이다.

조르조 아감벤(Giorgio Agamben)은 성스러운 것의 영역과 놀이의 영역이 밀접하게 연결되어 있음을 설명한다. 권력을 선취한 자는 자신이 지배하는 자에게 자발적으로 복종하도록 유도하고 요구하기 위해 도의·도덕에 대한 규범을 선점하기 마련이다. 권력자는 자신에 대한 충성에 성스러운 의미를 부여

---

10) 1990년대 사회주의 국가의 지원 및 우호무역이 중단되고 경제난과 자연재해로 심각한 기근에 직면하며 배급제가 붕괴되었던 당시 김정일은 선군정치를 모토로 주민에게 "혁명적 군인정신"과 "혁명적 낭만"의 정신으로 고난을 이겨내자고 독려했다(사회과학출판사, 2010: 254~255).

하는 의례를 활용한다. 의례는 지배받는 자들로 하여금 숭고한 것을 수행하고 있기 때문에 강박적으로 조심하게 만들고, 집요할 정도로 진지하게 만드는 억압의 장치이다. 그러나 아무리 권력자라도 의례를 수행하는 인간의 내면까지 지배할 수는 없다. 권력자에 대한 충성을 맹세하고 공동체를 위한 헌신을 다짐하는 노래와 춤일지라도 그것을 수행하는 존재는 인간이기 때문에 자기만의 내면을 가지고 있다. 의례를 수행하는 사람의 마음은 의례의 의미에 집중할 수도 있지만, 지극한 자신의 재미에만 집중할 수도 있다. 성스러움이 세속적인 것과 만나 놀이의 영역으로 미끄러져 버리는 것이다. 아감벤은 세속화된 성스러움은 권력의 장치를 쓸모없게 하고 인간을 억압에서 자유롭게 하며 전복의 가능성을 열어준다는 논의를 제안한다. 성스러운 의례였지만 세속화되어 버린 놀이는 그 자체로 저항적이거나 전복적이지는 않더라도 금기를 거스르며 자기 마음에 충실히 놀이하는 사람에게 자존감을 부여해 주기 때문에 적어도 저항이나 전복을 가능하게 해준다(아감벤, 2010a: 107~127). 그리고 북한이탈주민은 정부가 교육한 노래와 춤에 비사회주의적 노래와 춤을 교묘하게 뒤섞어 자기가 하고 싶은 대로 부르고 추며 자기만의 재현을 시도했음을 이야기한다. 즐겁게 놀면서 고난을 이겨내라는 정부의 교육 따위는 생각하지 않고 쾌락의 영역으로 빠져버렸다는 것이다.[11]

---

11) 아감벤의 "장난감 나라" 개념은 북한 정부가 제안하는 제의와 북한 주민의 놀이의 관계를 고찰하는 데 유용한 시각을 제공한다. 아감벤은 소설 『피노키오의 모험』에 등장하는 장난감 나라에 주목한다. 놀이로 가득 찬 장난감 나라 안에서는 한 시간, 하루, 한 주가 시간이라는 규율을 마비시키고 부숴버리며 마치 번개처럼 흘러간다. 아감벤은 놀이와 제의 사이의 전도된 관계를 주목한다. 팽이와 체스판은 예언가가 쓰던 도구이다. 우리의 윷놀이도 설날에 하는 놀이이지만 본래의 뜻은 농사의 풍흉을 점치던 고대 농경시대의 유품이다. 과거에서 미래로 이동하는 설날이 달력이라는 시간의 규율에 매듭을 짓고, 성스러운 제의에서 놀이가 유래한다. 윷놀이를 할 때 우리는 농사를 생각하지 않는다. 성스러운 행위에서 형식만 남는다. "장난감 나라는 주민들이 제의를 거행하면서도 의미와 목적은 깡그리 망각한 채 제의 대상과 성스러운 말씀들을 제멋대로 만들어내고 지껄이는 그러한 나라이다"(아감벤,

쾌락은 그냥 단순히 즐거움만을 의미하는 것이 아니다. 존 피스크(John Fiske)는 쾌락과 놀이의 관계에 대해 설명한 바 있다. 어느 문화이든 지배 권력은 피지배자를 통제하기 위해 자신이 정한 규범 안에서 놀이하기를 유도한다. 규범을 지키지 않는 것은 조악하고, 저급하고, 불법적이고, 부도덕한 금기로 묶어버린다. 이때 피지배자가 위험을 무릅쓰고 다양한 양식으로 시도하고 경험하는 '규범을 벗어나는 행위'는 규범에 저항하고 있다는 그 자체로 쾌락을 안겨준다. 저항하고 싶은 피지배자가 자신의 의도와 욕구를 발현하는 행위는 저항의 작인이다. 피스크는 쾌락이 이데올로기적 통제에 대립함을 설명하며 롤랑 바르트(Roland Barthes)의 플레지르(plaisir)와 주이상스(jouissance)의 구분을 가져온다.[12] 플레지르는 일상적이고 어떤 의미에서 평범한 성격의 쾌락이라면, 주이상스는 육체의 쾌락을 전면화하며 경험의 강렬함을 이끌어내는 쾌락이기 때문에 개인으로 하여금 자신이 속한 사회의 문화규범으로부터 벗어나게 하거나, 적어도 벗어나는 것이 가능한 것처럼 느껴지게 하는 쾌락이다. 구별하기 어렵지만 어찌 되었든 쾌락은 억압받는 자에게 힘을 주는 것이며, 일시적이거나 한정적일지라도 규범을 비집고 거스르고 뒤집으며 놀이하는 사람은 지배 권력이 구축해 놓은 주류문화를 탈출해 자신만의 쾌락 속에서

2010b: 134).

12) 롤랑 바르트는 텍스트를 읽을 때와 독해할 때 생겨나는 두 유형의 쾌락을 플레지르(plaisir)와 주이상스(jouissance)로 구분한다. 텍스트가 무엇인지가 아니라 무엇을 하는지에 관심을 두는 것이다. 플레지르(plaisir)는 안온한 장소에서 따뜻한 등불 아래, 떨어져 있지만 그리 멀지 않은 곳에 있는 가족의 곁에서, 지성이 가득하고 때론 아이러니를 통해 단순한 결론으로 실망시키지 않는 텍스트가 섬세한 문장으로 구성되어 있기 때문에 읽는 사람으로 하여금 행복하게 하고 삶의 지혜를 얻게 할 때 느껴지는 것과 같은 문화적 맥락 안에서의 쾌락이다. 반면, 주이상스(jouissance)는 텍스트를 읽는 사람이 상상할 수 있는 영역 바깥에서 오는 경험을 단번에 안겨주기 때문에 육체적 감각에서 느끼는 황홀경과 같은 쾌락을 안겨준다(바르트, 2002: 99~100).

스스로 자유로워지는 경험을 누적한다. 그리고 소규모라도 자신과 가까운 사람과 자기가 하고 싶은 대로 놀며 함께 쾌락을 즐기는 것은 스스로가 인지하고 있지 못하더라도 규범을 거스른 자기만의 재현, 즉 개인적인 이미지를 주고받으며 굴종에 저항하는 정체성을 공유하는 하위문화의 공간을 여는 실천이다(피스크, 2017: 417~443).

이 장에서는 북한 정부가 북한 주민에게 요구하는 모범적인 놀이에 담겨 있는 이념과 공식·비공식적으로 북한 사회에 들어온 사회적·비사회주의적 춤과 노래를 향유하는 북한 주민 놀이의 실재를 탐구함으로써, 사물로 고정된 북한 주민과 인간 사이 벌어진 간격을 메우고자 한다. 우선 북한 주민의 놀이에 대한 조사 방법을 설명할 것이다. 그 다음에 북한 정부가 모범적인 놀이에 부여한 핵심 가치를 언급함으로써 고난의 고저에 따라 요구되는 놀이의 역사적 맥락을 설명하고자 한다. 그리고 북한 주민의 일상 속에서 세속화되는 놀이에 외부 문화가 어떤 방식으로 혼종되며 기호로 작동하고 있는지 탐구하고자 한다. 마지막으로 북한 주민이 탐닉하고 있는 놀이의 사회적 위상과 공동체 안에서 외부 문화를 알고 있음을 드러내는 방식을 분석함으로써, 북한 주민의 외부 세계와의 연결되어 있음을 포착할 새로운 틀을 제공할 것이다.

2. 연구 방법

이 글은 문화기술지적 연구 방법을 통해 북한 주민의 놀이에 대해 기술하고 해석한다. 문화기술지는 관찰, 인터뷰, 대화를 듣는 것, 겪어온 삶에 대한 정보를 얻는 것, 편지나 일기, 집단 토의를 관찰하는 것, 공식기록을 이용하는 것과 같은 다채로운 정보를 통해 포괄적이고 상세한 이해를 폭넓게 기술해 어떤 하나의 문화를 공유하는 집단이 가지고 있는 가치, 행동, 신념, 언어의 공유되고 학습된 패턴을 해석하는 질적 연구의 한 형태이다(크레스웰, 2015: 117~124). 이 글은 필자가 북한에 거주하며 북한 주민을 직접 참여관찰하고 면접한 것이 아니라, 북한이탈주민을 참여관찰하고 면접하며 얻은 자료를 토대로 진행하기 때문에 문화기술지 연구가 아님을 지적받을 수 있다. 그러나 필자는 1998년부터 다양한 상황에서 북한이탈주민을 만나오며 그들로부터 북한에서 어떻게 놀았는지, 놀이하던 자신의 내면은 어떠했는지 이야기를 들었다. 북한이탈주민이 놀이하는 현장을 참여관찰했으며, 이들이 편안한 상황에서 나누는 대화를 들었다. 여기에 북한 정부의 기록과 같은 여러 정보를 교차해 얻게 된 결과를 담아 문화기술지적 연구를 수행하고자 한다. 북한 주민의 놀이를 직접 북한 사회에 거주하며 참여관찰할 수는 없지만 북한 사회를 공부하고 북한이탈주민의 이야기를 듣고 관찰하며 얻은 이해와 성찰을 담아 기술하려는 것이다.13) 이러한 시도는 그동안 연구되어 온 북한 주민의 일상생활, 특히 놀이에 대한 질문에 조명을 더해 풍부하고 다양한 이해를 시도한다는 점에서 의미있다. 현지적 이해와 관점을 얻기 위해 북한이탈주민과 나누었던 "어떻게 놀았는지," "놀 때 기분이 어떠했는지," "놀이에 대해서 당신은 어떻게 이해했는지"와 같은 개방적인 대화를 조밀하게 분석하고 기술해 상투적인 몇 개의 단

---

13) 이 글은 클리포드 크리스천(Clifford Christians)의 연구 윤리를 준수하며 기술하고자 한다. 북한 주민을 인격이 배제된 연구 대상이 아니라 같은 인간으로써 일종의 동질감을 가지고 그들의 놀이에 대해 접근한다. 또한 그들의 놀이가 마치 자동적으로 답을 가지고 있는 것처럼 감상적인 결론을 내리지 않는다. 유의미하고 가능성 있는 질문을 북한이탈주민과 나눔으로써 함께 북한 사회 안을 들여다보고, 과거에 다루지 않은 혹은 인식하지 않은 문제에 대해 답을 찾을 수 있도록 협동적인 연구 자세를 취한다. 또한 이미 정해 놓은 결론을 내리는 것에 그치는 것이 아니라 언급되지 않았거나 등장하지 않은 이슈에 접근하고 구체화 할 수 있도록 노력한다. 북한이탈주민을 인터뷰하는 모든 과정에서 목표는 그들의 이야기의 진위를 가름하고 평가하는 것이 아니라, 가급적 그들이 한 말이 갖는 의미와 맥락을 이해하기 위해 노력했다(덴진·링컨, 2014: 109~111).

어로 객관화되어 나타나는 북한 주민에게 목소리와 주체성을 되돌려 주는 것이다.[14]

　북한이탈주민을 처음 대한 것은 1992년, 필자가 중학생일 때이다.[15] 안보 강의를 위해 학교에 왔던 북한이탈주민은, 북한 정부가 북한 주민에게 얼마나 독재를 강행하고 있는지 설명하며 자유로운 남한에 온 기쁨을 말했다. 자신의 고향인 북한의 나쁜 점과 이주한 남한의 좋은 점을 번갈아 설명하는 북한이탈주민을 바라보면서 어떤 비애감을 느꼈다. 필자는 대학에 들어온 이후 다양한 상황에서 북한이탈주민을 만났고 북한 정부가 북한 주민에게 요구하는 모범적 삶에 대해 알게 되었다. 북한이탈주민과는 수업, 체육대회, 문화 행사를 통해 만났고 개인적인 친분을 갖기도 했다. 북한이탈주민은 공식적인 공간에서는 북한에서 겪은 기아와 독재, 남한에서 얻은 자유에 대해 설명하지만 개인적인 공간에서는 보다 다채롭게 개인적 삶과 추억을 이야기해 주었다. 석사과정 중에 북한의 당 기관지를 분석하는 프로젝트와 북한이탈주민을 면접해 북한에 대한 정보를 취득하는 프로젝트에 참여하면서 북한 정부의 언어와 북한이탈주민의 언어를 습득하는 경험을 쌓았다. 북한에 대한 정보를 취득하기 위한 면접은 매우 조밀하게 구조화된 질문으로 최대한 많은 정보를

---

14)　이러한 시도는 노먼 덴진(Norman Denzin)의 "누구를 위한" 연구인지에 대한 성찰에서 격려를 받고자 한다. 모든 질적 연구가 정해진 기간에 한정해서 정해진 사람을 대상으로 면접하며 과학적으로 연구해야 한다는 기준과 원칙은 누구를 위한 과학인가(덴진·링컨, 2014: 937~952).

15)　질적 연구에서 연구 대상을 바라보는 것은 바로 연구자 자신이다. 해석에는 연구자 자신이 관찰한 대상에 대한 공감과 기록(record), 그를 통한 깨달음(realization)이 담겨 있다. 그러나 사람은 그 정도가 어떻든지 부분적이고 편파적이다. 글에는 연구자의 문화, 사회, 젠더, 계층, 개인의 정치적 입장이 반영된다. 이 글은 연구자가 가져온 편견과 경험이 어떤 것인지, 연구 대상자와 어떤 과정을 통해 이 주제에 대해 함께 해석해 왔는지 기술함으로써 자신의 '위치'를 명료하게 하고자 한다.

알아낼 수 있도록 구성되었다. 북한이탈주민은 자신이 아는 정보를 알려주기 위해 성실하게 면접에 응해주었다. 하지만 면접이 끝난 후에는 조국을 배반하는 기분이 든다고도 했고, 북한에 다 나쁜 것만 있는 것은 아니라고 토로하기도 하며 씁쓸한 표정으로 돌아갔다.

필자는 북한의 예술선전대를 주제로 석사학위논문을 쓰기 위해 선전대원으로 근무한 경험이 있는 사람을 포함한 북한이탈주민을 만나고 면접했다. 이 과정에서 북한 정부가 음악, 연극, 춤, 노래와 같은 예술 활동을 통해 북한 주민에게 정부 정책을 설득하고 있으며 북한 주민은 각자의 방식으로 이를 받아들인다는 결과를 얻었다. 이후 2006년 8월부터 2007년 10월까지 중국 연길에서 불법체류 북한이탈주민의 생존을 지원하는 NGO에서 근무하며 북한이탈주민을 만났다.[16] 남한으로 돌아온 이후 북한이탈주민이 북한의 내부 소식을 알리기 위해 발행한 잡지 ≪임진강≫의 편집팀과 잡지가 간행되기 전, 함께 읽고 의견을 논의하는 모임에 참여하며 박사과정에도 입학했다. 박사과정을 수료한 이후 한국교육개발원 탈북청소년교육지원센터에서 2011년 7월부터 2014년 4월까지 근무하며 북한에서 교사였던 북한이탈주민과 탈북청소년을 만나 면접하고 참여 관찰했으며, 특히 함께 근무한 동료 북한이탈주민으로부터 많은 것을 배웠다. 북한이탈주민의 남한에서의 삶을 주제로 박사학위논문을 쓰기 위해 북한이탈주민을 만나 면접했으며, 이후 여러 프로젝트에 참여하며 다양한 상황에서 다양한 북한이탈주민과 만났다. 북한이탈주민은 북

---

16) NGO는 북한이탈주민에게 숨어 살 수 있는 피난처를 제공하고, 긴급 식량, 의료, 교육과 같은 생존에 필요한 지원을 수행했다. 북한이탈주민은 중국에서 불안정한 상황에 처해 있었기 때문에 시기별로 변동이 있지만 2006년 4/4분기 지원받은 사람은 1533명이다. 필자는 각 프로그램의 담당자가 제출하는 보고와 통계를 취합해 각 사업부문별 세부 진행 상황을 통합 보고하는 일을 했으며, 연길, 왕청, 안도, 화룡, 용정, 도문, 훈춘, 길림성, 내몽골 지원 현장에서 북한이탈주민을 만나 면접했다.

한에 대한 정보, 북한 정부의 주민에 대한 압제, 북한·제3국·남한에서 경험한 어려움에만 초점을 맞추는 연구에 때로 거부감을 나타내기도 했다. 북한에서도 좋은 경험이 많았다는 의견을 이야기하며 북한에서의 다양한 일상, 특히 놀이에 대해 이야기해 주었다.

필자는 장기간의 면접과 참여관찰을 통해서 자료를 모았다. 접촉 대상은 다양한 배경을 지닌 북한이탈주민이다. 심도 있는 면접을 수행하기 위해 방해를 받지 않는 공간에서 1:1 면접을 진행하고, 그들이 자유롭게 각자의 경험을 이야기할 수 있도록 다수 속에 혼자 참여해 면접을 수행하기도 했다. 면접은 매회 녹음해 이후에 다시 기록했다. 또한 그들이 집단으로 유희하는 공간을 찾아가 그들의 놀이를 참여관찰하고 있었던 일을 간단하게 노트에 적고 그 후 곧바로 컴퓨터에 더 자세하게 옮겼다. 북한이탈주민은 북한 주민의 놀이에 대한 나의 관찰과 생각을 듣고 각자의 경험을 회고하며 해석해 줌으로써, 연구자가 발견한 것 중 잘못된 부분에 대해 확인해 주고 포착하지 못한 점에 대해 이야기해 주었다. 필자는 관찰에 대해 비판적인 시각을 유지하기 위해서 지속적으로 의문을 제기하며 타당성을 확보할 수 있도록 노력했다. 또한 외부자의 관점을 얻을 수 있도록 동료와 상담을 하고, 학술 대회에서 발표함으로써 북한 주민의 놀이에 대한 필자의 관찰과 그것에 연구자가 부여하는 의미에 몰입되는 상황으로부터 거리감을 유지하도록 했다. 필자는 공식적·비공식적 대화, 면접·참여관찰, 북한의 신문·도서·음악·영화·드라마와 같은 자료, 북한 방문객의 SNS를 포함하는 온라인 자료, 인터뷰·도서 등 다른 자료원도 검토했다. 이를 통해 북한 주민의 놀이에 대한 몇 가지 주제를 분석할 수 있었다.

3. 의례로서의 놀이

1) 놀이의 핵심 가치

북한 정부는 북한 주민의 놀이를 장려한다. 놀이에는 고난을 맞이하는 북한 주민이 가져야 할 정신, 태도, 지향이 담겨 있고 영도자에 대한 믿음을 굳건히 가지고 있음을 확약하는 의례의 의미가 있다. 북한 주민은 영도자와 당의 현명한 국정 운영 덕분에 북한은 낙원이며, 북한 주민은 그 안에서 아이처럼 걱정 없이 행복하다고 교육받는다. 북한 주민은 일제 시기와 한국전쟁기 북한에 고난이 닥쳐왔을 때 영도자와 당이 자신들을 올바로 이끌어줘서 승리한 것처럼 또 다시 어려움이 와도 승리할 것을 믿기 때문에, 어렵고 힘이 들수록 웃으면서 서로를 독려하며 더욱 노력해야 한다고 교육받는다. 북한 사회의 문화적 맥락 안에서 놀이는 북한 주민의 행복을 의미하며 북한 주민의 정부에 대한 믿음을 표상한다. 선거, 명절과 학교, 직장 안에서의 문화 행사, 체육대회와 같은 공식 행사에서의 놀이는 북한 주민이 북한 정부를 신뢰하고 있으며 때문에 아이처럼 행복함을 확인해 주는 의례이다.[17]

놀이에 부여하는 핵심 가치는 일본 식민 시기 독립운동 와중에 있었던 놀이에 원형을 두고 있다. 놀이는 지금 당장은 힘들어도 낙관적 믿음[18]을 가지고 "가는 길 힘들어도 웃으며 가자"라는 투쟁의 성격을 갖는다. 항일 무장 투

---

17) 북한의 대표적인 의례로서의 놀이는 선거일이다. 선거 풍경은 한복을 입은 여성과 정장을 갖춰 입은 남성이 대규모로 왈츠와 같은 무도회 춤을 추는 모습이다. 북한 정부는 군중 무용을 개발해서 주민에게 보급한다. 예를 들어 조선중앙TV에 등장하는 프로그램 "새로 나온 춤"이 있다.

18) 낙관은 공산주의 승리를 확신하며 낙천적인 정신으로 적극 투쟁하는 정신을 말한다(조선로동당출판사, 1957: 327).

쟁에서 북한 주민은 일본 제국주의뿐만 아니라 왕, 양반, 지주와 같은 지배계급으로부터 억압받은 예속의 굴레를 벗어나야 한다는 마르크스-레닌주의를 교육받았다. 그러나 그 내용은 너무나 어렵기 때문에 말로 들어서는 명료하게 알 수 없다. 항일전투를 벌이는 유격대원은 전투의 와중에도 음악과 무용, 연극을 통해 마르크스-레닌주의를 공부하고 알렸다.[19] 그리고 예속의 굴레를 벗기 위해서는 스스로가 독립을 쟁취해야 한다는 각성과 함께 "조선인민은 죽지 않고 살아있다. 혁명은 승리한다"라는 투쟁 의욕을 군중 오락을 통해 나누며 서로를 독려했다. 군중 오락이 "반일투쟁의 무기, 혁명의 교양자"로 역할한 것이다(김일신, 1956: 43). 항일 무장 투쟁 시기는 찬란한 미래가 올 것이라고 믿고 싸웠던 숭고한 시기로 의미를 갖는다. 가혹하게 추운 산 속에 숨어 지내고 굶주림 속에 제대로 된 무기도 군복도 없이 일본군과 싸우며 고난을 겪었지만, 사람들은 결코 실망하거나 좌절하지 않고 언젠가 승리의 날이 올 것이라는 낙관적 믿음을 가지고 싸웠다. 그리고 승리에 대한 믿음으로 노래하고 춤추며 서로를 격려했다는 것이다.[20]

---

19) 마르크스-레닌주의 미학은 사회주의 리얼리즘과 혁명적 낭만의 두 개의 날개로 구성되어 있다. 사회주의 리얼리즘은 혁명 없이는 타개할 수 없는 분명한 계급적 모순을 명료하게 드러내고 혁명의 과정에서 인간이기 때문에 겪게 되는 고민을 구체적으로 보여줌으로써 인민 대중이 실제로 경험하게 되는 고뇌가 얼마나 당연한 것인지 성찰한다. 개인의 안위와 이익에 안주하고 싶은 유혹을 떨치고 모두가 잘살게 되는 세상을 위해 노력하는 것, 공동체를 위한 헌신이 얼마나 숭고한 것인지 설명해 주는 것이다. 아무리 힘들어도, 그럼에도 불구하고 반드시 혁명이 필요한 이유를 설득함으로써 혁명을 추동한다. 그러나 집단을 위해 헌신하는 것이 얼마나 어려운지에 대해서만 보여주면 사람들은 애초에 혁명에 참여하지 않을 것이다. 그렇기 때문에 혁명의 과정이 마치 날개 없이 지상을 설설 기는 것과 같이 지난할 수밖에 없다는 것을 매우 구체적으로 보여줌과 동시에 혁명에 참여하는 사람으로 하여금 각자가 가진 능력의 한계 밖으로, 정열이 불타오를 수 있도록, 감정이 솟구칠 수 있도록, 완수된 혁명 미래를 충분히 공상함으로써 비상할 수 있도록 혁명적 낭만으로 설득한다(소련학아카데미, 1988: 326).
20) "포화 작렬하는 전투 마당에서도 노래를 불렀으며 승냥이도 얼어 죽는다는 가혹한 추위와

항일 무장 투쟁 와중에 있었던 오락은 놀이의 모범으로 제시된다. 일제 시기 조선인은 교육받기 어려웠고, 가난하고 힘없는 사람은 더욱 그러했다. 교육받지 못한 사람에게 글과 말로만 하는 교육은 한계가 있다.[21] 공산주의 혁명 이전의 사회에서 민중이 향유하던 놀이는 과부가 자신의 신세를 한탄하거나 결혼하기로 약속했던 여자가 돈 때문에 변심을 했다가 남자에게 돌아온다는 것과 같이, 대부분 비극적인 상황에 대한 자조와 저속한 사랑을 다루는 내용이었고 판소리와 민요는 처량하기 때문에 좌절감만 깊어지게 했다. 항일 무장 투쟁을 하는 사람들은 개인이 자신이 처해 있는 사회구조의 모순을 보지 못하고 사주와 같은 점괘에 의지하는 습속으로부터 각성하기 위해 왜 혁명을 해야 하는지, 왜 투쟁을 해야 하는지 함께 공부했다. 글을 몰라도, 교육을 받은 경험이 없어도 누구나 알기 쉽게 노래와 연극을 만들어 혁명을 배워나갔다 (김일신, 1957a: 18~21). 연극과 노래를 통해 공산주의 혁명에 대해 교육하며 하루빨리 부강한 독립국가를 이루자는 민족감정에 호소한 것이다.

이들은 무대가 없으면 이불을 막으로 삼아 무대를 만들어 문화예술 활동을 했다(리승기, 1957: 108; 리수익, 1957: 107~109). 작품은 투쟁에 대한 신념과 낙관의 내용을 담고 있으면서도 일본을 야유하는 내용으로 모두가 폭소하게 하는

굶주림과 견디어 내기 힘든 고난 속에서도 그들은 혁명가를 부르며 참기 어려운 모든 것을 참고 승리를 향해 앞으로 전진하였다. 노래는 혼자 부르는 독창, 둘이 부르는 대화창, 적을 야유하는 내용으로 풍자한 내용이어서 군중을 폭소하게 하는 만창, 다수의 남녀가 함께 부르는 합창, 노래를 부르며 춤추는 무창이 있다. 무창은 피리나 하모니카에 맞추어 춤을 추기도 하고 자신이 노래를 부르며 춤을 추기도 했다. 농악무, 탈춤, 곱새춤과 같은 민족 무용도 있고, 딴스와 같은 병사 무용의 형식도 있었다"(김일신, 1957a: 18~21).

21) 1925년 조선에 거주한 일본인은 인구의 1/50에 미치지 못하는 규모였지만, 조선의 41개 관공립 실업학교에 다닌 4831명 중 조선인 학생은 27명에 불과했다. 때문에 해방되기 직전까지 북한 지역에만 230만 명이 글을 읽고 쓸 줄 몰랐으며, 1942년 북한 지역에 있던 43개의 중등학교에서 공부한 9560명의 학생 중 노동자와 농민의 자녀는 없었다(교육도서출판사, 1961: 129, 141).

역할도 했다. "왜놈은 벌판에서만 왕노릇을 하구, 산 속에만 들어가면 개미한 테도 낡살이 난다"(김일신, 1957b: 25)라고 일본군을 우스꽝스럽게 만들어 놀리는 노래를 부르며 스스로를 독려하는 것이다. 오락은 모두가 참여해 함께 노래를 부르고 춤을 출 수 있도록 구성되었다. 예를 들어 연극 〈아버지는 이겼다〉는 일제의 철도 회사에 위장 취업한 아버지가 무기를 노획해 일본 경찰을 포로로 잡아오는 내용을 다루고 있다. 남겨진 가족이 일본 경찰에게 잡혀 고문당하지만 아버지는 동지들과 경찰서를 습격해 가족을 구해내며 승리한다. 마지막에는 배우와 관객이 함께 어우러져 노래를 부르고 기쁨의 춤을 추었다(김일신, 1956: 43~48).

항일 무장 투쟁은 노래하며 싸우고, 싸우며 노래했다고 설명된다. 절대로 이길 수 있을 것 같지 않은 일본군을 만나도 노래를 부르며 승리를 믿고 싸우면 기세에 눌려 간담이 서늘해진 일본군이 도망을 갔다는 것이다.[22] 1938년 쌍산자(雙山子) 전투는 노래가 다만 위안이 아닌 승리의 무기로 어떻게 구현되는지 보여주는 전형이다. 전투는 아침밥을 준비하며 휴식하고 있는데 갑자기 너무나 많은 일본군이 몰려왔을 때 도망가지 않고, 일부는 밥을 먹으며 노래를 부르고 일부는 그 노래에 힘입어 싸우기를 반복해 결국 적들로 하여금 그 기세를 견디지 못하고 도망가게 했다고 설명된다. 이로써 놀이는 단지 유희나 감정적 독려에 그치는 것이 아니라, 도저히 이길 수 없게 느껴지는 압도적으로 강한 적과 싸울 때 보여주는 전사의 무기로써 그 의미를 갖는다. 적을 위압해 겁에 질리게 만들어 전우의 시체까지 버리고 도망치게 할 만큼 무서운 "무기"로 역할했다는 것이다.[23]

---

22) 노래는 참을 수 없는 고난을 참게 하였으며 승리의 신념을 북돋아 주었으며 적을 타승하는 무기로 직접 역할하였다(금성청년출판사, 1956: 34; 과학원언어문학연구소 문학연구실, 1962: 13 재인용).

2) 고난을 대하는 자세: 군인정신과 낭만

북한 정부는 사회주의 이상향의 새로운 삶의 기준으로 모두 다 낡은 사회의 봉건적 유물에서 벗어나 사회주의 생활양식에 맞게 살아야 한다며 시기별로 북한의 상황을 적용한 사회주의 생활문화를 북한 주민의 삶의 양식으로 규범화한다. 1990년대 다시 온 고난의 행군 시대는 옷차림은 검소하고 소박하게 입는 것이 고상하고 식생활은 어려우면 어려운 대로 아끼며 자그마한 비판과 실망도 없이 각자의 위치에서 노력하는 것이 북한 정부가 요구한 북한 주민의 모범적인 생활문화이다.24) 그러나 더욱 더 절약하고 공동체를 위해 개인을 헌신해야 한다는 감정에의 호소만으로 고난을 헤쳐 나갈 수 없다. 북한 정부는 선군정치를 모토로 군인만이 아니라 모든 주민에게 "혁명적 군인정신"을 요구한다.25) 동시에 어렵고 힘들 때마다 모두가 노래도 부르고 춤도 추

---

23) 아침밥을 준비하며 휴식하고 있을 때 500여 명의 적들이 달려들었다. 때문에 대원들은 식사도 끝나기 전에 전투를 시작하게 되었다. 이때 지휘부에서는 식사를 끝낸 제1부대는 적을 공격하고 제2부대는 아침 식사를 먹으며 선전대와 같이 노래를 부르라는 명령이 하달되었다. 전투는 시작되었다. 이와 함께 고지에서는 우렁찬 혁명가의 함성이 산울림하며 들려왔다. 아침 여덟시부터 계속된 전투는 오후 3시까지 수체계의 반격과 공격전이 접종해 진행되는 과정에 제1부대와 제2부대는 세 차례의 교대 전투를 했고 고지에 그칠 줄 모르는 노래 소리가 적을 위압하며 울려 퍼지었다. 날씨는 당장 소낙비가 쏟아질 듯이 험악해지자 적들의 반격은 약해지고 전투는 늦추어졌다. 이때 적을 공격하던 제1전부 부대는 휴식하며 혁명가를 부르던 제2부대와 함께 노래를 부르며 맹공격을 개시했다. 함성과 노래 소리는 더욱 우렁차게 고지를 뒤흔들자 적들은 겁에 질려 많은 시체를 버리고 퇴각하고 말았다(김일신, 1957b: 23~25).

24) 항일 무장 투쟁 시기에는 없으면 없는 대로 자력갱생의 정신으로 각자 자신이 처한 환경을 이겨내는 생활문화를 가지고 있었다면 전쟁이 끝나고 사회주의 국가로서 새로운 건설에 박차를 가했던 시기에는 모든 힘을 전후 인민경제 복구 발전에 집중했다. 옷차림도 천리마 시대에 맞게 간편하고 활동성 있게 개선하면서도 동시에 사회주의 정신이 옷차림에서도 드러나게 단정하고 아름답게 개선했다. 깨끗하고 화려하게 입음으로써 보는 사람들의 기분이 상쾌하게 해야 하는 것이다(사회과학출판사, 2010).

25) 김정일의 1996년 1월 14일 담화에서 혁명적 낭만과 함께 "죽음을 각오한 사람을 당할 자 이

면서 낙천적으로 살아야 한다고 독려한다. 이른바 "혁명적 낭만"의 정신으로 난관을 극복해야 한다는 것이다.[26]

"혁명적"이란 그 시점이 어떠하든 해당시기 북한 정부가 주민에게 요구하는 변화된 태도를 의미한다.[27] 사전에 등장하는 혁명적 낭만은 1957년과 1964년 목차에만 등장하고 실제 내용은 사실주의적 사회주의를 참조하라고만 명기되어 있다가, 1992년에는 혁명적 낭만, 혁명적 낭만으로 가득차서 일하는 사람, 낭만가, 낭만성, 낭만주의로 세분화되며 등장한다. 1990년대가 낭만을 필요로 했기 때문이다. 낭만은 낙관이나 낙천과 다르다. 혁명적 낙관은 아무리 역경이 닥쳐와도 비관하지 않고 낙관적으로 생각하면서 지지 않고 싸워나가는 정신을 이야기하며, 혁명적 낙천은 아무리 힘든 일이 많아도 당의

세상에 없다. 이것이 우리 혁명가들이 지녀야 할 신념이고 배짱입니다. 최고사령관이 일단 명령을 내리면 누구나 죽을 각오를 가지고 떨쳐나서야 합니다. 우리 일군들은 희생을 각오하고 돌격전에 그대로 육탄이 되어 뛰어드는 불굴의 혁명전사가 되어야 합니다"라고 언급되었던 수령결사옹위정신, 결사관철의 정신, 영웅적 희생정신의 "혁명적 군인정신"은 2002년 "선군시대의 시대정신"의 지위를 갖는다(≪로동신문≫, 2002. 1. 28).

26) "지금 적들은 사회주의의 보루인 우리나라를 먹어 보려고 피눈이 되어 날뛰고 있습니다. 제국주의의 포위 속에서 단독으로 사회주의를 지켜 나가자니 시련도 많고 고난도 많습니다 …… 시련의 언덕을 넘고 넘으며 아름다운 미래를 창조해 나가자면 락천적으로 살며 일하여야 합니다. 신념이 확고한 사람은 미래를 사랑하며 미래를 사랑하는 사람은 비관을 모릅니다. 혁명적 랑만이 없이는 난관과 시련을 뚫고 나갈 수 없고 미래를 위하여 한몸 바쳐 투쟁할 수 없습니다. 어렵고 복잡한 때일수록 사람들이 노래도 부르고 춤도 추면서 난관을 극복해 나가도록 해야 합니다. 당, 근로단체조직들에서는 실정에 맞게 여러 가지 형식과 방법으로 군중문화예술활동을 잘 조직하여 온 나라에 혁명적 랑만이 차넘치게 하여야 합니다"(김정일, 2005: 5~6).

27) 1957년에 필요했던 혁명적 변화는 경각성과 락관주의, 랑만주의이다. 이 중 혁명적 경각성은 1957년 아직 북한 내부에 숨어 있는 "다시 이전시기로 돌아가길 원하는 부르주아 잔존세력"이 다시 사회주의 혁명 이전에 가졌던 습성을 발현할지도 모르기 때문에 가져야 할 경각성이다. 모든 분야에서 예전의 습성을 드러내는 행동을 일상적으로 감시하고 경계해야 한다는 내용이다. 랑만주의는 목차에만 등장하고 안의 내용은 사실주의적 사회주의를 참조하라고만 명기되어 있다(조선로동당출판사, 1957).

정책을 비판하거나 좌절하지 않고 낙천적으로 열심히 일하는 것을 말한다.[28] 혁명적 낭만은 혁명의 승리를 긍정적으로 생각하는 것을 넘어 "승리의 앞날을 지향하고 확신하면서 기쁨에 가득 차 있는 낙천적인 정신상태"를 의미한다(사회과학출판사, 1992: 946쪽).

북한 정부는 기쁨에 가득 차 있는 사람의 모범적인 행동 방식을 과거에서 끌어올린다. 김일성의 회고록은 혁명적 낭만의 전통을 만들어 제공한다. 김일성은 1990년대 북한이 항일 무장 투쟁을 하던 시기와 같이 힘든 상황에 처해있음을 호소하며 항일 무장 투쟁의 공간은 힘들지만 희망이 있었던 낙원, 지상천국, 이상향이었으며 그때처럼 다시 힘을 내자고 북한 주민을 설득한다. 남성, 여성, 노인, 어린이, 누구 할 것 없이 모두 힘든 환경이었지만, 가진 자와 가지지 못한 자, 여성과 남성 모두가 평등한 위치에 처음으로 섰고 조국을 해방하기 위해 각자가 할 수 있는 노력을 다했기 때문에 아무리 힘든 환경에서도 세상을 한탄하거나 통곡하는 사람이 없었다는 것이다.[29] 이들은 힘이

---

28) '혁명적 락관': 로동계급의 혁명위업의 정당성과 그 승리를 굳게 믿고 어떤 역경 속에서도 비판하지 않고 현실을 락관적으로 대하고 굴함없이 싸워나가는 정신과 기풍.
혁명적 락관주의는 혁명적 지조를 굳게 지키며 전진도상에서 나서는 난관과 시련을 용감하게 뚫고 나가는데 백절불굴의 혁명정신, 성과에 만족하지 않고 보다 휘황한 앞날을 위하여 계속 혁신, 계속 전진하는 투쟁정신, 생활을 전투적으로 꾸리며 언제나 명랑하고 생기발랄하게 사는 혁명적 생활기풍에서 나타난다.
'혁명적 락천': 혁명의 승리를 굳게 믿고 어떠한 난관과 역경 속에서도 비판하거나 힘을 잃지 않고 락천적으로 살며 투쟁하는 혁명가들의 고상한 품성(사회과학출판사, 1992: 946).
29) "어떤 수난이나 고통 속에서도 꺼지지 않고 나래치는 희열이 있었다. 그것은 바로 온갖 사회악과 구속에서 완전히 해방되어 자주적인 새 삶을 개척해 나가는 인민들의 낭만이었다. 인민혁명정부가 나누어준 분여지에 말뚝을 박아놓고 꽹과리를 울리며 춤을 추는 농민들의 모습은 간도의 불모지에서 조선공산주의자들만이 창조해낼 수 있었던 세기적인 화폭이며 천지개벽이었다. 끝없는 유혈과 희생을 동반하는 시련에 찬 생활이었으나 사람들에게는 내일에 대한 꿈이 있었고 희망이 있었으며 노래가 있었다. 적들의 그 어떤 도발이나 공격에도 끄떡하지 않고 동방 일각에 거연히 솟아 민족해방의 장엄한 새 역사를 개척해가는 간도지방의 유격근거지들은 조국 인민들의 찬탄과 동경을 자아내는 낙원으로, 지상천국으로 되었

들면 들수록 웃음 대회를 열어 희망을 노래하고 언제 적이 올지 모르는 상황에서도 씨름 대회를 열어 놀이하며 힘을 가다듬었다. 어린이도 보초를 서고 연락을 전하고 적진을 탐색하며 전사로 활약했는데 전투 속에서도 춤을 추고 노래를 부르며 전사를 독려했다.[30]

혁명적 낭만의 전형으로 소녀 김금순이 있다. 김금순은 '아동단유희대의 나비', '유격구의 종달새'였는데 지친 사람들을 춤과 노래로 기쁘게 해주며, 영도자를 부모처럼 사랑하고 영도자는 금순을 비롯한 어린이를 자식처럼 사랑했다. 두 사람이 나눈 대화와 행동은 구체적으로 묘사되며, 영도자를 사랑하고 따르는 자녀로서의 북한 주민과 부모로서 북한 주민을 사랑하는 영도자가 나누는 모범적 행동 양식을 세밀하게 제공한다. 김금순은 어리지만 목숨을 바쳐 투쟁에 참여하는 전사, 김일성에게 어리광을 부리며 팔짱을 끼고 귓속말로 소곤소곤 이야기하는 천진한 아이, 김일성이 추울까봐 친구들과 함께 애를 써서 옷을 만들어 선물하는 효녀, 아무리 힘든 일이 있어도 최선을 다해 사람들을 즐겁게 해주고 찬란하게 다가올 승리한 미래를 사랑할 수 있도록 격려하는 낭만가, 그리고 조국을 위해 목숨을 바쳐 집단 안에서 영원한 생명을 얻는 존재로써 북한 정부가 주민에게 요구하는 모범적 삶의 전형이다(김일성, 1992: 292~334). 금순을 비롯한 아동유희대원은 공산주의란 무엇인지에 대해 너무 과격하게 설명해서 주민의 마음을 얻지 못한 곳에도 찾아가, 진심을 가지고

다. 조선민족은 그 거주지와 이념에 관계없이 공산주의자들이 피로써 쌓아올린 이 성새를 조국해방의 유일한 등대로 바라보며 충심으로 지지성원하였다. 한마디로 말해 유격구는 사람들이 낭만과 희열과 희망에 넘쳐 사람답게 살 수 있는 곳이었으며 수천년을 두고 꿈꾸어 온 인민의 숙망을 꽃피워준 이상향이었다"(김일성, 1992: 1~5).

30) 어린이는 군중계몽, 연예활동, 보초근무, 통신연락, 적정탐지, 무기탈취에서 활약했다. 전투의 불바다 속에서도 노래를 부르며 혁명군의 참호에 주먹밥을 들고 뛰어오며 유격구 방위를 위한 투쟁에서 어른 못지않은 위훈을 세웠다(김일성, 1992: 3~6).

노래와 춤으로 공산주의에 대해 설명해 그들의 마음을 얻는다.[31]

김일성의 회고록으로 만들어지는 혁명적 낭만의 전통은 북한의 영화, 소설, 미술, 음악에 삽입되어 아름답고 세밀하게 북한 주민에게 전달된다. 김일성이 수행했다는 혁명적 낭만을 문화예술 속에 녹여 넣으며, 고난을 찬란하게 채색하는 것은 빅터 터너(Victor Turner)의 사회극(Social drama)을 떠올리게 한다. 터너는 사회 안에서 중요한 계기를 형성하는 극적인 사건의 전개를 통해 권력자가 유도하는 상징의 힘을 주목하며 사회극이 여러 관계를 질서 세우는 역할을 한다는 논의를 제안한 바 있다. 어느 사회나 권력에 대한 쟁투는 있기 마련이다. 사회극은 권력자가 갑작스럽고 공개적인 위기를 연출함으로써 피지배 계층에게 좋은 삶은 무엇인지, 무엇이 위반인지, 어떻게 교정되어야 하는지에 대한 은유를 담아 보여주는 사건이다. 사회극에서 주로 강조되는 것은 이해관계와 충성, 의무라는 속성이며 이것을 위반했을 때 어떤 벌을 받게 되는지에 대한 교훈이기 때문에 대체로 비극적이다(터너, 2018: 25~74). 권력자를 어떻게 대해야 하는지 틀과 체계를 정해주고, 지배하기까지의 과정을 숭고하게 묘사해 권력을 정당화해 주는 영화, 연극, 소설과 같은 무대극을 적극적으로 유도한다. 무대극에서 "배반자, 변절자, 순교자, 영웅, 충실한 인물, 이단자, 사기꾼, 속죄양"과 같은 상징적 유형을 등장시키며 사회극의 서사를 재현해 지배받는 사람에게 어떻게 행동해야 할 것인지 규범을 알려주는 것이

---

31) "공연이 대단했습니다. 아이들이 이 고장 사람들한테 귀엽게 굴었지요. 유희대 공연으로 영안사람들의 혼을 쭉 뽑아놓고는 공산명월처럼 방글방글 웃으면서 그들을 감화시켰답니다. 애들이 내 아버지, 내 어머니한테 정을 주듯이 정을 주는데 아무리 목석같은 녕안사람인들 왜 녹아나지 않겠습니까" 김일성과 김백룡의 대화 중에서(김일성, 1992: 386~404). 회고록은 백마를 타고 이들을 승리로 이끄는 김일성을 신화화하고 추위와 굶주림 속에 언제 적들이 달려들지 모르는 상황에서도 깔깔웃음대회, 씨름판과 같은 공간을 열어 담대하게 투쟁한 혁명적 낭만가들의 놀이를 의례화된 놀이의 전형으로 제공한다.

다.32) 터너는 사회극과 무대극의 관계를 리차드 쉐크너(Richard Schechner)의 논의에서 가져온다. 무대극은 공연자와 관객이 서로에게 익숙한 상징을 주고 받으며 상징화되고 질서화된 교정을 체험하며 권력자가 규정한 가치관으로 재통합되는 공간이다. 무대극을 통해 규범화된 가치는 사회 속에서도 재현해야 하는 규범으로 전달되는 것이다. 북한 정부가 90년대 다시 온 고난의 행군을 혁명적 낭만의 정신으로 극복하라며 북한 주민에게 요구한 놀이 규범은 다음과 같다(사회과학출판사, 2010: 256~261).

① 막장 안에서 결사전을 벌여 광물 생산의 돌파구를 열어나가는 어려움 속에서도 여가 시간에 체육 경기와 예술 소품 공연을 하고, 흥겨운 춤판을 벌임으로써 사람들이 혁명적 낭만에 넘쳐 생산 실적을 배로 뛰어오르게 하는 것(검덕광업연합기업소 사례)

② 도로 건설에 투입된 청년들이 비록 배급을 받진 못하지만 유례없이 간고한 조건에서도 신심과 낙관을 가지고 5만 명이 합창으로 "어디에 계십니까 그리운 장군님"을 심장으로 부르며 청춘 시절의 값비싼 땀과 노력을 바쳐 도로를 완공하는 것(당창건 55돐기념, 청년영웅도로건설 사례)

---

32) 예를 들어 장성택이 해임되었을 때 북한 정부는 언론을 통해 그가 북한 사회의 규범을 얼마나 심각하게 위반했는지 매우 구체적으로 설명했다. 김정은을 후계자로 추대하는 문제에 대해 장성택은 반대하는 마음을 가지고 있었는데, 그 마음이 추대됨을 선포하는 공간에서 "마지못해 자리에서 일어서서 건성건성 박수를 치면서 오만불손하게 행동"했다는 점에서 "천하에 둘도 없는 만고역적, 매국노"였음이 드러났다는 것이다(≪로동신문≫, 2013. 12. 13). 장성택의 처형 이후 고조된 위기의 기간이 지나면 김정은을 대하는 핵심 세력이 새로운 행동규범을 보여준다. 최룡해(군 총정치국장), 장정남(인민무력부장), 황병서(로동당조직지도부부장)는 김정은의 곁에 있을 때는 두 손을 가지런히 모으고 고개를 숙이고 있으며 김정은이 말을 할 때에는 긴장한 표정으로 수첩에 발언을 받아 적는다(조선중앙TV, 2013. 12. 15). 황병서(군 총정치국장)는 앉아 있는 김정은에게 이야기할 때는 눈높이에 맞춰서 공손하게 무릎을 꿇고 입을 가린 채 말을 한다(조선중앙TV, 2016. 1. 9).

③ 가정에서도 가정오락회를 생활화해 매일 저녁 한 바탕씩 노래를 부르고 하루

　　일과를 마무리하는 것(황해북도 황주읍 한 가정의 사례)

④ 우리 민족 고유의 민속놀이인 밧줄당기기, 널뛰기, 그네뛰기, 팽이치기, 차전

　　놀이를 전국 근로자들이 참여하는 것(팽이치기 경연, 연띄우기 경기, 전국 윷

　　놀이경기, 전국민족씨름경기)

'각자가 어떤 위치에 있든 적과 싸우는 혁명적 군인의 마음으로 일함으로써 고난 앞에 다시 선 조국을 지켜내고, 어렵고 힘이 들수록 혁명적 낭만의 정신으로 놀이해야 한다'는 것은 김일성의 사회극으로 등장하고 이것은 영화, 연극, 노래, 문학에 투영되어 무대극으로 재현된다. 무대극은 등장인물이 어떻게 행동해야 하는지 의미심장한 여러 상징을 담고 있다. 이를 통해 북한 주민은 사회 속에서 각자의 지위와 위치 역할에 맞게 행동하려면 어떻게 해야 하는지 숙지하게 된다. 그러나 이를 수행하는 것은 사람이다. 무대와 현실 속에서 사회극은 똑같이 재현될 수 없다. 아무리 권력자가 어떻게 행동해야 모범적인 행동인지 자세히 규범화해도 공연은 사람이 수행하는 것이기 때문에, 수행됨과 동시에 변형되고 새로운 내용을 창조하며 개인적이며 집단적인 이해를 성취한다.

　무대극의 변형과 참여자의 반응은 사회극을 이끌어나가는 권력자에게도 영향을 미친다. 절대 권력자도 모든 사람을 압제할 수 없다. 적어도 자신이 잠을 잘 때 지켜줄 사람과 자신의 지시를 수행할 사람이 필요하다. 나아가 자신을 지지해 줄 사람이 필요하다. 이들은 더 많은 충성과 지지를 필요로 하는 것이지 모든 사람이 떠나기를 바라지는 않는다. 사회가 위기에 봉착했을 때 권력자가 사회극과 무대극을 통해 더욱 충성을 이끌어내려는 것은 매우 자연스러운 일이다. 동시에 그 안에 담겨 있는 충성에 대한 규범은 그것을 수행하

는 의례 속에서 변화한다. 노래를 부르고 춤을 추며 고난을 이겨내는 의례에서 즐거운 표정으로 참여하는 개인의 내면은 믿음과 믿는 체하기 사이 경계에 놓여 있다. 경계는 기존의 어떤 사회문화적인 규범이 다른 상태나 지위로 옮겨가는 문턱, 시계의 시간이 아니라 무엇인가가 일어날 수 있는, 아니 일어나야만 하는 마술적인 공간이다. 정부가 아무리 사회극과 무대극을 통해 주민이 수행해야 하는 역할규범을 분명하게 전달해도 그것을 수행하는 개인의 내면과 각 개인이 상호작용하는 크고 작은 공동체 안에서 언어의 놀이, 상징의 놀이, 메타포의 놀이를 지나며 그 의미와 내용은 어떻게 변화할지 알 수 없는 가능성 다발의 공간에 걸터앉게 된다(터너, 1996: 113~164, 207~210).

3) 세속화되는 의례

북한 주민은 어렸을 때부터 집단주의 정신과 애국주의 사상을 교육받는다. 유치원에서도 혁명적인 노래를 부르는 방법을 배우고 생기발랄하고 낙천적인 품성을 형성할 수 있도록 춤을 교육받는다.[33] 노동 현장에서도 근로자가 흥겹고 윤택하게 노동을 하는 데 도움이 되는 군중 무용이 장려된다. 일을 하다가 쉬는 시간에 한바탕 춤을 추고 나면 노동하는 가운데 쌓인 긴장과 피로가 풀리고 일에도 능률이 오른다. 여러 사람이 함께 나누는 군중 무용은 사람

---

33) 수업 시간에 어떻게 고개를 끄덕여야 하는지, 무릎을 어떻게 굽혔다 펴야 하는지, 발뒤꿈치 그리고 어깨와 팔을 어떻게 움직여야 하는지, 손뼉을 치는 방법, 허리를 굽히는 방법 등 춤의 기초를 배우고 나면 학습과 학습 사이에, 교양실에 들어가고 나올 때, 글을 쓰기 전과 글을 쓸 때, 주의를 집중해야 할 때, 낮잠을 자기 전과 깨어났을 때의 춤을 배운다. 그리고 노래와 춤에 대한 기초 과정이 끝난 후에는 〈보고 싶은 원수님〉과 같은 내용으로 구성된 노래와 춤을 유치원에 들어올 때, 체조할 때, 방송을 들을 때, 수업 중에, 점심시간과 집으로 돌아갈 때에 맞춰 배운다(박재환, 2002: 174~187).

들 사이의 우애를 도모하는 데도 도움이 된다. 북한은 개인주의를 나쁜 것으로, 집단주의를 매우 좋은 것으로 교육하기 때문에 학교와 직장, 마을 공동체에서 함께 춤을 추면서 서로를 이해하고 우정과 사랑을 나누는 군중 무용을 권장한다. 그리고 국가는 기회가 있을 때마다 누구나 함께 흥겹게 춤을 추고 노래를 부를 수 있도록 노래와 춤을 보급한다(김정일, 1992). 어떤 연령대에 어떤 역할을 수행하고 있든 모든 북한 주민은 정부에서 운영하는 학교나 직장 등 집단에 소속되어 그 안에서 강연, 토론과 같은 세부적인 전달체계를 통해 정부 정책을 교육받는다. 그리고 집단 안에서 운영되는 문학, 음악, 미술, 체육, 무용, 농악, 연극 등의 문화 활동 모임을 통해 사회주의적 가치와 생활에 대해 배우고 직접 수행하며 그 내용을 체화한다.[34] 교육받은 문화 활동은 선거, 명절, 학교, 직장에서 이루어지는 장기 자랑, 야유회, 체육대회와 같은 행사에서 노래를 부르고 춤을 추는 놀이의 방식으로 등장한다(조선로동당출판사, 1957: 37).

북한에서 공식적인 놀이의 대표적인 공간 중 하나인 선거장은 "경축의 춤바다"로 표현된다. 헌법에 따라 북한의 주권은 인민에게 있고 인민은 선거를 통해 주권을 행사한다(김일성, 1996: 312). 인민은 성별, 직업과 같은 조건과 관계없이 선거에 참여할 권리를 가진다.[35] 선거의 후보자는 1명이다. 후보자는 "당과 수령, 조국과 인민에 대한 참된 복무정신을 지니고 공화국의 강화발전

---

34) 예술 활동은 예술소조 작은 규모 단위로 운영되는데, 여기에는 전문 예술인이 파견되어 지도함으로써 정부 정책의 지도를 강화한다(조선중앙통신사, 1955: 464).

35) 1명에게는 1개의 투표권이 돌아가며, 누구도 다른 사람의 권리를 대신 행사할 수 없다. 선거는 비밀투표의 방법으로 진행된다. 반대투표를 할 자유가 있고, 찬성했는지 반대했는지 공개할 것을 요구할 수 없다. 투표와 관련해 압력을 가하거나 보복할 수 없다. 그러나 선거 선전(선거운동)을 할 때 반대투표, 기권, 선거 파괴를 선동하는 것, 후보자를 비방하는 행위는 할 수 없다('각급 인민회의 대의원선거법', 1992.10.7. 채택, 2010.5.11. 수정 보충, 법제처).

을 위하여 불타는 충정과 애국의 열정을 다 바쳐 헌신해 온" 공로를 정부로부터 인정받은 사람이다. 때문에 선거는 북한 주민이 누군가를 "선택하는 날"이 아니라 평범한 사람이 그동안 묵묵하게 집단을 위해 헌신해 온 노력을 국가로부터 인정받은 것을 "축하하는 날"이다. 때문에 선거일은 "경축의 춤바다"를 펼치는 날이다(≪로동신문≫, 2015.7.20). 선거장은 아름다운 꽃으로 단장되고, 확성기를 통해 음악이 울려 퍼진다. 북한 주민은 명절에 입는 옷을 입고 선거장에 와서 자신이 북한 정부를 절대적으로 신뢰하고 있음을 상징하는 투표를 한다. 선거장에서 함께 춤을 추고 노래를 부르며 기뻐하는 것은 그저 흥겨움이 아닌 불타는 맹세, 드높은 열의와 격정을 드러냄으로써 지금까지 그랬던 것처럼 앞으로도 "공민의 본분을 다해 나갈 드팀없는 의지"를 가지고 있음을 확인해 주는 제의이다.36)

그러나 북한이탈주민의 내면 안에서 의례는 그 목적만을 순수하게 수행하는 것이 아니다. 35세로 북한에서 군인이었던 여성 김주연(가명)은 동네에서 유명한 바람둥이로 품행이 단정하지 않은 남성이 대의원 후보로 등장했기 때문에 반대투표를 하고 싶었던 경험을 이야기한다. 반대투표를 하기 위해서는 투표용지 후보의 이름 위에 가로로 줄을 긋는 행동을 취해야 한다. 이런 행위는 너무나 눈에 띄기 때문에 선거장에서 반대투표를 할 수 없다. 투표장에 나가기 싫어서 미적거리고 있으면 어머니가 그러다가 잡혀간다고 성화를 하기 때문에 어쩔 수 없이 한복을 입고 나가서 선거가 끝날 때까지 억지로 춤을 추었다는 것이다. 그녀의 찬성투표는 공민으로써 드팀없는 의지를 성실하게 보여준 의례 참여이다. 그러나 그녀의 마음속에서 이 의례는 정부가 바람둥이에게 상을 내려주는 선거이고 때문에 싫은데도 찬성을 해야 하는, 이럴 거면

---

36) 드팀은 틈이 생기어 어긋나는 것을 의미한다(≪로동신문≫, 2015.7.20).

"왜 하는지 모르겠는 선거"로 그 성스러움을 상실해 버렸다. 그렇기 때문에 겉으로 보기에 찬성투표를 하고, 한복을 입고 기쁜 표정으로 춤을 추었어도 그녀의 마음은 그 의례를 충실히 수행하지 않았다.

선거장에 나가지 않는다는 것은 정부 정책에 참여하지 않는다는 의미이다. 선거장에 나갔어도 반대투표를 하면 정부 정책에 반대한다는 의미이다. 찬성 투표를 했어도 단정하게 예쁜 옷을 입고 기쁜 표정으로 춤추지 않으면 정부 정책에 불만을 가지고 있음을 표현하는 것이다. 북한 정부는 힘들어도 지속 해야 하는 혁명의 과정에서 불만을 가진 사람의 마음은 자루 속의 송곳처럼 드러나기 마련이며, 그러한 마음을 포착할 수 있도록 혁명적 경각심을 가지고 공동체의 일원을 지켜봐야 한다고 강조한다. 때문에 공식 문화 속에서의 춤 은 주민이 정부에게 신뢰를 가지고 있으며 자신이 맡은 의무를 성실히 수행할 것을 다짐하는 제의이다. 나아가 주민은 정부가 이끌어갈 희망찬 앞날을 믿 고 있다는 것을 표현해야 하기 때문에 아직 오지 않은 찬란한 미래를 오늘로 앞당겨 기쁨에 찬 얼굴로 춤을 춘다. 그러나 공식적인 행사에서 공식적인 춤 을 춘다고 공식적인 생각만 하는 것은 아니다. 제의의 원래 목적은 제의에 참 여하는 사람의 내면 안에서 변형된다. 20대 여대생 임은(가명)과 윤소정(가명) 은 춤을 출 때 남학생이 다가와서 함께 춤을 추자고 제안했을 때의 설렘에 대 해 이야기했다.

임은: 막 모르는 남자애가 와서 "저랑 같이 안 추실래요?" 그래서 거기서도 또 썸이.
윤소정: 되게 재밌거든요. 왜냐하면 내가 마음에 있는 사람이랑 서게 되면 되게
　　　가슴이 설레고 좋은데 내가 싫어하는 사람이 앞에 오면 표정이 싹 굳잖아.
임은: 저도 그런 거 되게 많이 느꼈어요. 남녀가 손도 잡고 그러니까요. 스킨십
　　　하잖아요. 그러면 썸이 많이 일어나고 재밌었어요.

아감벤은 놀이와 제의 사이의 전도된 관계를 주목한다. 여럿이 둥그렇게 둘러서서 추거나 돌면서 추는 윤무는 고대 결혼식 때 행해진 제의였으며, 도박은 신탁을 받는 행위에서 유래했다. 그러나 제의에 담긴 성스러움, 공동체의 안녕과 발전을 기원하는 진지함은 그것을 수행하는 사람의 마음속에서 자꾸 재미로 변형된다. 아무리 정부가 집단을 위해 헌신해 온 사람에게 영광스러운 대의원 자격을 주고 축하의 의미를 담아 "경축의 춤바다"를 벌여도, 정작 춤을 추는 사람이 실제로 손을 마주잡게 되는 사람은 대의원이 아니다. 평소에 좋아했으면 설레는 표정을 짓게 하고, 평소에 싫어했으면 얼굴을 굳히며 싫은 표정을 짓게 하는 이웃이다. 춤을 추는 북한 주민의 마음은 선거의 의미를 생각하기보다는 자신의 재미에 빠져들게 되고, 얼굴로는 제의를 수행하는 체하지만 마음은 다르다. 정부에 대한 믿음을 표명하는 제의는 믿는 체하는 연극이 된다.

4. 세속화된 놀이의 사회적 위치

1) 놀이와 자유

북한 정부는 공식적인 행사만이 아니라 일상 속에서 어렵고 힘들 때마다 즐겁게 춤을 추고 노래를 부르라고 주민의 놀이를 장려한다. 북한이탈주민은 북한에서 "노는 자유"가 있었다고 설명한다. 때와 장소에 상관없이 누군가 기타를 치면 함께 노래를 하며 오락회를 즐겼다. 직장 일을 하는 중에도 오락회를 열어서 직위가 어떻든 스스럼없이 손잡고 끌어당기며, 노래 부르고 춤추며 즐겁게 놀았다. 해마다 농촌에서는 농부가 아니더라도 학생과 직장인이 모내기, 김매기, 알곡고지 점령에 참여했다. 힘든 와중에도 노동을 격려하며 정부 정책을 설명하기 위해 파견된 예술선전대원이, 노래하고 싶은 사람은 앞에 나와서 하라고 이야기하면 누구든지 뛰어 나가서 노래를 한다. 웃고 떠들며, 노래하고 춤을 추면 정부 정책이야 어떻든지 그 순간만큼은 좋았다는 것이다. 휴일에는 가까운 사람끼리 도시락을 싸서 산이나 강, 바다에 가서 춤추고 북 치며 놀았다. 마을에서 누군가 음악을 틀어놓으면 오가던 사람이 자연스럽게 모여서 남녀노소 상관없이 각양각색 저마다의 흥으로 별난 춤을 춘다. 친한 관계에서만 어울려 춤을 추는 것이 아니다. 기차역에서 하염없이 연착하는 기차를 기다리다가도 누군가 기타를 치기 시작하면 함께 춤추며 흥을 나눈다. 기차가 출발한 이후에도 누군가 손풍금을 연주하면 노래를 부르며 논다. 우연히 기차를 함께 기다리고 같은 기차를 탄 사람들 안에서 놀이의 공간이 탄생하는 것이다. 북한에서 장사를 했던 50세 여성 김희정(가명)은 영상기기 소유로 말미암아 탄생하는 사적 공간에 대해 설명한다.

> 김희정: 국가적인 행사는 공개적인 장소거든요. 의무적으로 췄다고요. 그런데
> 지금은 개인적으로 추잖아요. 녹음기 가지고 야외 들놀이에서도 추고.
> 그런 게 달라진 거죠. 자기 생활을 자유롭게 누리는 거죠. 엉덩이로 춤
> 을 추는 것도 춰요. 문란한 건 아니죠. 흥이죠. 그런 건 통제 안 해요.
> 혹시 너무 옷을 벗고 춘다든가 이러면 통제되겠죠. 나체 춤을 춘다든
> 가. 옷을 입고 추는 건 어떤 춤을 춰도 욕을 안 해요.
> 질문자: 선생님도 춤추셨어요? 무슨 생각을 하면서 춤을 췄어요?
> 김희정: 당연하죠. 무슨 생각은 아니고 즐거우니까 추는 거죠. 나를 표현할 뭔가
> 누려야 하잖아요. 생활을. 그러니까 추는 거죠. 나를 광고해야 한다고
> 생각하나? 나를 표현하잖아요. 그 전에는 방법이 없었잖아요. 공식적인

장소에서 (모두가 똑같은) 공식적인 춤 동작. 그런데 지금은 내가 하고

싶은 대로 자율적인 표현 방식이 나온 거죠. 내가 알고 있는 가지고 있

는 걸 표현한다고요. 누가 시켜서가 아니고. 내가 자율적으로. 무도회

장이나 결혼식 대사에서는 환경이 조성된 장소에서만 어떻게 보면 강제

적이죠. 그런데 일반적인 노래의 댄스 음악에 추는 건 내 순수한 의사에

의해서 추잖아요. 이건 다르죠. 흥이 다르죠. 완전히 감정이 다른 거죠.

질문자: 자유롭게. 자유가 뭔지 모르겠어요. 왜 춤을 추면서 자유를 느끼는지.

김희정: 룰(rule)에서 벗어났다고요. 북한 사회에서 벗어난 거죠. 나를 제대로

표현하잖아요. 예전에는 그런 수단 자체가 없었잖아요. 공간도 없었고.

공간이 만들어지지 않았다고요. 그런데 지금은 공간이 녹음기나 CD알

판이라든가 개인의 수단이 생겼잖아요. 옛날에는 국가만 수단이 있고

선전차나 방송차. 지금은 개인이 수단을 갖고 있음으로써 사적인 공간

이 생겼다고요.

개인이 음악을 선택해 향유할 수 있는 기기를 소유함으로써 북한 주민은
모범적인 음악에 맞춰 모범적으로 춤춰 왔던 놀이 규범의 틀로부터 미끄러져
버린다. 저절로 흥이 날 만큼 속도감 있고 신나는 음악을 선택해 가까운 친구
와 함께 춤을 춤으로써, 정부가 놀이에 부여한 의례의 의미와 규범으로부터
벗어나고, 나아가 아예 북한 사회로부터 벗어나 버리는 것이다. 북한 주민의
이러한 놀이는 이미 관찰되어 왔다. 2007년 방영된 TV 프로그램은 북한 주민
이 대낮에 통기타를 치면서 노래 부르고, 술 마시고, 담배 피우며 남녀가 어울
려 춤추는 모습을 담고 있다. 술에 취해 마주 보고 음악에 맞춰 디스코를 추
는 남녀의 춤사위는 너무도 분방하다. 게다가 몰래 영상을 찍는 낯선 사람에
게 속마음을 털어놓는 것이다.[37] 놀이하는 북한 주민 영상을 접한 북한이탈

주민은 자신도 북한에서 그렇게 놀았다고 설명해 준다. 여가를 즐길 수 있는 공간도 허용되지 않고, 개개인이 취향에 맞춰서 마음대로 즐길 수 있는 여건이 허용되지 않는다는 북한 주민에 대한 정보는 수정이 필요하다. 더구나 낯선 사람에게 영도자에 대한 비판적인 속마음을 이야기하는 영상은 북한 사회에서 놀이하는 북한 주민의 마음이 실제로 어떠한지 우리에게 알려준다.

2) 금기와 유혹

어렵고 힘들 때마다 부르는 노래와 추는 춤에도 금기는 있다. 북한 정부의 시선에 디스코는 그냥 춤이 아니다. 미국을 비롯한 제국주의자들이 북한의 사회주의 문화를 타락시키기 위해 침투시킨 침략의 무기이다. 정부는 퇴폐적인 노래와 춤은 들어오지 못하게 해야 한다며 엄격하게 규제한다. 퇴폐적인 노래와 춤은 자본주의 사회의 패덕과 패륜을 담고 있어서 북한 주민의 생각과 육체의 건강함을 병들게 할 것이기 때문이다(김정일, 1992). 외부 세계에서 침습한 양태의 놀이는 절대로 받아들여서는 안 된다. 북한에게는 붕괴되어 간 소비에트의 경험이 있다. 북한의 시선에 색정적인 영화와 만화, 미술작품, 영상은 소비에트 사회에 무질서와 혼란을 가져다주었다. 사람들은 아무 때나 먹자판, 놀음판을 벌이고 어디 가나 디스코를 춰댔다. 소비에트가 붕괴된 데

---

37) KBS는 일본 NHK 아시아프레스와 합작 연출한 르포를 통해 시장이 변화시킨 북한 주민의 일상을 방영했다. 영상은 중국으로 탈북했던 기계공장 노동자 리준이 다시 북한으로 들어가 직접 촬영한 것이다. 평안남도 대홍의 농민은 리준에게 다음과 같이 말한다. "맨날 강성대국, 강성대국 하는데 사람들은 그걸 보고 '흥! 강성대국 잘되겠다.' 하고 비방하고 욕한단 말입니다. 노골적으로. '김정일 위원장께서 어느 군부대 현지에 계신다' 그러면 못된 사람들은 '잘 논다, 군부대 찾아다닌다는 게 군인들을 그렇게 굶기냐'하고 욕하고 이제는 막말을 합니다. 앞에서는 말 못 해도 뒤에선 별 소리를 다 하죠"(2007 현지르포─시장, 북한을 바꾸다, 〈KBS스페셜〉, 2007년 6월 24일 방영).

에는 "날라리를 허용"한 것에 이유가 있는 것이다(≪로동신문≫, 1999.10.1).

북한 정부는 타락한 정신 상태이기 때문에 혼몽한 표정으로 춤을 출 수밖에 없는 사람의 모습을, 남한의 사례를 통해 구체적으로 보여준다. 예를 들어 1992년부터 제작된 영화 〈민족과 운명〉은 개인의 운명과 민족의 운명이 연결됨을 그려내며 훌륭한 영도자가 없이는 개인의 그 어떤 뜻도 이룩할 수 없음을 강조한다(최성호 외, 2000: 78). 이 중 〈민족과 운명: 홍영자〉에서 남한 대통령은 여성과 함께 노래 부르고 춤을 추며 방탕하게 놀다가 측근으로부터 살해당하고, 대통령의 정부였던 여성은 부패하고 타락한 "사랑을 팔고 사는 꽃"이 되어 술에 취해 「홍도야 우지마라」는 노래를 부르며 눈물을 흘린다. 그녀는 남한의 권력 쟁탈 틈바구니에서 휘둘리다가 북한으로부터 구원받은 이후에야 민족을 위한 참된 삶을 산다(조선예술영화촬영소, 1992). 북한 정부가 이런 영화를 만든 목적은 타락한 영도자가 있는 남한에서는 남한 주민 개개인도 타락할 수밖에 없으며 훌륭한 영도자가 있는 북한만이 이들을 구원해 줄 수 있다는 메시지를 북한 주민에게 교육하기 위해서였을 것이다. 그러나 56세 남성 강세진(가명)은 북한 정부가 전달하는 메시지보다 「홍도야 우지마라」[38] 노래 가사가 귀에 쏙쏙 들어왔다고 설명했다. 「홍도야 우지마라」는 정부에서 어떤 때는 부르라고 하고 어떤 때는 부르지 말라고 했던 것 같은데 강세진은 "모일 때마다 불렀다. 집에 모이면 집에서 부르고, 기차역에서 모이면 기차역에서 부르고, 해수욕장에 가면 해수욕장에서 불렀다." 북한 주민은 남한이 얼마나 나쁜지를 교육하기 위해 만든 영화에서 '하면 안 된다'는 노래와 춤만 골

---

38) 「홍도야 우지마라」는 일제 시기 악극을 거쳐 1939년 영화로도 만들어진 〈사랑에 속고 돈에 울고〉에 등장하는 노래이다. 〈사랑에 속고 돈에 울고〉는 오빠의 공부를 위해 스스로 기생이 된 처녀 홍도가 오빠가 경찰관이 된 이후 결혼을 했지만 그녀의 과거를 문제 삼으며 괴롭히는 시어머니를 살해하고, 경찰이 된 오빠의 손에 체포된다는 내용을 담고 있다.

라서 익혀, 부르고 추는 것이다.

정부가 아무리 비사회주의적인 춤과 노래를 단속해도[39] 북한 주민은 허락받지 않은 양태로 춤을 추고, 그 무섭다는 출판물과 녹화물, 소설, 영화, 음악을 향유한다.[40] 북한 주민의 춤에는 외국 영화나 공연, 드라마에서 본 모든 멋져 보이는 것이 합쳐진다.[41] 2017년 남한에 온 25세 남성 이석우(가명)는 북한을 떠나기 직전까지 어떻게 놀았는지에 대해 다음과 같이 설명했다.

북한은 노래에도 김일성, 김정일 그저 철학적인 거. 놀자고 해도 뭐 그냥 그렇죠. 우리끼리 모여 놀지 않습니까? 북한은 모여서 노는 게 많아요. 어느 개인집에서 모여서 여자 몇 명이랑. 나도 오기 전까지 한 5일에 한 번씩 놀았나. 계속 놀아요. "야 우리 오늘 놀자!"하면 나도 "갑시다!" 맨날 놀죠. 그러니까 춤을 잘 춰야 좋죠. 여자든 남자든 인기가 있고, 한국 노래랑 다 틀어놓고 춥니다. 농촌 같은 데 보안원 없는 데서 막 춤추고. 북한 노래는 재미없어요. 「강남스타일」

---

39) 북한 정부는 외부에서 침습하는 음악이 인간의 미덕과 건전한 생활 방식, 아름답고 고상하고 건전한 모든 것에 대한 모독이자 엽기적이고 퇴폐적인 사기 협잡 행위, 약육강식의 생존경쟁, 정신적 타락의 증거라고 말한다. 사회주의 신념을 잃고 자본주의로 복귀된 나라의 청년들이 "쟈즈, 디스코, 록음악을 틀어놓고 망탕 놀아댔다. 청년들은 술과 마약을 남용하였으며 색정적이고 추잡한 생활"을 했기 때문에 붕괴했다는 점을 강조하는 것이다(≪로동신문≫, 2001.3.29).

40) 1997년 한 북한이탈주민은 기자회견을 통해 양강도 혜산시 보천보공업전문대 재학 시절인 1994년 7월 중앙당으로부터 국경 지역 대학생들이 중국동포 등을 통해 반입된 자본주의 노래를 듣고 디스코 춤을 추는 등 비사회적 현상이 만연한 것에 대한 사상교양사업방침이 내려왔다고 증언했다. 보천보공업전문대 학생 5~6명이 퇴교를 당하며 대대적인 사상교양사업이 전개되었지만 그 효과는 별로 없었다는 것이다(≪연합뉴스≫, 1997.12.30).

41) 2002년 북한 만수대채널에서 방영한 인도영화 〈Disco Dancer〉에 등장하는 춤도 등장하고, 켄 라즐로의 디스코 음악 〈Hey Hey Guy〉에 맞춰 33 ⅓ RPM의 속도감으로도 춘다. 헤드뱅잉은 기본이고 서로 마주 보고 빙빙 돌거나 온몸을 흔들어대면서 열정적으로 추기 때문에 격렬하고 광적이다(≪데일리NK≫, 2018.4.1).

막 이렇게 춤추는 거 있잖아요. 무슨 저런 춤을 추나 했는데 재밌더라고요. 제 USB에 한국 노래 1500곡이 있었어요. 친구가 "너 그거 가지고 다니면 무섭지 않니" 물어보면 "무섭긴 허이구" 여기에 와서 한국 노래 들어보면 다 들어본 노래예요. 다 듣던 노래입니다.

자본주의 황색 바람을 담고 있는 남한 노래는 금기이다. 그러나 남한 노래에는 북한을 비난하는 내용이 담겨 있거나 남한 대통령을 사랑해야 한다든지 남한 체제에 충성을 다해야 한다는 정치적인 내용은 담겨 있지 않다. 남한 노래에는 개인의 감정이 담겨 있을 뿐이다. 남한 노래를 듣고 부르면서 춤을 출 때는 북한을 배반하고 있다는 부담이 없다. 노래와 함께 춤이 펼쳐진다. 북한 정부는 북한 주민이 허락받지 않은 노래를 부르고 춤을 추는 것을 단속한다. 남한 노래를 부르며 노는 사람은 없는지, 옷차림, 머리모양, 과도한 액세서리, 문신, 아이라인과 같은 북한의 건전한 사회주의 문화를 흐리는 사람은 없는지 비사회주의적 행동을 감시한다. 2018년 5월 20일경 북한의 주요 간부에게 보여주었다는 〈혁명적인 사상문화로 비사회주의와 퇴폐적인 사상문화를 깨끗이 쓸어버리자〉라는 제목의 영상에는 김정은의 교시와 함께, 노래와 춤을 추어도 북한의 전통적 민족 장단에 맞추어 추고, 옷차림과 머리모양도 사회주의 문화에 맞게 단정해야 하는데 그렇지 못한 사람들이 등장한다. 이들은 이름과 주소, 그들의 잘못한 점을 세세하게 지적받으며, 책임은 개인뿐만이 아니라 그의 부모, 그가 속한 조직에게도 묻는다.

이름 한성민. 평성시 역전동 42인민반. 이 동무의 속내의에는 여러분들이 다 보시다시피 십자가가 새겨진 그림이(영국 국기) 있는 데다가 글자가(BEK) 치마 입에 올리기도 역겹고 메스꺼운 부르주아지들의 생활 풍속을 반영한 허황한 차

림새입니다. 그런데도 이런 옷을 입고 제 잘난 것처럼 옷을 제쳐놓고 버젓이 길

거리를 종횡무진하고 있으니. 이 청년을 두고 어떻게 사회주의 교육을 받은 선

군 시대의 청년이라고 말할 수 있겠는가! 그래 한성민의 부모들은 아들을 내세

워 두는 것이 부모로서의 책임을 다하는 것이라고 생각하고 있는가! 청년동맹조

직은 도대체 무엇을 하고 있으며! 당 조직은 이런 자본주의 풍조에 빠지도록 무

엇을 하고 있는지! 이해가 되지 않습니다.[42]

비사회주의 검열은 특히 남북정상회담, 남북교류협력, 대북 지원과 같은

남한과 교류가 있고 난 후에 대대적으로 벌어진다. 교류 이후 증가하는 비사

회주의 검열에 대한 뉴스를 뒤집어 해석하면 북한 주민에게 교류가 있기 전보

다 더 활발하게 남한의 문물과 문화가 쏟아져 들어갔고 그로 인해 남한의 노

래와 춤을 부르고 추게 된다는 것을 알 수 있다.

---

42) 영상에는 김정은의 "적들이 끈질기게 들이미는 자본주의 독소가 우리 지경을 넘어서지 못
하도록 모기장을 2중 3중으로 든든히 치면서도 제국주의의 사상문화적 침투책동을 물거품
으로 만들기 위한 주동적인 작전을 전개하여야 하겠습니다"라는 교시와 함께 다음과 같은
말이 등장한다. "제국주의자들의 반사회주의적인 책동이 그 어느 때보다 더욱 악랄하게 벌
어지고 있는 오늘의 현실은 정신을 지녀도 백두의 혁명정신을, 노래와 춤을 추어도 우리의
장단에 맞추어 옷차림과 머리단장을 해도 강성국가 건설의 참전자답게 혁명적이며 민족고
유의 전통을 적극 살려나갈 것을 절박하게 요구하고 있습니다. 제국주의 사상문화적 침투
로 사람들 정신상태를 흐리터분하게 하고 우리 사회의 건전한 생활풍절을 흐려놓으려 하고
있으며 나아가서는 우리식 사회주의를 허물어보려고 온갖 모략적인 책동을 가하고 있습니
다. 그런데 지금 일부 주민들, 특히 강성국가 건설에 돌격대의 주력이 되어야 할 청년들이
적들이 던져주는 미끼를 아무런 거리낌 없이 받아 물고 적들이 하자는 대로 놀아대고 있는
것입니다. 바로 그 매개자는 불순상품을 밀수하여 개인 판매원들에게 나누어 주고 유포시
키고 있는 돈에 환장이 된 사람들입니다. 이색적인 상표가 붙은 상품을 자판으로 끌어들여
청년들을 유혹시켜 그들의 사상정신상태를 흐려놓고 있는 이런 행위는 제 주머니를 불릴
수는 있겠지만 철두철미 이것은 적들을 도와주는 이적행위입니다. 바로 이런 사람들 때문
에 얼마나 많은 청년들이 적들의 사상문화적 침탈에 말려들고 있으며 날라리 바람과 허영
에 들떠 자본주의 생활풍조에 급속히 빠져들고 있습니까. 이 청년을 좀 보십시오. 이름 한
성민"(https://youtu.be/rI9qLuL7eCU, 검색일: 2019.6.4).

비사회주의 검열이 강화될수록 비사회주의 검열을 감시하는 사람과 감시 받는 주민 사이에 융통적인 관계가 형성된다(곽명일, 2016). 39세 여성 김주연(가명)은 18세 때 사회주의청년동맹 비서의 집에서 간부들만 볼 수 있다는 남한 영상을 보면서 밤새 춤을 추었다. 사회주의청년동맹 비서는 청년을 지도하는 사람이다. 30대인 청년동맹 비서는 학교에서 영어 교사로 근무하고 있으며 사회주의청년동맹 조직 안에서 자신이 담당하는 청년에게 정부의 정책을 전달하고 생활총화를 지도하는 사람이다. 그는 간부를 대상으로 한 "국가를 위한 충성심을 높이기 위한 노래와 시모임"에서 1등을 한 상으로 모순적이게도 남한의 뮤직비디오 CD를 받았다. 청년동맹 비서와 남녀 11명은 비밀을 엄수하겠다는 각서를 쓰고 맥주를 마시고 남한 영상을 보며 춤을 추고 노래를 부르고 놀았다. 그때의 감정에 대해 김주연은 다음과 같이 이야기했다.

> 우리 이래도 되나? 부화방탕한. 짧은 치마를 입고 막 춤추고 그런 영상을 켜놓고. 몰래 보는 거니까 정말 각서 써놓고, 절대 비밀이라고. 비서는 사회주의청년동맹 모임을 하면 생활총화를 담당하는 사람. 조직 안에서 정치를 담당하는 사람. 그때는 너무 딱딱한 데서 조금 벗어나고 싶은 마음이 좀 있었어요. 우리도 저렇게 짧은 치마를 입고 한번 즐기고 싶다. 이런 생각. 인간은 다 똑같으니까. 밤새 그리고 놀았어요. 처음으로 진짜. 처음이었어요. 그때 정말 놀랐어요. 이것이 부화방탕한 생활이구나! 이러면서 한편으로는 갈등이 막 생겼어요. 이렇게 하면 안 된다. 한쪽에선 이러면서, 이렇게 하는 것이 맞는 것인지 갈등이 좀 생겨가지고, 그런데 즐겁게 노는 것은 자연의 법칙이구나 이것을 알게 된 것 같아요. 그런데 어디 가서 말은 못하고.

감시하는 사람과 노는 사람 모두 북한 주민이며 그들 안에서 외부 문화에 대한 유혹이 얼마나 짜릿하고 즐거운지 공유되는 것이다. 비사회주의적으로 놀면 안 되는 줄 알기 때문에 금기를 거스를 때 주어지는 흥분은 매우 크다. 북한 주민은 비사회주의적으로 춤을 추는 영상을 아무 생각 없이 보지 않는다. 그 안에 담겨 있는 춤은 광란적이며 저속해 그것을 보고 추는 사람으로 하여금 부패하고 타락하게 만드는 무서운 춤이다. 그것을 알면서 보고 익히고 추며 정부가 요구한 모범적인 생각으로부터 벗어나 퇴폐의 세계로 탈출해 버리는 것이다.[43]

3) 인기와 지위

북한이탈주민과의 대화에서 '인기'는 뜻밖의 맥락에서 자주 등장한다.[44] 북한이탈주민이 말하는 인기는 단순히 주변 사람이 좋아해 주는 정도를 지칭할 수도 있다. 그러나 이야기의 맥락을 해석하면 인기는 지위와 연결된다. 북

---

43) "〈쟈즈〉 무용" 쟈즈무용은 반동적인 부르죠아 음악의 한 형태인 〈자즈〉에 기초하여 만들어진 퇴폐적인 무용이다. 쟈즈무용은 20세기 초에 미국의 남부 일부 지방의 술집과 무도장들에서 발생하여 20세기 60년대까지 미국과 서유럽자본주의 나라들에 널리 류포되었다. 쟈즈무용은 일정한 춤동작 체계가 없이 즉흥적인 움직임과 광기어린 얼굴표정, 변태적인 리듬이 혼합된 광란적인 춤이다. 이 무용은 사람들을 부패타락하게 하는 저속한 라체춤과 색정적인 률동으로 일관되어 있다. 미제를 비롯한 제국주의자들은 쟈즈무용을 자주의 길로 나가는 나라인민들의 민족자주의식과 계급의식을 마비시키기 위한 사상문화적 침략의 중요한 수단으로 리용하고 있다(≪교원신문사≫, 2003: 175).

44) 인기란 친한 친구들이 나를 좋아해 주는 것, 같이 놀 친구가 많은 것과 같이 사람들이 자신을 좋아해 주는 것이다. 만약 친하다고 생각했던 친구로부터 소외당한다면 우리는 당황하고, 서운하고, 앞으로 나랑 아무도 같이 놀지 않으면 어떻게 할 것인지 불안할 것이다. 타인이 자신을 어떻게 평가하든 자신은 소중한 존재라고 스스로를 다독일 수도 있겠지만 사람들이 나를 더 좋아해 주고 인기가 있다면 자신감이 충만해지고 나 자신이 자랑스럽게 느껴질 것이다(프린스틴, 2018: 5~11). 그러나 이 글은 사회 속 지위에 영향을 미치는 인기를 주목한다.

한에서 교수였던 30대 남성 이상봉(가명)은 공동체 안에서 장기가 갖는 위치에 대해 다음과 같이 설명한다.

대중 속으로 들어간다는 말이 있잖아요. 북한은 조직체 안에서 오락을 하는 사례가 많아요. 사람들 속에서 인정을 받으려면 남보다 노래도 잘해야 하고 춤도 잘 춰야 하고 자기를 플러스하려는 거죠. 여자 친구를 사귀어도 노래도 못하고 춤도 못 추면 어디 데리고 다니기도 힘들고. 길동무를 하나 사귀어도 능력이 있는 사람 사귀어야 좋은 거죠. 대중 속으로 들어갈 수 있고 또 대중의 힘을 발휘할 수 있는 자기만의 선전용. 리더가 되자면 대중을 울리기도 할 줄 알아야 하고 웃기기도 해야 한다. 이게 북한식 생활 방식 아닐까. 노래 잘하면 능력이 있다고 볼 수 없지만 능력이 있는 사람이 노래까지 잘하면 플러스되는 거죠. 한국은 인구도 많고 교통수단도 편리해서 내가 하루에 나가서 접할 수 있는 세계가 너무 크잖아요. 그런데 북한은 교통수단도 그래, 지역별로 너무나도 갇혀 있어요. 내가 태어나서부터 사는 동네, 이웃, 학교, 이런 사람들을 거의 매일이다시피 접해야 해요. 그러다보면 내가 저 사람들에게 한번 점수를 잃거나 잘못 보인다거나 이러면 그게 평생 갈 수 있고 일정한 기간 자기가 힘들 수 있잖아요. 그러니까 모든 면에서 점수를 매기려고 하는 거죠. 나만의 지위를 유지하려고 하는 거죠.

어빙 고프먼(Erving Goffman)은 일상이라는 무대에서 사람들이 자신을 어떻게 연출하는지 논의한 바 있다. 사람은 누군가를 만나면 그가 어떤 사회경제적 지위에 있는지, 어떤 능력이 있는 사람인지, 믿을 수 있는 사람인지에 관심을 갖는다. 또한 사람들이 자기를 좋게 봐주기 바란다. 때문에 사람들 앞에 나설 때에는 좋은 인상을 보여주기 위해 노력을 한다(고프먼, 2016). 북한 주민 역시 마찬가지이다. 북한은 주거와 교육, 군 입대, 취업 모두 개인이 자유롭게 결정할 수 없는 구조이며 국가 승인의 절차가 매우 빼곡하게 존재한다. 고난의 행군 이후 장사를 위해서 불법으로 도시와 도시 사이를 이동한 사례가 등장하지만 개인이 은밀하게 법 사이를 요리조리 피해서 이동한 것이지 마음대로 이사하면서 삶의 터전을 바꿀 수는 없다. 북한 주민은 자신의 테두리 안에 속한 사람, 즉 크고 작은 공동체 안에서 만난 사람과 밀접하게 오랫동안 함께 지낸다. 이상봉은 '대중 속의 지위'를 언급하면서, 서로 밀접히 알고 지내거나 앞으로 밀접히 알고 지낼 사람들 속에서 인정을 받는다는 것의 중요도가 남한의 그것과는 다르다고 설명했다. 예를 들어 남한 주민은 각자가 속한 학교, 회사 등 공동체 안에서 실수하거나 일을 못해서 무시당할 때, 그것이 감당하기 어려울 정도로 괴롭다면 그 공동체를 벗어나 다른 곳으로 이동할 수 있다. 그러나 북한 주민은 이동 절차가 매우 까다롭기 때문에 공동체 안에서 잘하는 사람이 될 것인가 못하는 사람이 될 것인가와 같은 서열·지위가 결정된 이후에는 쉽게 그 이미지를 바꿀 수 없다. 남한에 온 이후 대학에 다니고 있는 22세 여성 이대현(가명)과 29세 여성 김정미(가명)는 장기에 대해 다음과 같이 설명한다.

이대현: 철저한 계급사회예요. 북한 사람 일반적으로 얘기할 때 평민이라는 말이 많은 게 계급이 나뉘어져 있다는 걸 스스로도 의식하고 있기 때문이에요. 어떤 데로 옮기거나 어디를 갔을 때 내 계급을 내가 정하는 거예요. 인기로 계급이 정해지기 때문에 인기에 관심이 많아요.

김정미: 기타 잘 치고 노래 잘하는 남자도 인기가 많아요. 정치위원 눈에 들잖아요? 정치위원이 "쟤는 누구야? 노래 진짜 잘 부른다." 딱 한마디 하면 옆에 사람들이 딱 일단. 노래 잘하고 아코디언 잘하고 기타 잘 치고 이러면 군대에서 선전대 가서 노래만 하는 거예요. 그럼 되게 편하잖아요.

남들은 막 엄청 무거운 거 들고 엄청 힘들게 군복무 하는데 걔는 계속 기타만 치고 그러니까. 부모들이 먹고 살기 좀 괜찮고 이러면 군대에 가기 전에 열심히 배워줘요. 공부를 아무리 잘해도 대학에 못 갈 수도 있어요. 대학을 졸업해도 출신 성분이 안 좋으면 여기 한국으로 말하면 유리 천장이 딱 정해져 있는 거예요. 어느 정도 올라가면 그 자리에서 그냥 제자리걸음인 거예요. 그런데 만약 인기가 있으면 출신 성분이 안 좋아도 재간이 있으면 진짜 1%만 빼고 나머지는 도토리 키 재기잖아요. 차별화해서 뭔가를 보여줘야지 높은 곳에 갈 수 있어요.

북한 정부는 주민을 계급으로 구분해서 통제한다. 진학·승진·배급·주거·의료 등의 혜택이 사회 안에서 개인의 지위·계급에 따라 결정된다. 노력을 얼마만큼 하느냐에 따라 계급이 상승하기도 하지만 그 한계는 명확하다. 물론 시장에서 경제적 부를 축적하면서 시장 내에서 지위 체계가 생성되는 양상을 보이지만, 정부가 시장을 관리·통제하고 이익을 수취하는 구조이기 때문에 (통일부, 2017: 156~157) 시장에서(비공식적) 지위를 확보하더라도 정치적(공식적) 지위의 보호를 받고 있지 않다면, 언제든 통제받을 위험에 노출되어 있다는 점에서 위태롭다. '집단을 위해 열심히 헌신하라'는 국가의 요구에 임하는 개인의 자세는 열심히 하면서도 소극적이다. 견고한 정치적 계층 구조 안에서 성장 한계가 명확하고 야망을 가질 수 없기 때문이다.

기본 성분과 계층이 정해져 있는 것 외에 일을 잘하고 공부를 잘하는 능력도 지위에 영향을 준다. 연설을 잘하고 노래를 잘해 공동체 사람을 즐겁게 해줄 수 있는 장기가 더해진다면 더 높은 인정을 받게 된다. 장기는 남들보다 뛰어날 때 빛을 발한다. 장기가 뛰어난 사람은 좁고 밀접한 공동체 사람들에게 인정을 받는다. 인기가 많아지는 것이다. 집단을 위해 헌신하는 자세를 보이는 것, 사람들과 밀접한 관계를 맺는 것, 사람들에게 그 공로를 인정받는 것을 북한 체제가 매우 높이 평가하고 집단을 즐겁게 해주는 장기를 가진 사람이 인기를 얻는다. 장기가 계급과 지위를 뛰어넘을 수 있는 사다리의 역할을 하는 것이다.

4) 외부 문화에 담겨 있는 기호와 상징

눈에 띄는 장기를 갖추는 것은 노력을 필요로 한다. 그러나 아무리 노력을 많이 해도 누구나 알고 있는, 모두가 노력하는 장기를 갖춘다면 눈에 띄기 어렵다. 이때 등장하는 것이 북한에서는 볼 수 없었던 새로운 춤과 노래를 비롯한 모든 것이다. 노래에는 노랫말이 있다. 북한 주민은 중국, 러시아, 미국을 위시로 한 외부 노래를 듣기도 한다. 춤추기 좋은 신나는 음악을 모아놓은 〈세계명곡집〉이 USB에 담겨서 일상 속의 흥겨움을 돋워준다. 그중에서도 노랫말을 이해할 수 없는 다른 나라의 노래와 달리 남한의 노래와 중국 조선족의 노래는 번역이 필요 없다.

북한이탈주민이 애창했던 여러 남한 노래 중에 백지영의 노래 「총 맞은 것처럼」이 북한 주민에게 어떻게 받아들여졌는지 설명하면 다음과 같다. 북한의 공식 담론에서 사랑이란 남녀 간의 개인적인 사랑을 표현하는 단어가 아닌 조국에 대한 사랑, 수령에 대한 사랑과 같이 거대한 의미를 갖는다. 참다운 사랑이란 조국을 위해 어떻게 헌신할 것인지에 대한 이상과 지향이 일치한 남성과 여성이 당과 수령 그리고 조국과 인민을 위한 삶을 함께 걷겠다는 동지로서 갖는 마음으로 설명된다(안만희, 1991: 190~202). 남한의 노래는 북한의 정서에서는 평소에 할 수 없었던 말을 노래 가사가 대신 해준다. 북한에서 영화를 전공했으며 남한에 온 이후 뮤지컬 제작과 같은 문화 사업에 종사하는 53

세 남성 김태선(가명)은 남한 노래에 매료되는 북한 주민의 마음에 대해 다음과 같이 설명한다.

"나 남자친구한테 차였어. 아 진짜 가슴 아프더라" 어디서 그런 말 하면 "너 진짜 사치하네. 그것도 걱정이라고 하냐" 그런 말은 공감대가 형성이 안 될 말처럼 되어 있어요. 사랑에 대한 고민. 사실 고민이 없는 건 아니에요. 다 있지만, 무엇을 고민해야 하나. 내가 오늘 당에서 준 혁명 과업을 올바로 수행했나. 못했나. 이런 고민을 해야 해요. 그런데 (「총 맞은 것처럼」은) 이야기하고 싶어도 나올 수 없던 말인데 해주는 거야. 시원하게. 많은 대중 앞에서 토로하는 게 얼마나 좋아요. "나는 사랑해서 이런 상처가 있습니다." 그럴 수 없는 분위기니까요. 백지영이 이걸 터트려 주는 거예요. 대리 만족이지. 이거 북한 사람들이 좋아해요. 뇌에서.

북한 사회에서 규범적으로 개인이 가져야 하는 고민은 공동체를 위해 헌신하는 자기 실천에 대한 성찰이지만, 그럼에도 불구하고 인간이기 때문에 가지고 있는 자기감정을 발견하게 하고 타인에게 토로할 수 있게 한다는 점에서 「총 맞은 것처럼」을 좋아할 수밖에 없다는 것이다. 26세 여성 이정윤(가명)도 청소년기 「총 맞은 것처럼」을 많이 불렀음을 이야기했다. 그녀는 이 노래가 신기했다고 표현한다.

북한에서 사랑이라는 건 일반적인 사랑이 아니고 뭔가 충성, 절대복종 막 이런데 사랑이 총 맞은 것처럼 아프다. 그런 느낌이 묘사적인 거잖아요. 그게 되게 신기했던 것 같아요. 총을 맞은 정도로 그렇게 가슴이 아프다니. 북한 노래는 김일성, 김정일 다 찬양 노래니까 되게 빠져드는 거지. 우리가 사는 세계랑 동 떨어진 사회의 노래니까 그게 다 신기한 거예요. 가슴이 뻥 뚫리는 것 같잖아요. 총을 맞은 것처럼.

헤어진 게 얼마나 가슴이 아프면 총을 맞은 것처럼 아플까? 가슴이 뻥 뚫린 기분이라는 것일까? 상상하면서 여학생들이 부르면 남학생들은 이승기의 「누난 내 여자니까」를 부른다. 노래를 부르고 나면 친구들은 소식을 전해준다. "윤아랑 이승기랑 사귄대" 노래를 부르며 흥이 돋아나면 모두가 함께 소녀시대 춤을 춘다. 함께 춤을 추기 위해서 휴대폰으로 비디오 영상을 찍고 그걸 보면서 함께 연습했기 때문에 군중 무용처럼 안무를 맞춰서 출 수 있다. 29세 여성 김윤하(가명)도 마찬가지이다.

엄청 많이 불렀어요. 가을동화 OST는 단체로 떼창하고 그랬거든요. 우리 엄마가 CD를 이만큼 가져왔는데 SES의 「I'm Your Girl」 이효리의 「10minute」 10분 안에 남자를 꼬실 수 있다는 그런 노래예요. 친구랑 필기를 해서 한 소절 부르면 제가 따라 부르고 이렇게 배우거든요? 진짜 열성적이었어요. 그 열정으로 공부했으면.

남한 영상에 등장하는 노래와 춤을 몰래 추고 부르다 보면 몸에 익혀지고, 유희의 장에서 자연스럽게 몸이 기억하는 남한의 춤이 등장한다. 그리고 그 춤을 처음 접하는 북한 주민에게 남한의 춤은 매우 인상 깊다. 새로운 것이다. 음악과 영상은 그저 가사만 전달하는 것이 아니라 그 외의 많은 정보를 담고 있다. 친구들과 집에 모여서 놀면 친구 오빠의 친구들도 오고 친했던 남학생들도 온다. 그 공간에서 "썸이 진짜 많이 일어나요. 노래하고 춤같이 추고 집에 갈 때는 어떤 오빠가 '데려다주겠다' 그런 일이 소개팅같이. 거기에서

커플이 많이 탄생하잖아. 재밌었어요. 나름 저희도" 못 보던 춤을 추면 눈에 띈다. 주목을 받는다. 그리고 그것이 어디에서 온 문물인지 아는 사람은 그것을 나도 알고 있다는 신호를 주고받으며 서로의 세련됨을 각축한다. 세련됨은 주변 사람으로부터 관심을 얻게 하고 그럼으로써 인기가 많아지는 것이다. 평범한 사람과 다르게 차별화되는 기호를 드러내는 순간 그는 북한 사회라는 테두리에서 벗어난다. 북한에서 만화를 그렸던 웹툰 작가 최성국(40세, 남성)은 북한에서 남한의 문물이 일상에서 등장할 때 사람들이 갖는 시선에 대해 다음과 같이 설명한다.

> 북한에서는 한국스러워 보이는 게, 얼마나 한류가 중요했으면 남조선스러운 사진을 딱 보는 순간 수준이 있어 보이는 거지. 허영심이 충족될 뿐만 아니라 애들 속에서도 인기지. 인기가 많으면 좋지 않아요? 애들이 바라보는 눈이 벌써 다르잖아요. 사람들이 바라보는 눈빛이 "아 걔는 깨어 있어. 한국스러워" 이런 거지. 남들은 알 속에 갇혀 있는데 "아 쟤는 딴 세상을 알고 있다. 깨어 있다. 알을 깨고 나왔다." 알 속에 갇혀 있다는 말은 안 하고 "세련됐다. 깨어 있다. 한국스럽다." 북한의 일반적인 사람하고 완전 차이가 나잖아요. 다른 사람들이 모르는 세계를 자기는 알고 있다고 생각하는 거죠. 너네하고 나는 차원이 다르다. 나는 깨어 있어. 잘 살아 보이고, 때깔도 있고. 뭔가 있어 보이고. 품격도 있어 보이고. 누가 함부로 하지 못하고. "저거 힘 있겠네. 돈도 있고 힘도 있고 인맥도 좋은가 보다. 쟤는 한국스럽다. 깨어 있다. 우리보다 좀 더 똑똑할 거다. 세상을 좀 더 알거다." 이렇게 보인다고요.

북한이탈주민은 북한의 일상에서 반짝하고 보이는 낯선 문화, 새로운 세상을 이미 알고 있는 징표가 등장하는 이러한 순간을, 이러한 사람을 "깨인, 깨인 사람"이라고 표현한다. 알에서 깨이듯 자기들이 알고 있는 세상 밖의 무엇인가를 보고, 알고, 할 줄 아는 다른 레벨의 사람이 탄생하는 것이다. 평범한 사람들은 모르는 문화에 접근하기 위해서는 그것을 구매할 수 있는 재력이, 그것을 구매한 이후 단속 당해도 스스로를 보호할 수 있는 인맥이, 그 징표를 지니고 다녀도 안전하다고 판단할 수 있을 만한 지위가 있다는 뜻으로 해석된다. 그리고 외부 문화가 남과 다른 사람이라는 기호로 작동하고 외부 문화에 대한 상징은 그것을 장착한 사람의 일상에서 지위를 상승시키는 사다리로 역할한다.

5. 결론

고난의 행군이라는 시기를 지나는 동안 북한이 과거로부터 호명해 북한 주민에게 모범적 삶의 양식으로 제안한 "혁명적 낭만"은 언젠가 도래할 승리를 염원하며 기쁨에 찬 정신으로 고난을 이겨내자는 정신이다. 그리고 그들이 살고 있는 북한은 이미 낙원이다. 낙원은 젖과 꿀이 흐르는 풍요로운 곳을 지칭하는 것이 아니라, 예속의 굴레를 벗어나 스스로의 힘으로 미래를 개척하는 자기 자신의 참다운 주인들이 모여 사는 낭만이 있는 체제, 구조로서의 장소를 의미한다. 우리의 시선에 기이해 보이는 북한 주민의 지나치게 기쁨에 차 있는 표정의 문화적 맥락이 이러한 것이다. 때문에 공식 문화 속에서 공연하는 사람의 표정이나 춤을 추는 군중의 표정은 모두 낙원에 살고 있는 것에 감사하고 기뻐하는 도덕적 격정을 표상한다. 그러나 공식적인 행사에서 춤을 춘다고 해서 공식적인 생각만 하는 것은 아니다. 제의의 원래 목적은 제의에 참여하는 사람의 내면 안에서 변형된다.

북한 주민은 비사회주의적인 영상, 음악, 책을 소유할 수 없다. 그들은 생활 총화를 비롯한 각종 감시 체계 속에 살고 있다. 실수를 하면 개인만이 아니라 그의 부모, 그가 속한 조직에게도 책임이 나눠진다. 그러나 북한 주민은 남한 영상 속에 등장하는 남한 사회의 맥락을 관찰하고, 노랫말에 담긴 사유를 이해하고 상상하며 남한 사회를 공유한다. 북한 주민은 자신의 인간적 정념을 남한의 노랫말에 담아 부르고 남한의 춤을 연습해, 그들 안의 작은 공동체 사람들 앞에서 뽐낸다. 새로운 문화를 멋지게 해내는 사람은 그 안에서 인기를 얻고 "깨인 사람"으로 지위를 성취한다.

북한 주민이 외부 문화, 특히 남한문화를 그대로 수용해 남한의 하위문화에 흡수되는 것은 아니다. 북한 주민에게 어떤 것은 선택되고, 어떤 것은 누락·변별되어 북한 놀이와 섞여서 새로운 형태의 문화가 탄생한다. 영화, 음악, 드라마, 책에 밀봉된 해당 시기의 남한 사회가 그것을 조우한 북한 주민의 삶 안에서 혼류된다. 금기에 접촉하는 개인 저마다의 각기 다른 공간 속에서 또 다른 세상이 펼쳐지는 것이다. 갇힌 공간이 아닌 공원, 강, 산, 들에서 펼쳐지는 춤은 우리 시선에 "광기 어린 막춤"으로 보일 수 있지만, 그것은 그들이 각자 습득한 멋져 보이는 모든 몸동작의 뭉뚱그림이다. 북한 주민은 비사회주의 단속반이 나타나도 "빨리 추면 디스코고, 천천히 추면 민속춤이냐"고 항의하며 디스코인지 민속춤인지 알쏭달쏭하게 안전한 범위 안에서 현란한 춤을 추며 무한한 해방감을 발산한다. 새로운 형태의 낙원, 새로운 형태의 낭만이 탄생한다. 우리 시선에 어둡고 갇혀 있는 것처럼 보이는 북한 사회 안에서 북한 주민은 풍부한 하위문화를 형성하고 있고 이것은 새로운 형태의 문화, "미래에 대한 서곡"[45]일 수 있다.

---

45) 중세 시대를 연구한 요한 하위징아(Johan Huizinga)의 수필 『내가 걸어온 역사학자의 길』

북한 주민이 향유하는 놀이 안에서 밀고 당겨지는 제의와 놀이의 영역은 북한 주민 개인이 처한 환경에 영향을 받는다. 북한 정부는 북한 주민을 단지 압제만 하는 것이 아니라 세계정세 속에 북한이 어떤 처지에 놓여 있는지 설명한다. 북한 정부와 북한 주민은 지금보다 풍요롭게 잘 먹고 잘 살고 싶다는 욕망을 공유한다. 그러나 북한의 식량난이 심각해져서 당장 먹고 사는 문제가 절실해지면 북한 주민은 굶주린 채로 놀이하며 재미를 향유할 수 없다. 북한 정부는 미국이 다시금 북한을 식민지로 만들기 위해 압살 책동을 계속하고 있고, 그렇기 때문에 미국의 식민지 남한, 우방국 중국, 러시아가 북한을 도와줄 수 없어 식량난이 지속된다며, 또 다시 온 고난의 행군을 '혁명적 군인과 혁명적 낭만의 정신으로 이겨내자'고 설득할 것이다.

배고픔이 지속되고 삶이 편편하지 않을 때 영도자의 생일, 당창건일, 국제노동자절, 조국해방기념일 등의 명절, 선거장 등의 공식 행사에서 춤을 추는 북한 주민의 마음은 어떠할까? 우리는 제의 의식을 치루는 주민의 마음속에서 제의와 놀이의 영역이 어떤 줄다리기를 하고 있는지 알 수 없다. 그러나 에릭 홉스봄(Eric Hobsbawm)은 아직 정치에 참여하지 못하더라도, 어떤 명백한 이데올로기나 조직 또는 체계가 없더라도, 자신의 열망을 표현해 줄 특정한 언어를 아직은 발견하지 못한 맹아적 상태일지라도 생각을 하는 존재 민중에 대해 논의한 바 있다. 정치에 참여하지 못해도, 조직을 갖추지 못했어도 완전하게 의식이 부재한 것은 아니다(홉스봄, 2011). 북한 주민이 어떠한 생각을 하고 있는지 어떤 삶을 구가하고 있는지 다가가 살피지 않고 힘없는 존재로만 규정하는 것은 북한 주민을 한반도 문제에서 소외시킨다. 북한 주민을 북한 문제에서 소외시키는 것은 북한 정부만이 아니다. 보리스 그로이스(Boris

---

에서 인용(요한 하위징아, 2010: 15).

Grois)는 관찰자들에게 소비에트 공산주의가 자동기계의 제국으로 보인 것은 의례화된 근엄한 얼굴로 기계처럼 선언문을 읊어댄 지도자와 이해할 수 없는 의식(ceremony)에도 까닭이 있지만 자본주의 미디어 시장에서 소비에트가 자동기계의 제국, 빅브라더의 사회, 반유토피아와 같은 몇 개의 상투어로 유통되어 왔다는 것을 지적하며 질문한다. "대체 억압되지 않은 신체라는 것이 어디에 있단 말인가?"(그로이스, 2017: 110).

 이 글은 북한 정부가 북한 주민에게 충성 의식을 담지한 의례로서의 놀이를 장려하고 있으며, 북한 주민은 성스러운 의례를 자신의 재미에 맞춰서 세속화하며 놀이하고 있음을 설명했다. 이것은 북한 주민이 인간이기 때문에 자명한 것이다. 북한 주민이 엄격하게 통제당하는 자동인형처럼 억압받고 신음만 하는 존재가 아니라, 노래하고 춤추며 외부 문화를 엿보고 그것을 은밀하게 공동체 사람들과 공유하며 탐닉하고 있다는 것은 북한 주민의 위치를 새롭게 설정할 필요를 요구한다. 북한 주민을 대상으로 여론조사를 할 수는 없지만, 이들은 외부 세계를 완전히 모른 채 북한 정부로부터 속임만 당하며 사는 존재가 아니다. 이들은 폐쇄된 국경의 물리적 시공간을 넘나들며 각자 자신의 사고를 더듬고 있을 것이다. 이들이 바라는 북한 사회의 변화와 그 안에서 자신의 삶은 어떠한 풍경일까. 알렉세이 유르착(Alexei Yurchak)은 소비에트의 일상적 삶의 풍경을 설명하며 관찰자들의 시선에 소비에트의 붕괴는 충격이었겠지만 그 안에 살고 있는 사람에게는 놀랍지 않은 오히려 예견된 것이었음을 설명한다. 공고해 보이는 공간 안에서 사람들은 이미 오래전부터 변화에 대비하고, 나아가 변화를 수행하고 있었다는 것이다(유르착, 2019). 이는 공고해 보이는 북한 정부와 억압받는 북한 주민의 관계 그 사이를 포착하는 데 유연한 사고를 시도할 수 있도록 용기를 불어넣어 준다. 또한 북한을 생각할 때 북한 정부만이 아니라 북한 주민을 염두에 둘 것을 요구한다.

참고문헌

고프먼, 어빙(Erving Goffman). 2016. 『자아연출의 사회학: 일상이라는 무대에서 우리는 어떻게 연기하는가』. 진수미 옮김. 현암사.

과학원언어문학연구소 문학연구실. 1962. 『우리나라에서 맑스-레닌주의 문예리론의 창조적 발전』. 과학원출판사.

곽명일. 2016. 「북한인민보안원과 주민의 관계변화 연구」. 북한대학원대학교 박사논문.

교원신문사. 2003. 《교원선전수첩》, 2003(4).

교육도서출판사. 1961. 『조선교육사』.

국제생활사. 1956. 『조선중앙년감 1956』.

그로이스, 보리스(Boris Grois). 2017. 『코뮤니스트 후기』. 김수환 옮김. 문학과지성사.

금성청년출판사. 1596. 「1938년 쌍산즈 전투를 추억하며」, 《청년생활》, 1596(1).

김성모. 2011.5.27. "북한 행복지수는 세계 2위, 남한 행복지수는 152위라고?" 《조선일보》.

김일성. 1992. 『세기와 더불어 3』. 조선로동당출판사.

_____. 1996. 『김일성저작집 43』. 조선로동당출판사.

김일신. 1956. 「항일유격대 부대 내에서의 연극활동」. 《조선예술》, 12월 호.

_____. 1957a. 「항일유격부대내에서의 음악활동1」. 《조선예술》, 8월 호.

_____. 1957b. 「항일유격부대내에서의 음악활동2」. 《조선예술》, 9월 호.

김정일. 1987. 『주체사상교양에서 제기되는 몇가지 문제에 대하여. 1986년 7월 15일』. 조선로동당출판사.

_____. 1992. 『무용예술론』. 조선로동당출판사.

_____. 2005. "오늘을 위한 오늘에 살지 말고 래일을 위한 오늘에 살자: 조선로동당 중앙위원회 책임일군들과 한 담화(1996.1.14)". 조선로동당출판사.

김혜련·김성호. 2017. 『인권을 말하다』. 평양출판사.

덴진, 노먼(Norman K. Denzin)·이보나 링컨(Yvonna S. Lincoln). 2014. 『질적연구 핸드북』. 최욱 외 옮김. 아카데미프레스.

들릴, 기(Guy Delisle). 2004. 『평양: 프랑스 만화가의 좌충우돌 평양 여행기』. 이승재 옮김. 문학세계사.

리수익. 1957. 「단막물 공연의 질적 제고를 위하여」. 《조선예술》, 11월 호.

리승기. 1957. 「조립식 이동 무대를 창안하고」. 《조선예술》, 11월 호.

바르트, 롤랑(Roland Barthes). 2002. 『텍스트의 즐거움』. 김희영 옮김. 동문선.

박재환. 2002. 『북한의 유치원 교육』. 양서원.

백과사전출판사. 2009. 『광명백과사전 3』. 백과사전출판사.

사회과학출판사. 1992. 『조선말대사전 2』. 사회과학출판사.

_____. 2010. 『조선사회과학학술집 163. 민속학편 사회주의생활문화사연구』. 사회과학출판사.

소련과학아카데미. 1988. 『마르크스-레닌주의 미학의 기초이론 2』. 신승엽 옮김. 일월서각.

아감벤, 조르조(Giorgio Agamben). 2010a. 『세속화예찬』. 김상운 옮김. 난장.

_____. 2010b. 『유아기와 역사: 경험의 파괴와 역사의 근원』. 조효원 옮김. 새물결.

아렌트, 한나(Hannah Arendt). 2017. 『전체주의의 기원』. 이진우·박미애 옮김. 한길사.

안만히. 1991. 『혁명적도덕관이란 무엇인가』. 금성청년출판사.

에버라드, 존(John Everad). 2003. 『영국외교관, 평양에서 보낸 900일』. 이재만 옮김. 책과함께.

유르착, 알렉세이(Alexei Yurchak). 2019. 『모든 것은 영원했다, 사라지기 전까지는: 소비에트의 마지막 세대』. 김수환 옮김. 문학과지성사.

유엔북한인권조사위원회. 2014. 「유엔인권이사회 북한인권조사위원회 보고서」. 통일연구원.

윤보영. 2005. 「북한의 군중문화: 예술선전대의 역할에 관한 연구」. 동국대학교 석사논문.

_____. 2016. 「북한이탈주민의 탈경계적 실천에 대한 연구」. 동국대학교 박사논문.

조선로동당출판사. 1957. 『대중정치용어사전』. 조선로동당출판사.

조선예술영화촬영소. 1992. 『민족과 운명: 홍영자』. 조선예술영화촬영소.

조선중앙TV. 2013.12.15. "경애하는 최고사령관 김정은동지께서 완공을 앞둔 마식령스키장을 현지지도하시였다".

_____. 2016.1.9. "최고사령관 김정은 동지가 인민군대사업을 현지지도".

조선중앙통신사. 1955. 『조선중앙년감 1954~1955』. 조선중앙통신사.

지젝, 슬라보예(Slavoj Žižek). 2008. 『전체주의가 어쨌다구?』. 한보희 옮김. 새물결.

최성호 외. 2000. 『조선문학예술년감』. 문학예술종합출판사.

카이와, 로제(Roger Caillois). 2018. 『놀이와 인간: 가면과 현기증』. 이상률 옮김. 문예출판사.

크레스웰, 존(John Creswell). 2015. 『질적연구방법론』. 조흥식 외 옮김. 학지사.

터너, 빅터(Victor Turner). 1996. 『제의에서 연극으로』. 이기우·김익두 옮김. 현대미학사.

_____. 2018. 『인간사회와 상징행위: 사회적 드라마. 구조. 커뮤니타스』. 강대훈 옮김. 황소걸음.

통일부. 2017. 『북한이해 2018』. 통일부.

프랑크, 뤼디거(Rüdiger Frank). 2019. 『북한 여행』. 안인희 옮김. 한겨레출판.

프린스틴, 미치(Mitch Prinstein). 2018. 『모두가 인기를 원한다: 관심에 집착하는 욕망의 심리학』. 김아영 옮김. 위즈덤하우스.

피스크, 존(John Fiske). 2017. 『텔레비전 문화』. 곽한주 옮김. 컬처룩.

하위징아, 요한(Johan Huizinga). 2010. 『놀이하는 인간: 호모 루덴스』. 이종인 옮김. 연암서가.

홉스봄, 에릭(Eric Hobsbawm). 2011. 『반란의 원초적 형태: 자본주의 발전에 따른 유럽소외지
역 민중운동의 모든 형태』. 전철승 옮김. 온누리.

≪데일리NK≫. 2018.4.1. "강남스타일엔 말춤, 북한스타일엔 막춤".

_____. 1999.10.1. "왜 영화예술부문이 이 지경이 되었는가", 6면.

_____. 2001.3.29. "청년들이 사상정신적으로 병들면 사회주의는 망한다. 자본주의가 복귀된
나라들의 교훈", 6면.

_____. 2002.1.28. "사설 혁명적 군인정신으로 무장시키기 위한 교양사업을 심화시키자", 1면.

_____. 2013.12.13. "천하군민의 치솟는 분노의 폭발. 만고역적 단호히 처단―천하의 만고역적
장성택에 대한 조선민주주의 인민공화국 국가안전보위부 특별군사재판 진행", 2면.

_____. 2015.7.20. "경애하는 김정은 동지께서 도, 시, 군인민회의 대의원 선거에 참가하시였
다", 1면.

_____. 2015.7.20. "공민의 본분을 다해나갈 드팀없는 의지, 평양시 제34호구 제1호분구를 찾아
서", 3면.

≪연합뉴스≫. 1997.12.30. "북한에도 디스코 춤 유행한다".

Cha, Frances. 2013.5.21. "'Living History': North Korean Border Town Opens to Western
Tourists." CNN.

지은이(수록순)

고유환

통일연구원 원장

동국대학교 북한학과 교수

동국대학교 정치학 박사

주요 저서 및 논문

『로동신문을 통해 본 북한변화』(공저, 2006)

「문재인 정부의 평화우선주의와 비핵평화 프로세스」, ≪북한학연구≫(2018)

한재헌

동국대학교 북한학연구소 연구교수

동국대학교 북한학 박사

주요 저서 및 논문

『북한의 권력과 일상생활: 지배와 저항 사이에서』(공저, 2013)

「북한사회 인식의 습속과 혼종성이라는 문제설정」, ≪북한학연구≫(2020)

「개별화-전체화의 혼종양식으로서 북한의 '집단주의'」, ≪개념과소통≫(2020)

박세진

제주대학교 사회학과 강사

프랑스 사회과학고등연구원 사회인류학·민족학 박사

주요 저서 및 논문

Parente, Ecologie et Histoire (공저, 2019)

「증여와 사회/공동체: 이론적 접합의 모색」, ≪비교문화연구≫(2020)

「호혜성을 관찰하기」, ≪한국문화인류학≫(2021)

장호준

한국방송통신대학교 중문학과 부교수
컬럼비아대학교 문화인류학 박사

주요 저서 및 논문
『중국인문기행』(2020)
『중국국가개방대학』(2020)
『도시로 읽는 현대중국 2: 개혁기』(공저, 2017)
『중국문화산책』(2016)
『중국의 사회와 문화』(2016)
「중국 사회조직의 발전 기제: 당대 길림성 동향상회 사례 연구」, ≪중국근현대사연구≫(2017)
「한·중 인문유대 담론과 방향에 관한 고찰」, ≪중국학≫(2015)
「당대 중국의 동향상회와 지역 거버넌스」, ≪중앙사론≫(2014)

카타르지나 마르치냑

오하이오대학교 인문대학 영어학과 교수
오리건 주립대학교 영어학(영화학 전공) 박사

주요 저서 및 논문
Alienhood: Citizenship, Exile, and the Logic of Difference(2006)
Transnational Feminism in Film and Media(공편, 2007)

김지형

하와이대학교 마노아캠퍼스 사학과 부교수
컬럼비아대학교 역사학 박사

주요 저서 및 논문
Heroes and Toilers: Work as Life in Postwar North Korea, 1953-1961(2018)

이경묵

신한대학교 리나시타교양대학 조교수
서울대학교 환경·경제인류학 박사

주요 저서 및 논문
「선물, 뇌물, 기식의 절합: 「청탁금지법」과 선물의 역-발명」, ≪비교문화연구≫(2020)
「주민참여와 역량강화의 역설을 망각하기: 자카르타 북부 빈민촌의 '실패한' 프로젝트는
어떻게 '모범' 사례가 되는가?」, ≪비교문화연구≫(2019)
「물건의 힘과 작동-망(work-net)의 상상력: 행위소로서의 인간·비인간 행위자에 대한 재
고」, ≪비교문화연구≫(2016)

이지순

통일연구원 부연구위원
단국대학교 문학 박사

주요 저서 및 논문
『한(조선)반도 개념의 분단사』(공저, 2021)
『감각의 갱신, 화장하는 인민』(공저, 2020)
『북한 여성의 일상생활과 젠더정치』(공저, 2019)
「1950년대 북한의 사회주의미술건설 시기 정현웅의 매체횡단」, ≪북한학연구≫(2020)
「선군혁명문학의 발명과 실재, 위기의 딜레마」, ≪비평문학≫(2019)
「북한 시의 핵에 대한 사유와 형상화: 이미지, 심리, 상상력을 중심으로」, ≪현대북한연구≫
(2019)

윤보영

동국대학교 북한학연구소 객원연구원 겸 강사
동국대학교 북한학 박사

주요 저서 및 논문

『북한주민의 정보접근에 관한 연구』(공저, 2020)
『남북관계 발전과 북한주민 의식 변화』(공저, 2018)
「북한사회 뇌물의 사회적 맥락」, ≪문화와사회≫(2021)
「북한이탈주민의 탈경계적 실천에 대한 연구」(박사학위논문, 2016)

한울아카데미 2302

동국대학교 북한학연구소 총서 010

북한의 사회변동과 혼종성 1
'주체사회'의 모호한 경계들

ⓒ 동국대학교 북한학연구소, 2021

기획 ㅣ 동국대학교 북한학연구소 북한혼종사회연구단
지은이 ㅣ 고유환·한재헌·박세진·장호준·카타르지나 마르치냑·김지형·이경묵·이지순·윤보영
펴낸이 ㅣ 김종수
펴낸곳 ㅣ 한울엠플러스(주)
편집책임 ㅣ 이진경
편집 ㅣ 김하경

초판 1쇄 인쇄 ㅣ 2021년 5월 24일
초판 1쇄 발행 ㅣ 2021년 5월 31일

주소 ㅣ 10881 경기도 파주시 광인사길 153 한울시소빌딩 3층
전화 ㅣ 031-955-0655
팩스 ㅣ 031-955-0656
홈페이지 ㅣ www.hanulmplus.kr
등록번호 ㅣ 제406-2015-000143호

Printed in Korea.
ISBN 978-89-460-7302-9 93330 (양장)
      978-89-460-8071-3 93330 (무선)

※ 책값은 겉표지에 표시되어 있습니다.
※ 이 책은 강의를 위한 학생용 교재를 따로 준비했습니다.
    강의 교재로 사용하실 때는 본사로 연락해 주시기 바랍니다.

이 저서는 2018년 정부(교육과학기술부)의 재원으로 한국연구재단의 지원을 받아 수행
된 연구임(NRF-2018S1A5B8070196).